刘起瑞 著

# 万历大时代

中国文史出版社
CHINA CULTURAL AND HISTORICAL PRESS

图书在版编目（CIP）数据

万历大时代 / 刘起瑞著 . -- 北京 : 中国文史出版
社 , 2023.2

ISBN 978-7-5205-3882-4

Ⅰ . ①万… Ⅱ . ①刘… Ⅲ . ①中国历史—万历（
1573-1620）—通俗读物 Ⅳ . ① K248.309

中国版本图书馆 CIP 数据核字（2022）第 199682 号

责任编辑：牛梦岳

出版发行：中国文史出版社

社　　址：北京市海淀区西八里庄路 69 号院　邮编：100142

电　　话：010-81136606　81136602　81136603（发行部）

传　　真：010-81136655

印　　装：北京新华印刷有限公司

经　　销：全国新华书店

开　　本：787mm×1092mm　1/16

印　　张：23

字　　数：425 千字

版　　次：2023 年 3 月第 1 版

印　　次：2023 年 3 月第 1 次印刷

定　　价：68.00 元

# 目　录

引 / 001

## 卷一　暮霭沉沉

第一章　身似鹤形 / 006

第二章　饥渴时代 / 015

第三章　藩王讨米 / 025

第四章　催命符 / 036

第五章　最强内阁 / 045

第六章　元气病 / 057

第七章　天子封我为王 / 064

第八章　此身无恙 / 074

## 卷二　乍现曙光

第九章　豪杰自许 / 080

第十章　闯宫奇案 / 091

第十一章　恩若父子 / 098

第十二章　天纵聪明 / 109

第十三章　人言可畏 / 118

第十四章　十年生聚 / 130

第十五章　帝国双雄 / 139

第十六章　朕等此疏有日 / 147

第十七章　恩怨尽时 / 155


卷三　帝国永夜

第十八章　独当天下 / 164

第十九章　惆怅孤帆 / 174

第二十章　家事国事 / 181

第二十一章　有此美玉 / 187

第二十二章　一月天子 / 193

第二十三章　宁夏不宁 / 200

第二十四章　显佳名于三国 / 208

第二十五章　再造之恩 / 216

第二十六章　大明第一骗局 / 229

第二十七章　将军百战身名裂 / 237

第二十八章　半朝天子镇乾坤 / 251


卷四　血银王朝

第二十九章　采征天地 / 260

第三十章　太监盗墓笔记 / 268

第三十一章　身披朽甲守辽东 / 276

第三十二章　天朝弃儿 / 283

第三十三章　菩萨阎罗 / 292

第三十四章　空空如也 / 297

第三十五章　真假楚王 / 306

第三十六章　妖书悬案 / 312

第三十七章　活神仙 / 323

第三十八章　风雪辽东 / 332

第三十九章　最冷之冬 / 343

第四十章　无力回天 / 354

# 引

大明嘉靖十五年（1536年），立春的日子刚过。地处两京十三省最西北一隅，以土地贫瘠与战士强悍著称的陕西，同往年一样又到了狂风呼号、黄沙蔽日的时节。呜呜如狼嚎鬼泣的大风嘶吼着从陕长城以北呼啸而至，丝毫没有春意将临时应有的旖旎与温存，反而带着寒透骨髓的敌意，肆意鞭挞着这片千年来见证过无数王朝兴衰的三秦大地与她的万象众生。

浩荡不绝的狂风一路席卷、奔袭，一直冲到紫禁城下，这番冷酷无情的肃杀之气，像极了近年来频繁南下，来去如风的鞑靼骑兵。他们骑矮马，配环刀，每每毫无征兆地以凌厉之势斩将破关而入，在明帝国肥沃的土地上毫不留情地扫荡杀戮，而后又在汉人的疼痛与愤怒中消失得无影无踪。

此时贺兰山上还覆盖着厚厚的积雪，黄河刚刚解冻，浊浪翻滚，寒凉刺骨。往年这个时候，世代生活于岸畔的勤劳渔民已经开始出船起网，下河捕鱼了。这里出产的黄河鲤鱼，金背赤尾，天下闻名，是当地最有名的特产。此时水冷鱼肥，若赶上运气好，一网下去的收获，就能换回够全家人吃上半个月的粟米。

不过今年这个时候，渔民们没一个敢到黄河边上捕鱼，只能眼巴巴地看着肥壮的鲤鱼摇头摆尾成群结队地顺流而下，游到山、陕交界的黄河峡谷跳龙门去了。黄河鲤鱼虽贵，却还没有人命值钱！

原来近些日子不太平，每天都有鞑靼骑兵成群结队地从北方纵马而来，集结于黄河岸边，人喊马嘶，踏起遮天蔽日的漫天尘土。

如此黄河天险，竟然无人把守。当年志大才疏的明英宗在大太监王振的忽悠下，也想效仿太祖、成祖之威武，率举国精锐二十万御驾北征，结果全军溃败，群臣死难，自己也成了俘虏。这令大明帝国遭受了史无前例的奇耻大辱。此后，明朝在开国时所设的大量卫所荒废，这里就成了鞑靼人可以肆意往来的通途。

旷野旌旗鸣晓日，高风鹰隼下长川。万马奔腾的景象虽然蔚为大观，可眼看着鞑靼人抡刀弄枪，凶神恶煞的架势，又有哪个渔民敢去近前送死？

一个文明有一个文明的智慧，别看草原人不会建屋造船，但自有渡河的办法。他们把整张牛羊皮扎起三条腿，留下一条腿用来吹气，就能造出一个浮力巨大的气囊。数个气囊连接在一起，就变成了一艘载重量很大的气垫船，鞑靼人称之为浑脱。

鞑靼人在岸边耐心地把数百个浑脱连接起来，一一拴在马尾后面，再以马匹牵引，日夜不息地将一批批战士、补给、武器运过黄河，迅速在河对岸集结成为一支可怕的军事力量。

在明朝初年受到重创被驱赶到漠北草原的蒙古人，经过一百多年的休养生息，早已恢复了元气，如今分为两大势力，平分秋色。东蒙古称鞑靼，西蒙古称瓦剌，每部下面还有众多大小部族。虽然东西两部之间长年互相攻打，但掳掠南方边防虚弱的明帝国一直是他们一致热衷、乐此不疲的日常活动。

这次渡过黄河的这支声势浩大的鞑靼军团，领头的正是大名鼎鼎的达延汗之孙，统领东蒙古鄂尔多斯、土默特和永谢布三部的鞑靼亲王吉囊。

自从明军在87年前在土木堡惨败于瓦剌太师也先之后，明帝国在丢了皇帝的同时，也丢掉了肥沃富饶的河套地区。不过这片水草丰美之地，没有落入瓦剌之手，倒成了养育鞑靼人的丰饶之乡，吉囊部占据此地繁衍生息，已经聚集了十万余众，兵强马肥，于是他们不再安分，开始从河套频繁南下，渡过了以往被草原人视为畏途的滚滚黄河与残破不堪的长城，对明帝国的陕西行省发起了大举进攻。

北直隶、辽东、陕西，是明朝边防三大要地，尤其是陕西行省更建有一百多处驿站，为全国交通之冠。"急脚递"一日可以将任何消息送达四百里之外，飞报军情效率极高，堪称快递的祖宗。

很快，告急的边报经过西安府一路送达北京西苑——并非送入紫禁城——送到了大明嘉靖皇帝朱厚熜的手中。送信驿卒累得跑断了气，可接到急报之后的皇帝却反应冷漠，这位历史地位堪与宋徽宗比肩的道君皇帝无动于衷，安如泰山，表现得近乎麻木不仁。

对于嘉靖皇帝来说，神仙大梦永远比做个有为之君更让他感兴趣，这一不接地气的志向注定让他成为古往今来皇帝中的一个异类。

嘉靖皇帝的内心深处一直有一个逃离工作、逃离皇宫的梦想，而他很确定紫禁城里八千七百零七间大大小小的殿、堂、楼、斋并没有容纳自己梦想的一席之地。自从他二十五岁时在西苑修建了第一个社稷之坛以来，此后数十年陆续兴建了永寿宫、无逸殿等宏大的、富有宗教意味的建筑群。那些庞大的工程一直持续到他离开这个世界，等于在紫禁城外，嘉靖皇帝为自己重新建造了另一座城。

只有在这座城里，嘉靖皇帝可以既是君王，又是一个自由自在的修道之人，他可以抛开责任与束缚，忘记旱灾洪水，忘记北虏南倭，忘记空空如也的国库，忘记大明帝国在政治、军事、财政、外交上的种种无可避免也无法解决的烦恼，一心一意地斋醮、玄修，寻求内心的清静安宁。

"嘉靖"二字出自《尚书·无逸》中的"嘉靖殷邦"一句，是皇帝在刚继位时从内阁拟定的"绍治""明良""嘉靖"三个好字眼儿中亲自挑选出来的。"嘉靖"二字的含义是以美好的教化安服四方，然而遗憾的是当时的局面是从南到北，四方蛮夷都没有给这位中原天子面子，更谈不上安服教化。

嘉靖皇帝御国的时间长达45年，这期间从草原上纵横驰骋的蒙古骁骑，到渡海远来的海盗浪人，而或大山密林中的壮人、瑶人、苗人，都想要挑战中央王朝权威，甚至直接羞辱皇帝本人的兵祸数不胜数，各种规模不一的战争此起彼伏，成为嘉靖皇帝挥之不去的噩梦。

虱子多了不咬，聪明的嘉靖皇帝心知肚明，比起南方膏腴之地日益严重的海贼之祸，这种来自北方的日常抢劫不过是纤芥之疾。那位吉囊亲王也并无与他争夺天下的大志，不过是带着一群叫花子一般的武装牧民到汉地抢粮、抢锅、抢女人，抢够了自然会走。自己只要老老实实窝在北京城不出去冒险，结局无论如何也不会比沦为俘虏的英宗更差。何况近些日子后宫噩耗连连，一片乱象，让嘉靖大伤脑筋，根本无心朝政。

素有孝顺美名的嘉靖皇帝原本打算把元朝留下的一座富丽堂皇的佛殿——大善殿——改建成给太后居住的慈宁宫，可大善殿中还留着一百六十九座美不胜收的金银佛像，以及大量的金、银函和极其珍贵的舍利，这些价值连城的宝物不仅有世俗的昂贵价值，更有非凡的宗教含义，要如何处置，工部官员和太监们皆不敢擅自做主，只得来请皇帝的旨意。

嘉靖皇帝尊崇道教多年，对待"番教"素来深恶痛绝。这些金银佛像倒是好办，正好大内缺钱，熔了便是一笔收入，而对于那些佛骨舍利，嘉靖皇帝特意做了交代："朕考虑，舍利这种东西，智者自然知道这是肮脏邪秽，看都不会去看；但愚人会觉得神奇，一定会想方设法拿来供奉。就算朕今天把这些佛骨埋了，将来还会有好事之人再挖出迷惑百姓，所以干脆一把大火烧掉干净！"

此后不久，刚出生不久的皇子朱载壑忽然得了可怕的天花恶疾，这让嘉靖皇帝很担心自己要第二次面临丧子之痛。

皇子得了如此重病，后宫乱作一团，与此同时，一个可怕的消息也在宫人中流传，据说有好几个人看见黑色的鬼影在后宫的房间内来回穿梭。就连皇帝最喜爱的那只名叫霜眉的狮子猫也一反往日的乖巧温和，上蹿下跳，连着咬了好几个太监。这突如其来的混乱，令嫔妃们日夜啼哭，御医们束手无策，宫女和太监们人心惶惶。面对这一系列变故，向来固执己见、刚愎傲慢的嘉靖皇帝也有些手足无措了，长子早夭的悲剧绝对不能重演！他连忙吩咐太监："快传邵真人进宫！"

万历大时代

卷一

——

暮霭沉沉

# 第一章　身似鹤形

嘉靖皇帝每每遇到力所不逮的危急关头，第一个心中所想、口中所唤之人，既不是内阁深谋远虑的辅臣，也不是边关忠贞勇猛的大帅，而是一位令他无比亲近与信赖的方外之人。这个人就是总领天下道教的致一真人——邵元节。

邵元节字仲康，江西贵溪人，而当时全国学道最方便的宝地，非江西莫属。

当年正一道创始人张道陵曾在江西鹰潭一座高山之巅炼丹，传说丹成时有龙虎现身，故而此山得名龙虎山。邵元节自幼是个孤儿，很小的时候就托身龙虎山出家为道，投拜名师，精研旷世奇书《龙图规范》，习得一身本事，据说可以呼风唤雨，点石成金。

嘉靖皇帝登基后，已经名闻天下的邵元节就一直陪伴在他身边，二人既是君臣又是道友，关系十分亲密。

嘉靖皇帝聪明过人，虽然继位时只有十二岁，但在当时首辅杨廷和的辅助下，也算励精图治，一扫正德年间的弊政，眼看着国势一天比一天有起色。

少年天子，往往难逃一"色"字，初尝权力滋味的朱厚熜，一开始最大兴趣还不在修道炼丹，而是美色佳人。每当处理完日常朝政之后，这位风华正茂、精力充沛的年轻人就会把剩余的全部时间都投入后宫之中，夜以继日地和不同的美女颠鸾倒凤。楚歌吴舞，晓妆雪肌，令这位初尝人间之乐的年轻人乐此不疲，难以自拔。

节物风光不相待，桑田碧海须臾改。转眼间，夜夜欢娱的风流岁月已经过去了十余年。一天午夜梦回之时，嘉靖皇帝忽然想到一个令他毛骨悚然的问题：自己十年如一日辛勤耕耘了万千沃土，而今竟然颗粒无收。如果是民间百姓一夫一妻，那还可能是别人的问题。但后宫美人上千，带把的只他一个，那么唯一的原因就是：他自己就是那个没有生育能力的人。

嘉靖帝细思极恐，不由得全身冒冷汗，自己这不是明摆着要步前任正德皇帝朱厚照的后尘了嘛！他那位荒唐了半辈子的堂兄就是因为没有子嗣，皇位才传到了他的手上。

说起朱元璋的这些子孙,沉稳靠谱的极少,残忍变态的颇多。明武宗朱厚照就是个贪杯好斗、荒嬉无度的奇葩,留下了大量香艳又荒唐的民间传说。

正所谓不作不死,明武宗一次南巡四处游玩,路过江苏清江浦,见眼前一片碧波浩荡,顿时生起自驾捕鱼的兴致。谁知乐极生悲,鱼是捞上来了,皇帝却掉进了水里,脏水入肺,引发了严重的肺炎。回到京城后不久,武宗在南郊主持大祀礼时旧病复发,当场口吐鲜血,瘫倒在地,最终驾崩于豹房,时年仅三十一岁。

荒淫无度的生活与毫无征兆的暴卒,让朱厚照没有留下任何继承人。而他唯一的弟弟又幼年夭折,所以武宗这一脉就算是绝种了。内阁首辅杨廷和只得根据《皇明祖训》往上捋,从他父亲明孝宗同辈兄弟中去寻找血脉最近的皇位继承人。

明孝宗有兄弟四人,他排行第三。两名兄长早已亡故,而且无子。唯有远在湖北钟祥就藩的四弟兴王朱祐杬一脉倒留下两个儿子。长子又是早亡,这一辈唯一活着的男孩就是次子朱厚熜。按照"兄终弟及"的原则,这个天大的馅饼准确地砸在了这个年仅十二岁的懵懂少年头上,让他意外地成了大明王朝第十一位皇帝。

从皇位承袭的正统性方面来说,朱厚熜继承大统实在有点勉强。他在十二岁刚刚当上皇帝的时候,礼部就以小宗入继大宗,应以大宗为主为理由,让嘉靖皇帝认自己的大爷明孝宗为爹,而改称他自己的亲爹为叔。这一建议不仅使嘉靖皇帝大感屈辱,甚至连他的母亲也拒绝进北京。因为如此一来,老太太不但当不了皇太后,而且连做母亲的资格也没有了。

就在这对母子愤愤不平之时,恰巧宫中发生了一场火灾。首辅杨廷和严肃地指出,这是天老爷对皇帝违反礼教的一种警示。嘉靖帝母子当时尚势单力孤,自问不敢抗拒天老爷,只好委委屈屈地照办。

随着年龄的增长与地位的稳固,嘉靖皇帝开始后悔当初的屈服。嘉靖三年(1524年),他旧事重提,坚持要恢复正常称呼,重新管自己的爹叫爹。这个作为儿子无比正常的要求,在当时看来却是无与伦比的大逆不道,在朝廷中掀起了轩然大波。

大臣们觉得天都要塌了,杨廷和的儿子、翰林修撰杨慎决心以生命捍卫儒家礼教,他在百官面前大声疾呼:"国家养士百五十年,仗节死义,正在今日!"

杨慎何人?怎么有这么大的号召力和皇帝唱对台戏?说起来有明一朝三百年当中,有号称三大才子者,其中两位是天下闻名的解缙和徐渭,而头一位就是这位杨慎,至于唐伯虎之流还根本排不上号。

杨慎是正德六年(1511年)的状元,当时不过二十四岁,此人一生写过四百多种著作，涵盖天文、地理、经史、诗歌、书画、金石、生物、医药、散文、词曲、音律等诸多方面，可以说是位无所不通的旷世奇才。

在杨慎的带动下，守礼派的官员们采取了强硬的做法——"伏阙"，就是九卿、翰林、都察院御史、诸司郎官、六部、大理寺属共二百二十九人跪伏左顺门，请嘉靖帝收回成命。这两百多位朝廷大臣基本涵盖了大明帝国整个庞大的官僚体系，誓要与皇帝展开一场生死较量。他们跪在左顺门外，坚决地请求嘉靖皇帝改变旨意，众人从清晨跪到中午，哭声惊天动地，声震文华殿，打算用泪水融化皇帝的铁石之心。

从表面上看，嘉靖帝的目的是为自己亲生父母争取名分，但更深的一层含义则是皇权和相权之争，两方各不相让，才有了这场惊天动地的"大礼议事件"。自杨廷和父子以下，阁臣与朝臣们鉴于当初武宗朝时期皇帝肆无忌惮的任性行事，对国家危害巨大，所以想以儒家士大夫的治国平天下为己任，为大明出一份力，制约皇权。

遗憾的是，所有人都低估了嘉靖皇帝的独断意志，他的铁石之心并没有被融化，反而惊天动地地爆发了。嘉靖帝咬牙切齿地下令锦衣卫逮捕为首者八人，将他们打入诏狱。如此一来，君臣之间的对抗更加激烈，引来更多的朝臣冲至左顺门前擂门大哭。

面对群臣的施压，嘉靖帝毫无屈服之意，再次强硬下令让四品以上官员86人停职待罪，五品以下官员134人当场廷杖，创下明朝一次同时廷杖最多人数的血腥纪录。当日，打板子的噼啪声犹如三十晚上的爆竹声不绝于耳，行刑之地被血泪浸透，其中16人当场被活活打死，魂断午门。

这场大礼议风波的领头人杨慎自然也难辞其咎，十日内被廷杖两次，然后被发配充军到云南永昌卫（今云南保山市）。

嘉靖皇帝一辈子对杨廷和、杨慎父子恨之入骨，时隔多年还经常阴险地问及杨慎的情况。幸亏朝中很多大臣都非常尊重杨慎，告诉皇帝杨慎又老又病，已经兴不起什么风浪了，嘉靖皇帝这才没有对他再下毒手。杨慎听闻此事，更加放浪形骸，纵酒自娱，经常在脸上涂着红粉，双鬓插满桃花，持酒携妓四处游玩，旁若无人，以发泄心中的悲愤。

嘉靖一朝一共进行了六次大赦，大赦名单中却始终没有杨慎的名字。按明律罪官年满六十岁可以赎身返家，但唯独杨慎的案子无人敢受理，仿佛被世间遗忘。

杨慎虽然一生坎坷，身体却很健康，活了七十二岁，于嘉靖三十八年（1559年）在不甘中黯然去世，他临终留下最后一首诗："七十余生已白头，明明律例许归休。归休已作巴江叟，重到翻为滇海囚。"

左顺门一场腥风血雨之后，反对议礼的官员纷纷缄口，这一次皇权与文官集团的终极较量，付出了无数大臣屁股开花甚至献出生命的沉重代价，最终以嘉靖皇帝大获全胜告终。然而这位胜利者在取得了恣意妄为的资格之后，却不得不面对无后的窘境。

# 男科大夫

作为大明帝国的总掌教，邵元节的本职工作，原本主要是替皇帝就气象方面的问题与天神进行密切的沟通，确保国家风调雨顺，农业生产能够顺利进行。毕竟大明帝国没有什么别的收入来源，供养数万龙子龙孙，几万公务人员以及百万军队的沉重负担都要靠着微薄的农业税来维系。

靠天收税吃饭，这个模式太脆弱了。

因为中国的疆域实在广大，全国各地的水灾、旱灾、地震非常频繁，几乎每年每月都有不同的自然灾害降临，从未停过。邵元节在祈祷雨雪方面确实有灵验的时候，但绝对没有神通到可以随心所欲控制全国天象的地步。

邵元节掌控天气的本事虽然不甚灵光，但左右人道还是绰绰有余。他另有一桩压箱底的本事，专治男科疑难杂症，尤其以治疗不孕不育最为拿手。

嘉靖皇帝自从二十六岁时猛然领悟到生儿子的重要性，就开始按疗程服食邵元节炼制的丹药，以求尽快生下一个子嗣，使自己的皇位真正稳固，不至于重蹈堂哥的覆辙，让皇帝玉玺可以永远在湖北兴王一系的血脉中千秋相传。

一年下来，嘉靖皇帝果然龙体精进，得到了自己第一个儿子。初为人父的喜悦，皇帝与平民没有什么不同，而且此后几年间又连续有数位皇子和公主出生，更让嘉靖皇帝龙心大悦。他把这些龙子、龙女的出生都归功于道教的神奇伟大与邵元节的法力无边，对道教的崇拜达到了无以复加的地步，同时也正式开始了自己余生的专业修道之旅。

这一段时间，后宫的乱象让皇帝六神无主，自然要请大师出山来做自己的定心丸。太监匆忙来到邵元节的丹房，传他入宫。而此时邵真人已经闭关忙碌了两月有余，正在进入炼成新一批丹药的关键时刻。

在邵真人散发着神秘气息和复杂味道的丹房中，一层层檀木架上摆放的数十个白金大钵，装着去掉头和翅膀的大蜻蜓，苏合树脂浸泡的海马，红土焙炒过的穿山甲鳞片，黄澄澄臭气刺鼻的硫黄，黄豆大小、洁白剔透的家雀脑子，还有各种亿万年前的贝壳化石。

顶着一蓬乱发的邵元节就像一个疯狂而执着的化学家，有条不紊地为这些千奇百怪的原料加入品质上乘的人参、鹿茸、苁蓉等名贵药材，然后通通装入猪大肠内，熬煮，晒干，轧成粗面，制成可以入炉升炼的原料。

神仙做事，太监哪里敢贸然打扰，只能先眼巴巴看着邵元节指挥着弟子们把这些原料放入一只银锅之中，再把银锅塞入一只白莹莹的锡锅之内，最后将锡锅再放入一口黑黝黝的铁锅，而后将这一整套锅具一同塞入炉火熊熊的丹炉之后，这才口传了皇帝旨意。

听到皇帝急召后，邵元节不敢怠慢，丢下丹药，连夜入宫。然而在这次后宫巨大的危机面前，七十七岁高龄的邵元节却辜负了皇帝的信任。丹药并没有给他带来想象中的长寿与健康，他已经太老了，身体衰弱，头晕眼花，不但对病得奄奄一息的皇子束手无策，连作法驱鬼也毫无效果。大概是由于过度的紧张和懊恼，邵元节的双手抖得厉害，连符也画不成。

就在皇帝脸上露出失望表情的一瞬，老谋深算的邵元节第一时间拿出了补救的方法。他向皇帝推荐了自己的好朋友，一个将嘉靖帝的君王生涯继续引入歧途的关键人物，一位法力更加强大的道士——陶仲文。

湖北人陶仲文的身世比从小在道教圣地修炼的邵元节平凡了许多。他不是专业道士出身，属于半路出家，自学成才。在成为新一代掌教之前，陶仲文一直在黄梅戏的发源地黄冈黄梅县做一名小吏，而他职业生涯的顶峰也不过是在北京当过一段时间藩库的管库员。

陶仲文也算是艺高人胆大，既然有道友托付，他便毫不犹豫地抄起自己的桃木剑进宫作法。此行将是他人生中最为重要的转折点，要么辜负朋友的信任和皇帝的测试，被砍掉脑袋，要么一战成名，成为皇帝的新导师。

陶仲文成功了！他先用洒符水的方式在后宫进行了驱妖仪式，很快让宫中清静下来，令那些令人恐惧的异象消失无踪。接着他又全身心地进行了一场隆重的斋醮仪式，意图操纵一种无人理解的超自然力量为皇子治病。

陶仲文身着镶嵌着金丝银线的道袍，手持法器，忘我地反复吟唱咒语，继而翩翩起舞，以祭告神灵，祈求诸位神仙为皇子的身体康复提供帮助。经过陶仲文这一番充满激情的天人沟通，太子的天花竟然奇迹般地痊愈了，但落下一脸小麻子是在所难免的。

嘉靖皇帝目睹了陶仲文作法的全过程，从此对陶仲文高深的法力深信不疑，不仅兴奋地将他留在了身边，而且真诚地让他接任了天下掌教的至高职位。

关于陶仲文的神奇事迹，史书中有很多记载。

嘉靖十八年（1539年），陶仲文伴随嘉靖皇帝南巡，车驾前忽然没来由地刮过一阵旋风。嘉靖皇帝觉得大为不祥，就问陶仲文这股怪风是咋回事？陶仲文掐指一算，忧心忡忡地答道："旋风莫名而来，不是好事，我看是要着火！"结果当晚皇帝行宫就发生了一起很大的火灾，烧死了很多宫人。

史籍中甚至记载陶仲文有一次准确预测了远在千里之外的大同有一个叫王三的鞑靼间谍，混进大明境内刺探军情，后来此人果然被擒获。

关于陶仲文身上发生的种种神迹数不胜数，如果相信史籍的记载，古代文化中确实有太多用现代科学无法解释的奇妙现象。而在当时，陶仲文确实是嘉靖皇帝乃至全国人民心中当之无愧的活神仙。最令嘉靖皇帝叹为观止的是陶仲文的御女之术，竟然比邵元节更胜一筹。嘉靖皇帝每每吃过他呈上的天丹铅以后，就会异常兴奋，多巴胺就像坏了的自来水管子一样哗哗流淌。这种丹药实际上是一种强壮剂和催情剂，吃药以后可以让人立即昂扬亢奋，长时间随心所欲地临御女子。

原本明代宫中规定，凡是皇帝御幸过的女人，要登记造册记入《内起居注》，再由皇帝封赏名号。但本来就对床帏之事兴趣极大的嘉靖皇帝依靠这种红色大药丸的力量，可以肆无忌惮地挥洒用之不竭的精力，有时一天临幸多达数人，以致宫规大乱。

陶仲文也有一桩好处，就是他虽然有本事，但一直严守道家"不争而善胜"的清修本分，为人谦和低调，受宠而不骄，既不干预朝政，更不为非作歹，因而能长期得到皇帝的信任，而文官集团对他也没有丝毫的敌意。

嘉靖对陶仲文的态度，完全不像君王对臣子，简直把他当亲师兄一样对待，礼节上两人几乎是平起平坐。每次二人见面的时候，都同坐一个绣墩上谈天论道，而离别之时皇帝都会起身相送，还常常站在门口依依不舍地与他握手道别，认为自己终于找到了心灵的依托。

正所谓：练得身形似鹤形，千株松下两函经。我来问道无余说，云在青霄水在瓶。

# 一场空

一个人如果在某一段时间内感到自己过得太顺利、太幸福，那么这个人应该感到担忧，因为这个时候意外之灾就可能会突然降临。

嘉靖皇帝自打有了子嗣，便又生出一种新的痛苦。龙子龙女们能顺利生出来是一回事，能平安长大又是另外一回事。

皇长子朱载基在刚出生两个月后便夭折了，而后次第出生的两个小公主，也是一个只活到十四岁，另一个只活到十二岁，靠丹药的力量催生出的孩子们，果然一个个质量堪忧。

小皇子朱载塦的天花痊愈了，虽然带着一脸麻子，但一直都活泼健康，格外得到父亲的喜爱。朱载塦在四岁时就被立为太子，而嘉靖帝对这个聪明伶俐，面貌酷似自己的儿子也一直精心培养，寄予厚望，唯一的担心就是儿子虽然已经度过一劫，但依旧不能确定是否能够平安成年。就这个问题，嘉靖帝多次与陶仲文商量，陶仲文几经思虑，最后给出了一个不是办法的办法："太子想保命，二龙不相见。"

嘉靖皇帝对活神仙的话向来是言听计从。为了儿子能活着，他只能极力压制住心中的父爱，几乎做到了不与儿子有任何接触。

太子十四岁那年，依例要举行成年典礼，这样盛大的仪式，作为父亲的嘉靖皇帝是必须出场的，于是"二龙"在这个隆重的官方场合再一次相见。

这一见，酿成大祸。

陶仲文的预言就是这样的神奇而诡异，仪式刚刚结束两天，年轻的朱载塦突发暴病，没多久就死了。爱子的离去，太子的空缺，让嘉靖皇帝长久地沉浸在巨大的悲痛中，很长时间都无心朝政。此时他还剩下两个儿子，裕王朱载垕和景王朱载圳。为了儿子们的安全，嘉靖帝痛下决心，严格遵守"二龙不相见"的规定，与儿子们再不相见，甚至不再册立太子。

按照排序，理论上应该由三皇子朱载垕做皇储，但他却只能尴尬地生活在陶仲文预言的阴影下，一生无太子之名，直到父亲驾崩，才以亲王的身份继承大统。

心爱的儿子先他而去之后，嘉靖皇帝的心可谓死了一半。他感到世间的身外情与物都是如此虚幻，对世俗亲情再无留恋，一心只求羽化成仙。此后二十年，别说皇子、公主们见不到父亲，就连朝臣也再难见到这位心灰意冷的皇帝了。

## 深宫谋杀案

道家自有一套今天看来匪夷所思的内、外丹双修大法。通过日常服用丹药改变肉体的结构属于炼外丹，而炼内丹的方法则是把修炼者的身体看作一座丹炉，通过吸收吐纳天地间灵气，最终凝聚为大道金丹。但嘉靖皇帝修炼的方法却极为独特，给皇帝炼丹的配方里有一味红铅，原料就是少女经血，嘉靖皇帝强迫后宫供养的宫女吃一些可以使她们过量产出经血的药材，以供道士们"炼丹"之用。

为保持这些少女身体的洁净，她们不能正常进食，很多时候只能吃桑葚充饥，还要每天在御花园为皇帝采集甘露，繁重的工作与极度的营养不良，导致大量宫女因此累倒累病。

甘露是道家极为推崇的一种神物，"其凝如脂，其甘如饴"，被视为"神灵之精，灵瑞之泽"，相传吃到了便能长寿。而很多帝王对这种说法深信不疑，汉宣帝刘询、吴国归命侯孙皓、前秦苻坚等人，甚至直接以甘露作为年号。今天北海公园琼岛西北半山还保存着一座铜仙承露盘，就是清朝的乾隆皇帝所修建。

甘露虽然占了个清新脱俗的"露"字，却不是草叶上晶莹剔透的露水，那么让帝王们如此垂青的圣物"甘露"到底是什么呢？答案让人笑掉大牙，竟是蚜虫的粪便！

蚜虫这种小动物附生在草木枝叶上，吸食植物的汁液，经过消化后，一部分没有被吸收的糖分跟水分便通过排泄遗留在枝叶上。这些蚜虫粪样子看起来皎洁莹润如雪，又没有异味，让不明就里的古人觉得神奇又珍贵。

这些排泄物说起来让人作呕，但确实可以食用，因为其成分主要是碳水化合物，包括甘蔗糖、转化糖、松子糖等，还有少量蛋白质，甚至可以说确实具有一点滋补作用，但是如果说它能够延年益寿就纯属无稽之谈了。

食用甘露虽然无效，但至少无害。而嘉靖皇帝常年服用含重金属的丹药，就对身体和神经大有损伤了。中年以后的嘉靖皇帝越来越喜怒无常，暴戾多疑，鞭打宫女更是家常便饭。一个出使大明的朝鲜使者曾记录：宫女如果有过失，动辄被杖击、鞭打，在嘉靖一朝因体罚而丧命者多达二百余人，宫女们常年积苦蓄怨。

嘉靖二十一年（1542年）十一月，一批被折磨得生不如死的宫女忍无可忍，终于在一名叫杨金英的女孩带领下，发动了一次意图与皇帝同归于尽的绝望反击。

这天嘉靖皇帝留宿在端妃所在的翊坤宫内。端妃姓曹，是当时红极一时的宠妃，皇帝长期在她这里安营扎寨，宠爱有加，皇后对这个情敌恨得牙根痒痒，却无计可施。

嘉靖帝半夜里睡得香甜，正做着骑鹤飞翔的美梦。一干美少女战士悄悄潜入，一拥而上，各自按照事先的分工死死按住皇帝的身体。有人甚至按捺不住心中的仇恨，拔下头上的金钗，朝着这位昔日神圣无比的天之子一顿乱刺。嘉靖帝猛然惊醒，却动弹不得，只好徒劳地死命挣扎。宫女们发现，这个平日威严无比，如神一般的男人竟然也会疼痛、害怕、流血，眼里满含恐惧，不断试图挣脱求生。

为了尽快把皇帝杀死，宫女们用绳子套住了皇帝的脖子，还给绳子打了两个结。可就是这个结打坏了，两个死结套在一起，无论如何使劲拉拽，力量都在结上，而不在皇帝的气管上。时间一分一秒地过去，皇帝依然二目圆睁，手脚乱抖，就是不死。就在这千钧一发的生死关头，一个叫张金莲的宫女由于过度紧张，终于精神崩溃了。她哭号着跑出翊坤宫，直奔皇后住的坤宁宫去自首。

皇后反应很快，听闻丈夫要被人害死，飞也似的带人冲入翊坤宫救驾。杨金英等人见事已败露，也只得丢下半死不活的嘉靖，四处奔逃。皇宫内苑之中，守卫众多，宫女们又能藏到哪儿呢？锦衣卫四下搜查，宫女们很快被一个个捕获，然后受审，等待她们的将是凌迟之刑。而借着皇帝昏迷的机会，皇后公报私仇，干脆下令把她的情敌端妃也一起干掉了。

此时大脑严重缺氧的嘉靖帝已经游荡到了鬼门关外，一直昏迷不醒。幸而太医院使许绅医术高明，大胆地使用红花、大黄等下血之药，为嘉靖帝放出瘀血数升，才算把皇帝从鬼门关救了回来。

这一场未遂的宫廷谋杀案，使得嘉靖皇帝从此更加远离人间烟火，也更加冷酷寡恩。不久，嘉靖皇帝便彻底隐居西苑修道，不但再不上朝，连大内也不回了。刚开始的时候大臣们并没有在意，以为皇帝只是一时受了惊吓，静养一段时间自然会好。可满朝文武都失算了，皇帝这一去，就是二十多年。

嘉靖三十九年（1560年），皇帝再次下令在北京周边选取八岁至十四岁少女三百名为他炼丹所用，第二年又选取了一百名十岁以下女孩入宫。

大难不死之后隐于西苑的嘉靖皇帝对于修道的执着从未改变，而且变本加厉地以这种世界上最为荒唐无耻的方式，去实现他人生的最高理想：千岁厌世，去而上仙。乘彼白云，至于帝乡。

# 第二章　饥渴时代

元末天下大乱，群雄并举之时，有一支称霸江浙的义军，首领叫作方国珍。此人后来被迫归顺了朱明，死后在家乡宁波留下一座极为气派的豪宅大院。

永乐年间，这座豪宅被朝廷征用为浙江市舶司衙门，专门用来承办对日本的国际贸易，一应验货、入库、征税的程序都在这里进行。到了嘉靖初年，市舶司又在原来建筑的基础上新修了一座富丽堂皇的嘉宾馆，专供款待日本贡使之用。

嘉靖二年（1523年）五月一日，浙江市舶司的嘉宾馆里灯火通明，新修的大宴会厅里彩树转灯，明烛高照，两张好大的八仙桌分南北摆开。桌上的金盘玉碗中摆满了珍馐美味，两坛琥珀色的陈年花雕已经敲去了泥封，其色比琼浆，香同甘露，让人闻之垂涎欲滴。如果不是有贵宾到来，市舶司是舍不得拿出这样的好酒待客的。

来参加宴请的日本客人分为南北两席落座，他们大多是梳着"月代"发型，身穿刺绣着花鸟、山水纹样的华丽肩衣，虽然穿着打扮都差不多，但表现出来的神态、做派却大不相同。

北侧一桌，按照中国礼仪被称为首席，这桌的日本商人各个衣着华贵，神态间很有些扬扬之色，席上觥筹交错，谈笑风生，气氛十分热烈。

而南侧次席上的气氛却格外冰冷，这一桌的日本人大多容貌粗野，体格魁梧，与其说是商人，倒不如说更像一群武士。他们各个眉头紧锁，满面怒容，虽然也有船舶司的小吏和通事（翻译）陪着，却并无交流，只是一个劲地喝着闷酒。他们偶尔有简短的低声交谈，眼睛却一直狠狠盯着首席那桌的同胞兼同行，满脸恨意，眼里仿佛喷出火来。

浙江市舶司接待日本贡使已经有近百年的历史，双方一直是各得其所，互惠互利。明朝要的是天朝上国的尊严，四方来朝的面子，虽然把中日贸易贬低为进贡，但也会给予日本使团格外优惠的政策。既然名为朝贡，那么来华贡使就都有了外交人员的身份，在宁波和北京两地的花销都不用自掏腰包，自然成为日本人趋之若鹜的肥差。

中国的丝绸、茶叶、瓷器是享誉世界的商品，从来不缺销路。而日本的白银、武器和战马，保持着一贯的高品质，也同样深受明人欢迎。明、日双方各取所需，日本贡使每来一次中国，都可以得到数倍的利润，把黄澄澄的大明铜钱赚个盆满钵满。

中国幅员辽阔，地大物博，还用得着从日本进口马匹？对，这还不算稀奇，由于战马奇缺，连小小琉球出产的马匹也是明军骑兵战马的来源之一！而日本货物中最受明人欢迎和喜爱的，还是日本刀。

从宋代起，日本刀就已通过民间贸易源源不断流入中国。北宋著名文学家欧阳修就曾写过一首《日本刀歌》："昆夷道远不复通，世传切玉谁能穷？宝刀近出日本国，越贾得之沧海东。鱼皮装贴香木鞘，黄白闲杂鍮与铜。百金传入好事手，佩服可以禳妖凶。……"

到了明代，日本刀制作更臻于精良，声誉日隆。虽然明帝国本身也有规模庞大的官营武器生产线，但明朝每年都会从日本大量进口武器。上好的日本刀只有高级将官和锦衣卫才有资格获得。京营里装备精良的禁军军官头戴中亚进口的精美铁盔，手拿日本朝贡的钢刀，在穿花袄的兄弟部队面前鹤立鸡群，真正是倍儿有面子。

多年的贸易，让很多日本贡使和市舶司太监、官吏成为熟人。双方于公是合法的国际贸易，于私更有大量暗地里的权钱交易，一直合作得亲密无间。然而为何这一次，同为来自日本的商人之间却如此势同仇敌？

市舶司的掌印太监、日本贡使、贡使背后的实力派大名，乃至刚刚登基的嘉靖皇帝，谁也不曾想到，这样一个平常的年份，普通的日子，一次惯例的招待晚宴，将引发一场震惊大明帝国的暴力事件。它不仅改变了一个王朝延续百年的经济政策，更带来了延绵无尽的贫穷与战争。

## 面子问题

这天朝上邦与日本做买卖的故事，咱们还得从头说起。

朱元璋虽然一手创建了国力强盛、疆域广阔的大明王朝，然而浩瀚无边的大海于这位开国大帝来说，依然是看不见的远方，令人恐惧的世界边缘。在他骨子里对于那片未知深渊的恐惧，与一个谨慎固执的凤阳农民并无差别。

洪武二年（1369年）二月，初创的明帝国也已经开始编纂《元史》，修建功臣庙，一副新王朝改天换日的架势。

事业发达了总不能锦衣夜行，新王朝的大规模外交活动如火如荼地展开了。手捧圣旨的明朝使者四处奔走，占城、爪哇、渤泥、高丽、琉球、三佛齐、暹罗等二十几个国家见中原换了主人，也纷纷捧场，遣使入贡，加入了以明帝国为宗主国的朝贡体系。

　　可惜的是，"四海称臣，万邦来贡"的喜人场面持续了没多久，就从日本方面传来了一个令朱元璋暴跳如雷的坏消息，被派往日本的大明使团遭遇了重大外交挫折。

　　这一路使团由明朝著名外交官杨载率领，去向日本通告洪武大帝登基的消息，并册封日本统治者为比朱元璋低一级的日本国王。杨载使团携带的诏书口气那是相当强硬，用白话说就是：诏书到达之时，日本要么就趁早奉表臣服，要么就准备迎接战争，你们如果不自量力敢于对抗天朝，大明水军必将打到你们小岛，活捉你们的国王，好好考虑考虑吧！

　　杨载一行七人按照传统的赴日航线，从宁波登船过海，在九州威风凛凛地登陆上岸，却阴差阳错地把本应送给天皇的诏书送到了怀良亲王手中。

　　朱元璋并不知道，日本天皇和他这个中国皇帝不同，很少有说了算的时候，近些年能吃饱饭就已经是好日子了。当时正值日本南北朝时期，南朝的实际掌权者怀良亲王正是后醍醐天皇之子，征西大将军。

　　自从南宋亡于蒙古人之手，日本一直认为本国比明朝更有资格继承中华正朔。日本学者曾有一首《答大明皇帝问日本风俗诗》写道："国比中原国，人同上古人。衣冠唐制度，礼乐汉君臣。银瓮篘清酒，金刀脍素鳞。年年二三月，桃李自成春。"实际上早在宋朝时，中国皇帝就很羡慕日本万世一系的古风。有个叫奝然的日本和尚来到了大宋，受到宋太宗亲自召见，奝然虽然不会说汉语，但会写汉字，于是两人交流便是以宋太宗问话，奝然写字作答的方式进行。奝然介绍说，日本国王传袭六十四世矣，文武僚吏，皆是世官。这段话深深触动了宋太宗，他看着身边的宰执大臣，颇有感触地叹道："此蛮夷耳，而嗣世长久，臣下亦世官，颇有古道。"

　　怀良亲王性如烈火，勇猛善战，他看到朱元璋这封充满威胁意味的诏书后勃然大怒，竟然当场下令把七个明使斩了五个，又把杨载等二人拘留了数月，后来为了让他二人带回口信才将他们放回。

　　日本如此强硬的态度令朱元璋大感意外，心想日本人蛮夷太没文化，恐怕是没看懂我诏书的意思吧。于是朱元璋并没有像自己在诏书中声称的那样派出水军去活捉日本国王。而是又派了一批使者带去了一份措辞更强硬的诏书，打算用文字的力量彻底吓住日本人。

在这份新诏书中，朱元璋为了让日本人对他的意图彻底理解，非常耐心地摆事实，讲道理，还细心地举出了三个例子帮日本人加深印象。

新诏书这样写道：大胆日本国王，竟然还看不清形势，如果你继续像只井底之蛙一样观天自大，我大明就要像东吴的孙权、西晋的慕容廆、元朝的忽必烈那样派兵讨伐你，你小子可别后悔，到时候你的男女百姓都将成为我的俘虏，这几个可怕的故事就给你做参考，你要好好考虑一下！

怀良亲王自幼受过良好的教育，汉文造诣很高。但笔者猜想当他看到这份诏书，必定是一头雾水，因为诏书里用的几个典故实在太过荒唐。

先说东吴孙权之典，也就是我们从小就在历史课本上都学过的孙权派卫温、诸葛直到达台湾这段历史：三国时代，连年战祸，各国人口都极度缺乏，东吴向来有掳掠土著补充兵员的传统。孙权派卫温和诸葛直率甲士万人渡海搜索，就是为了寻找新的兵源地，本意是想找日本，结果误打误撞到达了夷洲，也就是台湾。二将带兵登陆后，抓捕了当地上千名还处于石器时代的土著，给他们戴上锁链，强行押送回吴国。然而这次劳师远征其实是个亏本买卖，一路上吴军因为水土不服病死十之八九，卫温、诸葛直二将回国后就被孙权下令斩首，让这场得不偿失的抓壮丁行动以悲剧收场。

吴军到台湾抓丁跟千百公里以外的日本风马牛不相及，这能算是对日本的威胁吗？

再说忽必烈之典。蒙古人倒是敢作敢为，确实两次挥师进攻日本，但结局大家都清楚。

北条时宗的时代算是对镰仓幕府和日本各藩的控制最强的时代，因此能够如臂使指，发动更多的人力物力抗击蒙人入侵。九州幕府在博多湾一带沿海滩构筑了一道石墙，用以阻碍蒙古骑兵。事实上蒙古兵连这第一道防线都未能突破，连营地都设不了，只能夜宿于船，最后台风来袭，几近全军覆没，让日人大生轻蔑之心，这一条又能算是威胁吗？

慕容廆是中国南北朝时期前燕建国的奠基人，他的战绩是纵横辽东，把高句丽打得落花流水，但翻遍史籍也查不到这位鲜卑强人曾渡海去过日本。

怀良亲王三个典故虽然看不大懂，但"讨伐"两个字总是认得的。好在这次他还算理智，没杀来使，而是以文会友，针锋相对地给朱元璋写了一篇绵里藏针、软中有硬的回信。

这封回信词锋遒劲，掷地有声，堪称一篇奇文：

臣闻三皇立极，五帝禅宗，惟中华之有主，岂夷狄而无君。乾坤浩荡，非一主之独权，宇宙宽洪，作诸邦以分守。盖天下者，乃天下人之天下，非一人之天下也。臣居远弱之倭，褊小之国，城池不满六十，封疆不足三千，尚存知足之心。陛下作中华之主，为万乘之君，城池数千余，封疆百万里，犹有不足之心，常起灭绝之意。

夫天发杀机，移星换宿。地发杀机，龙蛇走陆。人发杀机，天地反复。昔尧舜有德，四海来宾。汤武施仁，八方奉贡。

臣闻天朝有兴战之策，小邦亦有御敌之图。论文有孔孟道德之文章，论武有孙吴韬略之兵法。又闻陛下选股肱之将，起精锐之师，来侵臣境。水泽之地，山海之洲，自有其备，岂肯跪途而奉之乎？顺之未必其生，逆之未必其死。相逢贺兰山前，聊以博戏，臣何惧哉。倘君胜臣负，且满上国之意。设臣胜君负，反作小邦之差。

自古讲和为上，罢战为强，免生灵之涂炭，拯黎庶之艰辛。特遣使臣，敬叩丹陛，惟上国图之。

自隋朝开始，日本和中国搞外交一向很有傲骨的样子，从不称臣。当年用明天皇派小野妹子（此人是日本外交大臣，地道的须眉男子，小野是贵族姓氏，名叫妹子）给隋炀帝送国书，信的开头就是"日出处天子致书日没处天子无恙"，搞得隋炀帝大为不满，吩咐下边这样没礼貌的蛮夷书信不要拿来给我看。日本国书后来又改成"东天皇敬白西皇帝"，话里话外还是透着咱俩平起平坐一边大的意思。就连最仰慕中华的遣唐使来访，在史料中也找不到日本国书中对老师称臣的记录。大元帝国称霸亚欧两洲，下诏让日本称臣，日本一样拒不接受，故而对朱元璋也是同样的态度。

怀良亲王在这封霸气的回信中虽然自称"臣"，但他的署名只是"征西大将军"，而非日本天皇。而怀良亲王敢跟封疆百万的大国这么硬气，其自信来自他有独到的战略眼光，押准了朱元璋不敢出兵！

果然不出怀良亲王所料，尽管日本一再不敬，朱元璋大话说满，却毫无作为。尽管当时是大明军事力量最强的时期，大批开国猛将还没被朱元璋屠戮一空，但朱元璋始终没有勇气挥军渡海，征讨日本。反而一厢情愿地把不给面子的日本与安南、高丽、大小琉球、真腊、暹罗等十五国列为"不征诸夷"，并记录在《祖训》中。

在日本的羞辱面前显得过于宽宏的朱元璋转过头来，却开始用另一副面孔凶神恶煞地压制和恐吓着本国的沿海商民——"片板不许下海！"

中国的唐朝和宋朝都以生机勃勃的外向型的竞争社会呈现于世界，直到宋末的理宗时代，南宋 GDP 全球第一，海上贸易空前繁盛。

与那时的中国相比，朱元璋统治下的明朝则是内向的、反竞争的、缺乏想象力的。他只希望用更多手段从地方农业税中汲取财富，最大程度限制民间的手工业与商业行为。朱元璋制定了中国历代王朝中最为严厉的海禁政策，基本禁止了私人出海贸易的可能，亲手葬送了中国的海上贸易之路。

当时法律规定擅造三桅以上大船，带违禁货物下海，前往外国进行买卖者，枭首示众，全家发边卫充军。

中日之间不尴不尬的关系就这么一直维系了很多年，直到日本又一位著名人物出现，中日关系的死结才算得以化解。

这个人就是《聪明的一休》里那位留小胡子的幕府将军——足利义满。他此时已经完成了九州地区的征霸事业，自己差一点儿当上了天皇。

足利义满是一位务实的政治家，与脾气又臭又硬的怀良亲王大不相同，富得流油的大明帝国近在咫尺，稍稍低头就可以大赚特赚，得罪他何苦来哉，跟黄澄澄的铜钱相比，面子大可不要。聪明的足利义满主动派使者前往明朝，请求朝贡。

当时朱元璋已死，明成祖朱棣成功篡位。他为了宣布自己的永乐时代到来，效法乃父，向周遭列国派出了大量特使，可惜亦同样遭遇了重大挫折。

明使傅安出使帖木儿帝国后，在撒马尔罕的宫廷内遭到了帖木儿毫无风度的当众羞辱。当时金帐汗国、马穆鲁克、拜占庭、卡斯蒂亚等国使节一同出席，都有毛毯可坐，傅安却只能坐在冰凉的砖头地上，还要忍受帖木儿毫无顾忌的言语攻击。此后他在中亚被扣留多年，无奈之下重新演绎了一次明朝版本的苏武牧羊。就连对弱小安南的占领，也在一次次背叛中陷入困局，被迫撤军。

足利义满主动示好，让正在郁闷的朱棣十分开心，连父皇都搞不定的日本居然"慕义来归"，让他面上大大有光，立刻给予了积极响应，慷慨地赐予足利义满将军龟钮金印及勘合（贸易凭证）百道，从此两国朝贡贸易正式展开。

在大家通常的印象里，朱棣执政的永乐时代，曾有派郑和六下西洋的壮举，又与日本开放了朝贡贸易，必然是一个自信开放的时代。而事实上，翻开历史的尘扉，我们会发现永乐朝的海禁同样十分严格。当时法律规定民间所有海船必须改成无法远洋航行的平头船，可见朱明王朝用釜底抽薪之法来实行海禁的决心是何其坚决。

朱棣虽然严格禁止民间出海，但自己享用起舶来品却毫无禁忌，尤其对朝鲜美女更是一生热爱，曾三次明确下旨让朝鲜选送美女供他享用。

永乐六年（1408 年）四月，钦差太监黄俨等人出使朝鲜，带去了皇帝陛下粗糙的口谕："恁去朝鲜国，和国王李芳远说，有生得好的女子，选拣几名送来。"

跟桀骜不驯的日本相比，朝鲜太宗李芳远确实是明朝大大的忠臣，他接到旨意后立即下令全国禁止婚嫁，优先为天朝选妃。当时的贵族子女多不愿配合，李芳远竟然严令将怠慢其事者缉拿入狱。

次年，精挑细选的五名朝鲜秀女来到中国应召，其中有一个权氏女子深得永乐皇帝宠爱，被封为显仁妃。史书记载其"姿质秾粹，善吹箫"。

头一批异域风情的美女新鲜劲儿过去之后，朱棣还不满足，再派黄俨赴朝鲜，带去了一份更不客气的口谕："去年尔这里进将去的女子们，胖的胖，麻的麻，矮的矮，都不甚好。只看尔国王敬心重的，上头封妃的封妃，封美人的封美人，封昭容的封昭容，都封了也。王如今有寻下的女子，多便两个，少只一个，更将来！"

## 暴乱

再强盛的家族，总有颓败的一天。随着岁月的流逝，到了不争气的第八代将军足利义政继承将军的职位时，将军家早已衰落得徒有虚名，政令所及已只限于京城周围而已。对明贸易这样一本万利的好事，都被有实力的大名们瓜分，足利将军的贸易团逐渐变成了大内氏、细川氏、斯波氏的贸易团。但彼岸的大明宁波市舶司只认堪合不认人，对于日本政体的巨大变化恍然不知。

嘉靖二年（1523年）四月二十七日，日本大名大内氏派出了由宗设谦道率领的第九次对明贸易团奔赴宁波，包括三艘商船和三百多名随从。一直与大内氏分庭抗礼的另一大名细川氏得知消息，生怕这次大赚铜钱的机会让老对头独享，也立刻派出一艘商船，带着一份早已过期的堪合跟随而来，细川氏的商队由鸳冈瑞佐领头，但其中的灵魂人物是个中国人，名叫宋素卿。

宋素卿原名朱缟，原籍浙江鄞县。他自幼是个苦孩子，父亲是个不靠谱的漆匠。朱漆匠正好赶上中日贸易蓬勃之时，也想借着这股东洋风发一笔财，就主动请求为细川氏的日商代购漆器。

买卖漆器和制作漆器完全是两回事，朱漆匠原本不是个做生意的材料，他把收到的定金花个精光却未能按价交货，只好在日船归国之时，把儿子送给日本人做奴仆抵债。

可怜小朱缟从此改名宋素卿，开始了给细川氏打工的日漂生涯。但得风云赏，何须人事论。命运的神奇就在于它的变幻莫测，如果一直窝在老家，宋素卿一辈子也出不了头，最多是子承父业也做个漆匠，但这次意外的遭遇反而成为他人生最大的转折点。

宋素卿极有语言天赋，脑瓜又灵光，凭借自己的聪明勤奋和靠着对中国官商规则的天生敏感，很快在诸多奴仆中崭露头角，屡次为商队建功，一来二去竟然混到了细川商队二把手的位置。

这一次赴明进行贸易，尽管细川氏的商船来得更晚，手续也存在明显的过期问题，但熟悉明朝官场规矩的宋素卿毫不畏难，乘坐小船先行登陆，拎着沉甸甸、白花花的银子直接去找市舶司大太监赖恩通融。赖恩得了好处，自然一路绿灯，让晚到的细川家商船优先入港。

五月一日，大内氏的商船好歹也验证了堪合，得以进港入库。依照惯例，市舶司要在嘉宾堂举行盛大的欢迎晚宴，由赖恩亲自出面，盛情款待两个日本贸易团。

然而就在安排晚宴席位时，又出了意外状况。

市舶司上下都知道宋素卿背后有赖恩的面子，所以将细川家的头目鸳冈瑞佐和宋素卿等人安排于首席，而把大内家的宗设谦道一行放了次席。

本来大内氏的实力在日本一直强于细川氏，全盛时期拥有周防、长门、丰前、筑前、石见、安芸以及山城七国之地，执掌幕政，向来自诩为日本正宗的官方代表，之前因为船队早到晚入的事已经感到不满的大内商团，发现了这种明目张胆的歧视安排后，更加怒不可遏。

这些大内氏的商团成员多是半路出家，在金盆洗手之前都是海贼，好勇斗狠成性，如今连番受到侮辱，已是怒不可遏，这群粗人在宴会上迅速达成共识，决定用武力捍卫自己武士的尊严。

按照明朝市舶司的规定，贡使成员不能携带武器，所有人的兵器下船就被收走，暂时存放在固定库房内。大内家成员们虽然赤手空拳，但还是决定动手。宴席刚刚开始，这一伙暴脾气的前海贼就纷纷离席，他们先去东库撬开库门，抢出武器，然后迅速反身杀回嘉宾堂。

宗设谦道刀法了得，他先砍翻了嘉宾堂门外的明军守卫，一脚踹开大门，直奔鸳冈瑞佐而来。鸳冈瑞佐原本也有些功夫，却早已被香醇的花雕酒灌得大醉，毫无还手之力，被谦道一刀斩为两段。其他大内家的人也冲了进去，大开杀戒，嘉宾堂变成了屠宰场，转眼间尸横遍地。宋素卿机灵，立刻冲出室外，高呼救命。此时外面守卫的大批明军闻讯赶来，一面护住宋素卿，一面与大内使团成员战作一团。

市舶司的这些明军向来疏于训练，基本就是保安水平，平日站岗放哨，欺负老百姓还行，遇到这些刀快人狠的海贼根本不是对手，仓促间折损了数十人。剩下的眼见不是对手，只得先护着宋素卿逃出四明驿，一口气逃到了十里外的青田湖。

在鲜血的刺激下，杀红了眼的大内商团的成员们仿佛又回到那些月黑风高、杀人越货的海贼岁月。他们先跑到码头，把细川家的贸易船一把火烧了，算是痛痛快快出了一口恶气。随后再次返身宁波城，继续追杀宋素卿。

到了天明时分，宁波城已经传言四起：倭寇来袭啦！

虽然说日本武士有精研武艺的传统，但宗设谦道带的商团成员武士并不多，大部分是海盗和家奴组成的杂牌军，而且仅携带了随身的佩刀和少量弓箭，更没有盔甲。当时宁波卫下设四个所，每一所纸面编制有兵1120人，最高长官为千户，专为防备倭寇所设。他们接到消息，立刻出兵弹压。

一开始，明军的心态十分轻松，毕竟数千正规军收拾几百个日本商人，理论上应该不费吹灰之力。

说起卫所制度，要追溯到明朝建立之初。统一中国的战争结束后，朱元璋看到长江中游平原地带因战乱侵袭，赤地千里，便派士兵前去军屯，建立卫所，给每个士兵分发五十亩土地及耕牛农具，并免除他们的田租徭役。

在大明立国的头30年里，这些卫所每年都能生产大约三亿公斤粮食，足以供养100万军队，从而使朝廷无须从国库开支，就能维持一支庞大的军事边防力量，所以朱元璋对自己的创举扬扬自得，曾夸下海口说"养兵百万不费百姓一粟"。

可一百年后，一切都变了味，因为卫所掌握大量土地和劳动力，所以成为各方觊觎的对象。地方将领把士兵当作自己的免费劳工，每月只要上交一定的钱财，就可以免去军事训练之苦。而朝廷显贵、官僚、地方士绅，开始侵占土地，一些商人用重金行贿，把自己蓄养的大量家奴编入军籍，以获取土地和侵吞巨额军饷。军官也视士兵为家奴，让其变成自己的佃农，如此几重折腾，当初作为国防支柱的卫所完全失去了军事意义。

到了嘉靖时代，内地卫所的明军已经上百年没有打过仗了，他们中大部分人要么每天种地，要么没完没了地修建河堤、宫殿、陵寝，实际上已经变成了一群穿军服的农民和民工。指望这些人和从小在刀口舔血中过日子的日本海贼拼命，其结果也就可想而知了。前来围剿的明军与大内商团遭遇后，一场混战下来，战损之高令人瞠目结舌。

千户袁班带着部下第一个赶到，刚一交手，手下两名百户就一个战死，一个被俘。袁班气不过亲自上阵，竟然被活捉为人质，挟持到了宁波城内。大内商团胜了一阵，不再恋战，迅速登船，沿着江岸又突破定海卫防御。

明军在第一仗吃了大亏，很快又召来了更多部队为战友报仇，他们从水陆分头赶来围追堵截，又经过了一系列陆上与水面的激战。宁波卫近五千驻军竟然奈何不了三百人武装商团，明军在宁波的最高指挥官——备倭都指挥刘锦与另一名千户张镗双双战死。

明军的第二次围剿又以惨败告终，只得眼睁睁地看着宗设谦道一行人扬帆远去。

最终倒是老天对这帮不讲国际礼仪的狂妄海贼施加了惩罚，在宗设谦道等人亡命归国途中，船队遭遇了风暴，其中一艘船竟然被吹到了朝鲜。这些被海浪和饥饿折磨得半死的日本人一上岸，就被朝鲜官兵诛杀30人，生擒20人。

朝鲜中宗李怿不敢留着这些祸害，下令将他们移送回大明。这些人被送回来后，尽数被处死。至于逃入绍兴的宋素卿，也在不久后被判处死刑，大明帝国才算勉强挽回了一点面子。

这场被史书称为"争贡之乱"的暴动，很快被上报朝廷。年轻气盛的嘉靖皇帝一怒之下关闭了闽浙等地所有的市舶司，开启了比洪武、永乐时代更加严厉的海禁政策。本来百年来互利互惠的明日朝贡贸易做得好好的，就因为被大内氏这一群头脑简单的海贼一顿胡闹，就这样稀里糊涂地结束了。

当时只有十七岁的嘉靖皇帝万没想到的是，官方贸易的终结，意味着走私贸易的兴起。明帝国的对外贸易中心很快转移到宁波近海的双屿岛。民间贸易的活力永远胜于官方，黑、白、棕、黄不同皮肤的各国走私大亨共同在双屿岛创造了一个盛极一时的远东"自由港"，亚洲最大的全球性贸易中心。

事实上，中国在很长时间内都是当之无愧的世界贸易中心，唐、宋、元历代王朝从未禁海，沿海却一直太平无事。如果明朝政府能够有足够的远见和自信打开国门，放开海禁，利用中国优质的产品展开国际贸易，大明很快可以在大量的贸易商税的哺育下实现国富兵强。

禁海这一短视的封闭政策，将本可以大量获益的贸易税收排斥在国家收入之外，让明朝从嘉靖时代一开始就面临着财政匮乏的饥渴状态。缺钱的问题，严重困扰着嘉靖皇帝乃至他的数代子孙，耗尽国力而剿之不绝的倭寇时代也将正式来临。

自嘉靖帝以降，大明皇帝对金钱都有着近乎偏执的渴望。一直到崇祯亡国之时，缺钱的噩梦依旧紧紧缠绕着命途多舛的帝国，挥不去，醒不来。

# 第三章　藩王讨米

二月十四日，是罗马教廷的瓦仑廷神父用生命换来的一个世界性的浪漫节日。

而嘉靖四十三年（1564 年）的这一天，堂堂陕西巡抚陈其学却因为无法上班，正困坐宅中，大发脾气。

陕西行省的省治在西安府，巡抚院署就坐落在大名鼎鼎的北院门——当年大唐皇都的尚书省所在。衙门外观极为气派，面阔五间，按中轴线从南向北有七进院落，门口一对凶神恶煞的石狮子蹲坐于须弥座之上，漆黑铮亮的铜钉大门上高悬着"陕西承宣布政使司"大匾。

巡抚院署大门外，日夜都有士兵宿卫，搁在往日，当地百姓别说在门口停留，就连多张望一会儿也会被呵斥驱赶。但这一天，衙署全没了往日的威严肃穆，热闹得如集市一般。

大门外的台阶上聚着一百四五十人，正在指指点点，吵吵嚷嚷，而两旁甬路上围了有上千的百姓，都在交头接耳地瞧热闹。有机灵的商家甚至把茶摊也摆在了附近，多了好些生意。一群破衣赤脚的儿童嘻嘻哈哈地在人群中挤进挤出，大家都兴奋地张望着，看这平日威不可侵的巡抚衙门如何应付门外上演的这一出大戏。

衙门大门外喧嚣的这群人，无论是穿着服饰，样貌神态，都不像西安府本地人士。这些人都穿着红色锦袍，补子的纹饰多是或豹或彪的猛兽，他们脚穿皮靴，腰围玉带，一个个精神抖擞，怒不可遏，跃跃欲试地想往里冲。明朝的武职官员补子皆画兽类，文职则是禽类，故而在当时"衣冠禽兽"是种尊称。

巡抚院署门外戒备的兵丁们如临大敌，却没有一个拿着兵刃，只是挽着手臂默默阻拦，任凭禽兽们谩骂推搡，既不还口，更不动手。

领头的是一个小个子中年人，头戴五梁冠，腰束金钑花的腰带，穿着一身大红织金的锦服，胸前栩栩如生的猛虎图案随着他的身形晃动呼之欲出。此人站在众人最前列，正指着大门向里大声喝骂："我乃是大明奉国将军朱融燸，如今是奉韩王的旨意来讨个公道，我们从平凉辛辛苦苦走了几百里到这儿，一路吃了多少苦，你们巡抚如何面都不露！快叫陈其学出来答话，我今天就是要替我们这些大明宗室问个明白，你们为官的，吃的是我们朱家的俸禄，却欠着我们的禄米银不给，陈其学这个巡抚还想不想当了！"

所谓奉国将军，并非领军的将领，而是大明皇族的一级爵位。按大明《皇明祖训》的规定，亲王以下除了嫡长子世袭罔替接着当亲王，其余儿子则被封为低一等郡王。郡王家再生了孩子，依旧是长子世袭，其余的按世系排序，便依次有了镇国将军、辅国将军、奉国将军这些爵位。而朱融燽提到的韩王，便是大明二十六个最高级别的宗亲藩王之一。

虽说朱明王朝开国之君是要饭的出身，可今非昔比，龙子龙孙都是金枝玉叶，身份高贵，何以今天沦落到围堵官衙，聚众讨米，又干起来叫花子的老本行了？

这群不肖子孙这般丢祖宗脸面，却怪不得别人，寻根溯源还是得怪朱元璋打下的底子不好。当年朱元璋原本是想一路打劫，谁知弄假成真，以布衣之身得了万里江山。他对功臣、朋友可以翻脸无情，痛下杀手，但对自己的子孙却一直是慈爱有加。

在朱元璋的心中，一直有一个"天子建国，诸侯立家"的美好理想。半生戎马倥偬并不耽误洪武大帝床笫之欢，朱元璋一共生了二十六个儿子，虽然优秀的少，混账的多，但也依旧人人封国，个个称王。他不仅给予儿子们许多封地和特权，更给他们丰厚的经济待遇。

朱元璋第二十子朱松被封为韩王，本应就藩于辽东开元。可辽东不仅天寒地冻，还地处边陲，天天打仗。朱松是个翩翩公子，吟诗作对还行，上阵杀敌可没有四哥朱棣那样的本事。于是他就找各种理由不去就藩，今年拖明年，明年拖后年，这一拖竟然拖了八年，一直拖到侄子建文帝被四哥永乐帝干掉，终于不用再拖了，自己总算死在了温暖的南京。

朱松的长子朱冲𤊨接替了父亲的韩王之位，朱棣对这位大侄子还算不错，把他的就藩之地改成了陕西平凉府，虽说也是边陲，但比起滴水成冰的辽东还是强太多了。于是朱冲𤊨欣然就藩，从东北王变成了西北王。

明初的皇帝，愁的是藩王们造反，明末的皇帝，愁的是怎么养活这群人吃饭。朱元璋当初分封天下的时候忽略了一件事，就是低估了子孙们极为强大的繁殖能力。明朝的藩王不像唐朝那样出了五服就要自食其力，朱家子弟只要是个喘气的就要给分封爵位，就要用国家财政供养。

朱元璋给宗室制定的待遇完全是一厢情愿拍脑袋想出来的，极不合理，高得离谱。亲王年俸 10000 石，郡王 2000 石，镇国将军 1000 石，辅国将军 800 石，奉国将军 600 石，镇国中尉 400 石，辅国中尉 300 石，奉国中尉 200 石。要知道明朝的一个七品县令一年的俸禄才 90 石，还得冒着被剥皮充草的巨大风险。

嘉靖七年（1528 年），依旧是个穷年景，国家全年的财政收入可怜到只有白银 130 万两，然而当年的财政支出却高达 241 万两。占支出项目第一位的，就是宗室开支，而占第二位的，美其名曰为武职开支。所谓武职，可不是边关日晒雨淋，刀口舔血的将士，而是藩王以下镇国将军、辅国将军之流。说白了大明朝开销第一和第二两大项，全都用来供养宗室的闲人了。

明朝皇帝给宗亲下旨都要盖上"皇帝亲亲之宝"的大印，亲亲们也真给皇上争气，到了嘉靖年间已经繁衍出两万多子孙，到最后一省钱粮竟然不足以养活一省藩王。宗藩开支，俨然成为明帝国财政最沉重的包袱。到了嘉靖三十二年（1553 年），天下岁供京师禄米是 400 万石，各处禄米需求总计却要 853 万石！

就拿韩王府来说，一个小小的平凉府，除了韩王朱融燧这个亲王，还有 19 个郡王，47 个镇国将军，79 个辅国将军，212 个奉国将军，259 个镇国中尉，77 个辅国中尉。朱家对自家女儿也不亏待，除了男人拿俸禄之外，王室的数百名女儿同样按例被封为县君，也有一份国家俸禄可拿，就连县君们的丈夫也可以每月从国家领钱。

韩王府自己养着多达千人的卫队和一万多名仆役。加上其他各个郡王府、将军府的仆役，总数达到数万人。整个平凉县四分之一地盘都是韩王府的，而其他大小王府官邸则布满全城，街市上往来穿梭的人，大多都是为王府办事的差役。明代著名文学家李攀龙在路过平凉府时，惊异于帝王子孙充斥于街巷的情况，写下《平凉》一诗："春色萧条白日斜，平凉西北见天涯。惟余青草王孙路，不入朱门弟子家。"

按规定，韩王府每年可以领取禄银 125000 两，禄米 477000 石。可当时平凉一地夏冬两季田赋仅 2100 石，仅这帮龙子龙孙的正式俸禄支出，就相当于 19 个平凉的全部收入。陕西省每年挖地三尺，倾其所有，最多只够孝敬这帮皇亲一半的份额，以致历年积欠宗室的禄米禄银多达 60 多万两。

国家拿着民脂民膏厚养宗室，在宗室们看来是天经地义的事。虽说嘉靖朝财政状况一直十分惨淡，年年入不敷出，但宗室们一概不管，我只要拿到我的银子，除此之外管你大明江山洪水滔天。朱元璋的这些后代大部分都是昏暴无能的废材，既无治国抚民之能，又无镇边御敌之力，他们早忘了朱元璋节俭恤民的教诲，只遗传了一身暴虐残忍的基因。这一年因为禄米银又没按时拿到，韩王便授意朱融燫带着宗室 100 多人鼓噪起来，他们倒也不辞辛苦，从平凉一路闹到西安府，直接向陕西的最高长官陈其学兴师问罪。

门外喧嚣的声音，陈其学坐在官邸中都听得一清二楚。他是右副都御史巡抚陕西，虽然掌握一省生杀大权，但对这些天潢贵胄却动不得一个手指头，只能躲在二堂，避而不见，任凭宗室们无尽无休地肆意辱骂。

陈其学是嘉靖朝数得着的能臣，他在刑部尚书任上断案明晰，不徇私情；担任宣大总督时退敌有方，屡破北虏入侵，却也没有平地抠大饼的本事。面对韩王宗室咄咄逼人的挑衅，竟然也束手无策，连面都不敢露。

陈其学最后绞尽脑汁，四下挪借，好不容易凑了白银78000两以解燃眉之急，想要先付给韩王府，打发了这些无赖。可朱融燧等人非但不肯离去，还纵容属下在西安府的市井中公开抢掠，毁物伤人，搞得西安府乌烟瘴气，老百姓们怨声载道，最后竟然闹成了学生罢课、商人罢市以示抗议的大乱子。

朱家的事，归根结底还得姓朱的来管，也只有姓朱的管得了。陈其学忍气吞声，将韩王府闹事的经过写了个折子，据实奏报嘉靖皇帝，狠狠地参劾了韩王一本。

嘉靖皇帝倒也公私分明，以叔叔的身份下诏狠狠责骂了韩王朱融燧一番，还收回了闹事带头人朱融燧奉国将军的爵位。朱融燧禄米没吃着，皇粮还搞丢了，索性破罐子破摔，回到平凉后又大闹了一场，亲自动手把平凉知府祈天叙揍得鼻青脸肿，然后扬长而去。

明朝在相当长的时期内都是个穷国，而自从嘉靖帝接手以来则是格外的穷。一个韩王府的问题暂时压住了，全国还有无数宗室因为俸禄闹将起来，此起彼伏，根本解决不了。

藩王如此，皇帝的情况又如何呢？

嘉靖皇帝在西苑兴建的大小宫殿、庙坛耗银何止数百万两。随便一次设坛祈祷，也要耗费白银数千两以上。大处不说，单就题字一项，皇帝认为再贵重的墨也体现不出他的虔诚尊重，所以必须用大笔饱蘸金泥书写。一次写不好还要多次重写，加上太监们经手大揩其油，所以一次宗教活动单写字所费黄金也要成百上千两。

吏部右侍郎袁炜曾写过一副脍炙人口的对联，上联为："洛水玄龟初献瑞，阴数九，阳数九，九九八十一数，数通乎道，道合元始天尊，一诚有感。"下联是："岐山丹凤两呈祥，雄鸣六，雌鸣六，六六三十六声，声闻于天，天生嘉靖皇帝，万寿无疆。"如此肉麻的谀妄之言且不说它，但就将这些字题于大匾又得耗费多少金子。

某一年，嘉靖皇帝最喜爱的那只狮子猫霜眉死了，皇帝大为痛惜，下令用黄金打造了一口棺材装殓这只御猫。幸亏皇帝的宠物只是只猫，如果他和武宗一样喜欢养狮子老虎，那葬礼可就更有的破费了。

皇帝下令将霜眉安葬在皇家陵园万寿山，享受与朱家列祖列宗一样的待遇，并让大臣们撰写祭文，为霜眉祭奠超升。又是那位善谄的袁炜在祭文写出了"化狮为虎"这样的金句，让皇帝大为感动，不久袁炜再次得到提拔，晋升为建极殿大学士，进入内阁。

从袁炜的经历可以看出，如果你有文才，又够无耻，只要做到全心全意地迎合圣意，在皇帝前就很容易吃得开，仕途自然通畅无阻。而兼备这两方面能力之冠者，则是嘉靖朝一个生前本事空前，死后大名依旧的大咖。

## 父子阁老

嘉靖皇帝半生参读《道德经》，将"无为而治"四个字发挥到了极致，虽然说多年不上朝，但朝政大权却依然牢牢稳握，朝廷政令所出，无处不见他的身影，正所谓大象无形，大声希音。

嘉靖皇帝自己在西苑之中遥控，而在朝堂上怎么也得有个牌位做代言人，至少从形式上来说，他把大明帝国交给了自诩无党无派，孤立于群臣之外的首辅严嵩。在这个世界上，唯一既能帮他捞银子又能替他挡污水的，也只有严嵩。

严嵩的外表，可不是戏台上那跋扈张扬的大白脸。他眉目疏朗，器宇轩昂，长身玉立，十分潇洒，不仅诗文在当时堪称一流，书法更是天下绝伦。就连文坛领袖李梦阳都曾称赞他道："如今词章之学，翰林诸公，严惟中为最。"

书中自有黄金屋，严嵩与嘉靖皇帝的亲密关系，最初来源于他极为深厚的文学底蕴。嘉靖皇帝求仙心切，经常给天神写信沟通。辞藻华丽的信笺需要用朱砂写在青藤纸上，以表达对上天神灵的敬意和诚心，故称青词，又叫绿章。由于嘉靖帝本人是重度青词爱好者，所以善写青词者往往会得到重用。在朝里众多高手中，以严嵩的青词水平独拔头筹。为了写出好的青词，严嵩可谓拼了老命搞创作，常常达到废寝忘食的地步，到最后竟然只有他一个人写的青词能让嘉靖帝满意，达到独孤求败的境界，无人能够望其项背。

写青词，不过为了取悦皇帝，严嵩的文采绝对不仅于此。他有一首《东堂新成》，诗云："无端世路绕羊肠，偶以疏慵得自藏。种竹旋添驯鹤径，买山聊起读书堂。开窗古木萧萧籁，隐几寒花寂寂香。莫笑野人生计少，濯缨随处有沧浪。"如此冲淡超然的好诗，又怎会出自一个庸官俗人之手。

疾忙今日，转盼已是明日；才到明朝，今日已成陈迹。岁月无情，严嵩独享专宠二十年后，年纪过了七十岁，已经开始头晕体衰，精神倦怠，对高强度的工作很有些力不从心了。好在打虎亲兄弟，上阵父子兵。严嵩自有继续保持政坛常青的秘诀，遇国家大事需要裁决，他的口头禅是："等我与东楼小儿计议后再定。"东楼小儿，就是他的独子严世蕃。

严世蕃可没有父亲倜傥帅气，据说他相貌猥琐，一只眼是瞎的，肥白矮胖，又极度贪财好色。然而人不可貌相，别看严世蕃是个独眼龙，但智商更胜其父，博闻强记，过独目而不忘。他既熟习典章制度，又畅晓经济时务，步入仕途时虽然身在工部的穷衙门，却依旧有无数的方法敛财，成为父亲的得力助手。朝廷上下都尊权倾朝野的严嵩为"阁老"，而对严世蕃，少不得叫一声"小阁老"。

"阁老"一称，来源于内阁制。自从朱元璋废掉宰相制度以后，明朝开始实施以大学士为成员的内阁制。起初，内阁大学士官阶不高，仅相当于皇帝的秘书。明成祖时期，内阁已成为中央政府的重要机构，职权日重。而内阁的主人——首辅便是被朝廷上下人人敬仰畏惧的阁老。

在内阁的日常工作中，最能体现权力核心价值的就是票拟。大臣将奏疏上呈给皇帝，皇帝再将奏疏发往内阁，由内阁做出恰当的或者合乎皇帝心意的批答，最后再由皇帝做最终审定。很多时候皇帝都会把最终审定权交给宫里的另一个影子内阁——司礼监，那就又是另外一个话题了。

本来严嵩就非常善于揣摩皇上的好恶喜怒，而严世蕃更是青出于蓝，协助老爹票拟更能迎合皇帝的心意，多次得到皇帝的赞许。于是私下里严嵩常常直接让儿子入值，代其票拟，其父子一体，更加权倾天下，这也是严世蕃被人在私下里称为小阁老的缘由。

有一回嘉靖皇帝深夜发下奏章，但该如何票拟非常难以把握，急坏了严嵩与同为阁员的大学士徐阶等人。他们在值班房彻夜斟酌，提起笔又放下，始终觉得不妥，不敢呈进。

司礼监的太监一趟趟地来到值班房催促，索取票拟，说皇上嫌内阁票拟太慢，已经发火了，要求立刻回报。严嵩无奈，只好一面先将内阁那份不大满意的票拟上呈，一面派人飞马向儿子求助。

不多时，太监就回来退货了，皇上果然不满意，令内阁重新拟过。票拟上面涂涂抹抹的朱笔痕迹仿佛映射出皇帝的怒容。好在这个时候严世蕃的回帖也送来了，几个阁员毫不犹疑地按照严世蕃的意思重新票拟上呈。这一回皇帝果然满意，一个字都没改，依拟照办。

内阁的大学士们，学识都极为渊博，有很多人都点过状元，堪称整个帝国文化水平最高的一群人。嘉靖皇帝很喜欢读书，经史子集，无不涉猎，遇有不解其意的，常常用朱笔写在纸片上，派太监交与值班的阁臣以求讲解。

一天晚上，类似的询问又到了，当时内阁是严嵩和徐阶值班。严嵩是二十五岁中进士二甲第二名，徐阶二十九岁中的探花，可今天来的问题，竟让这两位满腹经纶的学霸面面相觑，都看不懂其中的意思。众人一时皆惶恐无措，大眼瞪小眼，担心怕是要对皇帝交白卷。还是严嵩老成，他胸有成竹地安慰大家说："不必过虑，让东楼作答！"随即拿出纸笔写下皇帝的问题，令人从西苑宫门的门缝中传出，飞马送至相府，要严世蕃立刻作答。

问题送到时，严世蕃正在酒醉沉睡，被叫醒后先不看老爹送来的问询，而是让仆人用大脸盆装满滚沸的开水，将毛巾烫得热热的围头三圈，等毛巾稍凉再换一条，不多时便酒意全消。这才拿起问询，略略一看，当即写下此语在某书第几卷第几页，该做何解释。

差人回报后，严嵩等人立刻找来该书翻检，一字不差。众人按照严世蕃的解释并附书呈送，再次让嘉靖皇帝大为满意。

严嵩父子才华过人，天下少有，却也将"有才无德"四个字演绎得淋漓尽致。他们除了贪恋权势，对金钱的渴望更是欲壑难填。这对父子明码标价，卖官鬻爵，早已是明朝人人皆知的秘密。

从中央到地方，几乎每个官位都有价格。比如一个七品州判，售银300两；六品通判售银500两；武职都指挥售银700两；想当知州就贵了，价格是白银2200两。跟地方上的官价相比，中央官员的价格要贵上许多倍，自古六部有富吏、贵户、威刑、武兵、穷礼、贱工之说。譬如刑部主事项治元想平级调动去吏部做主事，要孝敬严阁老13000两白花花的银子，才能如愿以偿。

庙堂之上的官位是朱家的，不是严家的。严嵩这样卖官，只能算是代理公司，赚了银子自然少不得孝敬本家一份，至于给嘉靖皇帝上交的比例是多少，就全看严格老的心情了。

当然卖官儿也有风险，共和王死后，其庶子与嫡孙二人争袭王位。共和王的庶子暗中送严嵩三千两银子。严嵩拿人钱财，替人消灾，自然就答应帮他袭爵。

谁知共和王的王妃不买账，认定了必须由自己的嫡出孙子承袭，竟然派人入北京击鼓喊冤。结果事情败露，严嵩受贿的事情也藏不住了，只好灰溜溜地主动去找嘉靖皇帝坦白了自己收受银两的事情。

嘉靖皇帝聪明绝顶，什么不明白，心知严嵩给他送来的那些银子见不得光，却也依然默默接受，痛并快乐着。嘉靖很大度地安慰严嵩说："你安心做事好了，不要介意这件事。"

严嵩于嘉靖二十年（1541年）八月八日为相，嘉靖四十一年（1562年）五月去位，为相二十多年，天下人皆知严家靠着无边的权力积累下富可敌国的惊天财富。

物盛必衰，乐极而悲。严嵩殚精竭虑服侍了皇帝二十年之后，却只因为一句失言就失去了皇帝的宠信。

嘉靖四十年（1561年）十一月的一个夜晚，皇帝趁着酒意与十三岁的尚美人在貂帐里玩起了浪漫，一同放烟花。绚烂的焰火照亮了美人稚嫩的笑脸，却也点着了永寿宫的屋顶，一场大火把这座嘉靖帝最心爱的宫殿烧了个干干净净。皇帝积攒多年的数十斤龙涎香，也一并化为灰烬，火灾现场，异香扑鼻，数日不散，皇帝心痛不已。

永寿宫烧了，嘉靖皇帝宁可无处可去也绝不回那个让他噩梦连连的大内，于是便去玉熙殿暂住了些日子。玉熙殿是所老房子，又狭窄又潮湿，住在那里很不舒服。皇帝便宣召严嵩和徐阶，与他们商议自己到底应该住哪儿。

自作聪明的严嵩不假思索，建议嘉靖帝暂住南宫，也就是到重华宫居住。嘉靖帝一听，当即暴跳如雷，勃然道："你老小子安的什么心，这是要把我关起来吗！"严嵩确实老糊涂了，他千算万算，却忘了当年明英宗被俘放回后，就是被弟弟囚禁在重华宫。在嘉靖帝看来，南宫就是个监狱，比大内还不吉利！

严嵩的失误给了内阁二把手徐阶一个千载难逢的表现机会。徐阶的建议是修复永寿宫，而且承诺百日之内完成。这番话正说到皇帝心里，于是嘉靖帝马上下令动工，并给了徐阶的儿子工程监督的肥缺。

次年三月，永寿宫如期修复，嘉靖皇帝是个急脾气，立刻喜迁新居，还将永寿宫改名为万寿宫。

乔迁之日，皇帝大庆五日，犒赏诸臣，徐阶加官少师，风光一时。经过这番搬家风波后，严嵩与徐阶在皇帝心中的地位此消彼长，严嵩失宠的开始，正是徐阶得宠的前奏。

皇帝崇道，徐阶投其所好，也从道士身上下手。嘉靖四十一年，徐阶招来一个以善于扶乩闻名的道士蓝道行，并把他推荐给皇帝。徐、蓝二人暗中早有默契，他们一致的目标就是干掉严嵩。

扶乩和现在年轻人玩的笔仙差不多，就是在神灵附体的情况下对某事进行预测。一日蓝道行在扶乩时，忽然言之凿凿地声称"今日有奸臣奏事"，而严嵩如同掐好了时间一般准时到达，赶了个正着。因为服药过量而性情大变的嘉靖皇帝本来就已经对严嵩父子日久生厌，此时更显薄情寡恩的本性，寻了个欲加之罪，下旨将严嵩父子罢官，抄家。严嵩被发回原籍，而严世蕃干脆被判斩首。

抄家这种事，朱明王朝历代皇帝都做得轻车熟路。蓄水养鱼，再杀鸡取卵，发一笔横财，一直是皇帝们内心深处期待的一件快事。对于一直缺钱的嘉靖皇帝来说，干掉严嵩有一个极大的好处，因为天下皆知，严家富可敌国。

明朝被抄家产的最高纪录，应算是正德朝权倾一时的大太监刘瑾。据说正德皇帝剐了刘瑾之后，从他家中抄出的白银达到两亿六千万两。当然整个明朝家底卖光恐怕也凑不了这些银子，所谓的两亿六千万大部分应该是只有票面价值的宝钞。

嘉靖继位第一年，就把正德皇帝的宠臣锦衣卫提督江彬逮捕下狱，凌迟处死。一番抄家之后，从江彬家搜出黄金70柜，白银2200柜，另有金银首饰1500箱，其他珍宝不可胜计。而就在干掉江彬这一天，久旱的京师痛快淋漓地下了一场大雨，天下皆称颂嘉靖皇帝圣明。如抄家这种名利兼收的好事，做了一次焉有不上瘾的。

打破已经积攒了三十年的储蓄罐，就在今日！

嘉靖皇帝一声令下，锦衣卫们如饿鹰扑食一般奔向雕梁画栋、大屋高墙的严嵩相府。可叹老严嵩年近八旬，却白发人送黑发人，连独生儿子都没了，对这些身外之物还有什么可留恋的呢？

# 冰山可摧

举国瞩目的抄家行动整整持续了数月，除了北京东安门外的相府，严嵩在江西老家的南昌府、袁州府、南昌县、新建县、宜春县、分宜县、萍乡县的房产和田地都在查抄之列。当一个个夹墙、地窖、密室被打开，里面的财富多得让见过世面的锦衣卫都瞠目结舌。

且不说价值连城的古董、宝石、象牙、犀角、琥珀、珍珠、玛瑙堆积如山，各类皮草绸缎车载斗量，单是金银之类的金属货币，就已远胜国库储备。

负责记录的官吏日夜不停地誊写，厚厚的清单上罗列着惊人的数字：锭金453锭，重4366两；条金461条，重6191两；饼金109块，重457两；叶金15包，重999两……另有各类精美绝伦的金器3938件，仅黄金一类总重量就达到3万多两，另外还有白银200多万两和不计其数的银器。

严府中最值钱的，并不是这些黄白俗物，而是严嵩多年收集的名人字画。今人所能想到的大家，如钟繇、王羲之、王献之、褚遂良、柳公权、颜真卿、赵佶、怀素、苏轼、黄庭坚、赵孟頫、文徵明等人的作品，严府应有尽有。像什么吴道子《南岳图》、王维《圆光小景》、宋徽宗《秋鹰》、宋高宗《题王仲珪梅》、苏东坡《墨竹》、张择端《清明上河图》、李思训《九成宫避暑图》，闭着眼睛随便拿出其中任何一件，都能成为国家博物馆的镇馆之宝，轰动世界的无价珍品。

从严府抄出来的诸多财物林林总总，品类众多，尤其以一样独特的资产十分惹眼，那就是床。

作为财富的象征，床在明人心中的地位不亚于今天的名车。严嵩父子不遗余力地收罗了大量珍贵木床，总数达到六百四十张之多，其中包括：钿雕彩漆大拔步床五十二张；彩漆雕漆八步中床一百四十五张；描金穿藤雕花凉床一百三十张；等等。

这些床在清算入册时，其价格远远被低估了，一张大拔步床才被估银十五两，而大理石床才估银八两。事实上这种大床价格非常昂贵，《金瓶梅》里西门庆买了一张螺钿敞厅床，足足花了六十两银子，而当时买一个丫鬟，也不过五六两银子罢了。

严嵩的被抄家产清单，最后被合成了一个六万多字的册子，名为《天水冰山录》，取"太阳一出冰山融化"之意，随便翻开一页，都令人叹为观止，却也恰是严家起高楼，宴宾客，到最后楼塌了的真实写照。

良田千顷不过一日三餐，广厦万间只睡卧榻三尺。严嵩攒了这么多床，自己又能享用得了几张呢？

有趣的是，在严嵩老家的庄园里，很多并不值钱的东西也被一并查抄充公，记录在册：站船2只，系破烂，共估银15两；杉松80块，共估银287两3钱；各庄水牛、黄牛、马骡856头，并鹤鹿猪羊鹅鸭鸡犬等畜，共估价银2022两1分5厘；黄白蜡19斤，共估银2两；藤1捆，计58斤，共估银1两；鱼胶2斤，估银2分……价值2分银子的东西都抄走了，严家已经是彻彻底底的片瓦无存。

严嵩的家产救得了一时，却救不了一世。抄了严嵩，大明帝国的穷坑儿依旧无法填平。六部缺钱，大内缺钱，地方缺钱，宗亲缺钱，军队缺钱，连嘉靖皇帝自己修仙的费用也一直都不宽裕。可这不尽如人意的现状又该怪谁呢？

说到底，明朝是一个轻商、贱商的时代，国家的赋税重心永远仅限于盯着田赋与力役，而对国际国内贸易的商税收益却不重视，把金山当废铁，只是象征性地有所收取。

对于缺钱的嘉靖王朝来说，有限的商业收入也总比没有强，毕竟苍蝇腿也是肉。然而即使这样一笔非主流的额外收入，也被嘉靖皇帝自己断了根儿。

说起来，还是怪他自己在十七岁热血萌动之时被日本人气昏了头而做出的那个禁海的冲动决策。

八十七岁高龄的严嵩，孑然一身，两手空空。当年风流倜傥的大才子，如今一身破烂衣衫，满脸污泥血泪，独自一人住在祖坟旁的一座茅屋苟延残喘。他的独生子被斩首，孙辈的二十七人被流放戍边，而自己衣食不周，贫病交加，算是完整经历了从天堂堕入地狱的全程。

清朝文学家姚鼐曾写过一篇《李斯论》，其中一段大意是：小人做官，看见自己的国君行为违背常理，不合道义，他们却在朝堂之上夸耀、迎合君王，认为天下人将原谅他们对国君这样是无可奈何的，人们不会怪罪自己。这段话原本是批评李斯，恰好也是对严嵩一生最贴切的描述。严嵩也好，李斯也罢，都曾权倾朝野，不可一世，一时呼吸风雷，华曜日月，天下奔走而慕艳。他们如果在为官时能够洁身自好，急流勇退，即使做不了千古名臣，亦不失退休后在青山茅庐中得享天伦之乐，落个善终。

严嵩有过不假，但若仅以非忠即奸、非黑即白的简单标准去评定历史人物，这对严嵩也不太公平。古人有云：君明臣直。评判大臣如何，也要看看他侍奉的天子如何。可以说，大明之所以有严嵩，是因为先有嘉靖。当年隋炀帝手下的大能臣裴矩在隋为奸，在唐则为忠，前后判若两人，归根到底是因为坐在龙椅上的人不同了。

明代有两位世人公认的大奸臣，即严嵩和温体仁，他们二人分别在两个最刚愎固执的皇帝手下担任内阁首辅。在治国方面，严嵩和温体仁从总体上说都是庸才，还是毫无节操和原则的佞臣，但换个角度看，在嘉靖帝和崇祯帝这两位自认伟大光荣的主子面前，他们唯唯诺诺、阿谀顺从尚且难得善终，又何谈什么自己的见解和主张呢。

对于晚年落得家破人亡的下场，严嵩并不甘心，更不服气。他临死前在栖身的破庵中写下遗言："平生报国惟忠赤，身死从人说是非！"笔力遒劲，意境苍凉，一如他在岳飞庙前题写的《满江红》。写罢掷笔，长叹而逝。

呜呼！卿本佳人，奈何做贼！

# 第四章　催命符

郭德纲先生每每在讲评书之前，常常会念到这样一首定场诗："大将生来胆气豪，腰横秋水雁翎刀。风吹鼍鼓山河动，电闪旌旗日月高。天上麒麟原有种，穴中蝼蚁岂能逃。太平待诏归来日，朕与先生解战袍。"念罢，醒木一拍，台下一片喝彩。这首定场诗虽然流传于市井茶馆之中，却大有来历。它源自明代的一首七律，郭德纲所念的基本与原诗相同，只是原诗第一句为"大将南征胆气豪"。

这首被录入《千家诗》的豪壮之作名叫《送毛伯温》，而他的作者，竟然是以颓废与荒政著称的大明嘉靖皇帝朱厚熜。

嘉靖十八年（1539年），嘉靖皇帝派兵部尚书兼右都御史毛伯温征募两广、福建的狼兵、土兵十二万五千准备远征安南。为了给这位统帅壮行，本非诗人的朱厚熜写下这首词句通俗，但声势雄壮、意气高昂的诗篇。

事实上，这场雷声大没雨点的南征并没有真正开打。

明朝中期以后，朝廷已彻底放弃了在北方战胜蒙古人的想法。那么皇帝如何展示自己的强人形象？嘉靖皇帝恰好注意到安南国，也就是今日的越南，已经有20年没有遣使朝贡了。

这时候的安南正处于内乱之中，一直和明朝打交道的黎朝被莫朝推翻，而一名忠于黎朝的使节来北京，要求嘉靖帮助自己的王朝对抗篡位者。嘉靖皇帝决心利用这个机会，在中国南方兴兵亮剑，拿这帮南蛮练练手。

嘉靖皇帝下达了动员令，要求两广的地方官准备好南征军队的军需。但广东地方官却极不配合，纷纷表示进攻安南并不明智，各地官员也都推脱动员之责，消极怠工，让这次远征根本无法成行。预想的战争一直拖了两年，最后还停留在计划书阶段。最后，一份关于远征开始就需要消耗200万两白银的预算，让穷皇帝嘉靖心灰意冷，彻底放弃了当初的壮志雄心。

好在北方的莫朝倒也乖巧，主动将部分边境土地交给明朝，并将自己国内的名册和田册也都上交明朝，表示臣服，也算是给足了嘉靖皇帝面子，避过了一场战祸。

就这样，一番风吹鼍鼓，电闪旌旗之后，漫天云彩全散。

南征虽然未能成行，但那时的嘉靖皇帝，作为中兴之主的气势还是有的。他当时刚刚三十出头，对武宗一朝留下的弊政进行了大刀阔斧的改革，清理勋戚庄田、罢除镇守太监、改革科举制度，成效显著。举国上下都以为大明王朝终于迎来了一位有为之君。

然而令所有朝臣大跌眼镜的是，就在嘉靖皇帝本来可以大有作为的时候，竟然毫无留恋地放弃了朝政，开始沉迷修道，并坚信自己作为一个虔诚的道教徒，身心经过多重境界修炼之后就能够想活多久就活多久。嘉靖皇帝此后的所作所为，与当年那个生机勃勃的年轻皇帝简直判若两人，并从此一发不可收拾，朝纲与国势，都随着皇帝数十年如一日的无为而治，无可挽回地沉沦下去。

抄了严嵩的家，皇帝发了一笔横财。按照惯例，这笔巨款的一半将被作为军饷，而另一半则被移入内帑直接进了皇帝本人的腰包。经过短暂的喜悦之后，皇帝再次体会到了心灵的孤寂与精神的空虚。他亲手干掉了陪伴自己数十年的知音与旧友，永远地失去了一个善于奉承、懂得自己心意的臣僚。他忽然发现，身边再也没有能让他亲近信赖的人，而宫中又再次妖怪频出，一副鬼神欺人以劫数的末世之相。

已经在丹药的侵蚀下垂垂老矣的嘉靖皇帝，发现自己一生的修道并没有什么成果，羽化成仙依旧遥遥无期。黄金白银、丹药和女人都不再能让他感到快乐。于是晚年的嘉靖帝开始对各种各样的祥瑞格外有兴趣。内外臣工投其所好，排着队竞相投献。高山大泽之中，得白化病的动物可倒霉了，本来身体就不好，还成了人人眼红的珍品，什么白鹿、白龟、白孔雀，统统被抓捕归案，深山老林里隐藏了上千年的白灵芝、紫灵芝、五彩灵芝，也都被一一找到，送入北京，只要进献此类祥瑞，都可以得到皇帝的称许和赏赐。

嘉靖皇帝之所以需要如此多的祥瑞，无非是想表明他是个太平盛世的有道明君，以此自欺欺人，安抚自己空虚的内心。可放眼这位道君皇帝治理下的万里江山，北方蒙古骑兵纵马长城沿线，进出如入无人之境；南方沿海诸省倭寇未平，两广、江西的海寇、山贼又大肆兴起；四川有白莲教众作乱，连破州县；加上连年的水旱灾害，百姓饥寒流离，单论嘉靖一朝的后半程而言，哪有太平，何来盛世。

皇帝的新衣，自有勇敢无畏的孩童来揭穿。就在嘉靖帝以为今生可以一直埋头在西苑当鸵鸟的时候，一个性情刚强的六品小官，以一道如同晴天霹雳般的猛烈上疏，给了这位躲在无为面纱下的道君皇帝以致命一击。

# 生死之年

正德十年（1515年）是大明王朝的闹剧之年。就在这一年，明朝疆域最南端的海南琼山县一户当地望族家里，一个日后震撼整个中国官场的男孩降生了。这个男孩姓海，名瑞，字汝贤。

正如嘉靖帝笃信道教一样，当时在位的正德帝很痴迷于藏传佛教，还给自己起了个法号——大宝。大宝最爱听宗教故事，天天缠着各国法师给他讲因果轮回。法师们各有头衔，正德皇帝好生羡慕，于是也给自己加封了一个长的：大庆法王西天觉道圆明自在大定慧佛。

正德皇帝不知道从哪里听说西藏有位活佛能知三生之事，就命司礼监太监刘允以往返十年为期限，带着大量金银以及茶引、盐引前往西藏，打算请这位活佛入京，给自己看看前世来生。刘公公奉旨出京，好大排场，水旱两路，招摇而过，扰民无数，花费巨万，在路上耽搁了数年时间，总算来到了西藏。

正德皇帝一片诚心想迎请活佛，而西藏活佛却与明朝的死对头蒙古人更为亲近，并不打算买中原皇帝的账。活佛以害怕被中原诱害为由，坚决不肯跟刘允去北京。刘允千辛万苦来到西藏，眼看功亏一篑，不由怒气上涌，露出太监的跋扈嘴脸，竟然以武力威胁活佛。

可惜刘允忘了一件事，西藏活佛不吃素！当夜，早就动了杀机的活佛给刘允来了个先下手为强，派兵围攻刘允营地，不仅杀死明军数百人，还把刘允携带的大量财物洗劫一空。刘允侥幸逃过一劫，骑上一匹快马一溜烟逃回成都，才算保住了小命。

刘允无奈，只能硬着头皮给正德皇帝写信请求回宫，谁知正德皇帝已经没耐心等到活佛到来，亲自投胎去看下辈子的风景了。明朝已经进入嘉靖时代，这场劳民伤财、自取其辱的闹剧才算不了了之。

待到刘允宣告迎接活佛失败，正德皇帝驾崩之时，海瑞已经六岁了，刚刚开蒙读书，还不懂朝廷上这些荒唐事。他那个半生碌碌无为的父亲已经死了两年，只留下寡妻谢氏与儿子相依为命，靠家里几十亩祖产薄田熬生活。

彼时的海南，可不是今天碧浪白沙椰子林的度假胜地。那里是一片远离中原文明的荒蛮之地，海边有鳄鱼吃人，山中有黎人劫掠，不仅气候恶劣，而且生活环境非常艰险。

当地有个与内陆大为不同的风俗，就是男人在家闲坐，女人外出劳作。那时候的海南，就连赶集这种抛头露面的力气活，都是由妇女挑着担子去的，而男人则宅在家里什么也不干，喝酒泡茶，优哉游哉。当地的富户往往会娶四五个小妾，男主人每天给老婆们发放货物和本钱，让她们出门贸易，晚上回来再挨个儿结账收款，获利多者会受到金钱和陪寝的奖励。那时候海南男人的小日子，过得很是逍遥！

民风如此，故而对于寡妇谢氏来说，丈夫的死对她的生活倒也影响不大。望子成龙的谢氏性格一贯刚强好胜，对海瑞要求非常严格。海瑞在琼海的骄阳与瘴疠中，用心读书，顽强成长。自然条件与家庭环境的双重磨炼，亦锻造了海瑞刚强而又偏执的个性。

## 脑热患者

海南方言中有一个词——脑热，形容一个人做事执拗，经常让别人感到很不爽。海瑞就是这样一个如假包换的脑热者。

想有一番作为，必然还是要走科举功名之路。天赋不高又无名师指点的年轻书生海瑞，从考秀才起就跌跌撞撞，直到三十五岁，才勉强考取了举人。他的天赋，再也无法突破自己学业的极限，终于在四十岁那年，放弃了考进士的希望，去福建南平县做了一个教谕——相当于今天的县教育局局长。

某日朝廷的御史前来南平视察，海瑞带领两名训导前往迎接。御史官阶不高，但毕竟是中央官员，比这群偏远山区的小公务员不知道要风光多少倍。两名训导自然万分巴结，老远就跪地相迎，唯独站在中间的海瑞岿然不动，只是行了个抱拳之礼。

三人站在一起，两低一高，像极了一个山字形的笔架。御史见此滑稽不恭的场景，笑骂道："你们这是啥意思，难道南平派来了个笔架迎接我吗？"

海瑞不但不认失礼之错，反而昂然说道："这是师长教学生的地方课堂，我为人师表，不能屈膝！"御史倒也敬他憨直，也没跟这个脑热一般见识。但从此海瑞多了外号：笔架先生。而他桀骜不驯的名声，也就从此流传开来。

海瑞是个模范的官员，孝顺的儿子，却也是个差劲的丈夫。他在成年后娶妻许氏，生了两个女儿。本来两口子可以平平淡淡过日子，不想许氏人到中年，却被海瑞无情地休弃了，理由是她没有生出儿子。明代女人被夫家休弃是莫大的羞耻，而且许氏在经济上也没有得到补偿，为此这个苦命的女人还曾跑到官府告过海瑞，结果不得而知。

休掉许氏之后，海瑞又娶了潘氏夫人。然而这段婚姻更为短暂，潘夫人到海家之后不到一个月就被休弃，原因很可能与海瑞的母亲有关。很快海瑞又娶了第三任妻子——王氏。王氏为海瑞生了两个儿子，取名中砥和中亮。

良好的生育能力并没有给王氏带来婚姻的幸福，在一个风雨交加的夜晚，王氏突然死去，死因非常可疑。更为诡异的是，在王氏死前的十一天，海瑞的小妾韩氏刚刚上吊自杀。

这些家庭悲剧，究其根源都与海瑞母子的性格有关。谢氏是个悉心培养儿子的好母亲，但也绝对是个冷酷跋扈的恶婆婆。她强悍的意志一直控制着海瑞的精神世界，一辈子把他当成自己的私有财产。后人在分析海瑞的性格时，甚至不排除用"变态"二字来形容。嫁入这一对"脑热"母子家里，这些女人的命运着实可怜。

如果抛开家庭生活不提，海瑞在道德上却近乎完人，是个不谋取私利，不诣媚权贵，刚直不阿的好官。他自号"刚峰"，自己也确实以身践道，做到了刚强正直，屹立如峰。

嘉靖三十七年（1558年）春，海瑞当上了浙江淳安的知县，这是他人生中第一个可以大展拳脚的舞台。淳安地方山清水秀，但土地贫瘠，土产只有茶叶、楠竹和木材。海瑞刚上任后，四处巡视，看到当地百姓生活实在是太苦了。

《论语》里说："有国有家者，不患寡而患不均。"淳安的状况正是当时农村状况的一个缩影。富豪人家有着种种特权，拥有数百亩土地却不缴纳分厘之税；许多贫农一无所有，名下却挂着百十亩税费。老百姓根本活不下去，只得流亡，越发造成税源枯竭。

海瑞十分痛恨当时因循苟且的官场弊习，一上任就怒斥道："天下事都被秀才官做坏了。"他雷厉风行地重新清丈土地，公正地规定赋税负担，大大减轻了农民的负担，使得不少逃亡的民户又回到了故乡。

真正让海瑞轰动全国的，还不是他治理一方的能力，而是他初入官场便先后得罪了两个位高权重的官员，成了人们津津乐道的新闻。更令人称奇的是，二位吃瘪的朝廷大员竟然都慑于海瑞的名气，忍气吞声自认倒霉，没有对海瑞进行报复。

浙江一省的最高军政长官，是首辅严嵩的嫡系，以剿匪抗倭闻名的铁血总督胡宗宪。胡宗宪有三个儿子，长子胡桂奇、次子胡松奇都在锦衣卫中任职，一直随父亲戎马军中，而三子胡柏奇便是这出喜剧的主人公。

话说某一日娇生惯养的胡三公子带一干家丁路过淳安，对当地县招待所的接待工作十分不满。嫌驿马太瘦，马鞍太旧，菜食太差。招待所所长争辩了几句，胡三公子一怒之下竟然把这个没有眼色的驿吏一顿暴打，然后五花大绑，倒挂起来。

天不怕地不怕的海县令听闻报告，不由得火冒三丈，他立刻带着差役奔向驿站，不但释放了驿吏，还指挥差役对胡公子一行大打出手，痛扁了胡公子一顿，没收了他随身携带的大量银两。有知道内情的，赶紧告诉海瑞闯下祸了，打的是胡总督的公子。"脑热"不是"脑残"，聪明的海瑞自有主张，他修书一封，送给胡宗宪，大言不惭地自称殴打冒牌公子是为了维护总督大人的名誉。

胡宗宪是明白事理的，这回遇到海瑞这么个愣头青，不但没有发怒，反倒对海瑞的胆识有些钦佩，读罢海瑞的来信不过苦笑两声，硬是认了这个哑巴亏。

从此海瑞名声大噪，而他的下一个目标就更厉害了，乃是以左副都御史身份总理两浙、两淮、长芦、河东盐政，掌管天下货利大权的鄢懋卿。

鄢懋卿也是严嵩的亲信，性格狂傲骄横。有一次鄢懋卿巡行郡县时，公然带着夫人同行，夫妻二人同坐特制的五彩舆，由十二个女子抬着，仪仗豪华。路上行人看到无不震惊，避之不及。一路上各地给鄢懋卿送礼的官员络绎不绝，见他时都匍匐于地不敢起身，而鄢懋卿对他们不过是微微点头致意而已。

听说这样一个飞扬跋扈的高官要来淳安县，别人都是发愁，轮到海瑞则是兴奋，他早就憋着劲要狠狠整治他一番，四处扬言出去："我们淳安邑小民贫，可给不了盐政大人什么好接待。"县里的师爷警告海瑞，和鄢懋卿作对，很可能有性命之忧。海瑞疾恶如仇，咬牙切齿地说："我绝对不会改变自己的态度，如果鄢懋卿对我不满，我甘受充军死罪。"这话很快传到鄢懋卿耳朵里。鄢懋卿虽然恼火，但也惮于海瑞同归于尽的气势，想来想去，实在犯不着去淳安招惹这个不要命的"脑热"南蛮，最后绕道而行了事。

海瑞在淳安上任以来，平民百姓大得其益，但官吏士绅却没过过一天好日子。于是各方势力暗中疏通关系，请朝廷对海瑞"另有重用"，把他调到了江西兴国去做县令。把海瑞送走后，淳安的官绅总算是松了一口气，可这回轮到兴国的官绅叫苦连天了。

海瑞到兴国县赴任后，秉承他的一贯风格，大力清田收税，并给县里官吏下了死命令：只要敢动用民间一毫，就算是侵民。违反者，严加处置。当地官绅不堪其苦，便由财主出钱，官员出力，免费为海瑞去"跑官"。他们从省里跑到京城，不辞辛苦，不计成本，一路打点，直到跑成为止。结果，海瑞在兴国任职不到两年，就升任户部主事，到中央当官去了。海瑞一走，当地官绅皆欣喜若狂，比过年还高兴。

虽说做了中央官员，海瑞的脾气依旧没打算收敛。怼几个高官已经不够刺激，嘉靖皇帝的荒唐无道，海瑞看在眼里，痛在心上。本来从内阁到六部的各级高官都习以为常，全都跟着得过且过，本来已经五十二岁的海瑞大可以再混几年就熬到退休，但他一天也无法妥协。当年杨继盛不过是上疏弹劾严嵩，就已经大大激怒了嘉靖皇帝，被斩首弃尸于市。有此前车之鉴，海瑞明知是死路，却毅然向前。他先到棺材铺给自己买了口薄皮儿棺材，又把老母和儿子托付给朋友，遣散了家里的所有奴仆，做足了有去无回的充分准备。嘉靖四十五年（1566年）二月一日，户部云南清吏司六品主事海瑞，把一封流芳千古、振聋发聩、被赞为天下第一疏的《治安疏》送到了嘉靖皇帝面前。

在海瑞这篇洋洋洒洒四千余字长文中，文辞流畅，用典丰富，列举了古往今来十几位贤明之君给当今皇帝做陪衬。海瑞在开头一段对嘉靖的政绩略作褒扬后，很快就话锋一转，开始严厉斥责皇帝妄想长生，虚耗民脂，导致叛乱四起，名爵泛滥，从公私各个方面对嘉靖皇帝进行了毫不留情的全面批判。

海瑞在文中严厉而沉痛地表示：皇帝不跟自己的儿子相见，是无父子之恩；猜疑、诽谤、戮辱臣下，是无君臣之礼；待在西苑不回内宫，是无夫妇之情。正因为皇帝的种种荒政，才造成大明官吏贪污成风，军队疲弱，灾害频生，赋役沉重，盗贼四起。以前还可以把责任推给严嵩，现在严嵩死了，大明朝政还是那副熊样。

海瑞最后把满朝大臣也问候了个遍，说高级干部光领工资不干人事，只会溜须拍马；下级官员胆小如鼠，一味顺从。不过海瑞总归还留了个心眼，他不说这是自己对皇帝的意见，而说是全天下人对皇帝都有看法。尤其剜心的一句："嘉靖者言家家皆净而无财用也！"

这样一篇上疏，如同一把锋利的匕首，直接戳进了嘉靖皇帝的心窝子，几乎彻底否定了嘉靖皇帝四十年来御宇天下的所作所为。这已经不能算逆龙鳞了，简直是在揭龙鳞，揭得嘉靖帝遍体鳞伤，鲜血淋漓。

晚年的嘉靖帝因为常年服用热燥的丹药，肝火旺盛，性情越发暴戾。海瑞深知自己上的这份《治安疏》无异于一份廷杖申请函。但他仗着天生热血和士大夫视死如归的刚毅风骨，以一颗对皇帝、对大明的耿耿忠心，毫不畏惧地做出了这个自杀式的举动。

身居尊位四十余年的嘉靖皇帝，自"大礼议"事件后再没听过半句反对意见，他读罢海瑞的上疏，气得面色铁青，双手颤抖，扯着脖子冲着身边的提督东厂大太监黄锦怒吼："快把海瑞抓了，别让他跑了！"

黄锦在太监里人品算不错的，很懂得是非。他素来仰慕海瑞的忠贞，并没有立刻行动，而是在一旁不紧不慢地说："陛下，这个海瑞向来有愚名。听说他上疏之前就知道自己冒犯该死，已经买了棺材，告别家人，连他家的奴仆都遣散了，所以海瑞是不会逃跑的。"

黄锦轻描淡写的几句话，让嘉靖帝冷静了下来。此人一不图名利，二不要性命，他这样伤我，为的是什么呢？这一晚皇帝独自坐到深夜，又拿起海瑞的上疏反复来读，最后发出一声长长的叹息。

海瑞最终还是被捕入狱了，意外的是嘉靖皇帝并没有对他处以廷杖，甚至没有给予他任何额外的处罚，仅仅是限制了海瑞的自由。他满怀怨气无处发泄，几次因为心情郁闷而责打宫女。可怜宫女们敢怒不敢言，只能私下里抱怨说："他自己给海瑞骂了，却找咱们出气。"

当时已经取代严嵩成为首辅的徐阶，很想搭救海瑞。就找了个机会以退为进地劝谏皇帝说："海瑞就是想当比干，陛下要是杀他反倒成全他忠臣的名声了。"嘉靖皇帝委屈得如同怨妇，自我辩白道："海瑞想当比干，我还不乐意当殷纣呢，虽说他的话细想也不错，可我现在是多愁多病之身啊，怎么能够做到天天莅朝视事呢？"

过了些日子，嘉靖皇帝心中依旧不平，又找徐阶诉苦："我是因为对身体不爱惜，所以为病魔所缠，如果我的健康能够允许，可以天天按时上班，哪里还能轮到让这个畜生骂我？"

皇帝想杀一个痛骂过他的六品小官，压根儿不需要理由，更不用征求任何人的意见。但此时嘉靖皇帝极不自信，不断地试图为自己辩白。尽管他表面不愿承认，但内心深处已然认同了海瑞的批评，只是强撑着自尊不愿让朝臣们知道罢了。

海瑞的这篇上疏，击溃了嘉靖皇帝身为天子最后的尊严，当一个人精神崩溃的时候，他的生命也就失去了支柱。很快，嘉靖皇帝的健康情况开始恶化。可以说海瑞的这篇奏疏就是皇帝的催命符。

嘉靖四十五年（1566年）十二月十四日，皇帝终于在不甘中走到了生命的尽头，他的尊严破碎，元神耗尽，任何仙术、丹药都无力挽回。

京城监狱的看守得知了皇帝的死讯，知道海瑞的出头之日到了，大家商议了一下，打算讨好这位未来的政治明星。大家凑了些钱，买菜买肉，做了一顿丰盛的饭菜，然后请海瑞大撮一顿，想着将来也好有个照应。

海瑞在狱中吃了好久臭粥烂菜，忽然看到餐食变得有鱼有肉，还以为这顿是自己的断头饭。按说这种饭一般人吃不下去，可海瑞就不是一般人，他也不跟任何人客气，二话不说，提起筷子一顿狼吞虎咽，胃口好得让看守们都看傻了眼。

等海瑞吃饱喝足，撂下筷子询问什么时候对自己动手，看守们才说了实话："皇上驾崩了，您的好日子要来了。"在听到这句话后，海瑞愣了一会儿，然后突然大哭起来，哭得撕心裂肺，哭得海啸山崩，哭过之后就开始狂吐，吐酒吐饭，吐红吐绿，看守们都吓傻了，心想海瑞不会是食物中毒了吧？

海瑞是真哭，他儿子死了他都没这么难过。他一生忠君爱民，血液里流淌着对王朝的强烈感情和使命担当。如今皇帝一死，海瑞感到自己一腔报国热情瞬间丧失了寄托。

嘉靖皇帝离去了，他一生薄情寡恩，自父母去世，爱子早夭之后，就再也没爱过任何人。他在独断专行中大玩平衡之术，戕害了许多功臣、宠臣、直臣，甚至对自己曾经的老师、挚友和恩人也毫不留情。

嘉靖皇帝作为一个具有深深宗教情结的道君皇帝，执掌天下四十五年，总归是功难抵过，瑜不掩瑕。他为儿子留下的是一座积重难返的破败江山，国库空虚，朝纲颓废，官吏腐败，外有南倭北虏之患，内有黄河肆虐，灾害横生。

如果说嘉靖有聊以自慰的地方，也不过是虽然半生隐居西苑但皇权从不曾落入他人之手。不知道他深夜独坐精舍打坐之时，想起紫禁城外的风雨波澜，是否也会感到孤独憔悴，映弩惊心。

# 第五章　最强内阁

嘉靖三十二年（1553 年）二月，皇帝仅存的两位儿子，裕王朱载垕和景王朱载圳一同离开了紫禁城，各自来到位于京师的藩邸之中。当时，嘉靖皇帝对父子之情、天伦之乐已然心灰意冷，开始严格遵守陶仲文提出的"二龙不相见"的规则，既不与儿子们见面，也不正式册立太子。我们也可以理解为这是皇帝对儿子们的一种保护，是他给予子嗣最后的父爱。

太子一日不立，国本就一日不定。朝中大臣很快分为两派，一派是以严嵩为首的拥景王派，一派是以徐阶为首的拥裕王派。明眼人都能看出来，景王朱载圳因为母亲的关系更得父皇宠爱，他生活奢侈，行事高调，倒颇有几分当年明武宗的神韵。而与之相反，朱载垕门前就冷清得多，他一直是个战战兢兢，小心谨慎的边缘人。

虽然同在北京，但对朱载垕来说，近在咫尺的父亲是那样遥远而陌生。而掌控大权的严嵩父子对他也十分冷淡，就连户部每年照例该给裕王府的岁赐，也因为严氏父子没发话而被一直拖欠。这位亲王冷板凳实在坐得辛苦，只好勉强凑了一千五百两银子去给严世蕃送礼，才得到了户部补发的岁赐。

无论从哪个方面看，皇子中最为年长的朱载垕都理所应当被立为太子，但他的储君身份从来没有被正式确认，而比他更受到父亲宠爱的四弟朱载圳在服色、待遇方面与他完全一样。孤独少年朱载垕每天只能忧心忡忡地在王府里熬日子。朝野上下流言四起，对他的地位议论纷纷。直到继位之前，朱载垕从来没有过安全感，可谓尝尽人情冷暖、世态炎凉。

朱载垕的亲王生活十分清简，他自己没什么特别的嗜好，更谈不上淫逸享乐，吃驴肠算是他难得的人生乐趣之一，而裕王府的驴肠也是有名的麻辣咸嫩，香烂可口。

每到节日，裕王府的厨师就用整副驴大肠做原料，先用醋水搓洗干净，然后放入清水锅煮至半熟，再加上酱油、辣椒、花椒、葱姜等调料，放入卤汤中煨得软烂入味，香飘满府。吃驴肠成了朱载垕青少年时期惨淡人生中最值得回味的一件乐事。

据说朱载垕成为皇帝之后，有一天偶然经过御膳房，恰逢里面杀驴，传出驴子撕心裂肺的惨叫声。这把朱载垕吓了一跳。询问厨子后才得知，光禄寺有规矩，驴肠活取才最为鲜嫩，当然这对驴子来说可不是什么好消息。天性厚道的朱载垕心中大为不忍，从那以后，竟然彻底放弃了自己多年的嗜好，再也不吃驴肠了。

命里无时莫强求，景王有父亲的偏爱，母亲的助力，权臣的支持，却偏偏在嘉靖四十四年（1565 年）在封地突然暴病身亡，可见人力永远也不可与天命相争。到这时，嘉靖皇帝一辈子靠丹药催生出的八个孩子，活着的就只剩朱载垕一个人了。由此可见，这些靠外力生出的子嗣大都先天不足，后天羸弱，命不长久。而这个唯一的幸存者，最长寿的朱载垕，也只不过活了三十六年而已。

嘉靖皇帝驾崩十二天后，裕王朱载垕正式继位，以 1567 年为隆庆元年。不是孤儿胜似孤儿的朱载垕在王府提心吊胆地苦熬了十三年后，终于修成正果，如愿以偿成为大明王朝第十二任皇帝。

隆庆皇帝正式登基后，第一件事就是组织内阁来辅助自己管理国家。这是一个史无前例的豪华班底，徐阶、李春芳、高拱、郭朴成为第一批阁员，次年二月，陈以勤和张居正也加入进来，一个时代最优秀的精英会聚一堂。当时全国上下都充满期待，这一次坐上乾清宫龙椅的皇帝，能够在这些第一流的官僚辅佐下成为一代明君，一扫旧弊，重振朝纲，让国家再次强盛起来。

隆庆内阁的这六位大学士，各个称得上人中龙凤，堪称大明历届内阁中品行最端、实力最强的治国团队。他们每个人都聪明绝顶，虽然各有才能、性格和抱负，但绝对无大奸大恶之徒，全都是经验丰富的理政高手，而且在重相权、抑宗室、抗北房、靖沿海、兴水利等政见上都有相同的看法。德高望重的两朝首辅徐阶更是名动全国，人们多把他比作嘉靖初政时的首辅杨廷和。

如果这些人能够同舟共济，毫无疑问将为大明开创全新的中兴局面，然而大部分聪明人都有一个共同的缺点，就是私字当头。谁都想大有作为，谁都不愿甘当配角。从隆庆组阁一开始，大明的党争序幕也就拉开了。在讲述他们的朝堂之争前，我们先把内阁中三位老资格的核心成员：徐阶、李春芳和高拱的身世、性格做个简单的交代。


## 智者徐阶

徐阶是松江华亭县（今上海市松江区）人，此人皮肤白皙，仪态优雅，说起话来也温温和和，然而他看似文弱的身躯里却蕴藏着宏大的志向和坚韧的意志。

徐阶二十九岁时以探花身份被授以翰林院编修，当时皇帝修道走火入魔，批完了佛家又打算批儒教。内阁大学士张孚敬毫无读书人的廉耻心，竟然投其所好，建议皇帝撤掉孔子的王号，同时降低祭祀孔子的标准。当时满朝大臣都黯然无声，只有平时看起来最为柔弱的徐阶站出来坚决反对。张孚敬大怒之下，生气地训斥他："你小子胆敢背叛我！"徐阶从容作答："背叛是要先依附的，我压根儿没有依附过你，何来背叛一说？"就这样，本来前程似锦的徐阶被贬到遥远的福建延平府（今福建南平）去做了个推官。

徐阶到了中年以后，官运上来了，官越做越大，百炼钢化作绕指柔，纵横官场的手段越发炉火纯青。他和蓝道行设计把严嵩干掉后，又亲自到严嵩家去安慰他。不明就里的严嵩父子十分感动，感叹世态炎凉之余甚至对徐阶叩头致谢，严世蕃还乞求徐阶替他们在皇上面前说情，徐阶拍着胸脯满口答应。

徐阶的儿子徐番眼看着老爹对严嵩背后捅三刀，当面送膏药，迷惑不解地问："您受了严家父子半辈子气，现在总算可以扬眉吐气了，咋还这样善待他们？"徐阶怕隔墙有耳，假装生气怒骂儿子说："你懂什么，没有严家就没有我们徐家，我有今天的地位全靠阁老提携，现在严家有难，我哪能恩将仇报，那样做是会被天下人耻笑的。"这一场假戏真做很快传到严府，老谋深算的严嵩和他聪明绝顶的儿子全都深信不疑。

其实徐阶哪有这样的好心，他只不过是看出性情反复无常的皇上对严嵩还存有眷恋，给自己留条后路而已。后来，嘉靖皇帝果然后悔，想重新召回严嵩，但一方面狂傲的严世蕃在罢官后依旧过分招摇，另一方面徐阶拼命阻拦，皇帝才打消了这个念头。从此徐阶成为嘉靖皇帝晚年唯一信任的大臣。

徐阶入阁十五年来，一直坚决支持裕王继嗣，并在高拱、海瑞等大臣危难之际向他们伸出援手，提供保护，最后利用蓝道士的扶乩之计除掉了严嵩父子，也正是这些巨大的成就把他推上了文官领袖的位置。

但另一方面，徐阶也有自己的无奈和圆滑之处，他明知嘉靖皇帝修仙、祷祀、献瑞这些做法荒诞至极，却从不阻拦，反而把自己的才华演化为善写青词的本事，顺着皇帝的心意与道士们同流合污，这虽然对仕途大有裨益，但也让他在内心深深引以为耻。好在当下新君继位，对他十分倚重，百官又对他倍加推崇，无论天时、地利、人和，皆在其手，徐阶没有任何理由不在这万象更新之际大大作为一番。

# 仁者春芳

　　说完了徐阶，再说说次辅李春芳。中极殿大学士李春芳是中国历史上为数不多的状元宰相。他中状元那一年是嘉靖二十六年（1547 年），这是个极不平常的年份，这一科高中的除了李春芳这个状元，二甲头两名分别是张居正、殷士瞻，还有一个二甲第八十名王世贞。张居正就不用说了，殷士瞻后来也是内阁重臣，风云人物。而这位王世贞先生更是值得一提，是明代"后七子"的领军人物，引领文坛二十余年，留下《弇州山人四部稿》一百七十四卷。

　　李春芳天赋惊人，却极其低调，已经修炼到了大智若愚的境界。他虽然深居要位，但在国事上极少发表自己的见解。在整个嘉靖时期，李春芳两耳不闻窗外事，一心一意写青词。这倒是正对了嘉靖皇帝的胃口，所以李春芳的官位也就一步步地升了起来。

　　当时内阁大部分阁员都是自负才华，锋芒毕露，事实上非常需要李春芳这样一个仁厚长者作为调节阁员关系的润滑剂。

　　嘉靖帝死后，徐阶意图重用天下闻名的海瑞，让他当应天府（今南京）巡抚，其管辖范围包括应天、苏州、常州、镇江、松江、徽州、天平、宁国、安庆、池州十府及广德州，等于把大明最精华之地都交给了他。江南财赋甲天下，这些地方无不富得流油，税收全国最高，是国家首屈一指的提款机，最重要的经济支柱。

　　南京是皇亲国戚、豪门大族成堆的地方，这些显赫之家的权贵们听说海瑞来了，纷纷都把红漆大门改成黑色，以免太过张扬，引得海瑞注意。就连嚣张跋扈的江南织造太监也对海瑞畏之如虎，出行特意减少车马随从，小心翼翼地溜着墙根儿走。

　　海瑞到任后，一如既往清似水明如镜，八抬大轿也不坐，天天骑个小驴子上班，当地贫农百姓倒是欢欣鼓舞，但官吏们都深知海大人难以服侍，纷纷辞职。

　　人无完人，海瑞也不是圣人，他虽然依靠胆气与品格名动天下，但工作水平着实一般，他管理一县之地还说得过去，但治理一个大府还真是为难他了。海瑞做官有原则，却无器量；有操守，却无方法；有官声，却无政绩。

　　海瑞一上任，不管经济，先抓司法，他开创了中国司法史上的一个奇迹，应天府打官司没门槛，没规则，随便告。每天，巡抚衙门都被挤得像菜市场一样，人潮汹涌，最多一天竟收到了状纸达三千多张。许多流氓无赖争相讹诈诗书传家的乡绅，而海瑞不分青红皂白，照单全收，他断案有个非常荒唐的原则，就是：你穷你有理！结果大批士绅富人败诉，无数流氓无赖借机侵占富人的家产，借着海青天之手脱贫致富了。

海瑞以他无比旺盛的精力和斗志，接下了汹涌而来的所有真真假假的状纸，而且以极高的效率全部断完，其中冤狱有多少，可想而知。

海瑞在应天府一通蛮干，很快受到言官戴凤翔等人的激烈参劾，说他迂腐，只会庇护奸民，鱼肉士大夫，当个县令还凑合，如今手握大权，根本不懂治理一方。人人尽知有鱼肉百姓一说，如今在海瑞的治下，可怜士大夫竟然也被鱼肉了。

刚刚登基的隆庆皇帝是个明白人，也感到海瑞盛名之下其实难副，只好把他调去做南京粮储。当时恰逢内阁二号人物高拱掌握吏部，他一直看海瑞不顺眼，就在海瑞上任之前，把这个职位合并到南京户部当中，等于将海瑞安置于自己的直接管辖之下。

海瑞人缘实在不好，这官是彻底没法做了，只好递交了辞职信，请病假回海南琼州老家。内阁众臣态度空前一致，无一挽留。海瑞自觉壮志难酬，在信中大大发了一通牢骚，痛斥官场混乱，群臣无能，举朝之士皆妇人也！把朝廷上下一个不落骂了个遍。

这时候素来仁厚的李春芳站了出来，一身承担起了海瑞毫无风度的辱骂，他笑嘻嘻地在百官面前自嘲道："既然说我们都是妇人，那我这么大岁数，一定就是个老太婆啦。"一句话引得朝堂上爆笑全场。状元宰相放下身段出来为海瑞打圆场，别人也就不好说什么了。

也有很多勇于任事的官员，瞧不起李春芳一贯明哲保身、圆滑处事的风格。当时刑部员外郎王世贞就曾刻薄地评价李春芳，说他毫无阁臣的威严，走路侧身溜边，见人弯腰赔笑，就像个不入流的老吏。

## 勇者高拱

文渊阁大学士高拱相貌堂堂，心直口快，性如烈火，与"老太婆"李春芳相比就像是另一个极端。

高拱和隆庆皇帝的私人关系非比寻常，裕王在王府时，高拱和另一个阁臣郭朴就是裕王的启蒙老师和私人顾问。高拱在裕王府陪伴了朱载垕九个春秋，兢兢业业地为这位不得宠的皇子传道、授业、解惑，二人建立了深厚的君臣与师生关系。后来高拱升官，离开王府，裕王与他哽咽而别，依依不舍。即使高拱离去后数年，裕王每每有事拿不定主意，也会经常派人去询问高拱的意见。

在储君未定之时，所有人都看出嘉靖皇帝明显地倾向景王，唯有高拱毫不避讳地经常出入王府，忠心耿耿地多方维护，给了裕王巨大的安全感。高拱自己曾有诗明志："殷勤东阁延贤日，凤夜公家报主身。"

当时的首辅严嵩权势熏天，满朝大臣都对他三分礼让，七分畏惧，高拱却从来毫无媚态。有一次，高拱去严嵩家谈事，当时严府内聚集了一大批人正在说笑闲谈，严嵩忽然走进室内，目光炯炯，气势逼人。正所谓一鸟入林，百鸟压音，众人顿时鸦雀无声，全部屏气行礼，唯有高拱仰面大笑，旁若无人。

严嵩心中狐疑，面无表情地质问高拱："你笑什么？"高拱从容答道："你没来的时候，大家说说笑笑，一片乱哄哄的场面，你刚一露面，四下瞬间就静悄悄，无人敢于发声。这情景让我想起韩愈《斗鸡行》中的两句诗：'大鸡昂然来，小鸡悚而待。'"高拱这一番调侃，将严嵩的昂然傲态和众人的唯唯诺诺形容得惟妙惟肖，堪称应景绝喻。严嵩听罢心里也觉得滑稽，非但没怒，也跟着大笑起来。

裕王登基后，高拱成了头号从龙之臣，不仅徐阶和李春芳对他另眼相看，其他各部大臣也是对他格外巴结。

相貌堂堂的高拱对自己的颜值很有自信，他曾和大学士瞿景淳一起编纂《顺天志》，一日在工作之余，高拱拿着镜子欣赏着自己满脸虬髯，对瞿景淳自夸说："你们看我不像神龙吗？"瞿景淳素来诙谐，见高拱自恋的样子觉得很可笑，就挖苦他说："神龙没看出来，大蚯蚓倒有一条。"高拱听了这话，立刻翻脸，狠狠将镜子丢在地上摔得粉碎，然后骂骂咧咧地拂袖而去。

# 黄雀在后

隆庆帝登基，徐阶身为首辅和顾命大臣，打响头一炮非常重要。他面临的第一个挑战，就是要替死去的嘉靖皇帝起草一份遗诏，对其四十多年的皇帝生涯做个总结，对天下有个交代。这对于隆庆新政的实施是一件承前启后的要事。

在这件要事上，徐阶很想一人独断，于是他的私心开始作祟了。徐阶觉得李春芳太过圆滑，毫无立场，不算是个好搭档，而高拱和郭朴都自恃是裕王府的从龙之臣，不大可能对他言听计从，很难和他们推心置腹地共商大事。徐阶想来想去，身边倒有一个上进的新人可以培养为自己的援手，他就是年轻望浅却志高谋深的张居正。

张居正当时还未正式入阁，但很好地把握了这次"被人利用"的机会，他不负徐阶所托，完美地配合了徐阶的意图。二人一番研究后决定：用自责的语气替嘉靖帝写了一份遗诏。这份"遗诏"体现了先帝对痴迷道教的反省，主要内容包括为那些因批评皇帝而遭到惩处的官员恢复名誉和官职，惩处主持玄修的道士，停止一切斋醮活动，简朴地举办葬礼，以图收天下人心。

紧随其后的是新君的登基诏书，也由徐阶和张居正起草，诏书基调和遗诏完全一致，相当于新政治的公开宣言。

新朝第一套组合拳徐阶打得非常漂亮，先是以遗诏的形式表现先帝的悔悟，继而以继位诏书来表达实施新政是先帝的意志，并非违背祖宗之法。

徐阶也知道这样做会得罪其他阁员，他之所以敢这样有恃无恐地独断专行，主要原因是相信自己有压倒性的强大实力：徐阶名满天下，主政往往又以宽仁为主，所以很得人心。他施救、提拔、抚恤过很多官员，朝廷中许多人都对他感恩戴德。

除了这些个人政绩方面的资本，徐阶还有另一个强大的武器，就是言官。

明太祖朱元璋因为痛恨官吏的贪污腐败，建立了对官员进行监督的常制，于洪武十五年（1382 年），置都察院。长官是左右都御史，与六部长官均为正二品，明朝称为"七卿"。都御史下分六科十三道，共一百六七十人，这些人通常被称为"言官"，专职弹劾百司，靠参人吃饭。言官们官职不过七品，但代表皇帝，又人多势众，可以以小制大，以内制外，掌握着舆论方向。

朝廷接连发布两份震惊朝野的政治宣言，这样的大事，内阁几乎是和天下百姓同一时间知道的。这令所有阁员都非常不满。尤其以高拱、郭朴反应最为激烈，隆庆新朝一开始，内阁成员之间便已经出现了深深的裂痕，而且矛盾很快激化、爆发。

有一天内阁的阁僚们一起会餐，大家酒过三巡之时，高拱猛然起身，把筷子啪地一摔，把憋在心中好多天的怨气一股脑儿地爆发出来。他义愤填膺地对徐阶说："我现在一宿一宿睡不着，就想看我那把宝剑，你明白这是啥意思不？先帝在世时，你是一直鼓励他修道的，青词你也没少写，如今先帝刚辞世，你就写这样自我批评的遗诏背叛他！现在你还结交了那么多言官，难道是想赶我们走吗？"

徐阶吃得正香，一点没有思想准备，没想到高拱会在这样一个公开场合对他突然发难，一口菜差点没噎着。但他脑子够用，尴尬地坐了好一会儿，镇静下来，马上发动反击："高拱你这就不对了，我朝言官这么多，我能全都结交得过来吗？再说了我能结交，你就不能结交吗？遗诏那样写并不是背叛先帝，而是为先帝收人心，让天下人都明白恩泽是从先帝那出来！你说我引导先帝修道、写青词，我这事办得是差点意思，但你难道忘记了，当初你在礼部时，先帝曾经用密札告诉我高拱主动申请效力修道的事，这个密札现在还在我手里呢，你要再看看不？"

因为徐阶手里确实有高拱的把柄，所以稳稳地占据上风。高拱仰面啐天，自讨没趣，只好愤愤离去，这场聚餐自然也就不欢而散了。

以柔克刚是徐阶的拿手本事，对付刚愎薄情的嘉靖帝和老谋深算的严嵩都不无往不利，更别说高拱了。在与高拱的冲突公开化之后，徐阶便以退为进，告病回家，从容不迫地开始了击败高、郭的第一步。

高拱一看徐阶告病，心想就这套路不新鲜，你会病我也会病，于是他也申请告病回家。俩人僵持不下，谁也不去上班了。这下可让刚登基的皇帝左右为难，左膀右臂哪个也不能伤，只好分别劝慰，挽留他们。隆庆皇帝知道发布遗诏这件事高拱确实有委屈，就额外给高拱加封了个武英殿大学士的头衔，明眼人都看得出，皇帝明显是偏向自己的老熟人高拱。

徐阶的忠实拥趸——言官们一看形势对他们的徐阁老不利，立刻闻风而动。在胡应嘉、欧阳一敬等人的带领下，一面每天会集在徐府门前请他重新出山，一面一齐向隆庆皇帝上疏，疯狂诋毁高拱。隆庆帝的书桌前弹劾高拱的奏章堆积如山，一天也没停止过。

看到北京的言官们气势汹汹，闹腾得有声有色，南京的言官也不甘寂寞，纷纷跟着发动起来，南北呼应，大有不干掉高拱绝不罢休的势头！这些人的奏议林林总总，从各个角度说高拱的不是，总而言之就一句话：让高拱下台！就连当时身为大理寺卿的海瑞，也特意出来为徐阶说话，这也是徐阶当年对海瑞救命之恩结下的善缘。

高拱没想到朝廷风向大变，自己的处境竟然一夜之间变成了四面楚歌，心中好不凄凉，他心里明白，在这种情势下，他就算有皇帝的偏袒，留在内阁也不会有什么作为，搞不好哪件事办错了，被言官抓住把柄甚至有性命之危。心灰意冷的高拱于是真心地再三以病请辞，打算彻底离开京城的舆论风暴。隆庆皇帝无奈之下，只得同意高拱的请求，高拱第一个离开了内阁。

高拱走了，他的亲密战友郭朴失去了强援，地位很快也摇摇欲坠。郭朴曾经说过"徐阶诽谤先帝当斩"这样的话，徐阶还能留着他吗？

言官们枪口掉转，火力全开，目标迅速转向郭朴。

郭朴是个忠厚长者，工作兢兢业业，为人谦虚低调，不像高拱恃才傲物，毛病一抓一大把。然而欲加之罪何患无辞，言官好一顿深入调查，发现郭朴在父丧期间也一直按时上班，没有回家守孝，郭母年老多病，郭朴也没有床前侍奉。言官们这下可找到打倒郭朴的弹药了。郭朴这分明就是迷恋权力，不要父母，简直有违人伦，大逆不道，不孝之人岂能有忠心！就在高拱被言官们挤对走三个月后，郭朴也终于心力交瘁，连着向隆庆皇帝递交了三封辞职信。

隆庆皇帝还想最后挽留这个曾在王府里与自己共患难的旧臣，便让内阁开会，共同商议郭朴的去留。会上，徐阶冰冷着一张脸，挨个儿征求大家的意见。他先问李春芳的意见，而李春芳的意见从来就是没意见。他满面笑容，轻声地回答说："请徐阁老做主就是。"一票。

徐阶再问另一个取代高拱的新进阁员陈以勤的意见，陈以勤更是聪明得很，他的嗓子恰到好处地哑了，不能说话。两票。

徐阶再把目光转向张居正，张居正本来应该毫无悬念地支持徐阶，但他也有些不满徐阶的独断，便冷淡地说："我今天要是敢反对，明天就是第二个高拱。"徐阶心似海深，也不跟张居正计较，只是淡然一笑，心平气和地说："好，三票，加上我，内阁全票通过，批准郭朴退休。"

随着高、郭先后黯然退场，徐阶自信再无敌手，可以得心应手地实现自己的政治抱负了。然而，内阁的战火刚熄，庙堂上新的斗争又开始了。徐阶无论如何也不曾想到，他的下一个对手，就是当朝天子——隆庆皇帝。

徐利用言官击败高、郭的全过程，隆庆皇帝自始至终在冷眼旁观。他性格虽然宽厚，但绝不是一个平庸之人。徐阶一呼百应的巨大能量也让皇帝大为吃惊，他虽然暂时没有表态，但心里很不舒服，随着日后君臣之间意见相左的事件一次次发生，皇帝对徐阶的敌意也越来越大。

高拱离去这一年的中秋，隆庆皇帝想与翰林院搞个君臣联欢会，夜宴同乐，也算高层团队建设，拉近关系。明朝的翰林院虽然品级不高，但靠近权力中心，是皇帝的中央秘书机构，直接为皇帝提供服务，日常工作包括答复皇帝咨询、修书撰史、起草诏书、为皇室成员侍读、担任科举考官等，很受皇帝重视。特别值得一提的是，有明一代入阁的大学士一百六十余人，百分之九十以上都是翰林出身，阁臣出自翰林院已经成了当时约定俗成的规矩。徐阶内心并不希望皇帝与这些野心勃勃的后辈翰林们太过亲近，所以他不动声色地以先帝去世时间不久，不可过分欢庆为由，予以坚决阻止。

"孝"字大旗祭出来，谁也无法反驳。隆庆皇帝无奈之下只得听从徐阶的意见，一个本可以歌舞升平的佳节就这样在无聊的平静中度过了。

没过多久，隆庆帝又耐不住寂寞了，想去天寿山祭祀皇陵，也是借机会散散心，结果又被徐阶阻止。这回他拿出了一个吓唬小孩子的理由：现在外面天降暴雨，还有可能发大水，皇帝你现在出去好危险，还是老老实实闷在皇宫里最安全。隆庆帝也只能再一次屈从。

就这样皇帝又熬过了一年时间，新一次的出行计划总算是得到了徐阶的批准。隆庆皇帝如同出笼之鸟，刚到皇陵的斋宫，顾不上旅途劳顿，就打算轻骑出去游玩一番。出于对徐阶的尊重，皇帝派最亲信的太监李芳去向徐阶请假，语气十分客气："祭祀典礼放在第二天举行，朕今天想轻骑出行，一观风光可以吗？"没想到徐阶却板起面孔以训诫的姿态说："陛下应该先祭祀，后游玩，皇帝就算出宫也不能忘记要处处体现出孝心。"徐阶的理由总是那么堂而皇之，不容反驳，隆庆皇帝也只好忍气吞声地按徐阶的意思办。

再后来隆庆皇帝想派太监到京城的各营军队中去监军，被徐阶以违背祖制阻止；再再后来隆庆皇帝想训练两营太监侍卫，徐阶又是坚决反对。只要有徐阶在旁边，隆庆皇帝事事都被掣肘，事事都不顺心，而言官们只看徐阶的脸色，随声附和。

客观地说，徐阶很多的直言劝谏都是出于公心，是有道理的，但时年三十多岁的皇帝已经是个有独立思考能力的成年人，日久天长，谁都难保不会心生芥蒂。于是君臣的蜜月期不过数月的时间，隆庆皇帝就对徐阶失去了耐心，从尊重变成冷淡，最后变成深深的厌恶。

隆庆二年（1568年）七月，北京骄阳似火，天气格外炎热。隆庆皇帝在紫禁城实在坐不住了，打算去俗称南海子的南苑花园乘凉游玩。徐阶一如既往地上疏建议皇帝取消这次度假。可皇帝这次坚持不听，执意要去。于是徐阶便拿出百试不爽的老招数，以退休相威胁。

这个时候，在内阁中资历最低的张居正羽翼已日渐丰满，此前徐阶除掉了高拱与郭朴，却意外地替张居正扫平了上升的道路。乘此机会，张居正密报太监李芳，言之凿凿地说，"徐阶是真的已经决心退休了"，在徐阶背后狠狠捅了一刀。李芳向来看不惯徐阶的专权，便立刻把这个消息禀告了隆庆皇帝。皇帝心想这是好事啊，这可是你自己要走，这步台阶我无论如何也得下，很快批准了徐阶的退休请求。

这下可不好收场了，徐阶本想以退为进，没承想弄假成真。眼看隆庆皇帝动真格的要撵走徐阶，内阁李春芳、陈以勤、张居正三人不能无动于衷，便按照老规矩言不由衷地联名上疏请求皇帝挽留徐阁老。朝中大臣们也都慌了手脚，礼部、吏部、兵部的尚书们联名向皇帝发出了请求，请务必挽留徐阶。

正所谓言出如箭，不可乱发，一入人耳，有力难拔。隆庆皇帝好容易得到了这个机会可以摆脱徐阶了，绝对不想再走回头路。面对朝中重臣们请求挽留徐阶的上疏，他只是漠然地批答了三个字："知道了。"

"知道了"的意思，大家都清楚地知道了。名满天下的徐阶担任首辅仅仅一年零八个月的时间，就落得和高拱一样的下场。隆庆二年七月，徐阶宣告退休归乡。

徐阶走后，张居正便与太监李芳一同紧锣密鼓地谋划请皇帝重新起用高拱，是年十二月，被冷落了一年多的高拱终于接到了请他重新入阁的圣旨。当时正值严冬腊月，天寒地冻，但高拱心里却燃烧着熊熊希望之火，他日夜兼程，直奔京城。这次回来，高拱在内阁中的地位又上升了一级，仅次于李春芳，以大学士兼掌吏部尚书的身份重新登上了政治舞台。

# 塞翁失马

徐阶告病回乡后，只能借书酒遣怀。虽然他不是个荒淫贪婪之人，但对自家子弟多年来一直大肆敛财，吞并田产的行为却也一直默许，一来二去，徐家名下的田地竟然达到二十四万亩之多，成为名副其实的大地主。

徐家的子弟、家奴四处为非作歹，横暴乡里，做下了大量鱼肉百姓的恶行，状告徐家的状纸如雪片一般飞入应天府衙门。而应天府的新任巡抚正是由徐阶亲自提拔任命，并有过救命之恩的海瑞。

海瑞一生铁面无私，会为这个当朝名相、救命恩人徇一点私情吗？答案是：不能！

海瑞接到当地百姓对徐家的控告，毫不犹豫地选择了有公无私。他亲自写信给徐阶，语气很委婉，但态度没商量，断然要求徐家清退田亩。唯独还算为徐阶保存三分面子的地方，就是没有指名道姓说这是徐阶的罪责，而是将责任推到了他儿子身上。

徐阶大半生苦心经营的这份家业，想不到今日竟毁于受他恩惠最多的海瑞之手，任谁也不能甘心。徐阶表面上答应退田，显示出一番明理与无奈的面貌，暗地里却决心要和这位忘恩负义的海巡抚好好斗一斗。

这时候王世贞为徐阶献上至关重要的一计。

王世贞的父亲王忬曾经在嘉靖朝做过兵部右侍郎，代蓟辽总督，因为鞑靼侵入长城之事，被严嵩陷害冤杀。隆庆皇帝继位后，正是在徐阶的主持下，王忬的冤案才得以昭雪。所以王世贞一直对徐阶心怀感激。这次徐阶有难，王世贞自然倾力相助。

王世贞暗地通知徐阶，扬汤止沸，不如釜底抽薪，并亲自在北京为他上下活动。王世贞虽然官职不高，但由于他是当时著名的文坛领袖，文名享誉全国，所以朝中愿意和他有交往的实力派人物不少。

在王世贞的周旋下，徐阶分别致书内阁的老同事李春芳、张居正等人引为援手，又贿赂给事中戴凤翔等人为他上疏参劾海瑞，很快将局面反转过来。

海瑞在朝廷里的人缘着实不好，一个阁臣也没交下。内阁大学士们都看明白了海瑞是如何对待自己的恩人的，谁又愿意为他伸出援手呢。就连徐阶的死对头高拱也十分讨厌海瑞，支持将海瑞调离。这才有了前文所说海瑞万般无奈只得辞官，临走时痛骂满朝皆为妇人的一幕。

徐阶家资巨亿，生活无忧，退休在家除了读书作诗，就是请客喝酒，他没事就招呼亲戚、乡邻来家中聚会，以排遣失落的时光。

徐家钱有的是，待客用的餐具都是金杯银碗。在某次宴会上，有个爱贪小便宜的乡亲头一次看到金灿灿的酒杯，爱不释手，就偷偷拿了一只，藏在了帽子里，正好被徐阶看见。徐阶不过微微一笑，没有声张。

宴会将散时，徐府的管家出来查点这些珍贵的餐具，发现丢失了一只金酒器，急忙到处寻找。眼看偷杯之人坐在那里惴惴不安，徐阶连忙给他打圆场，对管家说："杯子没丢，不必找了。"可这偷杯的乡亲也真是不争气，因为多喝了几杯，步伐不稳，晃晃悠悠没等走出徐家大门，金杯竟然从帽子里掉了下来，大出洋相，自己也窘在那不知如何是好。为了不让他过于难堪，徐阶只好假装没看到，还吩咐管家把杯子送给了他。

这就是人性的奇妙之处，徐阶掌权时所行皆为大善，他在得势时保护、扶持了大批官员，所以才能在退休后依旧在朝廷上保持着极强的人脉与巨大的影响力，当时人们说他："家居之罢相，能逐朝廷之风宪。"意思是一个退休老干部，在家里依旧能左右国家的风纪法度。此话半毁半赞，却也是实情。

徐阶在松江老家题有一副对联："庭训尚存，老去敢忘佩服；国恩未报，归来犹抱惭惶。"对联虽然隐有踌躇满志之意，但大体还是他谦逊内敛的本色。

离开了波谲云诡的朝堂，徐阶又变回一个德高望重的宽厚长者，一个本性善良，自制、严谨、处处替别人着想的好人。明朝开科状元吴伯宗在《挽上清张真人》诗中有两句："人间宰相无官府，天上神仙有子孙。"说给徐阶，却也贴切。

隆庆、万历年间德才兼备的三大首辅中，徐阶最早失去了权力，离开了政治中心。然而从事后政局的发展看，他却是其中最幸运的一个。

# 第六章　元气病

　　福建东山岛西南的诏安湾附近有一处清幽静谧的海滨，这里海清沙白，宛若玉屑银末。一条水量充沛、水流湍急的小溪，恰似马蹄嗒嗒，汩汩而下，穿过沿海虬枝龙爪、遮天蔽日的红树林，一直流入大海，被当地百姓称为"走马溪"。就是在这片风光旖旎、人迹罕至的世外桃源，曾发生过一起轰动全国，牵连到多位高官的惊天血案。

　　嘉靖初年，宁波市舶司关闭，明朝再一次开始了全面海禁，而闽浙沿海民间走私因此大兴。

　　祖祖辈辈居住于闽浙沿海的数百万边民，几乎家家户户都涉足走私贸易，大型的双桅船与三桅船日夜不息，连樯往来，场面蔚为大观。即便是无力远航的老弱妇孺，也可以凭借一叶扁舟，为海上的走私商人运送菜食酒浆，赚钱糊口。当地就连三尺儿童都知道，海商是他们赖以生存的衣食父母。

　　当时东方最大的贸易港和走私圣地在浙江定海的双屿岛。这个曾经荒无人烟的孤岛，常驻居民就有三千多人，国籍涵盖十几个国家，其中有半数是葡萄牙人。朝廷的海禁越严，民间的走私就越盛。双屿岛的贸易规模越来越大，开始引人注目，渐渐成为朝廷的眼中之钉，心腹之患。

　　朝廷眼里的所谓海寇，其成员大部分都是为了生计铤而走险的中国商人，至于所谓倭寇，不过是少数被中国海商雇用，为贸易船只武装押运的日本浪人。真正的海盗都是以掳掠为生，而这些中国海商大不相同，他们的唯一目的是做贸易，但为了抵抗官军的围剿和真海盗的攻击，必须雇用武装力量来保护自己的商船。

　　嘉靖二十七年（1548年）四月，双屿岛的黄金岁月走到头了。外号朱苦瓜的悲剧英雄、闽浙总督朱纨以水师都指挥卢镗为大将，率战船三百八十艘，水军六千余人，对东南沿海的贸易进行了史无前例的彻底扫荡，在双屿港先后击沉、焚毁商船四十二艘，杀死了八百名葡萄牙人与大量中国百姓。在取得水面战斗的绝对胜利后，明军水师又焚毁了岸上的房舍，用大量木石堵塞住港口，以绝后患。

自此这个亚洲最大国际贸易港之一不复存在，而当地万千百姓的生计，也就此断绝。

朱纨扫平了双屿岛，名声大噪，威望一时达到顶峰，时时以爱国名将，民族英雄自诩。他名气大了，嗓门自然也就高了。在进行军事清剿的同时，毫不留情地公开批评闽浙籍的官员，指责他们是走私猖獗的根源，海寇倭寇的总后台。就连在嘉靖年间的名世大儒，号称浊世廉臣的南京大理寺正卿林希元亦在被点评批评之列。

林希元自幼生长在海滨，对家乡百姓泛海求生的艰辛深有体会。在他看来，百姓们通番获利，虽然担着走私的罪名，不合国家法度，但毕竟对个人来说生存才是最大的前提，沿海边民为了求生求活，又何罪之有？

在朱纨咄咄逼人的责难下，林希元等闽浙籍官员也开始反击。

就在双屿港被荡平后不久，一支后知后觉的葡萄牙船队再次经过马六甲海峡抵达中国沿海，四艘商船上除了少数商人和士兵是葡萄牙人外，大部分都是中国和马来亚水手。他们到达双屿港才知道，昔日人潮攘攘的贸易天堂已经灰飞烟灭，成为一片废墟，断壁残垣中依稀散发着尸体的臭气。

进退两难的葡萄牙人不想白跑一趟，只好分为两路，两艘船掉头前往印度去碰碰运气，另外两艘船则隐藏于走马溪外海的峡湾内，想等待时机把船上的货物偷偷出手。

葡萄牙商船到来的消息，很快为福建水师都指挥卢镗获悉，送到嘴边的肥肉岂能不吃，何况有大把油水可捞。一省之正规海军对付两艘商船，无异于牛刀杀鸡。卢镗派水师战舰发动突袭，以迅雷不及掩耳之势占领了两艘商船，而船上的一干士兵、水手也成了瓮中之鳖。

从朝廷打击走私的角度来看，卢镗的做法当然无可厚非，然而其私心却着实可诛。在取得了这场小胜之后，卢镗按老规矩将船上的货物私吞，当然也没忘孝敬长官朱纨一笔，这是水师的惯例，算是朝廷默许的潜规则，也勉强说得过去。但后面发生的事情，则越来越肮脏，越来越血腥，继而变得一发不可收拾。

卢指挥战功也立了，货物也黑了，照理应该知足，可他还有更大的野心。卢镗与福建巡海道副使柯乔等人创意十足地从俘虏中选出来四名身材高大、相貌英俊的葡萄牙人，对他们施加酷刑，让他们承认自己是马六甲的国王，而其他葡萄牙人和马来人则被要求承认自己是来中国劫掠的海盗。为了把戏份做足，卢镗从船上翻出来一套华丽的服装和帽子，又找裁缝照做了三套，分发给四名扮演国王的葡萄牙人，作为他们的"王服"。可怜这些葡萄牙人和马来人，因为语言不通而无法为自己辩护，只能任凭卢镗摆布，成为他向朝廷邀功的重要筹码，而船上还有九十多名中国水手包括多名孩童，全部被卢镗下令秘密处决灭口，鲜血染红了走马溪。

等到朱纨发现了卢镗谋财害命的残忍阴谋后，非但没有将其问罪，反而大为赞赏，与他共同编织了一整套谎言，以闽浙总督的名义向朝廷上报了这次被尸体和鲜血包装出来的走马溪大捷。幸存的俘虏们生不如死，被套上木枷，暴晒在烈日下示众，以显国威。

这类杀良冒功的做法，本来在明朝军队里算不得什么新鲜事。但这次福建水师却惹祸上身，玩到自己头上了。被杀死的中国水手，都是福建当地的乡民，自然要找福建籍的官员申诉，林希元了解到内情之后，配合水手家属层层上告，很快惊动了朝廷，兵部尚书翁万建、兵部侍郎詹荣、巡按福建御史陈宗夔等人相继上奏弹劾朱纨，罪名就是"冒功擅杀"。

一贯喜欢玩弄权力制衡的嘉靖皇帝，眼里从来不揉沙子，下令兵部会同三法司会审，派出兵部给事中杜汝桢为钦差，会同御史陈宗夔一同到走马溪详细勘查此案。对于众臣的指责，朱纨一度试图上表辩解，但他的辩解根本经不起推敲。案情很快真相大白，所谓四个国王不过是葡萄牙的普通士兵，虽然确实有私招水手，走私货物的行为，但根本没有什么称王抢劫的大罪，朱纨擅杀人、报假功之罪证据确凿，闽浙籍官员们对朱纨的控诉参劾全部属实。

不久前还以国家英雄自居的朱纨一夜之间成为众矢之的，陷入深深的绝望之中。面对皇帝让他进京议罪的圣旨，朱纨不知自省，反而一肚子委屈，泪流满面地哭诉："我既贫且病，脾气倔强，决不肯跟奸臣对簿公堂！皇上不杀我，闽浙人也得杀我，我宁可自己了断，也不愿死在他人手里。"他作了一首绝命词，然后毅然服毒自尽。卢镗、柯乔等官员也被列为首犯，被定了死罪，逮捕收监。

朱纨是朝廷中最坚决的禁海派，因为走私屡禁不止，他曾无限感慨地说："去外国盗易，去中国盗难；去中国濒海盗犹易，去中国衣冠之盗尤难。"在他口中的衣冠之盗，指的是那些朝廷中主张开放海禁的士大夫。然而事实上如果明朝政府能够有足够的远见和自信打开国门，放开海禁，以商业税大幅充实国库，其后便会有足够的力量救灾治河，那么农民起义或许可以避免；军费充裕，练兵造炮，抗衡后金也可以实现，明帝国的命运，很可能是另一番景象。

## 净海王

朱纨的失败，证明禁海之路行不通。双屿港被摧毁后，四散逃亡的海商分成了主张和平通商的互市派和铤而走险的寇掠派。寇掠派以林碧川、徐海等为代表，占据舟山群岛为基地，再次壮大，并吸纳了大批善战的日本浪人加入，终于蔓延成一场旷日持久的嘉靖倭患。而互市派首领王直逃亡日本后默默积蓄力量，在沿海商民支持下，两年后重返中国，以温和而有力的姿态再次震撼江浙。

王直是中国商人中一个出类拔萃的人物，他文武兼备，智勇双全，居留日本二十年，以平户为基地，建立了称霸大海的商业帝国，自称"净海王"。

王直的旗下拥有极为庞大的商业舰队，纵横浙、直、闽、广之间，其部下可以堂堂正正地在苏州、杭州的大街上做生意而无人敢管，内地百姓争相把自己的子女送到王直的船队中，跟着净海王做海商成为当时最为热门和抢手的工作。就连日本诸多大名混战所需的硝石、硫黄也多得自王直之手。官军水师无人敢与王直争锋，只好将王直的父母妻儿抓进监狱泄愤。

王直虽然被明廷污蔑为倭寇、海盗，却被日本商界视为典范。他能够成为一代海商之王，绝非只懂利字当头，而是一贯以诚经商，以信取利，其做事的气度胸怀无不让人折服，在日本非常受到尊重，他与当地大名松浦氏相处得很好，被日本人尊称为"明国儒生"，麾下有大量日本人都甘于俯首听命。直到今天，日本还在以影视、书籍、卡通和游戏软件等多种形式传颂着王直的商业传奇，平户的王直故居被保护修缮得很好，其大门前挂着一副令人深思的对联："道不行，乘槎浮于海；人之患，束带立于朝。"

朱纨的后继者胡宗宪到任后，胸怀大志的王直看到了合法通商的希望。

新任闽浙总督胡宗宪是嘉靖一朝少有的有头脑、有远见的务实技术型官员，他一贯主张朝廷要利用好王直，让海外贸易合法化，既可使海盗不剿自平，还可以开辟出海上丝绸之路，为大明创造巨额财富。胡宗宪到任后也对王直表达了巨大的善意，他派使者前往日本宣谕招抚王直，许诺只要王直等归附朝廷，不但前罪不问，还要为他争取开放海禁，并允许与日本重开通贡贸易。胡宗宪的初衷是真心与王直谈判，为了表达诚意，他从监狱中释放了王直的家人，予以厚待。

王直当然也希望能堂堂正正地归国做生意，甚至封妻荫子，总强于一辈子飘零异域，扣着海寇的帽子。他非常信任自己的徽州老乡胡宗宪，经过慎重考虑，最终决定归顺朝廷。为了表示足够的诚意，王直先后协助日本山口、丰后两个大名与大明达成了通贡协议，日本方面亦归还了劫掠的人口，并准备入贡。王直向朝廷送上一份诚意满满的厚礼。

不久后，王直怀着对胡宗宪十足的信任，亲自率领部分人马和贸易船队开往浙江，停泊于舟山岑港，他本人则亲自前往钱塘总督府接受招抚。可惜满怀希望的王直回到中国才发现，朝廷对日本大名的友善并不能抵消对他这个同胞的仇视。一夜之间，风云变幻。

一开始，胡宗宪尚能以礼留居王直，并试图上疏皇帝，申请对王直的赦免。但此时朝中保守派大员们却刮来一阵猛烈的舆论风暴，对胡宗宪进行激烈的弹劾，甚至直接诬陷胡宗宪收受王直巨额贿赂。官场凶险，陷入危境的胡宗宪为求自保，也只好改变态度牺牲王直了。

杭州巡按御史王本固是极其顽固的禁海派，在胡宗宪的默许下，他趁王直游览杭州之时违背诺言派士兵将王直抓捕下狱，一代海王沦为囚徒。与此同时，明军水师也开始进攻王直留在舟山的船队，一场原本形势大好的招抚局面，毁于一旦。可怜王直在日本被礼遇有加，怀着一片报效之心归国，却仰箭射空，上了个断头的大当！

嘉靖三十八年（1559 年），一代海商王直就这样自投罗网而被斩首于杭州府官巷口。悲莫悲兮生别离，王直临死时，无奈地感叹道："死吾一人，恐苦两浙百姓。"

王直被处死这一年，恰好是英国女王伊丽莎白一世加冕之年。大明与英帝国对待海洋的态度大相径庭，这也导致了两个国家的前途大不一样。在伊丽莎白一世建立日不落帝国的过程中，英国的海盗们劈波斩浪，立下了汗马功劳，为女王和国家带来了无数的财富，并被女王亲切地称为"我的海狗"，她多次以爵位和土地回报功勋卓著的海盗们，把他们树立为国家英雄。

一个有进取心的岛国女王，可以利用海盗的力量扩张出无比强大的日不落帝国，而一个守旧的东方皇帝，却想方设法对想以合法身份做贸易的本国海商赶尽杀绝。胡宗宪与王直的美好理想，并不被愚顽的嘉靖皇帝所理解，朝廷言而无信铸成大错，而胡宗宪也一生背负着背信弃义的恶名。

今天，如果到日本平户游览，还可以看到王直的雕像。他依旧身穿明服，长髯飘洒，手持长剑，极目西方，可叹故国不堪回首，唯有远望当归。

王直被杀三年后，内阁首辅严嵩被罢官，其子严世蕃被捕。胡宗宪因严嵩义子赵文华的举荐而屡屡升迁，自然也被划入严党一派。很快，胡宗宪的处境也变得岌岌可危，在新任内阁首辅徐阶的授意下，南京给事中陆凤仪以贪污军饷、滥征赋税、党庇严嵩等十大罪状上疏弹劾胡宗宪。

胡宗宪先是被罢官，继而因假拟圣旨的罪名被捕入狱。骄傲的胡宗宪无法忍受这些污蔑和屈辱，他宁可舍弃生命，也不愿意牺牲尊严。嘉靖四十四年（1565年）十一月三日，胡宗宪在狱中写下"宝剑埋冤狱，忠魂绕白云"的诗句后愤然自杀，时年五十四岁。他为皇帝尽忠一生，却落得如此下场。他不肯低下头颅，最终自杀的命运又与他的前任朱纨一模一样。

王直的崛起与死亡，胡宗宪的开明与自保，背后都是嘉靖一朝开海派与禁海派旷日持久的路线之争，嘉靖皇帝活着的时候，无人敢于将目光看向大海之外，这样的困顿局面从嘉靖初年开始，一直持续到今日新君继位的一刻。

## 希望之光

隆庆元年（1567年）冬天，广东行省发生民变，在以盛产蘑菇与竹器闻名的古田县（今福建永福县），出了一个名叫韦银豹的壮族枭雄，他自封为"莫一大王"，领着数万穿裙子的壮族人兴兵造反。他们一路烧杀，一直打到了广西首府桂林城下，抢走了桂林藩库里整整四万两白银。

韦银豹的兴兵起了一个很不好的带头示范作用，西南地区其他桀骜剽悍的苗人、黎人、瑶人也都有样学样，纷纷开始集结作乱，就连已经剿灭多年的海寇也死灰复燃，一夜之间帝国的整个东南半壁烽烟四起，警报不绝。

在隆庆皇帝大为头痛的时候，巡按广东监察御史杨标上了一封奏疏，一语道破了国家动荡的根本原因："眼下东南各地四处造反，说明咱们国家有病，而且得的还不是一种病！少数刁民占山造反，到处打劫，这是四肢病；广东十府，除了一个南雄府平安无事之外，其余九府全都有民变发生，这是心腹病；然而最可怕的是，国库空虚，没钱练兵，无法支持长期作战，官兵竟然不是这些造反贼寇的对手，问题就更严重了，这是令国家陷入危境的元气病！"

杨标的这封奏疏，不仅是指向东南兵祸，也道出了明朝中后期所面临的最大问题——缺钱。

随着开支的连年增长，国家财政早已入不敷出，却又得不到商业税、贸易税等其他税源作为补充。官员们微薄的薪水不足以糊口，导致朝廷上下的腐败问题屡禁不止，而且军队中欠饷更是常态，严重损害了士兵的战斗力。

财税系统是国家的血脉，而南方的海禁、北方的边禁，让隆庆皇帝没有办法从繁荣的工商业获得财政资源。海陆两方面闭关锁国的弊政成为套在帝国脖子上的枷锁，让国家的血液不能流淌，又不断引发耗资巨大的战争，形成经济窘况日甚一日的恶性循环。

如果是嘉靖帝接到这份奏疏，免不了气血上涌，将杨标打板子罢官。但隆庆皇帝少年时期的经历让他一直都比较接地气，更能了解民间疾苦，他接到杨标这份奏疏，不仅猛然觉醒，而且发自内心地赞同。

皇帝开明，下边人就敢说话。同一时期，福建巡抚涂泽民表达得更为直接，他干脆上书请求皇帝批准民间对外贸易合法化，变私为公。压抑了大明王朝两百年的禁海政策，终于有了转机。

开明的隆庆皇帝，终于做出了一个划时代的重大决策，解除海禁，调整海外贸易政策，特批福建漳州府月港（今福建海澄）为整个明帝国唯一的开放特区。

此地半山半水，其人不夷不惠，这是古人对漳州的风趣评价。风景秀美的漳州原本也是个小有名气的海上走私贸易集散地，只是没那么显眼，本地百姓靠海吃海，走私贸易兴旺的时候"家家赛神，钟鼓响答"，因此此地繁华富庶得很，还得了个"小苏杭"的绰号。

跟东南沿海大量的良港比起来，漳州月港的地理条件并不算好，它位于半封闭的沿海峡湾之中，背后还有高山丘陵阻隔，交通很不便利。但是正所谓祸兮福所倚，正因为月港不起眼，没有像众矢之的双屿那样被官军摧毁。不知不觉中，侥幸存活，悄悄发展的月港已然成为福建第一大贸易港。

隆庆年的开海新政，史称"隆庆开关"。朝廷每年给本国民间商船发放通行证五十张，后来增加到一百张。除了许可漳州地区的居民下西洋贸易之外，再特许泉州地区居民到东洋贸易。

至此外贸商人总算摆脱了走私犯的尴尬身份，可以正大光明地出海经商了，中国人做海外贸易终于成为合法行为！这是隆庆朝的一小步，也是大明王朝的一大步，是自从朱元璋洪武开国以来，国家对于民间海外贸易一次史无前例的破冰行动。

开放宽松的国家政策，往往国民两利。开海初始，月港就给明帝国带来了意想不到的收入，岁入达数十万两白银。民间被抑制多年的商业活力喷涌而出，此后大量白银似南海的潮汐般流入中国，大大缓解了明王朝延续多年的财政危机，为后来万历朝张居正的改革提供了强大的资金支持。

公元 1567 年，铁幕阴沉的大明海疆终于撕开一道小小的缝隙，这个昏暗已久的庞大帝国上空投射出一丝希望的曙光。

# 第七章　天子封我为王

隆庆四年（1570 年）七月，大黑河畔，天野苍茫，绿波连天的土默川草原上充满了欢腾喜庆的气息。一眼望不到边的蒙古包，户户升起袅袅炊烟，到处飘荡着手抓肉的醇香与马奶酒的浓馥。

一连数日，都有鞑靼各个大小部落首领带着大批随从会聚于宝丰山下的美岱召城，大家放下弓刀，拿起酒杯，或纵马嬉戏，或弹琴高歌，或翩翩起舞，或摔跤斗酒，孩童们成群结队地追逐嬉戏，向大人讨要赏钱。无论是否相识，远方的来客走进任何一个蒙古包，都可以和里面的主人一同欢宴畅饮，听白发苍苍的祝颂人不知疲倦地吟唱成吉思汗的英雄故事。

这样沸腾整个草原的大规模狂欢，已经多年不见。只因为这一天是称霸东蒙古的一代鞑靼枭雄，六十三岁的俺答汗迎娶新夫人的日子。

当初蒙元在明军的沉重打击下退回草原后，分裂为鞑靼、瓦剌和兀良哈三个部族。其中鞑靼属于元朝皇帝嫡系后裔，兀良哈是成吉思汗之弟的后裔，而瓦剌则是最早归附成吉思汗的部族之一。其中由宁王节制的兀良哈最初比较顺服，还做过好一阵附庸于明军的外籍军团。

瓦剌地处蒙古高原西部，仅有数十万人口，三万多战士，却凭借从中亚获得的精铁和良马资源组建了优质的具装骑兵，一直压制着东蒙古拥有 200 万人口的鞑靼。永乐初年，朱棣采取拉一个打一个的政策，先是封西蒙古的瓦剌首领马哈木为王，接着率五十万大军北伐东蒙古的鞑靼，一举将其打得残破不堪。

鞑靼衰落以后，瓦剌的势力强盛起来，也开始桀骜不驯，不仅扣留明朝使者，还屡屡侵犯明朝边境。朱棣再次北征瓦剌，以武力迫使其屈服投降。

同样是蒙古人，鞑靼与瓦剌都吃了明朝的大亏，但是两部积怨已久，内斗不休，始终不能联合起来对付明朝。

公元 1439 年，瓦剌在实际掌权者太师也先的带领下，进入了全盛时期，他们向西征服了哈密、沙洲、赤斤蒙古等部，向东则攻破了兀良哈，又控制了女真，建立了元朝灭亡以后最大的蒙古帝国。大败明军的"土木堡之变"成为瓦剌军功中最为辉煌的纪录。

俗话说，花无百日红，人无千日好。瓦剌强盛不过一代。自从也先被部下暗杀，瓦剌又逐渐衰落下来。而与此同时，鞑靼部终于出现了一位很有作为的大汗——达延汗。他吞并了兀良哈，统一了大漠南北，把瓦剌逼到了西北一隅。

"达延汗"，翻译成汉文就是"大元可汗"。他重新振兴了衰落百年的黄金家族，率领土默特部与同属鞑靼的永谢布、鄂尔多斯两部展开了长达二十年的残酷战争，最终将鞑靼六个万户全部置于他的统治之下，成为新一代霸主。

达延汗死后，鞑靼诸部再次分裂，直到他的孙子俺答汗崛起，凭借卓越的军事才能再次当上了鞑靼的盟主。在他的统领下，鞑靼的强大更盛于当年，其辖境东抵辽蓟，西迄河套，北达戈壁，瓦剌人对他避之不及，而南方明帝国的长城也挡不住鞑靼骑兵的铁蹄。

俺答汗功成名就，进而想与蒙古西部卫拉特奇喇古特部联姻，强娶了该部首领的女儿三娘子。

三娘子原名叫克兔哈屯，不仅生得闭月羞花，而且擅长歌舞，精通骑射，文艺体育样样行。草原上长大的三娘子从小就仰慕中原文化，言行举止、穿着打扮都和汉人无异，三娘子就是她给自己起的不伦不类的汉名。

三娘子的艳名远播，连明人也多有耳闻，大明才子徐渭还曾为她写过几首打油诗，其中一首这样写道："汉军争看绣裲裆，十万弯弧一女郎。唤起木兰亲与较，看他用箭是谁长。"此诗倾慕之情倒也感人，可这文学水平着实尴尬，真令人难以相信是出自徐文长之手。

三娘子本来已接受了邻近的袄儿都司部的聘礼，是有未婚夫的人。如今老婆还没过门，却被人抢走了，袄儿都司部自然怒不可遏，遂决意发兵攻打俺达汗，夺回三娘子。无奈之下，俺达汗竟想出一个馊主意，即把自己孙子把汉那吉聘下的未婚妻送给袄儿都司作补偿。

俺答汗称心如意抱得美人归，却忽略了他宝贝孙子的感受。任性的蒙古小王子冲冠一怒为红颜，干脆带着自己的奶妈奶公、原配妻子和几个家仆趁夜出逃，投奔到鞑靼人的死对头明帝国那边去了。

# 人穷志不短

鞑靼人散处漠北，男不耕女不织，地无他产，日常所需要的武器、布匹、药品、茶叶乃至锅碗瓢盆、针头线脑全需要从中国输入。蒙古人自从被洪武大帝赶回漠北草原，已经不敢觊觎中原的土地。无论东蒙古的鞑靼还是西蒙古的瓦剌，虽然不断与明帝国发生战争，但来了都是一顿抢，不会常驻不走，说白了都是太穷闹的。

在蒙古人的生活中，家里最宝贵的财产非金非银，也非骏马牛羊，而是那一口沉甸甸、黑黝黝的大铁锅。一口好锅会被牧民当作宝贝代代相传。如果赶上儿子分家，女儿出嫁，铁锅就成为最重要的资产和嫁妆，一口锅恨不得砸成几块分了。

蒙古人每次南侵，攻城陷堡之后，不是着急搜金搜银，而是先摸到厨房把铁锅扛到马背上，这才是草原上的硬通货。至于实在穷得没锅的人家，只好以皮囊贮水煮肉为食，景况十分可怜，更为邻人所嘲笑。

在嘉靖皇帝执政的四十多年里，俺答汗一直执着地要与大明开放边贸互市，请求臣服纳贡多达数十次，但都遭遇了失败。因此，当时便出现这样一种搞笑局面：兵强马壮的一方执意坚持要俯首称臣，连战连败的一方却趾高气扬，拒不接纳。刚愎狭隘的嘉靖皇帝在南方禁海禁得过瘾，对北方俺答汗互市的要求同样一概置之不理，有能耐你接着派使者来，来一个杀一个，来两个杀一双。

俺答汗不是当臣子有瘾，根本原因在于蒙古人如果不能与明朝互市，就等于遭受最严酷的经济制裁，蒙古牧民的生活将陷入极大的困难之中。

蒙古牧民的生活中有一种不可或缺的必需品——铁锅，但铁锅的制造技术复杂，对于在草原地带从事游牧生活的蒙古人而言是很难制造的。另外，由于陆上丝绸之路此时业已没落，蒙古人也失去了铁器的重要来源，不得不从大明帝国获得所需的铁器和铁锅。由于铁制品往往容易被熔炼后制作兵器，因此明王朝对铁器的控制极为严格，对铁锅出口的限制也十分严厉。如此一来，供需双方的矛盾变得愈加尖锐。

既然不能跟明朝以和平贸易的方式交换物资，武装劫掠就成为蒙古人获得工业制品的唯一方式。蒙古人出兵一次抢劫汉地的物资足以用上三五个月，却解决不了根本问题。蒙古人虽然善战，但没事就兴兵远征，拿人命换铁锅，天长日久，这种买卖终归是不合算的。

明朝边军的战斗力虽然弱于蒙古人，但也不是吃素的，并非总是一直被动防御，干等着挨打挨抢。明有俗语：虏酋贪汉物，虏妇惧捣巢。只要一有机会，明军就轻骑深入，长途奔袭敌人后方，杀其妇孺，烧其营帐，在敌人柔软的腹部扎上一刀后迅速撤退。

每年秋季草枯之时，明军骑兵就会深入草原纵火焚烧草场，这种极不环保的报复行动，常常使蒙古大片牧区的牲畜因缺草而无法过冬，大伤元气。

俺答汗统治的东蒙古虽然强大，但也一直被两面作战的战略困境困扰。在他心里，鞑靼人的主要敌手还是瓦剌人，而解决这一问题的唯一出路就是在南边与明朝实现和平，获准加入明朝的朝贡体系，开放边贸，得到汉地生产的货物。

# 奇耻大辱

一般来说，态度强硬的一方往往有雄厚的实力做后盾。而嘉靖帝对鞑靼的态度一贯是高高在上，盛气凌人，只可惜他手里并没有争气的军队给他撑腰壮胆。

嘉靖二十九年（1550年）六月，俺答汗的军事进攻达到顶峰。两万蒙古军进攻山西重镇大同，把号称边军之冠的宣大劲旅打得一败涂地，总兵官张达和副总兵林椿双双以身殉国。

战区明军的最高指挥官、宣大总兵仇鸾见战场上胜不了鞑靼人，便自掏腰包向俺答汗送去了大量贿赂，以乞求蒙军不要进攻大同。俺答汗言而有信，收了仇鸾的银子，也就没有再进攻，在大同外围休整了两个多月。

此时奇异的一幕发生了，两军近在咫尺，却相安无事。而大量内地商人纷纷赶来前线，与鞑靼军队做起了买卖，鞑靼人倒也公平交易，童叟无欺，趁机囤积了好些生活用品，铁锅更是必不可少，大买特买。

八月十四日，完成休整的蒙古军队继续移师东进，穿过古北口杀向北京。明帝国苦心经营的长城防线，如同纸糊的玩具一般，被瞬间撕破，大明边军一败再败，京城告急。

嘉靖皇帝收到蒙古军队日益迫近的报告，还不肯服输，幻想着在城高池深的北京城下与俺答汗来一番决战，重现百年前于谦指挥北京保卫战的辉煌。

理想大腹便便，现实骨瘦如柴。守卫京城的将领在清点卫戍部队的时候，才发现帝国都城并没有多少本钱与蒙古人较量。

按照编制，北京领军饷的驻军应该有三大营的十万大军，包括五军营、三千营和神机营以及锦衣卫。

三大营是明朝军队中最精锐的野战部队，其中主力是步骑混合的五军营，其人数最多，由各个地方抽调上来的精锐部队组成，分为中军、左军、左掖军、右掖军、右哨军，故称五军营。

三千营主要是由归附的蒙古骑兵组成的，属于以夷制夷的外籍兵团，虽然人数不多，却是明军最为强悍的机动力量，在战争中主要担任尖兵的角色。

神机营就更了不得了，专掌火器，拥有人手一杆号称"霹雳炮"的火铳步兵3600人，骑兵1000人，重炮兵还掌管着160门重炮。

如果真有这样一支强大的军队在嘉靖手上，别说守住北京，就是生擒俺答汗恐怕也非难事。然而大敌压境之时，明军的虚弱状况终于暴露无遗。

纸面上超过十万人的北京驻军，真实数量只有四万多人，其中一半是大臣、提督们的免费民工，另一半是靠关系留用白吃军粮的老弱病残，有作战能力的战士少之又少，而且军械库中的武器缺乏保养，火器质量低劣，连盔甲数量都严重不足。

慌了神的嘉靖皇帝这才有了大难临头的恐惧，只好号召城里的百姓一同守城，连来北京应试考武举的生员都发动起来了，然而这些凑数的民兵事实上解决不了任何实际问题。

朝廷一道道命令边镇勤王的急诏下发出去，大同、保定、延绥、河间、宣府、山西、辽阳七个分布在长城一线的军镇总兵们，拼凑了五万大军星夜赶到了北京外围，但全部停滞不前，没有一兵一卒敢向鞑靼军队发动进攻。本来明军就畏惧蒙古人的作战实力，何况朝廷连年欠饷，将士们又凭什么饿着肚子替朱家跟凶猛的鞑靼人玩命。

以往蒙古骑兵只善于野战，不会攻城，现在由于白莲教的汉人教徒的大量加入，蒙古人已经开始具备了制造攻城器材的能力。鞑靼战士们在北京城外来去纵横，如入无人之境，东直门、德胜门、安定门外民居皆被毁，甚至攻击了诸帝陵寝，俺答汗再一次提出了苛刻的和平条件："予我币，通我贡，即解围，不者岁一虔尔郭！"嘉靖皇帝如坐针毡，紧急召集内阁磋商如何处理，首辅严嵩建议以乌龟为榜样，绝对不出战，只要坚守城池，任凭蒙古兵在城外掳掠，他们抢够一定会自行离开。礼部尚书徐阶比较现实，主张立即与蒙古人谈判，以求退兵。

嘉靖早把当初的傲慢丢入九霄云外，他现在想的是万一北京城破，自己就要变成明英宗第二，所以非常坦诚地向群臣表达了不惜一切代价和谈的心声："苟利社稷，皮币珠玉非所爱。"

在随后的谈判中，明朝出于颜面考虑，要求鞑靼先撤军，但俺答汗坚决要求在北京城下完成协商。嘉靖皇帝心中一万个不爽，无奈实力不行，只得咬着牙和俺答汗签订了城下之盟。在得到了明朝通贡互市的允诺后，俺达汗带着希望、赔款和大量战利品大摇大摆地撤回了北方。

值得一提的是，嘉靖帝这次要了个并不高明的小聪明，使之前许诺的"通贡互市"有名无实，那些城下之盟的协议内容，在事后经嘉靖皇帝授意，大部分都被赖掉了，天朝上国，竟是这般言而无信。而上当了的俺答汗在此后的二十年里一直耿耿于怀，继续不断地南下袭击明朝边界，并于五年后再次打到北京城外，而嘉靖帝所能做出的报复方式，相当可怜，就是他每写"夷狄"二字的时候，必写得极小，仅此而已。北边乱局一直持续到嘉靖驾崩，依旧毫无转机。

# 将计就计

不能不说隆庆皇帝是个有福之人，打瞌睡就有人送枕头。在他继位三年之后，一桩婚事引起的事件为彻底解决大明帝国北疆困局带来了转机。

情场失意的小王子把汉那吉来投奔大明时，正值辽东巡抚方逢时坐镇大同，也该着方逢时官运亨通，恰逢其时，竟然意外得了个从天而降的蒙古王子。他一面派中军康纶带五百骑兵前往迎接，好生招待，一面迅速将此事报告陕甘总督王崇古，王崇古也是福至心灵，感慨道："这小子奇货可居，机不可失，得好好用起来啊！"二人不谋而合，他们知道俺答汗肯定会来要人，打算用这位含恨离家的失恋青年来换明朝在塞北的一颗眼中钉——赵全。

这个赵全是何等人物，竟然被明朝的封疆大吏们如此忌惮，值得用一个好不容易到手的王子来交换？

此人原是白莲教在北方的总头目，居住于明蒙边境的丰州一带，后来成为依附俺答兴风作浪的汉人王。

丰州一带水草丰美，适合农业生产。赵全带领白莲教徒们越过边境，在俺答汗的庇护下，在这里建立板升，开始了流亡汉人对这里的历史性开发。

所谓"板升"，在蒙古语中即百姓的意思。短短几年内，有上万山西的白莲教众聚集到了丰州，随他们一同奔走塞外的还有四万多的百姓。他们开垦土地，繁衍生息，既为鞑靼人提供粮食，制造工具，也成为鞑靼人的劳力和兵员。这些汉人群居于此，建城练兵，也建立了自己的军队，实力越发壮大。"板升"这个词也就变成了汉人堡寨之意。史书记载，一个叫赵龙的人说："我生了六个孩子，分别叫火泥计、窝兔、瓦拜兔、瓦十兔、簿合兔、宁安兔。"很明显，虽然赵龙这一代还算是汉人，但他的孩子已经开始蒙古化了。

俺答汗非常看重这些来投奔的汉人，赐予了他们大量畜群，以保证板升人民的基本生活。此后又进一步对他们委以重任，让白莲教徒担任自己的顾问、间谍和商人。白莲教徒为鞑靼人带来了大量药材和稀缺的医疗人员，并经常奉大汗之命偷偷去长城以南采购各种草原稀缺的物品。

赵全作为北方白莲教的头领，多略善谋，是俺答汗最为器重的汉人谋主。在嘉靖皇帝执政的最后一年，他曾率领白莲教军队和六万蒙古大军分兵四路，一同杀入山西。号称最强边军的山西明军无力抵抗，在野战中大败而归，只能依托城墙防御来自保。鞑靼人继而围攻石州城，依靠白莲教打造的攻城武器破城而入。

此一役，鞑靼几乎将明朝在山西的防御体系一举摧毁。

赵全野心很大，意图效仿当年的石敬瑭，向俺答汗建议出兵占领山西全境，然后由他为王，替鞑靼军队征收汉地赋税，这样俺答汗就可以逐步占领北部中国，实现同明帝国的南北分治。幸好俺答汗在统一东西蒙古之前，尚没有逐鹿中原的野心，所以没有采纳赵全的计策。

赵全如此仇恨大明，朝廷也不是不知道，但多次出兵清剿，都不是赵全的对手，几次都损兵折将，无功而返。张居正曾忧心忡忡地说："国家有两患，东患在属夷，西患在板升。二患不除，我终无安枕之日！"

王崇古将把汉那吉来投奔的事情回报给内阁首辅高拱后，睿智的高拱立刻看到了一劳永逸解决北患的希望，他亲笔回信，给了王崇古极为详尽周密的指示：

把汉那吉千万别放跑了，更不能轻易杀害。

咱是天朝上国，直接上来就换人质有失体面。要先和把汉那吉交朋友，使他羡慕中国富有。

王子最听那位奶公的话，要对老爷子说明利害，许诺富贵，离间他们父子兄弟的关系，让他们一个个都为我所用。

严阵以待，防止鞑靼抢人。

俺答老酋爱他的孙子心切，暗中教旁人告诉他，如果缚赵全等以献，则归顺可以成功。等这一套组合拳打过，然后再拿胡汉一家作为理由，光明正大地把汉那吉礼送回去，方不失中国的尊严。

与此同时，张居正也写信给方逢时，多有叮嘱。这段时间高、张两阁臣与王、方两位封疆大吏之间信札频繁不绝，一直亲授机宜。高拱和张居正两位高瞻远瞩的朝廷大员，此时已经达成了借此机会与俺答汗和谈，冲破先朝禁谕，实现边疆和平的战略规划。

不出所料，俺答汗很快亲率大军一路杀到大明边境，气势汹汹地向明廷要人。方逢时派翻译官鲍崇德去见俺答汗。史书中记载的鲍崇德迎上前去对俺答汗说："朝廷待把汉那吉恩礼甚厚，如果你们此时称兵犯顺，正是要速送他死。"这句话既是威胁，也是安慰，俺答汗原来一直担心孙子的安危，听了此话反而心安了一半。他又派人去大同探视究竟。王崇古特意命人将那乐不思蜀的把汉那吉精心打扮了一番，让他穿红袍佩金带来见使者。使者回去如实禀报，俺答汗听说孙子受到礼遇，大喜过望。

俺答汗知道明人早有除掉赵全之意，虽然他很喜欢这个足智多谋的顾问，但顾问跟孙子比起来，就不算什么了。他屏退左右，对鲍崇德表态说："我压根儿不想扰乱内地，都是赵全那小子给我出的坏主意。如今我的孙子投降了明廷，其实是天意。如果天子封我为王，我将为大明永久地镇守北方，北方的草原人谁敢居心不服！我们要是受到了朝廷的厚恩，又怎敢不报答呢？"

俺答汗确实有水平，说软话，办硬事。他把交换人质的谈判，上升为改进双方关系的谈判，而且表达得诚意十足。不久后他正式致书朝廷，答应把赵全遣送明廷，但附加了四条要求：

第一条，请王印，请明廷封自己为王；

第二条，替儿子黄台吉等乞官，并请抚赏部众亲属布缎米豆等；

第三条，重申提了数十年，送了无数鞑靼使者性命依然痴心不改的要求——与明朝通贡互市；

第四条，您猜是啥？要铁锅！

封官赐爵还好办，一提到通贡互市，就如三年前开海之议一样，朝廷里又开锅了。隆庆皇帝把这个话题抛出来，让大臣们民主表决。结果定国公徐文璧、吏部左侍郎张四维等22人投了赞成票；英国公张溶、户部尚书张守直等17人投了反对票；工部尚书朱衡等5人认为最好只封王，不互市；兵部尚书郭乾不知如何裁决，算是投了弃权票。

开通互市这件事能够公开讨论，已经是一个了不得的进步。当年嘉靖帝曾下了一道"罢马市，有敢言贡市者斩"这样一个斩钉截铁的诏令，此后近二十年间，边境兵连祸结，人民遭屠杀蹂躏，国家财政陷于绝境，而满朝没有一个人敢再提起。破此禁令，需要一个能够洞悉利害全局，敢于承担责任，敢于冒天下之大不韪的政治家来力主其事。

幸运的是，隆庆皇帝对嘉靖年间多场明蒙战争的原因与结果都知道得一清二楚，在这紧要关头，他与高拱、张居正等人一同力排众议，一致赞成和谈，再次做出了一个历史性的决策。

隆庆五年（1571年）三月，大同镇得胜堡高筑一座雄伟的晾马台，广设黄帷蓝帐。隆庆皇帝正式下诏，封俺答汗为顺义王，三娘子为顺义夫人，其余的王子、头领也被分别授予都督、指挥、千户等职衔，皆大欢喜。而蒙古人最期待的边境市场也正式开放，而且一口气开放了十一处边贸口岸。

昔日无限风光的汉人王赵全可就惨了，被捆绑送还，隆庆皇帝亲临午门门楼参加献俘礼。当天赵全被施以"磔刑"，首级被传送九边示众。

"俺答封贡"冲破了嘉靖朝以来谁也不敢触犯的禁区，结束了明帝国与鞑靼汗国长达二百余年的军事对峙，两败俱伤的相互征战终于在隆庆皇帝治下告一段落。隆庆和议之功不亚于隆庆开海。这一具有历史性意义的新政得以实施，除了隆庆皇帝的开明决策，也与高拱、张居正及边疆重臣和衷共济、深谋远虑有很大关系，其中高拱当居首功。大明帝国自开国以来，第一次同时在南北两个方向获得了和平！

俺答汗被封王后，做事很是靠谱。他召集诸部首领，严定规矩："如果哪一部落的台吉（首领）擅自率兵进入内地为非作歹，就削减他部落的兵马，并革除其首领身份；如果有哪户人家擅自入边，就将该户的人丁及牛羊马匹尽数赏给别人。"同时，明朝边军也严格约束将士，禁止再出边攻扰。

明蒙互市初开的时候，朝廷一度恐国内财力不足，买不起许多蒙古马匹，就打算强制部分民间商人参加，后来事实证明这方面的担心是多余的。明朝的商人根本不需要动员，都非常乐于参与互市，全国各地的客商纷纷云集到边境，明蒙贸易呈现出一片生机勃勃的兴盛场面。《俺答汗传》里详细记载了贸易的种类，汉人的货品以丝绸、布绢、棉花、针线索、改机、梳篦、米盐、糖果、梭布为主，还有加工过的水獭皮、羊皮盒子等，以这些生活用品来换取鞑靼人的马、牛、羊、骡、驴及马尾、羊皮和皮袄，双方皆大欢喜。

到了六月份，明朝政府相继在大同、宣府、延绥、宁夏、甘肃等地开马市十一处，又开了便于蒙汉百姓自由贸易的月市或小市。

无数历史事实证明，民间经济的活力是无限的，很多时候国家管得越少，情况反而越好。

边境日益安宁，也大大减轻了朝廷的军费支出。隆庆六年（1572年），太仓收入白银400余万两。国家财政从入不敷出，逐渐趋向收支平衡，这对于连续数十年财政赤字的大明王朝来说是一个极其重大的变化。国家再度幡然振兴，处处展现勃勃生机，真不知嘉靖皇帝在九泉之下，看到儿子的赫然成就，是否会自惭形秽。

顺义王俺答晚年也过得很不错，他皈依了藏传佛教格鲁派，被三世达赖上尊号为"转千金法轮咱克喇瓦尔第彻辰汗"，承认他为成吉思汗的转世化身，令他名正言顺地成为全蒙古的大汗。

数年之后，俺答汗为三娘子修建了一座全新的城池，有意仿元大都汗八里城而建，算是送给爱妻的一份大礼。此城建成后取名库库和屯，后报请明朝，明廷又赐名"归化城"。这座由青砖青瓦构建的古城就是今天内蒙古自治区首府——呼和浩特，蒙语译为"青色的城"。

三娘子在俺答汗死后嫁给了俺答汗的长子黄台吉。这段对于稳定明蒙关系至关重要的婚姻能够促成，都要归功于当时的宣大总督郑洛。

本来三娘子不想再嫁，已经率自己的部下西去。郑洛深知利害，晓之以理，非常诚恳地劝她说："黄吉台世袭顺义王位，你嫁给他，继续做位高权重的王妃多好，但如果你离开顺义王，你的身份不过就是边塞一个普通的家庭妇女了！"三娘子听了这般分析，也颇为心动，于是欣然从命。

第二任顺义王黄台吉死后，三娘子的姻缘还没完，又嫁给了第三代顺义王，也就是黄台吉的儿子齐里克，正好嫁了祖孙三代。明廷方面继任的宣大总督涂宗浚同样非常重视这段事关边境安全的婚姻，全指望亲明的三娘子来维系鞑靼部的稳定。他担心已经人老珠黄的三娘子与丈夫夫妻不和，就长年送给三娘子首饰、胭脂，供其装扮。

作为一方封疆大吏，涂宗浚为了维护明蒙关系可谓用心良苦，明蒙边境多年平静无事，涂宗浚功莫大焉。

# 第八章　此身无恙

　　这一日隆庆皇帝忽然想吃果馅饼，要光禄寺赶紧做一盒，热热地呈上来。

　　难得皇帝点名想要吃这种北京有名的民间小食，掌管尚膳司的大太监孟冲亲临珍馐署布置安排，一声令下，连同"甜食房""酒醋面局"上上下下百余人如同热油里倒了一瓢冷水，顿时炸开了锅，人人奋勇争先，上上下下一起忙活开了。

　　光禄寺是个肥衙门，有嘉靖一朝留下的规矩，各省进贡的银、米、牲口、野味、果蔬等都不经户部，直接送进光禄寺，由尚膳监随意支取。

　　此时正是各类果品收获的金秋时节，珍馐署的杂役们分头行动，先在尚食局、供需库走了一圈，领了上等的白面和黄米面，又选了鲜嫩多汁的平谷大桃、金黄的大鸭梨，稍有瑕疵，形状不美的，都丢弃不用。最后又去法酒库，领取上好的女儿红和几大斛奶酪，这才开始制作。

　　果馅饼在北京坊间小店皆有贩卖，做这道甜食对珍馐署的厨师来说简直是小菜一碟，无非是将鲜果丁、砂糖、奶酪、黄酒加入白面和黄米面做的饼胚，烘烤一刻钟即可出炉，刚做好的果馅饼外皮酥脆，果馅甜香。然而就是这么简单的小吃，却让光禄寺大动干戈了一番，从领料到出炉，足足折腾了两个时辰。

　　到了傍晚时分，新鲜出炉的果馅饼总算呈给了隆庆皇帝。皇帝心满意足地一口气尝了三四个，随口问贴身太监李芳："这一碟果馅饼，所费几许啊？"李芳心知需要替尚膳监做个掩饰，就特意压低了数字禀告说："皇爷爷吃这一碟子果馅饼，尚膳监要花销 50 两银子。"隆庆帝久居宫外，深知民情，听到这个惊人的价格，手里的果馅饼差点扔到地上，惊呼道："有 5 钱银子，足以在东华门那里买一大盒了！"实际上，就算 5 钱银子也是极高的虚账，如果用这 5 钱银子买当季的大闸蟹，足以让皇帝吃到吐。

　　皇帝不知人间烟火的故事，历朝都有很多，据说有一次崇祯皇帝突然想要吃市面上卖的元宵，就派人去买，经管太监回来报账，一碗元宵竟要一贯钱。崇祯皇帝虽然同意报销，但告诉经管太监，不要以为皇帝是冤大头，当年他在信王府的时候，吃这样一碗元宵只要 30 文。崇祯皇帝自以为深悉民情，而实际上民间百姓吃这样一碗元宵，只要三五文就够了。

隆庆皇帝几乎是明朝皇帝中最不显眼的一个。他恭简待己，清静宽人。每逢宫里有节日或者游园活动时，光禄寺都会煞费苦心地将各种御膳菜单呈上，请皇帝裁定。长长的菜单献给隆庆皇帝纯属白费，皇帝看来看去，每一次都划掉一大半，只选取最简单、最省钱的方案。

有明一代，骄奢淫逸的奇葩皇帝层出不穷，低调谦和的隆庆皇帝可以算得上是明朝帝王界的一股清流，他的人品与做派至少可以与宣宗、孝宗并驾齐驱，甚至略有胜出。隆庆皇帝对内宫要求极其严格，宫女太监看见他都十分严肃，不敢出声。但他当朝理政与大臣接触时，就像变了一个人，对文官们非常尊重，从来都是施以宽仁柔道，不肯轻易给大臣严厉的脸色看。

当一个人坐上了那个万人敬仰的至高之位，他想要的一切都会变得唾手可得，而人性的劣根就会在一旁虎视眈眈，大施淫威。自古以来权力与美色是最让人上瘾的两大"毒品"，隆庆皇帝治国有方，面对美色的考验却颓然败北。

在他身处裕王府的时候，不能再与母亲见面，甚至后来连母亲去世时也不能入宫祭奠。至于父亲，更是一个冰冷遥远的名字，似有似无。孤独的少年亲王，整日困顿在王府之中，无依无靠，春悲花落，秋慕鸟飞，虽说也是锦衣玉食，但内心之中十分孤独凄苦。白天尚且有老师高拱、郭朴等人可以说话，到了漫漫长夜，想到前途渺茫，身世坎坷，难免怀愁难寐。虽然父皇已经给他娶了一个王妃李氏，二人也曾孕有两个子女，但都早早夭亡。李王妃性情淡泊，沉默寡言，裕王夫妻也算是相敬如宾，却谈不上有什么深厚的感情，更说不上婚姻美满。

数年后，裕王府新分来了一批宫女，一个圆脸的二八少女李彩凤引起了朱载垕的注意。彩凤姑娘正是含苞待放、娇艳欲滴的年纪。她身姿丰腴，皮肤白皙，一对黑玉棋子儿一般的媚眼，散发出热情与倔强的光彩，与王妃的寡淡无味形成鲜明对比。

渐渐地朱载垕发现，李彩凤不仅容姿出色，而且头脑清晰，志趣不凡，对她又生了几分敬爱之意，将她封为才人，更是时常与她亲近。不到两年，李彩凤就为朱载垕生了一个方面大耳、团团福相的男孩，圆脸蛋和白皮肤像极了母亲。

嘉靖皇帝曾立下"讳言储君，有涉一字者死"的严格规定，而且当时正处于裕王与景王竞争储君身份的敏感时期，关于这位皇子的诞生，朱载垕藏下心中的喜悦，压根儿没敢报告给父亲，更不敢给他起名字。

直到隆庆元年（1567 年）正月初十日，朱载垕自己当了皇帝，才给儿子赐名朱翊钧。他郑重其事地对儿子说："赐你名字为钧，取意圣王制驭天下，犹如制器之转钧也，含义非常重大，你当念念不忘。"

从朱翊钧成年后的画像可以看出，他的模样集合了父亲和母亲的优点，脸形轮廓和嘴巴像父亲，而黑白分明的大眼睛和秀挺的鼻子则像母亲。随着年龄一天天长大，这个聪明伶俐的孩子越来越引人注目。朱翊钧刚满五岁，隆庆皇帝就开始教他读书识字，朱翊钧居然过目不忘，很让父亲惊喜。隆庆皇帝越发认为这孩子为人聪明贵重，气宇不凡，正是自己中意的继承人，一心一意想将他培养成一个德才兼备的英明之主。

曾国藩曾说："自修之道，莫难于养心。"基于父亲常年服用有毒的丹药，所有的兄妹姐妹都早夭而亡，隆庆帝的身体实在算不上健康和强壮。但他自觉已是天下之主，裕王府的苦日子熬到了头，今天理应享尽天下之乐。

所谓君子慎独，最要紧的就是克制欲望，唯有庄严恭敬，身心才能强健。但隆庆皇帝的做法恰恰相反，他对男女之事有浓厚的兴趣，在这方面倒很像个不折不扣的朱家子孙。他的后宫之中处处充斥着色情的气氛，连日用的茶杯、桌椅等物件上都绘制着令人热血偾张的春宫图画。后来许多宫廷器物流入民间，当时的豪贵之家都以使用隆庆朝的酒杯茗碗为荣，当然上面也都是画着男女私亵之图。

芙蓉白面，不过带肉骷髅；美貌红妆，尽是杀人利刃。无尽无休的长夜之饮，声色之娱，让隆庆皇帝的身体很快就吃不消了。但他压根儿不打算节制，身体不行，药丸顶上，继续毫无顾忌地透支自己所剩无几的体力。

不过三十五岁的年纪，隆庆帝已经虚弱到上朝时坐一会儿就开始头晕眼花，双手打战，虚汗遍体。正值壮年的皇帝，身体已经无可挽回地垮了。

隆庆六年（1572 年）正旦，是百官向皇帝朝贺的大日子。这一天，京城上千官员凌晨四点就穿戴整齐，严阵以待，可等了一天也没有接到觐见皇帝的通知，直到很晚的时候，才有非官方的消息从宫里传出来，说皇帝病情突然变得严重了。隆庆皇帝一休就是一个月，紧接着是二月初一的朔望朝，也没有任何动静。

直到二月十二日，隆庆皇帝才强撑着略微好转的身体，开始了新一年的首次临朝听政。

五凤楼上，太监咚咚咚击鼓三通，身材魁梧、金盔金甲的大汉将军们打开左、右掖门，待到鸣钟之后，列好队伍的文武官员鱼贯而入，在金水桥南按照品级站好，等待皇帝到来。

皇帝的座位就设在奉天殿正中，按惯例只需等到音乐奏起，皇帝安坐，听得鸣鞭脆响，鸿胪寺值班官员高唱"入班！"，官员们方可走进御道，向皇帝行一拜三叩头的大礼，继而进入奏事环节。

这一日天色微明，首辅高拱与次辅张居正已经带领众官员走入掖门，抬眼望去，却看见隆庆皇帝的御辇已经先到了。远远望见皇帝下了御辇，踌躇了一下，忽然改变了主意，没有向奉天殿方向，而是径自朝文华殿走去了。

皇帝跑偏是什么情况？高拱等人心中疑惑万分，又不敢阻拦，正不知所措。太监李芳匆忙走到高拱身边，低声传旨："宣阁下！"高拱来不及细问，立刻跟在李芳后面向文华殿走去，张居正紧随其后，这异常的情况使空气中充满了紧张的气息。

皇帝面带怒色，见到高拱来了脸色才平缓了些。他走上前去用力拉住高拱的衣服，似乎在暗示有话要说，又不知从何说起。高拱一头雾水，问道："皇上怎么生这么大气，奉天殿在那边，您这是要去哪儿啊？"

隆庆帝答非所问，似乎负气一般答道："我不想回后宫了。"

高拱不明就里，却也只能劝解道："皇上不还宫哪行？既然不想上朝咱就回去吧。"

隆庆帝的声音十分虚弱，似乎想要继续强硬。但此时的他早已没了一年前想吃果馅饼的精神头儿，身不由己，刚站起来又颓然坐下，转而用无奈的口气说："你送我。"

高拱赶紧走到皇帝侧面，搀扶住皇帝左臂，答道："臣送皇上。"隆庆皇帝抓住高拱的手，露出手腕上生疮留下的疤痕，说："你看我这手臂上长疮，还没落痂呢。"紧接着皇帝又愤恨地连声地说："祖宗留下二百年天下，今天到了我手里。本来国有长君是社稷之福。可现在天下无恙，我却不行了，太子才这么小！"皇帝边说话，边顿足，他中气不足，声音虚弱，明明是愤懑之言，听起来却十分哀婉。

高拱只好愁眉苦脸地安慰道："皇上万寿无疆，何出此言？"

君臣两人又手拉着手一同默然前行，进入皇极门后，皇帝的情绪稍微平和了些，仍握住高拱的手不放，说道："有你在我心里才踏实点。"再往前走，到了乾清门就是皇帝的寝殿了，没有大臣跟着皇上回家的道理。高拱想停下脚步，可隆庆帝却用微弱而坚决的声音继续命令他："送我！"高拱不敢抗旨，便随同皇帝进入寝殿，这一路皇帝始终握住高拱有力的大手，一直没有松开，看高拱的目光中充满了期许，眷恋之情溢于言表，言谈间还流下了眼泪。

皇帝从出生以来从未体会过父爱，也很少享受过家庭的温暖。继位之前，他人生的大部分时间都是在抑郁、恐惧、孤独的时光中度过的，直到身边出现了刚强坚毅的高拱，这个忧郁少年才找到可以依靠和信任的坚实臂膀。可以说隆庆皇帝对高拱有着儿子对父亲般的依赖，只有在高拱面前，他才可以毫无顾忌地显露自己最脆弱的一面。皇帝对高拱始终恩爱不衰，高拱对皇帝也是满腔热血忠心，在皇帝生命的最后时刻，这一幕情真意切的君臣恩遇，足以说明一切。

此时已经病入膏肓的隆庆皇帝，对即将逝去的生命格外留恋，皇帝的话东一头西一头，凌乱不成句。高拱心里很清楚，太子才九岁，正所谓主幼国疑，只能徒留遗恨。

五月二十五日，宫中传出"上疾大渐"的消息。等到高拱等人急忙进入寝殿的东偏室，但见皇帝连坐都坐不住了，歪着身子倚在御榻上，皇后、太子的生母李贵妃在隔着帷帘抽泣，九岁的朱翊钧满面惊慌地看着面如枯槁、奄奄一息的父亲，想哭又不敢哭，想躲又没处躲，场面十分悲凉。

隆庆帝打起最后一点精神，命高拱伸手上来，紧紧握着，断断续续地叮嘱着："以天下托付先生"，"大事要与冯保商量"。而后便命司礼监太监冯保宣读遗嘱。遗嘱有两道，一道是给皇太子的，大意就是："朕不豫，皇帝你做。"一道是给高拱、张居正、高仪三位顾命大臣的，大意为："东宫幼小，朕托付卿等三臣，要同司礼监一统协心辅佐。"

正事算是在三言两语间交代完了，高拱终于压抑不住心中的悲痛，放声大哭，边哭边奏说："臣受皇上厚恩，誓以死报。东宫虽幼，祖宗法度都在，臣一定竭尽忠力辅佐。"奏完便伏地长号不止。在旁憋了半天的皇后、贵妃也失声痛哭起来，小太子朱翊钧惊惧地把头藏在母亲怀中，不敢再看。

皇帝又挣扎了半日，终于在第二天撒手人寰，潦草结束了六年的君王生涯。隆庆帝驾崩后，内阁很快向全国发布了简短的遗诏，以隆庆皇帝的口吻坦然声称："有生就有死，如同有白昼就有夜晚一样，没什么可遗憾的。"皇帝要求自己死后民间不必禁止音乐嫁娶，不许亲王来京致丧，不许封疆大吏擅离职守，最后一次体现了他清净宽仁的为君风格。

隆庆皇帝在位虽只有短短六年，却颇有齐桓公的风范，在他治下的能臣们有足够的空间来施展抱负，徐阶、高拱、张居正这些人中豪杰得以将嘉靖朝遗留的乌烟瘴气扫除一空。

整个隆庆时代，政治清明、社会稳定、经济繁荣，一切看起来是那样欣欣向荣，如果他能再多活二十年，一定可以超越仁宣之治的旧观。

隆庆六年（1572 年）六月二日，也就是皇帝去世后的第三天，皇太子朱翊钧一早来到文华殿，接受以高拱为首的百官们三次劝进。在推辞了两次之后，朱翊钧正式继位，成为明帝国的第十三代皇帝。

九岁的小皇帝头戴垂下十二串玉珠的冕冠，身穿黄色十二章衮服，正襟危坐于龙椅之上，仪态威严，眼神祥和而坚定，毫无慌张之色。他双手轻托玉带，目光炯炯地看着群臣跪拜，举止是那样优雅自然，仿佛一位天生的王者，由内而外散发出天子的自信与庄严，让朝臣们既敬又畏，深感欣慰。

一个既是序幕也是终曲，时间长达四十八年之久的全新时代开始了。

卷二

——

# 乍现曙光

# 第九章　豪杰自许

洪武十二年（1379 年）九月，占城国派遣使者来大明进贡，使团水陆并行，大车小船中装载的贡品都是乌木与奇楠。

占城使者千里迢迢来到南京，呈递了珍贵的贡品，却没见着皇帝，只是得到了左丞相胡惟庸的接见，大失所望，觉得回去没法交差，心中难免抱怨天朝上国太过倨傲。

其实这位占城使者还真是冤枉了明太祖。不是朱元璋架子大不见小国贡使，而是他压根儿不知道这回事。胡惟庸不仅瞒着皇上私自接见外国使者，还扣下了贡品据为己有。他这样大胆的做法已经不止一次了。

胡惟庸是朱元璋的同乡，从龙甚早，一路官运亨通，在洪武十年（1377 年）被任命为左丞相，成为一人之下万人之上的百官之首。

胡惟庸虽然有才干，但经常有跋扈不法的举动，他不仅曾经图谋暗害徐达，还派人毒杀了刘伯温。这一次，被他扣留的奇楠香成了断肠草，早有太监将他私见外国使臣，扣留贡品的事告诉了皇上。

朱元璋何其狠辣，些许带香味的木头他倒不大在乎，但胡惟庸近些年来的僭越专权早就令他怀恨在心，这回正好可以趁着这个机会痛施杀手。

胡惟庸很快被捕入狱，在朱元璋的授意下，案情一步一步升级、扩大，胡惟庸的失礼之罪逐步演化成了谋反大罪。由于胡惟庸在朝中根深叶茂，最后几乎整个朝廷的官员都受到了牵连，大家在锦衣卫的酷刑之下互相揭发，被捕入狱的人越来越多，最后胡惟庸被诛灭九族，而受他牵连被诛杀者多达三万余人。

杀了胡惟庸之后，朱元璋决心废除丞相职位，革除中书省，再不让任何人分享他的皇权。胡惟庸阴差阳错地创下了一项历史纪录，成为中国古代王朝中最后一名丞相。

朱元璋把丞相的职权拆分给六部，六部由皇帝亲自掌管，朱元璋从此拥有了超越以往历代帝王的至高无上的权力，中央集权得到进一步加强。

# 始有内阁

皇帝的权力是大了，但要操心的事儿也随之成倍地增加了。朱元璋本人是个工作狂，他一个人就可以将中书省所有的活儿都干了，而且乐此不疲。但有这般精力与体力的皇帝毕竟是少数，这一改革让他的子孙们感到力不从心。由于朱元璋在《皇明祖训》中严令永远不许设立丞相，所以后世皇帝只能采取变通的方式，于是明朝特有的内阁制应运而生。

明成祖朱棣当政时期，设置了以殿阁大学士为成员的内阁，当时的阁臣远没有后来那么风光，官秩仅为正五品，主要工作职责是为皇帝提供咨政建议，相当于皇帝身边的活字典，只是一个顾问的角色。然而由此开始，历经百年，内阁的权力越来越大，到明中期以后已经全面参与到明帝国的军国大事决策之中。

正德、嘉靖年间，内阁大学士上朝的班次已排在六部尚书之上，内阁成为事实上的中书省。内阁首辅虽然只是大学士的头衔，没有丞相的名分，但在事实上已经成为丞相。尤其是那一大批海涵地负，有着拿云捉月手段的强势首辅们，如杨廷和、严嵩、徐阶、高拱、张居正等人，一个个无不权倾朝野，号令群臣。

尽管威风如此，但与以往朝代相比，明朝的内阁首辅有一个致命的短板，使他们永远也比不了真丞相。因为唐宋时期的丞相，有名正言顺的柄国执政的权力。皇帝下发的诏书，玉玺是不作数的，必须由丞相盖上大印才能生效，如果丞相不同意皇帝诏书上的内容，对不起，这道诏书还得被原路退回。而明朝内阁首辅的权力却瘸着一条腿。究其根源，是因为他们和皇帝中间还隔着一个由太监掌控的重要部门——司礼监。

明朝的宦官机构非常庞大，号称内府，计有十二监，分别是司礼监、内官监、司设监、御马监、尚膳监、御用监、直殿监、印绶监、尚衣监、都知监、神宫监、尚宝监，加上四司八局，共有二十四个衙门，他们各司其职，掌管着宫廷里面的吃喝拉撒睡。譬如四司里有一个叫"宝钞司"的部门，名字很体面，可并不是管印钞票的。这个机构设掌印太监一员，以及管理、金书、掌司、监工等职位，专门负责制造纸，他们所造纸张也不是用来题诗作画，而是专门供皇上、太后、宫女、太监们擦屁股的！

十二监中，以司礼监权力最大，素有"宦官第一署"之称，设掌印太监一员，秉笔太监、随堂太监四五员，各个都不白给。

朱元璋时期，司礼监的职能不过是掌管宫廷礼仪兼打扫卫生，门童兼保洁的底子。但到了明中期以后，司礼监掌印太监的地位节节攀升，已经被朝臣尊为内相。

司礼监相当于皇帝身边的贴身秘书班子，工作职能就是代皇帝传达旨意，拟写御批，参与国家大事，权力上几乎可以与内阁相抗衡，而且由于他们与皇帝关系更亲近，其实际作用甚至更大。当年司礼监掌印太监李芳一句话，就可以让首辅徐阶退休回家。

我们在前文中说过，内阁的主要工作，或者说内阁权力的最大体现，就是在朝廷公文上拟定意见，供皇帝采纳，即所谓"票拟"。皇帝经过审阅后，用红笔对"票拟"进行最终拍板，就是通常所称的"批红"。内阁权力的大小、地位的高低，完全取决于皇帝对"票拟"的采纳程度。皇帝采纳得越多，内阁首辅的权力自然就越大。

老朱家基因一代比一代"优秀"，从成化至天启的一百六十七年间，能够勤于政事，接见大臣的皇帝少之又少，除了弘治皇帝还见见大臣，其他的皇帝几乎都是政治宅男，一个个深居后宫，荒嬉享乐，不理国政，一年到头面也不露。

为了维系国家正常运转，同时牵制内阁权力，想偷懒的皇帝便将"批红"的权力交给了司礼监，毕竟太监是自己的私人奴仆。这样内阁和司礼监各司其职，互相制衡，可以确保皇权不被架空。内阁虽然拥有"票拟"权，但如果缺少了司礼监的"批红"，所出的政令也是废纸一张。所以如果内阁首辅想要最大限度地拥有权力，发挥权力，就必须取得司礼监的密切配合。

大名鼎鼎的九千岁魏忠贤就做过司礼监秉笔太监。魏忠贤利用手中批红的权力，甚至可以随意篡改奏章蒙骗明熹宗，再借用熹宗之名，轻而易举地给大臣定罪。

并不是说头上戴着"太监"俩字就一定是佞臣，司礼监中也不乏正直忠勇之辈，譬如明宪宗时期的司礼监掌印太监怀恩，就是个少有的公忠体国、廉洁正直的好太监。

怀恩胆识过人，比一般带把儿的纯爷们还强上几分。明宪宗幼年时几次遇到危难，都是在怀恩的守护下得以保全。

有一年京师"闹妖精"，据传有个金睛长尾的怪兽，带着一身黑气闯入皇宫，见着它的人都会昏迷。按照这个记录来看，这个所谓的妖精八成是一只巨大的臭鼬。某一日妖精出门闲逛，正好让宪宗撞上了，他身边的侍卫们吓得四散奔逃，只有怀恩毫无惧色，镇静地守护在皇帝身边。

成化十二年（1476年），陕西、河南等地发生严重的旱灾，许多州县出现人相食的惨剧。这个时候明宪宗不去赈济灾民，却听信一个继晓和尚的蛊惑，要在京城西市修建大永昌寺以乞求降雨。

这项大工程要耗银数万两，还要强迁当地居民数百家，不仅劳民伤财，而且对灾情毫无帮助。为此刑部员外郎林俊上疏劝阻，要求斩了继晓这个妖僧以谢天下。明宪宗看罢奏疏大怒，将林俊打进诏狱，还想要宰了这个谤佛的狂徒。这时候怀恩站出来，不遗余力地为林俊求情，坚决阻拦。明宪宗几乎气疯了，抄起御案上的砚台就冲怀恩飞了出去，冲他狂吼道："你要和林俊一起忤逆我吗！"怀恩也气得发抖，干脆请病假退休："本公公不伺候了！"

过了些日子，明宪宗的怒气消解，十分想念怀恩，竟然先服了软，派人去看望怀恩，还依照他的意思释放了林俊。

有个叫章瑾的人，向皇帝进贡了一批名贵的宝石，借此请求得到锦衣卫镇抚司使的职位。南镇抚司管军匠，北镇抚司管刑狱，镇抚司使是锦衣卫最高职级的军官，位高权重。

明宪宗得到宝物后大喜过望，欣然允准了他，命怀恩前去传旨。可怀恩死活不去，他劝阻皇帝说："锦衣卫镇抚掌管天下诏狱，应该从武臣中选择优秀的人才任命，你怎么能为了点宝物就轻易把这样的要职卖了呢？"宪宗做发怒状说："你敢违抗我的旨意吗？"怀恩压根儿不怕他，说："我不敢违抗皇上的旨意，但明确告诉你你做的事是违法的。"明宪宗拗不过他，只好另派别的太监前去传旨。

内阁跟司礼监的关系和谐非常重要，要么你认同我，要么我服从你，总需要分出个主次才好密切配合，确保政令顺利实施。如果首辅跟掌印太监能够配合默契，整个国家的大脑就会维持高效有序的运转。如果两个部门之间的矛盾重重，互不买账，那就必将有一番好厮杀。这样对国家却不是什么好事，政令难行，必然瘫痪。

弘毅刚强的怀恩掌管司礼监的时候，恰好内阁首辅万安是个软弱之人，所以二人颇能和谐相处。

# 敌人的敌人

隆庆皇帝活着的时候，高拱和司礼监的关系一直都不错，但到了万历皇帝继位之后，掌印太监变成了从小陪着皇帝长大的冯保，这让高拱如鲠在喉，心里说不出的难受。

万历皇帝登基后，高拱作为先帝钦命的首席顾命大臣，以中极殿大学士的身份担任内阁首辅，同时还兼着吏部尚书，朝廷上下的行政、人事大权尽在其手。高拱治国的本事是有的，品行道德也不差，然而他在性格方面却有致命的问题：脾气暴躁，沾火就着，不能容人，口出恶言，这一切注定了他不是一个合格的当国之臣。

高拱性格直率，发飙之后并不记仇，自己很快就忘了，但被他得罪过的很多人却对他恨之入骨。高拱在徐阶内阁时期已经吃过一次大亏，重新出山入阁之后，肩挑着顾命辅政的重担，臭脾气却还是一点没改。

隆庆四年（1570年）七月，曾同为裕王府旧臣的内阁辅臣陈以勤，就因为看不惯高拱的跋扈暴躁而急流勇退，称病辞官。礼部尚书赵贞吉接替了他的位置，进入内阁。这位赵贞吉是个挺烦人的老头，刚过六旬就开始倚老卖老，尤其是不拿张居正当回事儿，虽然在内阁的排位在张居正之后，但仗着自己年纪大，动不动就称呼张居正"张子"，相当于现在的"小张"。每次与张居正谈论国家大事，无论张居正有何高见，他都会一脸轻视地说："你一个小年轻明白个啥？"

张居正也是四十五岁的人了，而且向来恃才傲物，除了高拱谁也不服，哪甘心忍受赵贞吉的挤兑？他私下里去找高拱诉苦，高拱也不愿内阁里有这么个妄自尊大的老头子碍眼。于是，在高、张二人的排挤下，赵贞吉也被赶出了内阁。

赵贞吉一走，曾因徐阶之事一直与高拱有隙的首辅李春芳觉得势单力孤，心里惴惴不安，很快也于隆庆五年（1571年）自觉退休归田，高拱顺理成章地成为首辅。

高拱以往仗着有隆庆皇帝做靠山，位居极品，颐指气使，专擅国柄。号称大明最强的隆庆内阁先后入阁的八位阁臣，去的去，死的死，到隆庆皇帝驾崩前，内阁竟然只留下高拱和张居正两人，皇帝在咽气的前一刻才补充了个老实人高仪充数。高拱牢牢地把内阁控制于自己的股掌中后，下一个目标就是司礼监。然而司礼监新晋的掌印太监冯保，却是个难对付的厉害角色。

冯保，号双林，真定府深州人，此人虽然是太监，但是个非常儒雅的文化人。他不仅学识渊博，而且精于琴棋书画，因为知书达理，所以在嘉靖年间就当上了司礼监秉笔太监，后来又被嘉靖皇帝派到裕王府，陪伴小皇孙朱翊钧。

有本事的人，干什么像什么，做哪行都优秀。冯保从天子秘书做到皇子保姆，始终尽心尽责。朱翊钧从出生到九岁，冯保无时无刻不陪伴在他身边，悉心照料，形影不离，小皇子几乎是在他手心里长大的。童年时的朱翊钧亲昵地称冯保为大伴，视他为仅次于母亲的亲人。

隆庆元年（1567年），冯保以司礼监秉笔太监的身份提督东厂，地位日趋显赫，但他还想再上升一步，成为司礼监掌印太监。但在他面前矗立着一道难以逾越的障碍，就是高拱。

高拱向来反对司礼监分散内阁权力，希望司礼监里最好有个窝囊废，能够为他所控制。但如果以无能软弱为录取标准，冯保绝对不是一个最佳人选。

本来继李芳之后，司礼监论资排辈，冯保是最够资格升任掌印太监的。但高拱毫不留情地给冯保下了个绊，刻意越过冯保，推荐了司礼监的陈洪担任掌印太监。这种不合常理的安排，明摆着是为了排挤冯保，自然让冯保怀恨在心。

陈洪意外地得到了这个天大的职位，对高拱感恩戴德，在宫内与高拱相互策应，对内阁的票拟无不批红许可。可惜掌印太监的位置还真不是谁都能坐的，陈洪是个大老粗，没有什么文化，没干几天就因为得罪了隆庆皇帝，被赶出宫外。

冯保心中暗喜，本以为这回总该轮到自己了，可高拱竟然故技重施，又推荐了尚膳司太监孟冲接任。陈洪好歹还是司礼监的人，受过一些专业训练，懂一些政务方面的事情。而孟冲纯属是靠做菜得到皇帝的宠信，在冯保眼里充其量就是个伙夫头儿，掂大勺的粗手也能拿朱笔，参与国家大事吗？

高拱这么做私心太过明显，很难让人信服，冯保从此对高拱更加恨之入骨。

冯保自知一个人不是高拱的对手，便开始在朝中寻找盟友，恰逢此时，另一个也在寻找盟友对付高拱的实力派人物，主动来到了他的身边，这个人就是张居正。

隆庆初年，张居正与高拱还是一对亲如兄弟的好友，也曾惺惺相惜，肝胆相照。某日二人一同策马上朝，恰逢朝阳初照。高拱忽然逸兴云飞，出了个上联："晓日斜熏学士头。"张居正是楚人，荆楚鱼米之乡善做干鱼，鱼干做好后一般要吊在屋檐下晒干。这种景观在湖广随处可见，于是"干鱼"就成了楚人的绰号。高拱借此戏谑阳光照着张居正如同晒鱼干。

张居正才思敏捷，不甘示弱，应声回答道："秋风正贯先生耳。"高拱是河南人，河南人也有个不雅的绰号，叫作"偷驴贼"，恰好又有西风贯驴耳这样的俚语。所以张居正笑骂风吹高拱如吹驴头。二人心无芥蒂，得此妙语，一起哈哈大笑起来，几乎从马上掉了下来。这也是两位名相的一段佳话。

可惜二人的蜜月期并没有维持太久，虽然高拱对张居正推心置腹，没有戒心，但张居正处在高拱的阴影之下，就显得阴沉不可捉摸。隆庆年间七位辅臣被驱逐，表面上看是受到高拱的排挤，实际背后也少不了张居正暗中策划。自从一件不愉快的事儿发生后，张居正与高拱之间开始出现裂痕，二人渐行渐远，张居正也开始谋划将高拱取而代之的大计划。

高拱为官清廉，性情暴躁，人缘不好，朝臣们都害怕他，从不敢轻易向他行贿。所以高拱虽然身为大明帝国最有权力的大臣，经济上却一直十分拮据。

高拱家后院住的是他亲弟弟，但高拱从来没有给过这个弟弟任何额外照顾，弟弟四十岁了，还只是个从七品小官。然而全北京都知道，他有个手握大权的哥哥，所以这位小官家里一直都是门庭若市，高朋满座。

一次高拱在家里吃罢了清粥小菜，闲来无事，就去弟弟家串门。结果到弟弟家推门一看，弟弟正在和很多朋友秉烛宴饮，十几个人推杯换盏，高谈阔论，好不热闹。高拱看着满桌的佳肴美酒，山珍海味，再联想到自己刚吃过的粗茶淡饭，忍不住酸溜溜地说："你们这小日子过得不错啊，我家的日子却连普通老百姓都赶不上。"

这话一传出去，想帮首辅大人改善生活的人坐不住了，他们不敢直接去找高拱，就纷纷去走他弟弟的门路。大量的金银财物如潮水一般流入高府后院，而高拱根本不知道。其实高拱若想贪墨，随便动动手指，自然有金山银海的孝敬，何必这样拐弯抹角。结果弟弟大发其财，说话有口无心的高拱却没得到什么实惠。

高拱自己清廉，自然也看不惯别人受贿。当年徐阶上下运作罢黜海瑞的时候，有人传言他曾经给过张居正三万两银子，这让高拱心里很不舒服。

一次，高拱和张居正闲聊时说："老天爷太不公平，你有那么多儿子，我家却一个都没有。"张居正听了这话自然要谦虚一下，便愁眉苦脸地说："儿子多费用也大啊，我家连衣食都发愁呢。"没想到这句话让高拱想起三万两银子的事了，他立刻板起面孔质问张居正："徐阶不是刚给了你三万两银子，你怎么还哭穷没钱？"这一句话吓得张居正脸色大变，跳将起来，指天踏地地发毒誓，说自己绝对没有收过徐家的钱。

本来这事不过是坊间传言，压根儿无凭无据，高拱自己也是道听途说，随口一问，见张居正这么紧张，反倒不好意思了，只好讪讪说道："我就是听别人传言，我又哪里知道真假。"

这次谈话给张居正心里留下了阴影，两位配合默契的亲密战友之间的矛盾，开始在潜移默化中扩大开来。

当时高拱大权在握，独受恩宠，张居正的地位、资历都远比不上，所以他也开始寻找同盟，等待反戈一击的时机。很快，张居正就在司礼监找到了同样位高权重而且对高拱怀恨已久的冯保，二人迅速结合在一起，秘密结成强大的战略同盟。

在隆庆帝人生的最后几个月，张居正看到皇帝面如黄叶，形销骨立，担心随时有意外发生，就写了几十条关于皇帝身后事的建议，以密札送给冯保。不料高拱在宫里也有耳目，很快就知道了此事，随后派人跟踪，但密札已经送进宫里去了，并不知道上面说些什么。

这下高拱又压不住火了，他第二天到内阁，当面质问张居正："你私下给冯保密信是什么意思？国家大事，你应该跟我商议，难道还可以让太监知道吗？"张居正尴尬极了，红着脸不知如何回答，过了一会儿才避重就轻地说："每天都和你一道吃饭，一道办事，这么好的关系你怎么能监视我？"这一幕倒也有趣，如同丈夫被妻子发现了手机里的秘密，但丈夫不但不认错，反而一味抱怨妻子不尊重自己的隐私。

高拱脾气如同夏日急雨，发得快，停得也快。他当时没问出个所以然来，也就把这事丢到脑后去了。可在张居正看来，自己与冯保的盟友关系已经被高拱看穿，现在已经和高拱变成了有彼无我的死敌。

在隆庆帝驾崩前两个月，张、冯联盟抓住这最后时机，对高拱的进攻开始了，张居正幕后操纵，冯保则冲锋在前，只是高拱一无所知。

张居正派人对他的门生——户科给事中曹大野说："如今皇帝病重，凡宫里的事都是冯太监主管，而冯公公与张相公实为一体，你如果弹劾高拱，必定成功，张相公一旦掌权，你是首功，必定提拔你。"曹大野利令智昏，甘当枪使，立刻向病入膏肓的隆庆帝上疏弹劾高拱不忠的十事。

这一道疏上得可非常不是时候。重病中的隆庆皇帝本来就对高拱十分依赖，加上身体不适，心情烦躁，看曹大野的上疏大怒，下令将曹大野从重治罪。高拱听闻有人弹劾他便采用以退为进的策略，上疏乞求退休作为反击。

言官们见皇帝迁怒于曹大野，也蜂拥跟进，落井下石，猛烈攻击曹大野，实际上已经把矛头指向冯保。有一个叫张集的御史，用力过猛，把冯保比作赵高，竟然在疏内写道："昔日赵高绞杀李斯，祸害秦国十分惨烈。"

这下可让张、冯抓住了把柄——这倒霉御史分明是暗讽当今皇帝是秦二世！

冯保把这道上疏留中不发，派人四下传言道："万岁爷爷说了，张集如何把朕比作秦二世，廷杖时我问问他，咱们宫里谁是赵高？"消息很快传至宫外，逞一时口舌之快的张集吓得魂不附体，买了挨廷杖时止痛的南蛇胆，甚至还备好了棺材，愁眉苦脸地在家里准备后事。

张居正听了这件事也大为解气，跟家里的门客说："再困他几日，使他好好尝此滋味。"

高拱出气之后并不想把事情闹大，惹得皇帝心烦，就劝言官们不要再上疏提此事。张居正虽然可以吓唬吓唬张集，但眼下还不能公开得罪高拱，便硬着头皮专门去高拱府上道歉求和。

高拱心知肚明这次弹劾风波是张居正幕后主使，冷着脸问他："事到如今，你还有什么可说的？"

张居正面红耳赤，无从抵赖，支支吾吾地说："曹大野的事，我不敢说我不知道，但事已至此，请您饶过我这一回。"

高拱自认为在内阁中与张居正关系最好，这下被多年的好兄弟暗算，感到十分气愤伤心，举手指天道："天地、鬼神、祖宗、先帝之灵在上，我平时对你怎样，你怎么能如此负心！"

张居正无从解释，只好发毒誓说："这件事我罪不容赦，如果您愿意宽恕我这一回，我绝对痛改前非，如我再对不起您，让我七个儿子一天之内都死！"

高拱见张居正竟然发了这样重的毒誓，认为他是真心悔过，便不再追究，把这件事放在脑后。

万历皇帝即位后，公布了先帝遗诏，冯保终于被任命为他梦寐以求的司礼监掌印太监。万历朝之前，由于权势太大，司礼监掌印太监与掌东厂太监两个职位必是由两人分别担任，而冯保居然以掌印太监提督东厂，这份威风，即使后来权倾朝野的魏忠贤也比不上。

在万历皇帝的登极大典上，群臣朝拜。冯保可倒好，假装服侍皇上，竟然立于御座旁边不下来，跋扈之态不可一世。这般做作的小心思群臣都看得一清二楚，但无人敢明说。小皇帝不明就里，反正早已习惯了冯伴伴侍立左右，并不觉得有什么不妥。

以高拱疾恶如仇的性格，岂能容忍冯保这样嚣张，他立刻向冯保发起了进攻。高拱亲自上疏给刚刚登基的小皇帝，呈进新政五事：御门听政；亲答奏请；面见辅臣；议处要事；最重要的是一应奏章皇帝览后必须发送内阁拟票，杜绝留中。这一系列建议，等于公开要求把司礼监的权力收回内阁。他又命言官卜秦疏攻击冯保，打算通过内阁票拟旨意，将冯保驱逐出宫。当然冯保守着司礼监的大印也不会乖乖听话，自己批准驱逐自己。

高拱与万历皇帝交往有限，如果说有也仅限于曾为当时还是太子的朱翊钧写过一首《初夏谒见皇太子诗》："承华随日表，甲观见龙行。感激思天意，千年欲太平。"除此之外鲜有交集。高拱一厢情愿地认为皇太子会同他的父亲一样，对自己毫无保留地信任和依靠，给予自己大展身手的舞台，却完全没有想到，在这场权力之争的生死较量中，小皇帝始终坚定不移地站在与自己从小玩到大，情同亲人的冯保一边。

另外，高拱也一直相信内阁是铁板一块，张居正是他的坚实后盾。而对这至关重要的两方面力量的判断，高拱全都失算了。

## 英雄谢幕

在高拱的授意下，工科都给事中程文、吏科都给事中雒遵、礼科都给事中陆树德闻风而动，纷纷向懵懵懂懂的小皇帝上疏弹劾冯保。与此同时，高拱派自己的亲信暗地里传话给张居正说："我将要驱逐冯保，咱哥俩一同建立这不世之功。"

将自己的底牌完全泄露给张居正。而张居正则假意附和他说："干掉这个阉货不过是小事一桩，如同踩扁一只死老鼠，这事太简单，算不得什么不世之功。"

高拱太轻敌，太粗疏了，明知道张居正和冯保过从甚密，却依然与张居正相约共成大事，而对这个真正的敌手毫无防备。此时张居正羽翼日益丰满，在军队、地方上都有一大批得力干将，很多当世能臣，包括王崇古、谭纶、方逢时、李成梁、戚继光，甚至已经下台的徐阶和他的儿子们，都和张居正保持着密切的关系，在他背后组成了一张实力雄厚的大关系网。

面对宫内宫外的水火不容，万历小皇帝本意是想给冯保撑腰的，可他只是一个九岁娃娃，自己撑不起来，于是皇帝的一切还要听太后的，而太后听冯保的，冯保听张居正的。

冯保刚被弹劾，便派亲信徐爵去向张居正寻求对策。精通法家权谋之术的张居正胸有成竹，早就想好了如何算计高拱，让他带话回去："不要恐惧，趁着这一时机，我们正好可以将计就计。"

隆庆皇帝刚驾崩时，高拱担忧主幼国危，曾经在痛哭之时说了一句"十岁太子如何治天下"。正是这句话，送给了张、冯联盟一把利刃。这句话被冯保一番歪曲，传到太后耳朵里便成了"高公说十岁小孩哪能管事当皇帝"。又进一步造谣说："高拱欺负太子年幼，欲立周王。"冯保又散发大量金钱给两宫的内侍，让他们封锁后宫的信息，阻隔外界的真实情况。

两宫太后都是妇道人家，根本不明白朝廷上的事情，但她们都从自己的角度分析后，选择相信冯保这些漏洞百出的谎言，决心与张、冯一同谋划，先发制人，驱逐高拱！

万历皇帝继位六天后，下旨宣召群臣。到了这个刀悬于颈的关键时刻，高拱还不知道一个惊天的阴谋已经部署完成，还以为皇帝要宣布驱逐冯保。此时张居正已经秘密布局完成了除掉高拱的所有计划，表面上却装得若无其事，与高拱谈笑自若，一同进宫。

到了奉天门，高拱根本没见到皇帝的面，迎面而来的却是冯保。冯保面若冰霜，拿出皇后懿旨，以尖厉而冰冷的声音宣读起来："今有大学士高拱，专权擅政，把朝廷威福强夺自专，通不许皇帝主管，不知他要何为？我母子三人惊惧不宁。高拱着回籍闲住，不许停留！……如再有这样的，处于典刑。"

念罢懿旨，冯保冷冷地看着高拱，内心却狂喜至极。笑到最后才是赢家，他今日终于可以尽情欣赏这位昔日敌手的可悲之态。

可怜高拱毫无准备，听罢诏文如遭五雷轰顶，面若死灰，汗出如雨，心脏几乎停止了跳动，全身鲜血都凝固成冰，全身瘫软不能起身。倒是张居正在一旁若无其事地扶他起来，又找了两个小内官，将高拱搀扶出去。

第二天一早，一群如狼似虎的锦衣卫敲开了高拱的家门，不待他有任何准备，就将他推上骡车，逼出京城。高拱慌如丧家之犬，随身的行李也散了，奴婢也逃了，连带的钱都丢光了，他狼狈地走出北京二十多里，待到锦衣卫离去，才得以找了一个路边野店吃饭休息。

山一重，悲一重，沿途的山野村夫无从知道，这位衣着单薄，神情凄楚的大胡子先生，昨日还是叱咤政坛、居功至伟的帝国首辅。高拱从万仞高楼落下，一时很难接受，内心充斥着失望、伤感、屈辱的复杂情绪，夜深人静之时，他在荒村野店之中提笔写道："无端清切惊残梦，暗引悲秋万里心。"

高拱再往前行来到良乡，在真空禅寺遇到了前来送行的亲友，这才稍微停下来喘口气。此时他已经冷静下来，前思后想，终于彻底想明白了自己缘何落到这样一个下场，虽然明面上跟自己打擂台的是冯保，而背后给他致命一刀的却正是张居正。高拱满怀激愤，无从发泄，只好用河南家乡话痛骂张居正："又做师婆又做鬼！"

事已至此，张居正还真是沉得住气，依然保持着此事与己无关的姿态，从容、沉静、不慌不忙，并和高仪一同上疏，一本正经地请皇后和皇上收回成命，挽留高拱。张居正的奏疏写得情真意切，似乎一颗为高拱鸣不平的真心跃然纸上，而等日后张居正与冯保的密谋大白于天下时，不禁让所有人对相貌堂堂、人设近乎完美的张居正感到愕然。

高拱被罢黜后不久，病秧子高仪便重病不起，呕血而亡。内阁之中只剩下张居正一人，他毫无悬念地进阶首辅，一步登上了帝国的权力顶峰。

对于卓越的政治家来说，道德从来不是衡量对错的唯一标准。张居正容貌英俊，长髯飘洒，才高八斗，勇于任事。虽然从个人品德来说，他内倚太后，外结冯保，密谋罢黜高拱这一招不算光彩，甚至可以说是不仁不义。但如果抛开张、高二人的私人恩怨，从建功立业的角度以成败论英雄，那就另当别论了。作为大明王朝首屈一指的治世能臣，张居正揽权的最终目的，是为了实现他富国强兵的至高理想。

此番内阁双雄之间的殊死斗争，短促而激烈，给年幼的万历皇帝留下了深刻的印象。虽然他还没有能力参与其中，但全程旁观也足以对其心灵产生巨大的震撼。权力的背面，阴谋无处不在，在万历皇帝成年后，童年的记忆依然不散，并伴随其一生，专权之疑，深中帝心。

# 第十章　闯宫奇案

万历元年（1573年）正月十九日，头天刚刚下了一整夜的大雪，素翎白羽，倾天而落，给整座紫禁城的金瓦红墙，万千门户，铺上了三尺玉粉，就连太和门前那仪态威严的铜狮，也不见了踪迹，伏藏于银裘琼锦之中。

第二天清晨，月残星稀，天色微晓，雪势小了，但依然冻云低垂，寒风清冽，吹起阵阵细雪如雾飘洒。晨雾中，隐隐见八名脚步轻盈的年轻太监，抬着一顶红木金漆的步辇，迈着整齐的步子，从乾清宫走了出来。宫里的轿夫都受过多年的严格训练，上身稳如铁铸，脚步分寸不离，踏地时几乎听不到丝毫的声音。

金辇之中，端坐着一个十岁的男孩，他头戴镶金龙与宝石的乌纱翼善冠，身穿团龙纹饰的盘领窄袖袍，正襟危坐，神态凛然，表情中散发着与年龄极不相称的高傲与威严。本来冬天皇帝出行有专门的暖轿，但气血正旺的男孩嫌遮挡气闷，仅在龙袍外面披了一件厚厚的貂氅。

皇帝的身侧跟着一个三十多岁的太监，面目清秀，目光低垂，大红官衣上牛首蟒身的斗牛补子随着他的身形晃动张牙舞爪，呼之欲出。他就是明帝国最有权势，也最可怕的人之一——司礼监掌印太监兼东厂提督冯保。

在皇帝身边时，冯保脸上的表情永远是那样谦恭、专注与殷勤，亦步亦趋，紧紧跟随，他是皇帝永远值得托付与信任的冯伴伴。

御驾一行刚走到乾清门，忽然出现了一个意外情况。

乾清门外左侧螭龙雕像底下猛然闪出一个形迹可疑之人，他虽然穿着下等太监的青色服饰，却神情怪异，动作夸张。此人见了御驾，非但不跪，反而加快了脚步，瞪着眼睛迎面走了上来。

明朝皇帝的保卫是极严密的，皇城最核心的部分由一百二十九名大汉将军专门负责警卫，另有五百校尉分守于午门内外。从宫城城墙与筒子河之间四周设有四十个警卫值班室，每室有十名军士日夜巡逻。别说刺客，寻常人等在宫墙外多看几眼都会被驱赶。为了以防万一，冯保身边永远跟着四名有功夫的年轻太监作为皇帝身边的最后一道防线。

万历皇帝猛然间看到有人冲撞过来，吓了一跳，几乎就在皇帝疑惑的目光投向那人的同时，轿夫们齐齐停下了脚步，冯保已经挡护在了金辇前方。四名太监一同扑将上去，如老鹰擒兔一般，将来人当场拿获。

这时候在乾清门值班的锦衣卫也发现有变故，纷纷跑了过来。他们见有人惊了御驾，心知只要冯提督稍一变色，恐怕自己就是死罪难逃，一个个都伏地不起，不敢说话，更不敢抬头。

万历皇帝确实有些恼火，把询问的目光投向冯保。冯保赶紧跑回皇帝身边请罪，声称要尽快审理这个胆大妄为之人。

皇帝轻轻点了点头，又把目光看向前方，恢复了肃穆之色。今日发生的插曲并不能改变皇帝上朝的日程。而冲撞圣驾的狂徒很快被锦衣卫押送到东缉事厂——明朝最恐怖的人间地狱。

# 无妄之灾

东厂衙署在东安门北侧，正门巍然耸立着"百世流芳"的牌坊。这里古槐森郁，不见天日，大白天也透着云迷雾锁的阴森。

原本东厂的职能是"访谋逆妖言大奸恶等"，正常来说只负责侦缉、抓人，并没有审讯犯人的权力，抓到的嫌疑人应该交给锦衣卫北镇抚司审理。但冯保自己主动请命要审讯犯人，皇帝自然不会表示反对。

傍晚时分，冯保处理完司礼监的公务，换了一身便装，在几个圆帽皂靴的褐衫大汉簇拥下来到东厂。他先匆匆给内堂正中央悬挂的岳飞画像上了炷香，然后表情阴森地坐在内署"朝廷心腹"的匾额下，开始提审犯人。

以东厂之威，哑巴都能拷问出供词来，经过一番审讯，结果却让本来如临大敌的冯保哭笑不得。

这个冲撞御驾的狂徒名叫王大臣，是常州府武进县人，曾在戚继光手下当过兵。王大臣不知道从哪儿偷了一套太监的衣服，混入宫中，在宫中漫无目的地暴走，结果阴差阳错冲撞了御驾。王大臣的脑子不大清楚，时而清醒时而糊涂，审讯中经常山一句海一句地胡说八道。就审讯结果来看，他就是个精神状态不太稳定的半疯，绝非有什么政治目的的亡命之徒。

这本来是一场可大可小的意外，却触动了冯保的一个心结。高拱虽然已经致仕回乡，但说不定哪天还会东山再起，唯有将他置于死地，才可以安然高卧。如今这个意外闯宫的王大臣，恰好为他送来了一件现成的凶器。他迅速与张居正进行了沟通，二人很快达成共识，要将此人好好利用，借机陷害高拱。

于是王大臣被暂时关押在东厂，好吃好喝地招待，并没有交给锦衣卫。冯、张二人经过一番密谋，策划了一条弥天大罪，准备对已经被他们打翻在地的高拱发起致命的一击。

隔了几日，冯保再次到东厂提审王大臣。这次他选了一间密室，屏退左右，与王大臣进行了一次深入谈话，一字一句地教给王大臣如何诬陷高拱，教他说自己是与高拱关系密切的太监陈洪带进宫来的，高拱和陈洪企图让他行刺皇上，共谋大逆。然后他又拿来了一刀一剑，交给王大臣，说是高拱家奴交给他行刺的凶器。

冯保一一交代明白后，对王大臣说："这件事你若是办得妥当，我自当偷偷放你出监，再给你一千两黄金，使你后半生都得以享受荣华富贵。"王大臣虽然浑浑噩噩，但"黄金"两个字是听得懂的，很痛快地拍着胸脯答应了。

取得王大臣的证词后，锦衣卫连夜出动，不日就到达河南新郑高拱的老家，包围了他的府第，限制所有人等出行只等着北京方面传来假罪成真的消息，就可以立刻抓捕高拱。

高家的奴仆不明就里，有询问阻拦的，都遭到锦衣卫劈头盖脸一顿暴打。很多家仆一看大事不好，唯恐受到牵连，甚至偷了高家的财物连夜潜逃。

无事家中坐，祸从天上来。高拱只能忍着怒火，亲自出来跟锦衣卫交涉。这些锦衣卫对这位退休首辅还算客气，只说是奉冯提督之命来对他加以"保护"。高拱听说他们是冯保派来的，更加心惊肉跳，只好每日借酒消愁，心中暗暗盘算，此番大祸临头，无路可逃，自己恐怕时日无多。

退休的大臣联合被开除的太监派人刺杀皇帝；刺客被东厂活捉；锦衣卫包围高拱宅邸；高家就要面临灭顶之灾；……一时间，数条惊天大新闻传遍京师，朝廷上下人心惶惶，就连闾巷小民也无不愕然。好在公道自在人心，高拱虽然缺点不少，但正直忠诚这一点无人否认，无论朝廷还是民间，大家都不相信高拱会做出行刺皇上这样的事来。

现在新首辅刚一上任就和东厂联手，公开颠倒黑白，陷害退休的有功之臣，这令人不寒而栗的残酷现实，让官员们人人自危。如果任由张、冯肆无忌惮地借此案兴大狱，除异己，那下一个目标又会是谁呢？官员已经不仅仅是为高拱鸣不平，而是在为自身能否得到公正的对待而呐喊了。于是舆论风头一变，矛头开始对准了张居正。

这样引火烧身的情形，是张居正万万没有想到的。他只好去找德高望重的吏部尚书杨博商量："事闹大了，这可如何是好？"杨博心知肚明高拱是冤枉的，而张居正就是制造这起祸端的背后主使之一，就吓唬张居正说："此事关系重大，如果任其发展，后面还会有连锁反应，一定惹出什么事来。这样下去可不行啊！"张居正能感觉朝中大臣的态度都是倾向于维护高拱，心里非常沮丧。

太仆李幼孜是张居正同乡，一听此事，不顾疾病缠身，支撑起身体赶往张府，一进门就对张居正大嚷道："张公，你怎么能干这种事呢？"张居正大惊失色："你听谁说的这事是我做的？"李幼孜说："都知道朝廷抓获了一个乱闯宫禁的人，但下令追究幕后主使的就是你！如今东厂已经传出话来，称刺客是高老所派。以后的万代恶名，必然都会归于你的身上，到时候你跳进黄河也洗不清了！"张居正无法反驳，颓然道："我为此事也非常担忧，简直生不如死。"

不仅杨博和李幼孜明示暗示此事是张居正所为，当时各科各道大批官员，也都为这场光天化日之下的栽赃冤案抱不平，纷纷向皇帝上疏，陈明此事与高拱绝无关系。万历皇帝几次询问，让张居正倍感压力。

吏部尚书杨博与左都御史葛守礼，代表朝廷中的官员来到张居正处，求他帮助高拱渡过这次危机。张居正一开始还推脱说："事情是冯保办的，与我无关，你们找他去。"杨、葛说："既然你不是冯保的同谋，更应该出手相救，而且现在也只有你能救高拱。"张居正又说："案情已经办结，有赃有证，即将上报，我已无能为力了。"还将供词拿出来给杨、葛二人看。张居正是个极其聪明的人，可是这些日子太过焦虑，竟然露出了一个大大的把柄。

杨、葛仔细看了这份狱词，发现有修改之处加了"历历有据"四个字，看字体明摆着就是张居正的亲笔。二人也不点破，把供词还给张居正，笑而不言。张居正这才发现露出了破绽，只好尴尬地强辩说："内侍太没文化，我只是帮他更改几个字而已。"

尽管张居正一再推诿，不想帮忙，但杨博与葛守礼知难而进，坚持向张居正施加压力。杨博说："事情重大，恐怕要起大狱。高公虽性格粗暴，但天日在上，绝不可能做出行刺谋反的事。"葛守礼更劝张居正不要与冯保沆瀣一气，说："东厂哪有良心？如果高拱、陈洪派人刺杀皇帝的罪名成立，必然会株连大批朝中大臣，以后事态将急速恶化，不可控制。"

张居正考虑了很久，思量着现在继续构陷高拱，非但不能打击敌对势力，反而会让自己大失人心，甚至会影响到皇帝对他的信任和重用。

经过反复权衡，张居正终于转变了态度，终止了与冯保的合作，而且决心出面收拾残局。事已至此，既要保护高拱不受到伤害，又得对冯保交代得过去，不啻一个天大的难题。几天之内，张居正焦劳忧虑，头发胡子全都变白了。

张居正应允群臣上奏皇帝，重新审案，也暂缓了对高拱实施抓捕，总算为高拱赢得了一些挽回的时间，但王大臣如何处理，还需要司法力量的援手。后军都督府左都督朱希孝对高拱一直抱同情态度，他是宗室，又掌管着锦衣卫，杨博把他拉了进来，希望借助锦衣卫方面的力量使王大臣翻供。

杨博给朱希孝出了一个偷梁换柱之计，派人暗暗到东厂的监狱中把王大臣提了出来。王大臣供词中说，是高拱的家奴交给他刀剑用以行刺。朱希孝就把高拱家奴都押送到北京，让王大臣辨认同谋者。本来高府给他武器一事就是编造的，王大臣自然无法辨认。

东厂是阎王殿，锦衣卫的诏狱也不是菩萨庵。朱希孝又严刑审问王大臣刀剑从何而来，王大臣只好说了实话："刀剑是冯保家奴辛儒所给。"一切真相大白。

朱希孝说以利害，明白告诉王大臣冯保许诺他的千金是不可能兑现的，别做梦了，如果他据实情翻供，或可免死。王大臣此时身不由己，也只能活一天算一天，痛痛快快答应改了口供。

## 光风霁月

二月十九日，这一天是公开审理王大臣一案的正日子。早上还天清气朗，风和日丽。等冯保、朱希孝一行来到东厂准备提审犯人时，忽然黑雾四起，风沙大作，又过了一会儿，竟然有暴雨夹着冰雹又从天而降，好不骇人。

东厂理刑官白一清见此情景，对身边的另外两个负责审讯的问官千户说："天意若此，让人恐惧啊！高老是先皇钦点的顾命元老，明摆着跟此事没有关系，现在非要诬陷是他所为。咱们家里都有妻儿老小，做出这样的缺德事，他日恐怕免不了灭族之祸。您二位都深受冯公公厚恩，应该对他进忠言才是。这个王大臣说话前言不搭后语，而你们给的供词上竟然写着'历历有据'四个字，这据在何处啊！"

两个问官千户都回答说："此四字是张阁老亲笔改的，我们也没办法。"白一清吓唬他们说："冲这事你们就是死罪，东厂审理的机密案情，你们怎么敢泄密，将供词送到内阁去！这事要是传出去，以后你们的倒霉日子长着呢。"

等了好久，天色稍晴，这才从监狱中提出王大臣，刑部、大理寺、都察院三法司开始会审。主审官是左都御史葛守礼和掌管锦衣卫的朱希孝，冯保、杨博等人在一侧旁听，而张居正为了避嫌，压根儿都没来。

按明朝的规矩，大审之前，犯人必先加刑，打上十五板之后再开审。王大臣杀猪似的叫道："原来说好的与我官做，永享富贵。如何现在要打我？"冯保听着话头不对，赶紧打断他的话，怒斥道："是谁主使你来？"王大臣瞪目仰面，看了看是冯保，以手指点说："就是你派我来的，你怎么还装作不知道？"

王大臣一句话把冯保气得三尸神暴跳，他面色如土，强压怒火，当着众多官员的面恶狠狠地问："你之前说是高阁老派你来行刺皇上，如今当着各位审官，如何不说了？"王大臣看到朱希孝的目光正凶狠地盯着自己，心想已经翻供一次，不能再翻，干脆豁出去了，大声回答："这话就是你教我说的，我哪里认得什么高阁老？"

听了这话，冯保怔在那里，哑口无言，眼里几乎要喷出火来。王大臣见自己一句话噎住了大官，倒很得意，又得意扬扬地看向朱希孝。

朱希孝恐怕王大臣再信口开河，把自己之前偷偷提审他的隐情也和盘托出，便厉声喝止道："这奴才连问官也牵连上了，完全是一派胡言，只该打死。"赶紧给冯保台阶说："冯公公，不必再问他。此人全无实话，今天就审到这里。"本来冯保信心满满，要借此会审给高拱彻底定罪，结果竟然是这样草草收场。

冯保怒气冲冲地回到宫里，但他还不肯善罢甘休，继续跟皇上说是高拱派人行刺。小皇帝还没表态，身边一个年逾七旬，伺候过三代皇帝的殷太监，实在看不得冯保如此颠倒黑白，在一旁跪下启奏道："万岁爷爷，不要听他的话，那高阁老是个忠臣，他如何会干这等事！他是臣下，来行刺为了什么啊？一定没有此事，千万不要听冯保的！"随后又面对冯保说："冯家，万岁爷爷年幼，你应当干些好事，扶助万岁爷爷。如何干这缺德事！那高胡子是正直忠臣，是受先皇顾命的，谁不知道。那张蛮子夺了他首辅的位置，还要杀他灭口，你我是太监，又做不了朝廷里的官员，你为什么只替张蛮子出力呢？你若干了这件恶事，我辈太监必然跟着受害，还不知要死多少哩？使不得，使不得啊！"

殷太监在宫里德高望重，辈分很高，冯保日常也敬他几分，听了殷公公这番话，大为沮丧，无言以对。司礼监里地位仅次于冯保的秉笔太监张宏，也对他说此事不可。张宏是个正直贤能的太监，在司礼监里说话很有分量。见此二人也公开反对自己，冯保彻底觉得这次阴谋无望了。他害怕事情败露牵连到自己，连夜派人把具有严重腐蚀性的生漆加入酒中，给王大臣灌了下去。

第二天再审时，王大臣嗓子已经烧坏，不能说话。这次审讯当场宣判，王大臣冲撞御驾，图谋不轨，判处死刑，而后匆匆移送法司，问斩了事。

消息传到河南，包围高拱府邸的锦衣卫也都撤了回去。高拱在鬼门关前走了一遭，大难不死，总算是吉人天相，侥以幸免。

这一次陷害高拱的阴谋虽然没有得逞，但冯保和张居正还是展示了他们非同一般的关系，亲密默契的配合。从皇帝到大臣，很长一段时间之内无人再敢对张、冯联盟发起挑战。万历皇帝刚刚即位，就目睹了一场令人毛骨悚然的宫廷斗争，心中对张、冯除了依靠之外，又加了几分惧怕和戒备。

闯宫风波结束了，一切都归于平静，小皇帝依旧要每天上课，身兼帝师王佐双重身份的张居正也重新把心思放回到朝政上。

从这一年开始，大明王朝正式进入了张居正独当天下的崭新时代，一个锦绣繁华的万历盛世渐渐拉开了帷幕。

# 第十一章　恩若父子

北京城西北方向一百多里，有一处风水宝地大峪山。这里山峦叠翠，长河映带，风光如画。这里有一处规模宏大的寿宫皇陵，已经闲置了三十多年，陵区内石麒没草，铜雀荒凉，与秀美的山色相比，倒显出一派萧索颓败的景象。

隆庆六年（1572年）六月初三，寂寥已久的大峪山传来一串马蹄声，响彻山谷，领头的是一位炜貌长髯、剑眉朗目的男子，带着几个红袍官员与白衣术士，驻马山前，正用马鞭指指点点。

来人正是张居正，自从隆庆皇帝驾崩后，国事千头万绪，但张居正却无暇留在北京——过问安排，因为他尚有为先帝选定吉壤的重任在身。此番出京，大峪山的壮美风景令其心潮激荡，壮志勃然于胸，一腔以身许国、大展宏图的凛冽之气跃然而出。

中国的皇帝，不仅生前要享尽荣华富贵，对于死后的栖身之所也极为重视。修皇陵是个极其繁复浩大的工程，武则天与唐高宗的乾陵修了二十三年，秦皇陵修了三十七年还没修完，汉武帝的茂陵竟然修了五十三年。隆庆皇帝撒手人寰，一了百了，但留给新君和大臣们一个措手不及的问题。他压根儿没想过自己会如此短寿，自然也没来得及想自己的身后事。那么问题来了，隆庆皇帝的尸身葬在哪儿呢？

尽管手上有无数大事要处理，但为先帝选择吉壤，修建寿宫，依旧成为张居正最为重要而且紧急的事务。万历之前的历代皇帝，除了葬在南京的朱元璋，不知所踪的建文帝，半路下岗的景泰帝之外，都葬在昌平天寿山。此前礼部左侍郎王希烈已经看过一次风水，初步将隆庆帝陵选在天寿山麓永陵西侧的潭峪岭。

初选方案上报给皇帝后，万历皇帝谦逊地请张居正与司礼监太监曹宪去做最终审定。于是张居正带着户部尚书张守直、礼部右侍郎朱大绶、工部左侍郎赵锦，以及数位钦天监的官员与民间精于阴阳风水的术士一同前往勘查。

经过在天寿山麓长达数日的勘察，张居正等人回到京城，却带来了不同的意见。张居正否定了礼部之前选择的潭峪岭，而是推荐了大峪山作为隆庆帝的陵寝所在。至于为何选择大峪山，张居正声称这是综合了官方与民间风水专家的集体意见：潭峪岭是个孤峰，气脉全无，周围的小山起伏参差不一，风水并不好。而大峪山则山川结聚环抱，是风水上佳的帝王真宅。

风水一说，见仁见智。这些风水专家极力推荐大峪山，或许是受了张居正的授意，而张居正之所以力荐大峪山，原因很简单：这里有一座现成的帝陵可用。

是谁未卜先知，三十年前就早早修好了一座地下豪宅空放在那里呢？这事还要从隆庆帝的父亲嘉靖帝说起。

当年经过"大礼议"的巨大波澜，嘉靖皇帝打死了众多反对自己的言官，到底还是追尊自己的生父为兴献皇帝，生母为皇后。

既然是皇帝皇后，就应该葬在皇家陵园。嘉靖帝想把已经葬于湖北安陆纯德山的父亲迁葬到天寿山的皇陵区，于是下令武定侯郭勋和工部尚书蒋瑶督工建造新陵，在大峪山大兴土木，用了整整八年时间方才建好。

新陵建好后，嘉靖皇帝亲自到大峪山视察。出乎所有人的意料，他对此地的风水又不满意了，大发了一通感叹："峪地空凄，哪里比得上纯德山完美。"这时候他也从"大礼议"的亢奋中冷静下来，觉得再把老父亲挖出来千里迢迢从湖北运到北京也不太妥当，便放弃了迁葬的打算。

皇帝嘛，就是这样有钱任性，耗费无数人力财力修建的兴献皇帝寿宫修好即废，一直扔在山野之中任凭荒芜。通过嘉靖帝考察后的感慨，也可以看出，大峪山的风水很一般，并没有张居正描绘得那么好，然而张居正看重的并不是风水。

张居正是一位天生的理财高手，国家新君登基，百废待兴，要花钱的地方太多，必须要处处节俭，以省钱为第一要务。

期房哪比得上现房，他看中的是这座废弃帝陵的玄宫和部分地面建筑已经完成，建筑主体已经封顶，园区规划绝对称得起正宗的皇家园林，而且地段一流，户型方正，正可谓宫廷风范，荣耀人生。只要加以装修，再补点绿化，先帝便能领钥匙入住了。如此一来，可以为国家省下大量的人力、物力、财力。

既然张居正说有现成的皇陵可用，万历皇帝便派工部尚书朱衡去考察论证。朱衡很会做人，他装模作样地考察了一圈，回来后向皇帝报告说："寿宫内部紫光焕发，和气郁蒸，建筑十分干净整洁，就像一座温暖的行宫一样。"这一番美誉，让两宫太后和万历皇帝都十分宽慰。于是当场拍板，先帝的万年之所就定在这儿了！

很快，朱衡被委任总督山陵事务，数万民工进场开始重新翻修，冷清了三十多年的大峪山再次热闹起来。由于寿宫的主体工程都是现成的，只要略加修整即可，所以工程进展飞速，仅用几个月时间，昭陵的工程就全部完工。万历皇帝十分满意，欣然把父亲葬到了太爷爷的陵墓中。而张居正初试啼声，成功影响了皇帝的决定，为国家节省了大笔支出。

隆庆六年五月十九日，高拱被罢黜后的第三天，小皇帝正式召见了刚刚视察陵寝归来的张居正。这是君臣之间第一次单独会面，两个人都感到有些紧张，彼此之间还带有很大的疏离感。行完了君臣大礼之后，小皇帝面对这位相貌堂堂的首辅，却一时想不起该说些什么，憋了半天，以稚嫩的声音说出的第一句话是："先帝说你是忠臣。"只此一句，就让张居正热泪盈眶，感动得无法言语。

张居正就考察陵寝的事向皇帝一一详细汇报，聊了一会儿，气氛开始变得轻松起来。万历皇帝哪知道张居正的深心，对他考察吉壤的成果汇报很满意，发自内心地赞扬张先生为父皇陵寝辛苦受热，并谦虚地请张先生对自己尽心辅佐。

会面之后，皇帝又赐予张居正酒饭，作为奖励，另外赐给他白银五十两，衣服料子、里子各四套。衣服上面都绣着象征极高荣誉的蟒和斗牛的图案。

如果您看《射雕英雄传》里郭靖请黄蓉吃顿饭还花了十九两银子，大概会觉得皇帝出手才五十两太吝啬。实际上一则小皇帝没钱，二来按当时的物价，五十两白银也不算少，足可以在北京买个四合院。

张居正此时刚刚坐上首辅的位置，地位尚且不稳，他知道自己和小皇帝以及两宫太后还需要很长一段时间的磨合了解，所以并不急于提出早已胸有成竹的改革计划，只是谦逊地表示应该遵守祖制，并请皇帝保重身体，节制饮食。

召见完毕后，张居正谢恩回到家中，仍感到意犹未尽，他想到未来自己将在兴国大业中一显身手，不由得心潮澎湃，胸中似乎有千言万语难以言表，于是便连夜写了一份《谢召见疏》呈给小皇帝。疏中写道："今天听到皇上天语的谆谆教导，感觉我们君臣恩若父子。"

当时张居正四十五岁，而小皇帝刚九岁。张居正所说的恩若父子，自然是皇帝为父，他为子。作为一个老成谋国的国家重臣，这样的比喻未免有些肉麻。然而实际的情况是，对于幼年丧父的万历皇帝，张居正一直以一种恰当的方式和精妙的角度，扮演着严师与慈父的角色。

从此开始，张居正与大明帝国一同迎来一个令后世瞩目的全新时代，同时也开始了与小皇帝之间长达十年恩若父子的亲密接触。

## 枯燥的童年

万历皇帝刚继位时，不管他表现得如何庄重、聪明、早熟，但骨子里还是一个懵懵懂懂的小屁孩。所谓文武百官，亿万黎庶，以及皇宫之外的万里江山，万里江山之外的诸邦诸国，对他来说都是一些极其遥远而空洞的名词，恍如梦境，触手难及。小皇帝对如何治国毫无感觉，似乎并不觉得这个世界上的最大帝国跟他有什么关系。和他有关系的，只有身边的三个人，而这三个人无时无刻不在影响和控制他的人生，伴随他度过那一段刻板而枯燥的童年时光。

按照隆庆皇帝临终前的安排，小皇帝的背后是他严厉的母亲慈圣太后，负责对他进行品德教育；身侧则是心思缜密的司礼监掌印太监冯保，帮助他保护皇家权力；而在朝堂之上，暂时代替小皇帝治理整个国家的，就是那位与隆庆皇帝半师半友，被予以重托，寄予厚望的内阁首辅大臣——高拱。这是一个颇费心思的精心布局，由慈圣太后、高拱和冯保共同形成一个铁三角，相当于给小皇帝头上戴起一个紧箍咒，对他进行严格的行为规范。

张居正接替高拱之后，慈圣太后和冯保都对他绝对信任，新的三角联盟亲密而稳固，靠着这三层防护罩遮风挡雨，万历皇帝登基伊始，地位稳如泰山。

皇帝毕竟年纪太小，并不知道如何使用手里的权力。张居正深知想有一番作为，必须得到皇帝的母亲和忠仆的全力支持。他在《谢召见疏》中引用了诸葛亮在《出师表》中的话，希望"宫府一体，上下一心"，其中也隐含着对太后和冯保的期望和要求。

聪明人之所以聪明，就在于他们有自知之明。大部分人都知道自己能做什么，但只有聪明人才知道自己不能做什么。小皇帝很清楚自己的能力和阅历远不足以支持自己的身份，目前最好的状态就是什么都不做，放手让张居正总揽朝政，自己则潜心于日讲与经筵，不断充实提高，为日后的亲政做好准备。

皇帝表现得像个乖巧懂事的学生，开口必称"元辅张先生"，对张居正尊崇备至，对他所有的教诲全部听从、采纳。而张居正也当仁不让地以一个严师的姿态，尽心尽责地辅导、教育朱翊钧如何成为一个合格的皇帝，大至国家大政方针，小如宫中饮食作息，无不关照。

自从坐上了皇帝的位置，朱翊钧的儿童生涯也就早早结束了。虽然朝政大事暂时不需要他分心，但沉重的学习负担，却日复一日压在他稚嫩的肩膀上。

朱元璋在开国伊始就立下了规矩，对皇位继承人必须狠抓教育。他为自己的太子组建了豪华的东宫班子，以左丞相李善长兼太子少师，右丞相徐达兼太子少傅，中书平章常遇春兼太子少保。而常年负责太子日常课程的，一位是刘伯温，另一位则是"浙东四才子"之一的章溢。

明朝皇家常用教育制度主要有两种：经筵和日讲。所谓"经筵"，即由皇帝召集文臣，坐而论道，共同研讨先贤留下的文史经典，总结评价历代治国的兴亡得失。洪武朝的许多治国政策、法律乃至教育、军事、外交等制度，都是在经筵上这么你一句我一句探讨出来的。

在进行经筵的时候，君臣之间常常有意见相悖的时候。孟子有一个标志性的语录："民为贵，社稷次之，君为轻。"这种君主专制的深刻批评深深惹怒了朱元璋。某一次经筵时，有文臣读出了孟子"君之视臣如土芥，则臣视君如寇仇"的观点，当场引得朱元璋暴跳如雷，大骂说："如果这个老东西现在还活着，我必定杀了他！"这就是妥妥的暴君本色，我在道理上讲不过你，就从肉体上消灭你。

孟子本人朱元璋是斩不到了，他便斩孟子的塑像出气，下令天下孔庙把孟子像都清出去，取消了这位圣人配享孔庙吃冷猪肉的资格。

朱元璋命令翰林学士刘三吾主持对《孟子》的删定工作，前前后后一共删去八十五条，导致有明一代，孟子的思想只能以被阉割的面目出现。相当长的一段时间内，明代知识分子只能接受"四书五经"与八股文的洗脑，明朝的文化笼罩在一片黑暗当中。

到了明英宗一朝，教育皇子的经筵以制度化的形式正式确立下来：每月的初二、十二、二十二在文华殿授课三场。

每到上课之日的清晨，先由司礼监的太监呈上当日要讲的经书，《大学》放在御案东侧，《尚书》放在御案西侧。皇帝来到经筵课堂时，讲官要先行三叩九拜礼，再由鸿胪寺官员引导依次上殿。两个讲官一东一西出班，再一次给皇帝行叩头礼，然后由伺候皇帝听课的展书官上前帮皇帝把书翻开，直到长达数小时的一堂课讲完，再由展书官跪着上前把书合上。

无论在什么年代，最让人期待的永远是下课铃声响起的一刻。

下课后，皇帝会御赐讲官酒饭，各官员再一次行叩拜谢礼之后，就可以去左顺门享用餐食。吃完饭讲官可不能一抹嘴回家，还得再回来向皇帝行谢恩礼，一场经筵才算正式结束。

相较之下，日讲显得就轻松得多。日讲的老师不是一般的专职教师，而是由博学的大学士轮流讲课，这一与皇帝亲密接触的荣宠往往是权势的象征。比如杨廷和之于正德皇帝，夏言之于嘉靖皇帝，高拱之于隆庆皇帝，以及当下的张居正之于万历皇帝。

万历皇帝每月只有六天上朝，其他时间都需要上课，从来没有周末休息，只有一只手能数得过来的几个重大节日才可以免于读书之苦。小皇帝的童年事实上过得很是可悲，或者说，他根本没有童年。他没有同龄的玩伴，不可以撒娇任性，甚至不能睡一次懒觉，至于旅行、游戏、玩具更是遥不可及的奢望。他的童年只有黑白两色，黑色的是墨，白色的是纸，除此之外便是严厉的老师，无穷的课程，致命的枯燥。

读书，讲章，写字三项是皇帝学习的重点内容，每一项学习强度都极大。比如读书，每三天就要背熟一篇晦涩的古文，而且要背得字正腔圆，句读分明，经过测验合格了再背下一篇。

大概是因为生来就没看过外面的多彩世界，万历皇帝对于繁重的学业竟然可以安之若素，甚至对深奥难懂的四书五经，也可以长时间地集中注意力倾听。

有一次小皇帝视朝完毕后，在文华殿对张居正说："昨天经筵上讲《大学》的讲官，讲错了一个字，朕本来想当面给他指出来，但怕他过于恐惧自责，就忍住没说。"可见他上课多么认真，一个错字都没有逃过他的耳朵。

对于小皇帝这样一丝不苟的学习态度，张居正深感欣慰，马上替代讲官请求宽恕，之后又趁热打铁给他上了一课："讲官们在天威面前肯定紧张，小有差错在所难免，还请陛下慈悲包容。人的罪过如果是出于无心之失，就算大错也是可以宽容的。"小皇帝自然点头称是。

张居正以帝师自居，虽然要求皇帝对讲官们宽容，但他自己对这个学生的要求却极其严格。只要朝政有暇，他就亲自给小皇帝上课，利用讲学时间随时纳谏。一个流传甚广的故事是小皇帝把《论语》中"色勃如也"的"勃"字读成了"背"字。张居正当场严厉喝止，小皇帝吓了一跳，也不敢辩驳，只能满脸委屈地认错改正。其余讲官和太监都大惊失色，而张居正面不改色，举止如常。在他看来，课堂上只有师生，没有君臣。

张居正也不仅仅是一味地扮黑脸，他在培养皇帝读书兴趣方面就花费了很多心思。为了增加阅读课的趣味性，张居正亲自编了一套名为《帝鉴图说》的绘本来充当小皇帝的课外读物。绘本讲的都是历代帝王的故事，好皇帝故事八十一个，坏皇帝故事三十六个，图文并茂，深得小皇帝喜欢。

万历皇帝很喜欢《帝王鉴说》中宋仁宗的故事，颇有心得。这个故事讲的是在宋仁宗一朝，后宫嫔妃们都非常喜爱珠宝，高价购置，相互攀比，搞得京里珠宝价格高涨，首饰店大发其财。宋仁宗对这种骄奢浮华的现象很厌恶，就想革除这一弊端。有一天，他到御花园里游赏，看到满头珠翠的张贵妃袅袅婷婷地向他走来，一身金银宝石在阳光下闪闪发亮，耀人双目。宋仁宗赶紧抬起袖子，遮住眼睛，表现出很不愿意看她的姿态，仿佛怕被张贵妃晃瞎了双眼。张贵妃窘在那里，羞得满面通红，赶紧把一头珠宝首饰都摘了下来。从此以后宫中无人敢佩戴珠宝。宫廷里的采购大户们不买了，京城中首饰的价格很快就降了下来。

小皇帝颇有感触地对张居正谈起自己的读书心得说："皇帝就应该以贤臣为珍宝，而那些珍珠宝石之类的东西，根本就没用。"张居正对小皇帝的见解非常高兴，进一步因势利导地对小皇帝说："世上只有粮食才是珍宝，因为粮食可以养活人民，珠宝玉器虽然价值贵重，但是饥不能当饭，冷不能当衣，只是白白地浪费民财而没有任何实际用处。"

没过多久，张居正就发现了一次课外考试的机会，恰好内承运库的太监上疏请求购买珠宝，奏疏交到张居正手里。张居正看过后没有做票拟，而是送到了皇帝手中让他自己来定夺，想借机测试一下自己这个学生到底能不能学以致用。小皇帝知道此事该如何迎合老师的好恶，下令这一年停止采购，为朝廷又省去了一笔巨大的开支。这一懂事的举动，又让张居正高兴了好几天。

这段君臣共倡节俭的经历，在日后成为一个巨大的讽刺，万历皇帝心中有数，早些年欠的珠宝债，早晚有一天加十倍还回来。

## 泼冷水

万历二年（1574 年）元月，小皇帝非常期待的一个热闹节日——上元节——又一次如期来临了。

上元节就是今天的元宵节，在明朝时是从官员到百姓都非常期盼和热衷的一个大节日。明朝公务员很辛苦，平日不休息，但从正月十五上元节开始可以一直休到正月二十，满城中箫鼓喧哗，彻夜笙歌不断，算是一年之内最长的带薪假期。宣德四年（1429 年）、五年和八年，文武百官每次放假时间甚至长达二十天。

元宵节那几天，全国各大中心城市都解除宵禁。京城里不仅官民同乐，有时皇帝本人也会亲自到午门上，观灯作诗。满城龙凤螭豹百般鸟兽之灯，一点了火，千巧万怪，似是神工。就连太监和宫女们也都换上有灯景补子的衣衫，一同赏灯会，放烟花，热闹非凡。

王侯将相家里的女眷平时连大门都不出，唯独在上元节可以登楼玩看，不避百姓。老百姓就更随便了，都是拖家带口，四处游玩，除了图个热闹外，还有个吉祥的寓意叫作走百病。正所谓：三五良宵节，上元春色和。花灯悬闹市，齐唱太平歌。

每年从正月初十到十六日，全国各地的客商和巧匠都会云集北京，将自己制作的花灯拿到东安门外迤北大街上售卖。每年到了灯市开市的时候，北京靠近灯市的商铺和住房租价都要比平时贵上数倍。不是大商人都不敢问津。

花灯的式样和工艺年年更新，不仅有昂贵的珠宝灯，还有海外来的进口灯，价格高的一盏灯就要卖上千两银子。还有用彩灯堆叠成的巨型灯组，被称作"鳌山"，更是灯中之王，丰姿冶丽，绝世无双。整个上元节，北京到处灯光灿烂，香烟馥郁，乐声震耳，百戏喧嚣，万家灯火楼台，十里云烟世界，是小皇帝最心驰神往的欢乐记忆。

前两年的上元节因为还在隆庆皇帝大丧之期，所以都冷清度过，不仅免去了元宵灯火，连宫中的年夜饭也不设酒宴，只不过增加甜食果品一桌而已。

这一年又近年关，小皇帝可坐不住了，早早就问张居正："张先生，咱们已经停办了两年上元节庆典，今年总可以热闹热闹吧。"他生怕张居正不同意，还找了理由说："上元节庆典是祖先定下的制度，咱们也应该遵从不是？"

张居正当然知道皇帝是孩童心性，很想尽情地过个节，但他看着小皇帝满怀期待的目光，依旧硬起心肠大摇其头，对皇帝说道："元宵节庆典算不上什么祖制，成化年间就有言官和翰林上疏反对。而嘉靖年间先帝办庆典是为了祭祀神灵，并不是为了自己游乐。先帝倒是年年搞庆典，我看除了费钱，对国家毫无益处，还是应该节省为上。"

小皇帝一听张居正这么说，心里凉了半截，知道这一年的元宵庆典也要泡汤了。他十分失望，用近乎哀求的口气说："那么做个鳌山，挂在灯殿上看着也挺漂亮的，这总可以吧！"这时候在一旁的冯保都看不过去了。他深知小皇帝的期待，一年唯一的快乐就是盼望着上元节这几天，实在不忍心让他太过扫兴，便帮腔道："张先生，咱们国家现在安定繁荣，怎么着也应该有点过节的气氛，才能展现咱们新朝气象，太平盛世嘛。"小皇帝一听大伴帮他说话，仿佛又看到了希望，赶紧趁热打铁说："对，今年就看这一回灯，以后不办了还不行嘛，看一回就如同看了千百回是一样的。"

一个当今天子，一个司礼监掌印太监兼东厂提督，俩人一同低声下气地跟张居正说小话，提的也不是什么过分的要求，无非想正月十五过个节热闹热闹。可这两张天大的面子在张居正面前居然不好使，张居正寸步不让，严肃地说："要等到明年，三年大丧才算正式终结，皇上已经十一岁了，眼瞅着要结婚，之后又是皇上的弟弟潞王结婚，这么多大事要办，哪项都得花钱。现在天下百姓贫苦，咱还是省着点过日子吧。"小皇帝见实在说不通，失望透顶，只好讪讪地自找台阶说："朕也知道民间穷苦，就依照先生的意思吧。"

从打碎一个孩子的期待和心愿来说，张居正确实严苛得不近人情。但从国家的角度来看，敢于拂逆皇帝的意思，不做那些劳民伤财的浮夸盛世之态，把银子用在刀刃上，张居正确实不愧为一代名臣。

有趣的是，冯保和张居正的角色有时候也会颠倒过来。譬如内阁的水塘中开出一支罕见的双白莲花，翰林院有人发现有双白燕，这些东西张居正都会当作是吉兆弄来给皇帝赏玩。每到这种时候，冯保就会派人对张居正说："皇帝年幼，不应该用这些奇奇怪怪的东西引诱皇帝贪玩。"通过这些事也可以看出冯保是一个识大体的人。

明朝宫廷照明用的黄蜡一年就要二十万斤，张居正觉得太过浪费，干脆把上课时间从晚上改到了白天。蜡烛他都不舍得点，更别指望他同意点鳌山放烟火了。

张居正活着的时候，万历皇帝在权力与金钱面前的拮据一天也没变过。万历七年（1579年）年底，光禄寺没钱了。眼看大年将至，总不能让大伙儿空着肚皮过年呀，已经十六岁的皇帝只好厚着脸皮，申请向户部借10万两银子。

皇帝要找户部借钱，照说也不是什么难事，何况借钱的数额又不多。对不起，户部不听皇上的，得先问张居正。然而张居正毫无情面，对此断然拒绝。他对皇帝说："目前户部日常开销已觉费力，一旦四方有水旱之灾，或者边境发生战事，那又该从哪儿出钱？"皇帝当然不敢说"有事也不差这十万两银子吧"。反正他对此也习惯了，也没什么办法改变，只能唯唯称是。

## 业余爱好

万历二年（1574年）四月，小皇帝的学习进入了更高阶段，开始学习属对，也就是对对联。老师出了一个上联："天地泰。"小皇帝略加思索，对出下联："日月明。"这一联让张居正大为惊喜，欣然为小皇帝讲述了一个前朝故事：明成祖巡幸北京时，带着皇孙——也就是后来的明宣宗朱瞻基——同行。在端午节这一天，成祖驾幸东苑，观看击球、射柳比赛，小皇孙连发三箭皆中目标，成祖大喜。骑射之后是作对，成祖出了个上联：万方玉帛风云会。皇孙应声而对：一统江山日月明。成祖见孙子文韬武略皆有进步，高兴得当场赏赐名马一匹，纱绸若干，还命随行儒臣赋诗以记此事。后来明宣宗确实不负成祖之望，在他统治的时代，政治清明，百姓安居乐业，经济得到空前的发展。宣宗与其父亲仁宗统治时间加在一起虽然只有短短十一年，却是有明以来最好的一个时期，政绩堪比西汉的文景时代，史称"仁宣之治"。张居正觉得万历皇帝所作对联与宣宗当年所对巧合，是个非常吉祥的兆头，所以感到格外欣慰。

张居正不是只要求万历皇帝死读经史，为了使他知人善任，万历二年（1574年）十二月，张居正与吏部尚书张瀚、兵部尚书谭伦命人特制了一座超级大屏风，上面绘以全国疆域以及各地知府以上官员的姓名籍贯，供皇上观览。

小皇帝收到屏风后，果然用心观看，张居正在一旁解释道："大明天下幅员广阔，这样皇上可以对国家的山川地理形胜一目了然，也可以在用人时加以留意。"这道"职官书屏"对年幼的万历皇帝起到了很好的政治启蒙作用。

疆域屏风精美绝伦，却没有花灯烟火有生气。万历皇帝的一言一行，都要受到超乎常人的约束，不能有丝毫的任意妄为。他贵为皇帝，却毫无权力，有时连赏赐太监、宫女的钱都拿不出来。小皇帝犹如一只笼中之鸟，虽锦衣玉食，快乐指数却几乎为零，远不如做一个偏远地方的小王爷来得自在。

随着学业的进展，万历皇帝的书法造诣也迅速提高，小小年纪就已经写得一手好字。皇帝对于书法是下过苦功夫的，早期临的是赵孟頫，后来尤其喜欢章草。

从五岁起，小皇帝在春、夏、秋三季每天要写一百个工整大字，寒冷的冬天也要写五十个。每个字要写得方正工整，如果写不好，还要重写，数年下来，进步神速。

隆庆六年（1572年）十一月，已经初见功底的小皇帝写了"元辅良臣"四个盈尺的大字，赐给张居正。张居正第一次收到皇帝的书法作品，激动不已，特意上疏夸奖皇帝的字笔意遒劲飞动，就像鸾凤飞翔一样。

过了些日子，皇帝又写了两幅大字"尔惟盐梅""汝作舟楫"相赠。张居正再次上疏感谢，换了个词称赞皇帝的书法：墨宝淋漓，琼章灿烂。

万历皇帝毕竟是个孩子，字写得好，又接连受到老师的称赞，未免沾沾自喜，开始有些忘乎所以，干脆要赐予九卿所有掌印官每人大书一幅，以寓期勉之意。这一次算是小皇帝书法创作的高潮，太监捧着泥金彩笺数十幅，铺在桌子上，小皇帝笔走龙蛇，纵笔如飞，一口气写了八十多个字，赏赐给朝廷所有重臣。张居正此时却很不以为然，他感到小皇帝太过沉迷书法，有些不务正业了。

隔了几日，小皇帝上完课，又写了一副"弼予一人永保天命"再赐给张居正。这次张居正不但没有夸奖皇帝，反而板起面孔以严厉的语气说："帝王之学，要做大事，汉成帝能吹箫谱曲，梁元帝、陈后主、隋炀帝、宋徽宗，各个都能文擅画，你比得了吗？可他们全都是亡国之君。写字不过是雕虫小技，就算你的书法比得过钟繇、王羲之，跟你当个好皇帝有什么关系吗？"

这话说得相当不留情面，也显示了这位权臣的铁腕性格。然而对研习书法兴致正浓的小皇帝来说，不亚于当头一盆冷水。万历皇帝的自尊心深深受挫，从此再也不向群臣炫耀他的书法了。据说万历皇帝成年后，书法日臻完美，但世间流传极少，世人仅知道宋徽宗是书法大家，不知道万历皇帝也是一位书法高手。

万历皇帝的青少年时期，归根结底就是三个词：枯燥、克制、没钱。而童年时期过度的压抑，往往会在成年后发生报复性的反弹，被禁锢的会加倍放纵，被管控的会格外任性，而年轻时过于拮据，长大后很容易对金钱有着超过常人的狂热。

在张居正、太后、冯保组成的铁三角的强权压制下，万历皇帝循规蹈矩，深深隐藏了自己的本性。而这种表面的服从，如同越压越强的弹簧，如同被堤坝拦截的洪水，一旦制约力消失，权力欲苏醒，就会迎来山崩海啸一般的可怕爆发。

刚刚登基三年的少年皇帝，此时每天还只能在唯唯称是中熬日子，不断说服自己，元辅张先生说的一切都是不可违背的真理。每日功课之余，老师不在的时候，万历皇帝会久久看着飞翔的落叶，静听着欢快的蝉鸣，聊以自娱，甚至长时间盯着树底下忙忙碌碌的蚂蚁发呆。这个聪慧早熟的少年，除了等待长大，似乎也没有什么办法能摆脱这个看似遥遥无期的局面。

# 第十二章　天纵聪明

万历二年（1574年）五月八日，十二岁的小皇帝在一群太监的前呼后拥下，径直来到了尚膳司的一间小厨房，他要亲自下厨为他的老师做一碗面。

原来这一日皇帝在文华殿讲读结束后，听说张居正肚子疼，便突发奇想，要去厨房亲手给张先生做一碗醋椒面，意图以辣热攻治腹痛。从这一举动可以看出，万历帝虽然贵为天子，但作为一个单亲家庭的男孩，还是本能地想去讨好那个在他生活中扮演严父角色的成年男人。

尚膳司早就安排好了会做面食的厨师，以五花肉、辣椒加上山西陈醋制成酸辣鲜香的肉臊，热腾腾的面也已经煮好了，装在两只矾红龙纹大碗中，旁边摆着五色碟底菜——红萝卜丝、金黄的煎蛋皮、白嫩的豆腐干、黑木耳和青蒜苗。

小皇帝来到厨房，用一根象牙柄的金勺将肉臊舀到面碗之中，就算是他亲手为先生做了面，然后派太监传旨，请同为阁臣的礼部尚书兼文渊阁大学士吕调阳陪张先生一起吃，并吩咐专赐两双镶金象牙筷。

高拱被驱逐后，内阁有相当长的时间只有两名阁员，吕调阳是张居正亲选的第一个助手。他性格温和，却有自己的原则，当年严嵩父子掌权时，曾极力拉拢他，但吕调阳并不肯依附严嵩。他对张居正的才能心服口服，进入内阁后二人配合得相当默契。

皇帝亲自为臣子下厨，历史上大概也仅此一例。由此也可以看出，皇帝与张居正之间的君臣关系充满情谊，非同一般。然而此时的君臣和谐，是建立在小皇帝对张居正绝对服从的基础上的，两人意见一致时，听皇上的，两人意见不一致时，还是得听张先生的。

万历皇帝是个孝子，侍奉两宫皇太后非常殷勤恭顺。所谓两宫太后，一个是皇帝的嫡母仁圣太后，另一个就是他的生母慈圣太后。

本来慈圣太后应该住在慈宁宫，但张居正请求太后看护皇帝的起居，于是太后便迁居到乾清宫和小皇帝同住，对儿子日夜看管。慈圣太后性格非常强势，管起儿子来十分严格，皇帝在母亲面前十分乖巧，从不敢违抗。

万历二年四月，山西大旱，南直隶又发生洪灾，河海并溢。慈圣太后想在京师附近的涿州建造一座泰山娘娘庙，也就是道教女神碧霞元君的神庙，以向上天乞求平安。冯保为了讨好太后，极力促成此事，直接向工部传达了太后谕旨：发银三千两，修建神庙。

冯保上嘴唇一碰下嘴唇，就把好人做了，然而工部却很为难。因为不久之前，也是因为太后想要做善事，赐银五万两让工部在涿州修建胡良河桥，此事虽然利民一方，但太后给的钱不够，工部自己还补贴了两万两银子，落下个不大不小的亏空。

这次大兴土木修建庙宇，没有三五万两银子恐怕修不起来，太后给这三千两银子还不够给民工吃盒饭的。无奈之下，工部官员只好请皇上出面。

万历皇帝也不大相信娘娘庙对于解决气象问题能有什么帮助，但他是个孝子，不愿意拂逆母亲的意思，于是对大臣的上疏通通不予理睬。工部没办法，只得咬牙把娘娘庙的工程硬扛了下来。

即便是如此孝顺的皇帝，在太后与张居正意见相悖时，还是选择站在张居正一边。

这一年九月，刑部奏请处决在押囚犯。慈圣太后知道后，借口这一年是皇上冲年，建议皇帝对这些死囚停刑。皇帝做不了主，就把太后的意思转告张居正，询问是否妥当。

以法家自居的张居正历来主张严格法治，对于这种荒诞的理由很不赞成，但因为涉及太后，还是耐心地给皇帝举例子说："春生秋杀本来就是天道，杂草不除，反而会害了正常生长的稻谷。"万历皇帝觉得有理，便跑去向母亲转述张居正的意见，照例行刑。

十月，法司部门又上报了一批死囚。太后故技重施，再次要求皇上停刑。张居正只好又开导皇帝说："这些囚犯都罪孽深重，如果对他们怜悯，那么那些无辜被害者怎么办？他们就不应该受到抵偿吗？"

万历皇帝上个月刚刚违背了母亲的意思，这次生怕不好交代，只好乞求说："圣母是因为崇奉佛教，所以才不忍心对这些罪犯用刑。还望先生宽宥则个。"离开法律范畴讲宗教，饱学的张居正更有话说了："陛下啊，您不知道佛教的地狱里面有刀山、剑树、碓舂、炮烙吗？佛法比咱们人间的王法还惨烈万分，一样杀人哩！"小皇帝听罢张居正这一番歪理，哈哈大笑，不再争辩，回宫向太后奏明不能宽恕囚犯的缘由。

幸而有张居正的坚毅和清醒，加上万历皇帝的乖巧与信任，最终朝廷照常降旨，处决死囚三十余人。

事实上皇帝对严格执法是发自内心赞成的。此前在万历元年（1573年）初冬，一个叫张秋菊的宫女玩忽职守，造成一个偏殿发生了一场小火灾。太后下旨将这名宫女打了五十鞭子以示薄惩，但小皇帝很不以为然。这一天他上完了课，与张居正在文华殿谈及这一起案件，愤愤地对张居正说："此人是先帝当年的旧人，仗着老资格素来放肆。圣母说打她五十鞭子作为惩罚，我觉得太轻，此罪不可赦，应该重打三十廷杖，发往安乐堂去煎药。"

安乐堂在北安门里，职能相当于宫人的医院兼太平房。凡是宫女太监得了重病的，都送到安乐堂治疗，治得好就可以回来继续当差，治不好就直接申请一副棺木，抬至净乐堂焚化。所谓发往安乐堂煎药，就相当于赶出宫去了。

张居正对皇帝严格执法的精神双手赞同，附和说道："太后仁慈，不忍伤物，但皇上君临天下，如果有罪而不惩，怎么统驭万民！"万历皇帝受到鼓励，进一步说："法律固然有可以宽赦的地方，但更要有绝不宽恕的时候。"

慈圣太后三个月内两次想要干涉司法，结果都被张居正拒绝，之后也就不再慷他人之慨了。她的这种行为，直到今天依旧被很多有"圣母"情怀的人发扬光大。他们自诩占据了人类社会道德的制高点，替人宽容，替人慈悲，替人谅解，而全然忽视了受害者的感受。正所谓以德报怨，何以报德？当今世界种种乱象，多源于此。

## 从小事做起

虽然万历皇帝对张居正言听计从，但他内心深处其实极有主见，并不甘于任人摆布。他先从最简单的事做起，只要遇到合适的机会，就会努力树立自己的权威。早在隆庆六年（1572年）十二月六日，在他第一次视朝时，就已经给了满朝大臣一个大大的下马威。

明代的大朝场面极为壮观，所有在京官员，包括来京述职的外省官员不论官职大小必须参加，所以每次上朝的人数有上千之多。皇帝从上往下看去，简直是一片红色朝服的森林，补子上各路飞禽走兽出没其中，加上文官的官帽两旁都有长一尺二寸的展角，摇摇晃晃，场面颇为壮观。

正因为上朝人数太多，所以很多人都浑水摸鱼，偷懒不来。小皇帝虽然并不认识他们，但眼里却不容沙子。他十分认真地派人核对上朝官员的名单，结果发现包括抚宁侯朱冈在内共一百三十七名官员旷工没来，结果这些官员都受到了罚俸三月的处罚。

四十三天之后，万历皇帝再次举行大朝，又有很多人抱有侥幸心理，觉得这样的大场面，总不能回回都点名核对吧。谁知道小皇帝这次又点名了，再次核查出新宁伯谭国佐等一百一十九人没来，又将他们罚去三个月俸禄。

万历元年（1573年）二月春分，皇帝派遣成国公朱希忠以皇亲代表身份代他到朝日坛祭拜大明之神，也就是太阳神。这个朱希忠就是审理王大臣案那个朱希孝的哥哥。

皇亲主祭，朝廷方面也要派出官员陪祭，这次陪同的官员是兵部尚书谭纶。谭纶这些日子正在患重感冒，在陪祭之时连连咳嗽。要知道咳嗽这东西和爱情一样，是无论如何也藏不住的，谭纶没法控制嗓子痒，在整个典礼上从头咳到尾。

这次祭奠之后，谭纶的气管发炎问题在朝中掀起了一个不大不小的风波。言官雒尊、景嵩、韩必显抓住把柄，小题大做，弹劾谭纶在祭祀大典上大不敬。言官们的理由是：谭纶在祭祀大明神这么重要的场合尚且失礼，又何以统御千军万马，所以他压根儿不配当兵部尚书。

万历皇帝接到这个弹劾奏疏，觉得非常可笑，因为他对谭纶是了解的。谭纶是谁啊？谭纶虽是文官，但他的军功与戚继光、俞大猷、李成梁等大帅相比毫不逊色。从福建到蓟辽，谭纶戎马三十年，他的部下斩首数可以准确记录的就有二万一千五百多人。而且兵部掌握全国兵权，实为国家干城，岂能因为咳嗽这点小事而轻易动摇。于是皇帝毫不客气，满怀讥讽地对奏疏批复道："咳嗽小病好治，兵部尚书难得。你们既然对谭纶不满意，可以去吏部问问谁有资格当兵部尚书。"

吏部的官员也是迂腐之臣，没有听出皇上的讥讽之意，竟然认真研究起如何处罚谭纶失礼的事。之前皇帝还抱着看这些迂腐官员笑话的心态，这下真发怒了，再次批示道："咳嗽这种小事，何至撤职一个大臣！这些言官小人，千方百计地收罗大臣的罪名，如果事事都听他们的意见，我这皇上也别当了！"年轻的皇帝降下雷霆之旨：将雒尊、景嵩、韩必显各降三级，调出北京。当然对于嗓子不争气的谭纶也做了小小的处罚，以失仪之过，扣罚一个月工资。

经过这件事，初政的万历皇帝对言官产生了莫大的厌恶和轻视，这种敌意日后慢慢发展为对言官深深的戒心和激烈的反抗，并贯穿于他整个皇帝生涯。

张居正给万历皇帝规定的是每月上班六天，对于这短短的六天工作时间，小皇帝也从不敷衍虚度，对每份奏章都会认真阅读，并提出意见。万历三年（1575年）十月，万历皇帝读到了一份直隶巡按御史暴孟奇和张宪翔奏报的关于处决犯人的奏章，一眼就看出了问题，而且问题不止一个。

当时直隶巡按御史已经不是暴孟奇和张宪翔了，而且奏章的落款时间居然是前一年的十一月，这是什么缘故？皇帝不解，下令文书官到内阁去寻个究竟。

听闻皇帝认真过问，张居正也亲自来了。万历皇帝当面质疑道："今年已经下旨免除死刑，为什么直隶又报过来要处决犯人，而且上奏的官员的人名也不对，日期也不对，这是什么原因？"

张居正也被问得一头雾水，待他仔细看了奏章，了解了前因后果，才慎重地对皇帝做出了解释：

第一，直隶巡按御史今年已经换人了，万历皇帝看的是去年的文件，所以人名对不上。

第二，文件是刑部主事刘体道汇总两个巡按御史意见上报的。刑部有个旧例，每年官员去地方监督处决囚犯的时候，都会顺道回老家休假。刘体道虽然去年就收到了这封二御史托付的奏疏，但他先回家休假去了，休满日子了才回京上班，所以时间跨越了一年。

万历皇帝知道了事情的缘由，大为不满，将刘体道贬出京城作为惩罚。这件小小的渎职案件，使得张居正对日渐成熟的皇帝刮目相看，也令大臣们大吃一惊，人们都感叹皇帝批阅奏章精查至此，想糊弄这位年轻的天子，并不容易。

在张居正亲力亲为的悉心培养之下，万历皇帝的进步非常快。皇帝视朝时端坐在龙椅上，仪态稳重，举止得体，清秀的面庞下散发着凛然不可冒犯的威严，下达旨意时嗓音虽然稚嫩，但言辞清朗流畅，俨然已有一代人君之风采。这种由内而外的帝王气质，与万历皇帝的年龄、身高一同成长，日益焕发着让人不敢直视的夺目光彩。这位年轻的皇帝继位以来的种种优秀表现，使朝臣们没有任何理由怀疑，在张居正的辅佐下，他将是大明帝国最为聪明、贤德、正直、勤政的有道明君。

张居正担任首辅之前与高拱多年的合作，已经为中兴大明打下了良好基础。经过隆庆六年短暂的恢复期，到万历皇帝继位之时，国家局势已经发生了很大变化，北方边境安宁，南方海寇平息，经济富庶，人口增加，最重要的是国家财政收支已经趋于平衡。万历初年，虽然不能说是国泰民安，但比起嘉靖年间已大有进步。

对于张居正来说，此时正是他英雄用武的大好时机。内阁中有吕调阳倾力配合，宫内有冯保做外援，背后是两宫皇太后对他绝对信任，众多封疆大吏、重臣名将对他十分拥戴的情况下，张居正大刀阔斧，雷厉风行，不遗余力地开始实施自己的政治主张，力图一改文官集团的腐朽之气，同时整顿经济，强化军事力量，以求富国强兵。昏暗已久的帝国开始了一场史无前例的全面变革。

# 公务员考试

张居正在刚入阁时就曾提出《陈六事疏》，指出当务之急有省议论、振纪纲、重诏令、核名实、固邦本、饬武备六个方面。要实现这个目标，首先就要从整顿吏治开始。张居正上台后，专门针对混日子的庸官提出一项有力的措施——考成法。

明朝有定期的官员考核制度，京官是六年一次，被称为"京察"；地方官是三年一次，被称为"大计"。业绩好留用或晋升，口碑差的罢黜或惩戒。但天长日久，早已流于形式，事实上官员的升降，与其政绩好坏并无关联，只要朝里有靠山就可保平安。所谓的"京察""大计"都不过是走走形式而已。

按照以往的惯例，朝廷上下各级职能部门的运作，都靠公文传递，但由于各部官僚都有自己的私心，扣押公文的现象比比皆是。常常朝廷一个政令发下去，地方上拖延数年而不解决，大量公文在往复传递中成为束之高阁的废纸。

这些官场弊端，年纪尚小的万历皇帝不得而知，但张居正从庶吉士一步一步走上来，目睹过太多官场中的丑剧，深切感到不仅要对官吏政绩进行考察，更要严格规定官员办事期限。

万历三年（1575年），"考成法"一经出台，官员们不敢再懈怠拖沓，官场风貌气象一新。

考成法的主要内容其实很简单，就是六部和都察院给自己下辖官员的应办事项设立一个期限，并设立一个一式三份的账簿记录。一本账簿由六部和都察院留作底册，另一本账簿送往负责监察的六科做考核，第三本账簿则上呈内阁。

六科给事中，也就是前文提到的所谓言官，他们拥有广泛而重大的职权，如规谏皇帝、左右言路、弹劾百官、按察地方等，从皇帝到百官、从国家大事到市井流言，都在言官的监察和言事范围之内。所以，明朝言官身份独特，职权特殊，对朝廷的政治运作具有很大的威慑作用。由六亲不认的言官监察六部日常工作，哪个也别想偷懒耍滑。

有了白纸黑字的账簿，六部和都察院老老实实地按照手中的账簿逐月检查所属官员承办的事项，完成一件，划掉一件。没完成的，须如实申报。而六科则可以根据自己手里的这本账簿，要求六部每半年上报一次，对其执行情况予以检查。最后再由内阁对六科的稽查工作进行核实。三个部门各分权责，环环相扣，分工十分明晰。

张居正实行的这套"考成法"，以六科控制六部，再以内阁控制六科，把考察官吏与限时办结事务紧密结合，使得考察与监督无处不在。

考成法推行的头一年，就查出各省巡抚、巡按未完成公务二百三十七件，涉案大臣五十四人。其中凤阳巡抚王宗沐、巡按张更化，广东巡按张守约，浙江巡按肖廪等官员因为未完成事件数量太多，被罚停俸三个月，施以薄惩。

万历四年（1576年），考成法又追加了地方官征收赋税不足九成者，也要受到处罚的规定。当年又有山东十七名官员，河南两名官员被降级处分。在张居正铁腕治国期间，被裁革的不称职冗员达到官吏总数的十分之三，这是一个相当惊人的数字。

严格的考核使得各地官员不敢懈怠，一扫地方拖欠税粮的旧况，国库日益充裕。到了万历五年，户部统计全国的钱粮数目，岁入达435万余两，比隆庆时期每岁所入增长一倍，而且年终结余85万余两，第一次扭转了明朝近五十年来长期财政亏空的状况。

看到这样明显的成就，张居正不无得意地自夸说："近年以来，正赋不亏，府库充实，皆以考成法行，征解如期之故。"

自从考成法开始实施，朝廷大事小情全由内阁说了算，百官也由内阁操控，等于全面侵夺了六部的职权。很多官员对张居正扩张内阁，操控六部的做法极为不满，但张居正有皇帝撑腰，谁也不敢公开反对。

张居正用人，十分重视真才实学，尤为反感虚文矫饰。万历皇帝对张居正选拔人才这一点尤为赞赏，二人观点十分一致，重实干，轻空言，都不大喜欢指手画脚、侃侃空谈的言官。张居正曾饱含讥讽地说："那些没见识的言官，没事上疏谈论国家边防大事，简直如同痴人说梦。一听说辽东有虚报的敌情，就跟疯了一样，咋咋呼呼地叫喊防守京城，灌溉护城河，挖壕沟，可是敌人在哪儿呢？这都没搞清楚，就惊慌到如此地步！"

对真正的人才，张居正从来都礼贤下士，予以重用。当时黄河水患一直不断，潘季驯是当时国内数一数二的治河高手，却因为一次运输船只事故被罢去官职。张居正亲自将他请出来，把河道和漕运的重任都交给他管理，经过潘季驯的治理，黄河下游多年无患。

明代大才子张佳胤曾是高拱的得意门生，张居正并不因为与高拱的敌对关系而放弃这个人才，一直对其提拔重用。张佳胤从宣大巡抚做到浙江巡抚，文治武功都不错，最后一路做到兵部尚书。

还有个反面案例就是当时的诗坛领袖汪道昆，他很有些名气，号称文武兼备，在湖北当了几年巡抚，后来被调到兵部担任左侍郎。刚一上任，张居正就派他巡视整个北边防务。

汪道昆到达蓟辽之后，一不巡视，二不演兵，却整日拉着总兵戚继光与一干文人雅士吟诗作赋，对军情战况却毫不上心。塞外风景雄奇，老汪留下了《蓟门》一诗，意境相当不错，也算流传千古。诗云："汉使褰帷按塞过，渔阳老将近如何？千山斥堠材官急，万里亭鄣猛士多。大漠风鸣苍兕甲，层冰夜渡白狼河。江东子弟先锋在，乘月仍闻《子夜歌》。"

汪道昆考察完毕回到北京，该向朝廷交作业的时候却露怯了。他所呈递的军情奏报整篇都是在卖弄文才，洋洋洒洒，妙笔生花，辞藻华丽，却空洞无物，毫无见解。张居正看后大摇其头，深恶这位大才子作为军事主官盛名之下其实难副，给他批了八个字："芝兰当道，不得不除。"汪道昆由此被罢官回家，专心写剧本去了。

当时朝廷上下有不少人推荐大名鼎鼎的海瑞复出，吏部尚书杨博还专门去找了张居正说项，希望他起用海瑞。张居正打心眼里承认海瑞是好人，在道德节操方面堪称完美。但好人不一定是好官。海瑞在应天府的政绩举朝上下有目共睹，把明朝最富庶的地方管理得人人自危，连赋税也收不上来，几乎变得跟他自己一样贫苦。张居正用人的原则是"毋徒炫于虚名"，最厌恶夸夸其谈、徒有声望的人。徐阶已经吃了一次亏，海瑞这样的人，张居正哪里敢用？

在张居正主政十年间，可谓人才辈出，大批能臣尽心尽职地在帝国各个重要岗位上发挥作用。包括守卫北疆的王崇古、方逢时、谭纶、戚继光、李成梁，平定东南的殷正茂，治河有方的潘季驯、梁梦龙，漕运、海运专家王宗沐，内阁中的得力助手吕调阳、张四维，等等。

## 瑕不掩瑜

从明初开始，朝廷就在从京师到各省的交通要道设置驿站，配备马匹、船只和供役使的民夫，为出差官员供应食宿和交通工具，虽说大道通畅，交通便捷，但这对国家和地方来说都是沉重的负担。直到崇祯年间这些驿站才被大量裁撤，后来才有了下岗驿卒李自成揭竿而起之事。

本来驿站是为了传报军国大事而设置，但由于管理不善，几乎所有官员及其亲属都可以轻松搞一张通行的"勘合"，把驿站当成免费的国营招待所，要马要粮，堂而皇之。

鉴于有此陋习，张居正用"考成法"整顿驿站，严格规定公差之外不允许发放乘传的"勘合"。即使有"勘合"者，在使用马匹、民夫和食宿供应方面也有严格规定。此举一出，极大地节省了民力。

有一次张居正的次弟张居敬病重，回乡治病，保定巡抚张卤自然不会放过这个讨好首辅的机会，发给张居敬使用驿站的"勘合"。张居正听闻此事，立即要求弟弟交还，并附信一封，申明要为朝廷严格执法，必须以身作则。当时朝廷上下，无人敢于违背张居正的法令，就连皇族宗室去武当山替万历皇帝祈神赐子，也不敢使用驿站乘传，只能自费前往。

张居正知道自己权势显赫，所以对儿子们的管教十分严格，不许他们与各省督抚和各边关大帅有任何往来，连通一封书信也不可，所以他家里一个纨绔子弟也没有。

张府有个管家叫尤楚滨，世人皆称其为尤七，借着主子的权势结交官绅，手眼通天，还把妹妹嫁给了张居正提拔过的一个给事中李选做小妾。张居正知道此事，把尤七狠狠打了数十鞭子，而那位自以为攀上高枝儿的李选也不能留在京城，被派往江西去了。

万历新政取得了明显的成效，但是由于实施得过于严厉、操切，加上张居正本人又惯于独断专行，虽然有皇太后、皇帝的支持，反对的声浪依旧一直没有停止过。由于新政确实切中时弊，成效卓著，反对者们很难从中挑出毛病，便开始转而攻击张居正个人德行。

俗话说：金无足赤，人无完人。要找张居正的把柄，其实并不是太难。曾有人向张居正赠送了一副黄金制成的对联，上面写道："日月并明，万国仰大明天子；丘山为岳，四方颂太岳相公。"此人将张居正与皇帝并列称颂，这种捧杀的言论，张居正竟然毫无感觉，坦然接受。

张居正在京师建造了一座豪华的相府，其壮丽恢宏不亚于王府，同时又在老家江陵为自己建造府第。万历皇帝不但为他亲笔书写了堂匾、楼匾，还拿出一大笔内帑，送给张居正作为建造资金。

其实像这种高官的特权与奢华，在明朝乃是司空见惯之事，放眼大明十三省的各位总督、巡抚、布政使，总兵，有哪个不是高宅大院，金屋藏娇。然而张居正以帝师首辅之尊，偏偏又是个喜欢高调行事之人，所以他的一举一动，就格外容易四处树敌，授人以柄。

江陵公如此高调，早有奸佞小人向万历皇帝进行了密报，万历皇帝虽然心中感到五味杂陈，却只能藏于心底，默默无声。

张居正确实是一个不曲徇人情世故的磊落奇伟之士，他的门客中有善于拍马者，称他为大明相国，以天下为己任的张居正当仁不让，豪气干云地说："我非相，乃摄也！"

张居正独揽大权十年，既是为国家殚精竭虑的十年，也是对万历皇帝掣肘控制的十年。尽管皇帝表面对张居正尊重备至，言听计从，但这十年阴影下的生活，也让他的忍耐一天一天达到了极致。

# 第十三章　人言可畏

"北京，是个课堂，中了状元就衣锦还乡；北京，是个战场，有人拼得黯然神伤。"

这是高晓松写过的一首歌——《一个北京人在北京》，老狼用苍凉的声音从容地吟唱出北漂一族的奋进与哀伤，让人听得五味杂陈。自从永乐皇帝迁都北京以来，北京正式成为一个天朝上国的心脏。每天，全国各地有无数人怀揣梦想走进这座皇城闯荡，而其中真正能够出人头地的，少之又少。大多数人要么碌碌无为，要么黯然离开。同样的故事，不同的角色，从明朝一直延续到今天。

浙江余姚王氏家族是个大家族，曾经出过一个赫赫有名的人物，就是被隆庆皇帝盛赞"两肩正气，一代伟人"的王守仁。然而王家不是所有人都活得那么精彩，有一个叫王蕴的人为了躲避家乡的灾祸，一个背包，几两银子，带着家人千里迢迢北上，成为万千北漂中的一员。

到了王蕴的孙辈，扎根北京多年的王家依旧没有任何改换门庭的迹象，直到一个娇憨俊俏的女孩王喜姐降生，命运之神才算对王家投来青睐的目光。

王喜姐十三岁那年，出落得十分漂亮，因为美名在外，竟然收到了参加皇后海选的邀请。当然说是邀请不大恰当，应该说是命令，不想去也得去。

王家一个平民小户，无根无基，何以能跟"皇后"二字联系上？这又与明朝选取皇后的制度有关。

从汉朝开始，外戚干政的事例层出不穷，西汉时期开国就有吕雉干政，几乎杀光了刘姓子孙，到了王莽时期更是干脆篡汉为新。

到了东汉时期，后族的势力就更厉害了，历代太后一个比一个跋扈专权，先后出现了窦氏干政、邓氏干政、阎氏干政、梁氏干政，老刘家的皇帝们实在没过过几天好日子。

北周静帝宇文阐时期，外戚杨坚专权，害死自己的亲外孙，篡周为隋。唐玄宗时代，外戚杨国忠任宰相兼文部尚书，身兼四十余职，权倾朝野，终引得安禄山起兵造反。南宋理宗也是任凭外戚贾似道专权，误国误君，为南宋的亡国送上了临门一脚。

到了明朝，为了吸取外戚干政的教训，严格控制后族的势力，无论皇后妃子，多是选来自民间的小家碧玉，尤其偏重于清贫之家的女子，借以辅佐皇帝节俭勤政。

明朝不仅选后选妃倾向平民，公主也多下嫁平民。民间有些轻薄男子为了当上驸马，往往贿赂太监，把自己夸得天花乱坠进行骗婚，连皇帝也会被坑。譬如嘉靖皇帝的女儿就嫁了个秃子，万历皇帝的妹妹嫁了个肺痨，结婚一月就成了寡妇。

# 良妇佳偶

万历五年（1577 年）正月，仁圣太后和慈圣太后一同下诏，征召天下美女，为儿子选媳妇。第一批参加海选的少女竟然有五千人之多，姑娘们拿着由国家支付的路费，在规定的时间内由父母送到京城。

一个民间少女想要成为皇后，其竞争之激烈，远非当代选秀节目所能比。因为所有评选都在宫内，评委又分为好几批，谁想搞点潜规则连门都摸不着。

一个女孩想要成为一国之母，一共要经过七重关卡的考验。

**第一关** 评委：普通太监。评选方式：粗略淘汰法。先由低级太监出面把关，把那些目测过于高矮胖瘦的少女筛掉五分之一，留下四千人。

**第二关** 评委：中级太监。评选方式：精细淘汰法。由年长有经验的太监近距离仔细察看每个少女的五官、头发、皮肤以及音色、仪态，只要有一项不合规定，便被淘汰，这一轮下来又要筛下去一半，留下两千人。

**第三关** 评委：资深太监。评选方式：测量法。这一关专门针对少女们的手脚进行检测，太监们会用尺子挨个儿细量，大脚、短指的姑娘都在淘汰之列，留下一千人。

**第四关** 评委：资深宫女。评选方式：体检法。老成宫女会将少女们引入密室，脱光衣服，对她们的乳房、腋下、肌肤乃至贞操进行详细的检查。候选人的肌肤必须细腻光滑，绝对不能有疤痕，这一关又要淘汰七成，留下三百人。

这三百人可以算是已经赢得初赛，有资格成为宫女了。然而这一结果也没什么可令人期待的。

所谓宫女，实际上是没有任何人身自由的女性奴隶。这些风华正茂的少女告别家人，被分配到后宫或者各个王府，要么成为龙子王孙的玩物，要么在宫中苦熬，其悲剧性的命运已然注定。运气不好的还可能遇到嘉靖皇帝那样的嗜血恶魔。

倒是那些早早被淘汰出局的女孩，日后许配个平凡人家，品味人间烟火，享受天伦之乐，也不枉活过一世。

**第五关**　评委：亲信太监。评选方式：心理测评法。为皇帝选择人生伴侣，不能只看外表，性格往往更加重要。皇帝会派出亲信太监，与这三百人朝夕相处一个月，观察她们的性情言语，以判断其性格是否温柔贤惠。这一轮会再筛掉二百五十人，而入选的五十人将自动晋级为不同级别的嫔妃。过了这关的女孩子，真正称得上是百里挑一。

**第六关**　评委：两宫太后。评选方式：看心情。这时候两位太后就要亲自出面来面试儿子这五十个媳妇，并从中选出三个最入眼的，作为皇后的备选。至于评判标准，就全看太后本人的好恶了。

**第七关**　评委：皇帝。评选方式：撞大运。这时候才轮到万历皇帝登场，他要亲自从母亲挑选的三个人中选出自己的皇后。

此时，这个十五岁的少年皇帝对娶亲之事尚毫无兴趣，他真正的爱情要在多年后才会出现。当然从五千人里面选出的三个女子，闭着眼睛随便指一个也不会差。不知道是幸运还是不幸，王喜姐通过了最终考验，脱颖而出，以其完美的生理条件和性格气质，成为皇后的最终人选。

万历皇帝第一次与王喜姐见面，谈不上如何心潮澎湃，一见钟情，但也觉得她面日可亲，谦和温婉，还同她攀谈了几句，问她家族中有没有做官的人。王喜姐思忖了半天，说只记得有一个做官的叫王正亿。这个王正亿正是王守仁的长子，可见王喜姐与王守仁确实都是余姚一脉同族。

万历六年（1578 年）二月二十八日，万历皇帝与王喜姐举行了隆重的婚礼，虽然大婚的时间和对象都是秉承太后的意思，但这场婚姻给他带来的一个最明显好处是，太后再没有理由与他同住，从乾清宫搬回到慈宁宫。皇帝总算体会到了作为成年人的自由，彻底脱离了太后对他的日夜监视。

皇帝大婚之后还有个小插曲。王喜姐之父王伟父凭女贵，被封为锦衣卫千户，这已经算是一步登天了。大学士张四维想拍马屁，向万历皇帝提议进一步晋封王伟，却遭到张居正的坚决反对，只同意王伟的官衔从锦衣卫千户提升为锦衣卫指挥使，算是给了皇帝一个面子。

万历皇帝虽然稍有不满，却也没有明确提反对意见。他在第二年又给岳父晋封了永年伯的爵位，才算尽了女婿的孝心。永年伯的爵位不可世袭，王伟这辈当完就清零了。于是张四维又向万历皇帝建议，将王伟的爵位改为世袭，但万历皇帝已经不想再到张居正那里碰钉子了，这个提议也只好作罢。

# 夺　情

皇帝大婚之后，很快遇到了他人生中的第一个难题。他一直以来倚为擎天之柱的元辅张居正，正式递交了《乞归葬疏》，要求请假回家安葬父亲。

这一份《乞归葬疏》，张居正递得艰难，万历皇帝读得辛苦，因为在此前不久，朝中刚刚掀起了一场关于名节大义的轩然大波，这也是万历皇帝人生中经历的第一场政治风暴。

万历五年（1577年）九月，全国范围内的皇后海选正在如火如荼地进行中。张居正作为内阁首辅自然责无旁贷，里里外外一把抓，就在他紧锣密鼓地张罗皇帝婚事的关键时刻，噩耗传来，张居正的父亲张文明病故了。

对于普通人而言，老父的去世，不过是个人的私事。然而对于张居正这样一人之下、万人之上的首辅大臣而言，如何处理丧事就笼罩上了一层浓烈的政治色彩。

按照明朝官员的丁忧制度，父母丧事，以闻丧月日为始，要回家守孝三年（现实中一般为二十七个月），还不包括闰月，服满之后才能再出来工作，名为"起复"。因此，任何官员如果遇到父母去世的情况，都要离开岗位回籍守制。

这一延续了千年的制度给当时的张居正带来了极大的困扰。

从短期看，此时恰逢皇上大婚，一切事宜都需要他这个首辅拍板，根本无法脱身。

从中期看，当时内阁虽有三位辅臣，但大权集中在张居正一人手中，一旦他离开，剩下的吕调阳、张四维只是助手的身份，根本无法承受巨大的责任和工作压力。

从长期看，新政实施已有五年，虽然成绩显著，但未尽之事依然很多。此时皇帝还小，张居正如果离开内阁长达三年，朝中再无人有这样强大的意志和力量保证新政继续实施，之前已有的大好局面必定前功尽弃。先有非常之人，然后才有非常之事。正因为这些原因，身负国家重任的张居正压根儿不想回乡丁忧！

朝廷以忠孝为治国的根本，最初张文明逝世的消息刚传出来的时候，皇帝与两宫皇太后不间断地派遣太监来慰问，但丝毫没有表达出留他的意思。因为当时他们也认为张居正回家守孝是天经地义的事情。

好在户部侍郎李幼孜最先揣摩到了张居正的心情，想借此机会讨好首辅。他首先向皇上上疏，提出了"夺情"的倡议。

所谓"夺情"，意思是皇帝为了国家大事而夺去了儿子的孝亲之情，官员可以不必去职回家守孝，依然保持官职，素服办公。吕调阳、张四维本来就离不开张居正，随后也一同上疏希望皇上"夺情"。

万历皇帝自然也不能离开张居正，只是一开始没想到还有夺情这一回事，所以他接到吕调阳、张四维的奏疏后心领神会，很快下旨："今宜以朕为念，勉抑哀情，已成大孝。朕幸甚，天下幸甚。"意思是张老师还是放下哀痛亲人之情，多考虑考虑我和国家大事吧。

同样积极倡议夺情的，还有一位重量级人物，就是冯保。冯保当然也不愿意让强大的盟友张居正离开，于是从司礼监的角度传旨，命吏部尚书张瀚奉诏留张居正。本来这应该是张、冯二人一次无比默契的配合，结果却出了意外。

张瀚本来是张居正一手提拔的，当时吏部尚书的人选有三名，候选人包括左都御史葛守礼、工部尚书朱衡和南京工部主事张瀚，前两位都是当朝元老，资历威望都在张瀚之上。但是用人不拘一格的张居正独独起用了当时还名不见经传的张瀚，莫大的恩惠，让张瀚理所当然地成了张居正的门生。

按理说张瀚本来应该对张居正感恩戴德，唯张居正马首是瞻，而现在正是他知恩图报的机会。可在这种大是大非面前，张瀚有自己的原则。他假装不懂冯保的意思，推脱说："内阁大臣奔丧应该给予特殊恩典，这是礼部的事情，和吏部有什么关系？"

张居正见这小子揣着明白装糊涂，无奈之下亲自派门客劝说张瀚，可张瀚依旧不为所动，铁了心不打算给自己的恩公开一扇方便之门。

张居正一怒之下，通过皇上传旨责备张瀚"奉谕不复，无人臣礼"，又让给事中王道成、御史谢思启参劾他昏庸无能，勒令他致仕回家。张瀚成了第一个因反对夺情而受到处罚的官员，但张瀚并不后悔，被罢官时拍着胸膛叹息道："三纲已经沦丧啦！"

一刀砍到位高权重的吏部尚书身上，也算是开了个杀鸡儆猴的头。此后，上书请求皇上夺情挽留张居正的奏疏接踵而来，一些并不赞成夺情的官员，由于不敢得罪张居正，也不得不硬着头皮上疏敷衍。

一时间夺情呼声鹊起，皇上也一而再再而三地降旨挽留，而张居正胸有成竹，自然拿稳了姿态，坚持要求归乡守孝。经过三番五次的推让与坚持，张居正向皇上提出"在宫守制"的折中方案：张居正只需要在京城家中服丧四十九天，就相当于回乡守制三年。另外在讲读和办公时，只穿青衣，系牛角腰带。为了表明虔诚之心，张居正还特地辞去俸禄。

只要张先生不走，皇帝方面一切好说，除了对他所提明春归葬之事不同意外，其他要求当然一概允准。

年轻的皇帝天真地以为，张居正为官必然清廉如水，很担心他不领俸禄全家吃不上饭，于是下令光禄寺每日给张府送去酒饭一桌，每月送大米十石、香油二百斤、茶叶三十斤、盐一百斤、黄白蜡烛一百支、柴二十担、炭三十包。这样一大笔赏赐，已经远远超过了张居正的日常俸禄，再加上不间断的临时赏赐，那数量就更可观了。真不知道张家有多少人口，一个月能喝二百斤香油，吃一百斤盐。

张居正虽然居丧在家，可一天也没有等闲度过，依然遥控内阁，任何军国大事都得等他拍板。内阁人员每天鱼贯而来，拿着大叠公文到张府请他票拟谕旨。冯保也常常派人赶赴张府，请示"某人某事该如何处置"。吕调阳、张四维二人更绝，干脆不再去内阁值班房，而是直接把办公地点换成张府，每日准时来张家上班。由此可见，张居正权势之大，非同寻常，他人在哪里，国家中枢就在哪里。

然而夺情之争并没有就此平息，三年守制的礼制，在当时是关乎士大夫名节的大事情，一些持法守礼的保守官员与不少被张居正排挤的失意臣僚，临时联合结成了一个强大的同盟，开始向张居正发起了前所未有的猛烈进攻。

反对最为激烈的出头鸟是翰林院修编吴中行、翰林院检讨赵用贤、刑部员外郎艾穆、刑部主事沈思孝四人，他们分别写了措辞严厉的奏疏弹劾张居正。这场以太后、皇帝、张居正、冯保为一方，朝廷中大部分言官为另一方的夺情之战，进入了第二阶段。

言官们上疏谴责夺情，立论的出发点无非是老生常谈的伦理纲常，这些奏疏呈进后先到司礼监，冯保将它们全部留中数日不发，然后私下与张居正商议票拟对这些人的处理意见。

张居正与冯保商定后，决定对这四个人施以廷杖，以非常手段制止这股弹劾之风的蔓延。翰林院掌院学士王锡爵会集翰林数十人请求张居正对这些人予以宽恕，但张居正拒而不见。

王锡爵性如烈火，干脆径直闯入张府质问。张居正又推脱说："是皇上发怒要廷杖他们四人，圣怒不可测。"王锡爵不屑地说："即便是皇上发怒，也是为老先生您而怒的。"张居正无言以对，气愤之下竟然情绪崩溃，拿起刀来做出自杀之态，恨恨地说："皇上要强留我，而你们拼命驱逐我，搞得我里外不是人，还不如杀了我！"首辅这个发疯架势王锡爵也没见识过，吓得连忙逃出，再不敢上门求情了。

这样一来，"夺情"的幕后戏，终于闹到了台前。十月二十二日，万历皇帝降旨：命锦衣卫逮捕吴中行、赵用贤、艾穆、沈思孝四人，拖至午门前加以廷杖。吴、赵二人各杖六十，发回原籍为民，永不叙用；艾、沈二人各杖八十，发极边充军，即使大赦也不得放回。

廷杖这东西，名字听起来文绉绉，打起来可不得了。这种专打屁股的刑具是由坚固的栗木所制，不仅结实还有韧劲儿。打人的那头包着铁皮，铁皮上还镶嵌有倒钩，一杖下去，皮开肉绽那是轻的，连肉都会被扯去一大块。廷杖的最高数也就是打一百杖，任你是钢筋铁骨，打完屁股上基本是肉烂见骨。杖八十，无论是对行刑之人还是受刑之人来说，都明白这几乎就是死刑的代称。

吴中行也真是条汉子，他获悉自己将被廷杖之后，格外地镇定。锦衣卫已到他家门口，吴中行对儿子吴亮高喊"取酒来"，然后取来烈酒一饮而尽，面无惧色地大步随锦衣卫而去。当时天空阴云凝聚，电闪雷鸣，一派让人胆战心寒的情景。

行刑这一天，长安街上聚集了数以万计的人群围观，禁军们围成几圈，严密戒备，手中兵器竖立如林，寒光闪闪。

廷仗监刑的都是司礼监太监，他们拿着写满四人罪行的"骂贴"，先大声责骂四位犯官，然后齐声怒喝："带犯人上来！"跟随其后的一众军士也一齐应声大喊，声势十分骇人。

廷杖的打法分为好多种，稍有留情的打法叫作"打着问"，再重一级的打法被称为"好生打着问"，以此类推，据说有十八种打法。对这几个惹怒了皇上的言官，锦衣卫不需要留丝毫情面，让他们享受了最高级别的待遇——"好生着实打着问！"

锦衣卫先将犯官的外衣脱了，将他们用草绳紧紧捆绑，使其脸朝下屁股朝上趴着，然后开始行刑。这一顿暴打，噼啪作响，哭号震天，可谓鲜血与涕泪一色，白骨与红肉齐飞。在狠狠打完四人之后，锦衣卫校尉再用布条把他们拽出长安门，让家人用门板抬走，留下一路长长的血迹。

吴中行在半途中已经昏死过去，幸亏他的好友中书舍人秦柱带了医生赶来，给他服药后方苏醒。吴中行的伤处足有一尺见方，深达一寸，为了给他疗伤，医生将他大腿及臀部的腐肉剜去几十块。没等他伤口愈合，东厂的人又来了，逼着吴中行仓促裹伤发配。吴中行步履难移，呻吟不止，也只得勉强上路。

赵用贤身体肥胖，受杖刑后伤处溃烂，掉下来的肉有手掌大。他的妻子把他掉落的一块大肉制作成腊肉收藏起来，以纪念丈夫对皇帝和国家的一片忠孝之心。

说到这一节，不得不赞一句，在朱明王朝史无前例的专制之下，相当多的官员还是保持了文人的气节和操守。张瀚敢于与恩师作对，吴中行等人敢于向皇帝叫板，无疑是需要极大的勇气和道德信念的。正因为对国家和皇帝的责任感超过个人名利，所以这些大臣才会做出这样一种明知不可为而为之的选择，这也正是政治家和政客的区别。

尽管这一批反对"夺情"的官员已经受到严惩，但是朝中大臣依然前仆后继，以奋不顾身之态，继续提出反对意见。四人的血迹未干，刑部官员邱元标再次上疏弹劾张居正"夺情"。

邹元标字尔瞻，江西吉水人，以进士之身步入官场，在刑部观察政务。邹元标疾恶如仇、刚直不阿，一生几起几落，屡遭贬谪，颇有几分海瑞的意思。江西吉水流传着一首民谣："割不尽的韭菜地，打不死的邹元标。"这也为他百折不回的人生写下了生动的注脚。

明朝的读书人，有气节，重操守，坚持真理，但换个角度看也是不肯审时度势，从国家与朝廷的大政出发做出变通。在邹元标心中，"忠孝"二字是至高无上的真理，父母去世而不丁忧，就是不尽孝。无孝道之人，就是衣冠禽兽，这样的人秉持国事，难以让天下信服。邹元标的奏疏写得比吴、赵、艾、沈更为辛辣，干脆彻底否定张居正的新政，批评皇上"夺情"挽留张居正是完全错误的决定。

邹元标写成此疏后，揣入怀中入朝准备上呈，正好看到吴中行等人受廷杖血肉横飞的场面。邱元标义愤填膺，切齿顿足，却毫不畏惧，继续向前。他将奏疏交给司礼监太监，谎称是递交一封告假信，此疏才得以呈进。虽说他拒绝新政的做法十分迂腐，但这种犯颜极谏的精神着实令人钦佩，而他的结局自然可以预料。

看到邹元标顶风作案的上疏之后，万历皇帝非常生气，命人当堂打了邹元标八十廷杖，发配他到极边的卫所充军。

廷杖之时，邹元标还算机灵，把左腿压在右腿上，所以右腿侥幸得到保全，只伤了半边。他在发配途中，伤还没好，一路鲜血淌淌而下。

言官制度是朱元璋苦心孤诣创立的，目的在于鼓励大臣直言进谏，以便及时纠正皇帝的错误，保障国家的大政方针正确，从而确保朱家江山万世永固。大批言官也确实做到了一不怕丢官，二不怕受罚，宁可拼个鱼死网破，也要维护他们心目中的真理，绝无模棱两可的态度。人们熟知的刘基、于谦、夏言、王守仁、王世贞、海瑞、杨涟等人都曾担任过言官，并在言官的职位上留下了铮铮响名。而另一方面，有些御史言官跟风言事，立论唯恐不偏激，言辞唯恐不夸张，甚至捕风捉影，极尽夸大之能事，只为了哗众取宠，一举成名。这样的情况同样屡见不鲜，也常常使皇帝进退两难。

万历皇帝有一日正在宴饮，忽闻远处巡城御史威严的呵呼声，心里一激灵，立刻下令停止音乐歌舞。随行的太监问皇帝为啥如此紧张，皇帝无奈地说："我也怕御史啊。"

## 衣锦还乡

在巨大的舆论压力下，张居正坚持到了皇帝大婚结束，便正式上疏请求回乡安葬父亲。万历六年（1578年）二月二十九日，新婚宴尔的皇帝在文华殿西室召见了即将回乡的张居正，与他告别，君臣之间进行了一场真情流露的对话。

张居正对自己一手培养的皇帝表现出了深深的不舍，动情地说："臣仰荷天恩，陛下准许我休假回家。还赐给我路费与银印，臣仰戴皇上的恩眷，粉身碎骨也难以报答。"

万历皇帝在张居正面前，以一个少年学生的身份轻声说："先生近前来些！"张居正走到御座前，万历皇帝深切地关照道："圣母与朕的意思都是不肯放先生回家乡，只因先生情词恳切，怕您太过伤心才答应的，请先生处理好家里的事情后速速归来。国家事重，先生不在，朕还可以依托谁呢？"

张居正叩头谢恩说："臣这次回乡实在是万非得已。虽然暂时不在陛下身边，但犬马之心则无时无刻不在皇上左右。"

皇帝答道："先生钟爱，朕知道了。"

张居正是个感性的人，说到此时心中不胜感激，竟然伏地痛哭起来。万历皇帝忍着眼泪劝慰道："先生少要悲痛。"话还未完，自己也是泪流满面。张居正见此情景，唯恐失态，赶忙叩头告退。

事后万历皇帝对左右侍从说："我有好些话要与先生说，但见他悲伤，我亦哽咽，根本说不出话来了。"

没有深厚的师生之谊，这一番情景是演不出来的。当时的万历皇帝与张居正，除了君臣关系之外，彼此都有一份深厚的亲人般的情谊。六年来二人朝夕相处，一旦张居正离去，万历皇帝确实感到无所依靠，怅然若失。

张居正于五月二十一日大张旗鼓地启程南下，这一行是葬父之旅，也是一次衣锦还乡。宰相出行，地动山摇！兵部特意派出一千京营骑兵作为他的卫队，蓟辽总兵戚继光还另外派了一支精锐的火枪手作为张居正的贴身护卫。

不少历史作品中都绘声绘色地描写了张居正回乡时乘坐的是一室一厅的三十二抬大轿。这个段子的始作俑者是明朝的大文豪王世贞。王世贞和张居正素有嫌隙，故而写了张居正很多坏话，多不大可信。要知道皇帝的轿子也不过是十六抬，张居正再狂傲，也不敢如此明目张胆地僭越礼制，用的轿夫比皇帝还多一倍。

轿子没有那么大，不代表张居正的排场没有那么大。张居正从北京出发到湖北江陵，一路作威作福的气势，令人叹为观止。他沿途所过之处，地方长官全部亲自迎送，不仅要行长跪大礼，还得亲为前驱为张居正的队伍开道。

最让地方官员头疼的，是如何让首辅大人吃得满意。张居正所过州县，每一餐的菜肴都有上百种，可张居正始终拿着筷子，皱着眉头，觉得食物不精，无处下嘴。真定太守钱普是无锡人，他亲自下厨，给张居正做了一席江南菜肴，才让张居正美美饱餐了一顿。

用餐后，张居正放下筷子，摸着鼓鼓的肚皮感慨道："我这一路，就在这儿才算是吃了顿饱饭。"这话一传出去，前边沿途各郡县争相聘请江南吴地的厨师，以备给张居正做菜，吴地厨师身价暴涨，转眼被招募了个干净。

不仅大小官员们对张居正极尽奉迎之能事，就连宗室也放下架子，给予张居正极大的礼遇。朱元璋非常重视骨肉亲情，向来厚宗室而薄大臣，严格规定大臣见藩王时要施以君臣大礼。而张居正路过襄王、唐王的封地时，二王都是亲自出城迎接，为张居正设宴接风。张居正当时还没有爵位，仅是一个内阁大学士的头衔，但对两位亲王也仅是作一长揖就算行礼了。

张居正在经过河南新郑时，特意去探望了高拱这个老对头。当年头角峥嵘的帝国双雄，如今都已鬓发斑白，回想起半生恩怨，二人皆掩面而泣，感慨不已。据说高拱借这个机会向张居正讨要死后的封谥，张居正也一口答应。

张居正安葬好父亲之后，便匆匆还朝，另外又派人接自己的母亲进京颐养天年。老夫人这趟路程可不近，尤其是她从未出过远门，听说有一段路程要乘船渡过黄河，就一直忧心忡忡地和婢女说："黄河滔滔洪流，艰险可怕，我老太太怎么能过得去啊？"

沿途官员听说了这件事，绞尽脑汁想了让老夫人安稳渡河的办法，只是操作起来极为繁复。他们征发了大量舟船，用铁钩连接在黄河南北两岸，然后在舟中填土铺实，两旁插上柳枝，硬是在波涛汹涌的黄河上造了一条通途。在赵太夫人的车轿通过黄河时，由于浮桥坚固安稳，老太太竟然一点感觉也没有。

过了数日，眼看到北京了，老夫人还问婢女："咱们什么时候过黄河啊？"婢女笑道："自从您老人家上次问了之后，没两天我们就过河啦！"

老夫人一路到了通州，距北京已经不远了，当时正是秋老虎肆虐的日子，暑热难当。通州地方官张纶知道沿途官员必定拼命巴结，给老太太吃了一路的肥甘厚味，早就吃倒了胃口，便决定另辟蹊径。他在接待时特意命人用洒了水的松枝搭起凉棚，再送上清凉的绿豆粥，爽口的瓜笋小菜，此外别无他物。老太太一到通州，顿觉暑意全消，吃住都十分满意。她来到京城后对儿子说："这一路烦热不堪，唯有至通州休息的那一次最舒服，真如同从火焰山到了清凉国。"

能让太夫人高兴，比用什么金银贿赂张居正都有效。没过几日，张纶即官拜户部员外郎，掌管太仓粮储，得了个人人羡慕的大肥差。

陆树声是嘉靖二十年会试的头名进士，天下闻名的名士，但一直没有入仕。张居正一直很器重他，很想将他纳入自己的门下，就请他到张府吃饭。能进入相府与首辅大人有亲密接触，是一件了不得的荣耀，陆树声自然也十分珍惜这次机会。待到宴请这一日，满席的山珍海味，佳肴美酒自不消说，而让陆树声惊奇的是，张居正在一顿饭的时间里竟然四次离席去换衣服，身边还随时有一个仆人专职为他梳理鬓发。陆树声冷眼旁观，越看心里越不是滋味，首辅如此讲究虚荣，还能有心思治国吗？陆树声默默地吃了那一餐饭后，就不想做官了，更加坚定了归隐的决心。

张居正见陆树声对他并无攀附的意思，又特意对他的弟弟陆树德透露自己想要提拔陆树声为大学士，让他进内阁。陆树声得知后说："我曾作为一介史官，远离朝廷二十年，难道还在乎宰相之位吗？张居正以这种虚假的礼遇笼络我，没什么意义。"

陆树声不过是个迂腐的文人，一叶障目，对张居正的功高志伟并没有客观评价，但张居正确实是个极其高调、讲究之人，这点是毋庸置疑的。

在张居正送父亲灵柩回家归葬之时，湖广官员无不奔前跑后，极尽阿谀谄媚之能事，唯恐哪里做得不周到。只有巡按御史赵应元不为所动，明摆着是对张居正不满。连湖北的藩王尚且对张居正毕恭毕敬，一个小小御史摆出这般姿态，自然让心高气傲的张居正超级不爽。这点小事不用首辅大人说话，自有那些察言观色之徒去替张居正搞定。左都御史陈炌立刻弹劾赵应元在结束巡按事务后即请病假，是违犯朝廷规定，罪该除名。这一欲加之罪很快被批准，赵应元丢了官，回家种地抱孩子去了。

赵应元的被贬，令户部员外郎王用汲气愤不已，虽然他官不过七品，却怒而上奏，替赵应元鸣冤。王用汲这个角色，在一些影视作品中有过不少刻画，是海瑞身边一位温文尔雅的好搭档。而事实上，王用汲为人刚正，遇事敢为，尤其喜好仗义执言，打抱不平，其憨直刚烈不在海瑞之下。

王用汲在奏疏中说："人谁没个三灾两病，请个病假，就要罢官？其他人也请病假，陈炌怎么不去弹劾？如今攀附首辅的，就算经常做错事，也可以官居高位；不会讨首辅欢心的，任你能力再强，也有志难伸。皇上您想要吃喝玩乐，大臣们就会不停劝谏；可首辅却能为所欲为，哪怕犯了大错也没人敢说话。这是什么世道啊！现在人们早无公心，一心投靠首辅的私门，威福自出，朝纲独断，本该是皇上权力，现在通通都落入他人之手。"

张居正并不是睚眦必报的小人，但本来通过回乡葬父之举，刚刚把反对夺情的舆论压下去，现在这份明摆着是挑拨皇帝和首辅关系的奏疏又可能搅动轩然大波。张居正看在眼里，恶在心头，想把王用汲下狱廷杖，幸亏张四维暗中周旋，只将他削籍回家，让他免了一场廷杖之辱。

最终还是万历皇帝亲自出面给恩师撑腰，恶狠狠地诏谕群臣，再有任何人敢上疏言及张居正夺情者，诛杀无赦。这道旨意一下，朝中的非议才渐渐消止。

"夺情"事件可算得上万历初年政坛上的一个重要政治事件，不仅震动了朝野上下，连民间里巷也沸沸扬扬。在这场斗争中，万历皇帝胜利了，张居正胜利了。而在占据绝对优势的皇权与相权面前，传统伦理道德力量拼成这样也算虽败犹荣。

儒家讲"正心诚意"。张居正曾写过一偈，以明心志："愿以深心奉尘刹，不予自身求利益。"我们宁愿相信，张居正的本意绝非贪恋权力，而是一心实现自己的治国理想。他本可以像徐阶那样谦虚低调，不失拥有江南万亩良田，晚年尽享含饴弄孙之乐。或者像他的继任者申时行等人，明晰自己臣下的身份定位，不求有功，但求无过，把国家的责任推到皇帝的肩上。

张居正没有这样做，他忠心耿耿地辅佐小皇帝，以积极的态度革除积弊，创建新政，可谓呕心沥血，鞠躬尽瘁，尽心尽责地投入全部身心去实现一个庞大帝国的兴盛与安宁。

张居正年轻时曾留心禅学，他见《华严经》中的菩萨布施自己的头目脑髓，心念世界众生，便暗暗立志效仿。所以在他当国之时，对于世俗的毁誉全然不顾，只要是福国利民之事，就毅然挺身为之。他曾写过一首关于战马的诗，其中四句这样写道："当年万马尽腾空，就中紫骝尤最雄。战罢不知身着箭，飞来只觉足生风。"他以此诗激励自己直面弊政，不惜粉身碎骨也要大刀阔斧地进行革新。

如果张居正知道自己死后的境遇，然后再让他重活一次，他一定还会一如既往，哪管天下汹汹，万夫所指，也要以"我不入地狱谁入地狱"的勇猛精进之心，了却生死，燃烧自己，以一肩，担一国。

# 第十四章　十年生聚

　　有了好君，用了贤臣，自然天下太平。有了庸君，用了奸臣，自然天下叛乱……

　　且说明朝洪武皇帝定鼎南京，永乐皇帝迁都北京，四海宾服，五方熙皞，真个是极乐世界……传至万历，不要说别的好处，只说柴米油盐鸡鹅鱼肉诸般食用之类，哪一件不贱？假如数口之家，每日大鱼大肉，所费不过二三钱，这是极算丰富的了。还有那小户人家，肩挑步担的，每日赚得二三十文，就可过得一日了。到晚还要吃些酒，醉醺醺说笑话，唱吴歌，听说书，冬天烘火夏乘凉，百般玩耍。那时节大家小户好不快活，南北两京十三省皆然。皇帝不常常坐朝，大小官员都上本激聒，也不震怒。人都说神宗皇帝，真是个尧舜了。一时贤相如张居正，去位后有申时行、王锡爵，一班儿肯做事又不生事，有权柄又不弄权柄的，坐镇太平。至今父老说到那时节，好不感叹思慕。

　　这是遭到清朝禁毁的小说《樵史演义》开篇第一章里的文字，大大褒扬了万历年间明朝百姓的幸福生活，万历中兴的辉煌成果，在这寥寥数百字中尽显无余。

　　万历六年（1578年）六月十五日，张居正在故乡安葬了父亲，再次回到京城。第二天万历皇帝就于文华殿召见了他，经历了巨大的夺情风波的少年皇帝迅速成熟起来，他不无感慨地对张居正说："先生此行忠孝两全。"

　　张居正压根儿顾不上俗世的攻击与诽谤，他胸怀凌云壮志，怀抱万里江山，大明的富强兴盛，百姓的安居乐业，才是他最大的心愿。

　　在回乡的路上，张居正脑子一直没闲着，他将继续开启一项宏大的计划，继洪武清丈之后进行第二次全国土地清丈，重修国家《鱼鳞图册》！在经过了一系列政治改革之后，明朝即将开始一次天翻地覆的经济改革。

　　所谓《鱼鳞图册》，是中国封建王朝为派赋役而编制的土地簿册。洪武二十年

（1387年），当时天下已定，朱元璋下令国子生武淳等人组成工作组，分巡全国州县，清丈土地，核实田亩，要彻底盘点一下自己的帝国到底有多少家底。

清丈工作组接到指令后，又派出无数清丈小组奔赴各地，一尺一尺地丈量帝国每一个郡县的每块土地，然后绘成有田块形状的草图，注明地点、面积、四至、地形及土质等。总图上各田块排列在一起状如鱼鳞，所以被称为"鱼鳞图册"，有密集恐惧症的人恐怕做不了这个工作。

大明的测量编绘工作整整进行了六年，全国共核查出土地七百余万公顷，这些土地，也就是明帝国最主要的税收来源。

自打正德、嘉靖以后，明朝的土地兼并情况已经十分严重，可以说一国之内的土地，最肥的肉已经被宗室吃光了，次一等的都在如徐阶等大官僚手里，然后是大地主们啃光剩下的骨头，贫农佃农只有饿死的份。

到了万历初年，国家面临的最严重的问题是税源枯竭，人丁短缺。正如海瑞所说，占有土地最多的勋贵不用交税，读书人出身的官员不用交税，富户隐瞒土地，偷税漏税，唯有贫苦农民永远扮演最悲催的角色。有人说人生最悲惨的是人死了，钱没花完。当时的农民则是地没了，税却还留着。这样苛重的剥削和混乱不堪的赋税制度，迫使户丁难以活命，大量逃亡，农民要么抛荒田产，背井离乡，要么逃亡山林，转为盗贼。

虽说税收越来越少，但政府的开支却越来越大，尤其是宗室开支，打着滚地往上涨。

老朱家的宗室因为营养好，发育快，妻妾多，所以人口出生率极高。就拿庆成王朱济炫来说，那真是朱家的生产标兵，他一个人就生了儿女一百多个，家里兄弟姐妹生活在一个宅院里互相都不认识，有人冒领俸米也查不清。以他为榜样，全国各支宗室你追我赶，掀起一波又一波生产高潮。

作为一名杰出的理财家，张居正已经把节流这件事做到极致了，但依然不足以解决问题。要彻底改善国家财政状况，必须进一步开辟财源，增加收入。为了扭转国家日益严重的财政危机，张居正决心改革赋役，最终在全国推出"一条鞭法"。而这次改革最重要的前提条件，就是丈田均赋，重修《鱼鳞图册》。

在全国展开新的清丈工作的请求很快得到了皇帝的批准，并在全国陆续展开。各省布政使司堂官亲自挂帅，府、州、县一把手长官具体负责，包括皇家的庄园、官员的俸禄田、民田、牧地，甚至坟地沼泽，寸土不落，全部清丈。

经过三年的精细盘点，耗费无数人的心力，终于重新完成了明帝国所有土地的丈量和登记造册，总计查出隐匿土地二百三十万顷，全国土地再度恢复到七百万顷以上，接近于洪武时的最高峰。这些土地被编在新的《鱼鳞图册》之中，被登记在册的土地自然是要交税的，所以田赋收入大为增加。

这次丈量土地对全国各地官员上报的新增田亩数是有考核的，田亩增加得越多，自然官员功劳就越大，越有可能升官。所以不少官员为了取得政绩，特意使用小号的测量工具丈量，以便虚报亩数。而这样上报兑水田的恶果就是，虽然上报时得了嘉奖，但吹牛是要上税的，日后的税收也跟着大大增加，地方官升职调任走了，负担最后还是落到当地百姓身上。

查清田地数目只是第一步，张居正知道仅靠清丈田亩不能彻底改变赋役不均和胥吏盘剥的问题，还要进一步改革赋税制度，于是名为"一条鞭法"的新税法应运而生。

其实一条鞭法并非张居正独创，之前包括海瑞在内，已经有不少官员开始探寻这条财政改革之路，但普及推广在全国实施，则首推张居正之功。

早在宋代，中国的财政收入就开始实现货币化，而对经济完全不通的朱元璋却把税收制度倒退了几百年，重新恢复了低效率的实物征收制和劳役制。当时一个县要向十几个机构缴纳财物，而一个卫所也要接收一二十个不同单位提供的补给。

明朝农民的田赋有夏粮、秋粮之分，以征收米麦为主。用麦缴纳赋税称为"本色"，用其他物产折换交纳，称为"折色"。除此之外，官府征收的项目极为繁杂，连衙门里的笔墨纸张、桌椅板凳也同样零星杂碎地向百姓征收。

这种赋税制度，不合理之处非常明显，由于政府主要要求百姓缴纳米麦，如果某地只出茶叶，不产粮食，就要很麻烦地把茶叶换成米麦再行缴税，其中的成本，自然是百姓自己负担。

地方征收上来粮食后，要从南方千里迢迢运输到北京，既有舟车之周折，又有虫鼠之损耗，还有舟船沉没与盗贼劫窃的危险，加上一路上人吃马喂，再一次大量损耗。

大量米麦贮存进了国库后，仓库官员既无责任心，也无专业度，粮食又无法长期妥善保存，每年都大量腐烂，白白浪费了大量财富。这种维护落后农业经济而不愿发展商业及金融的做法，正是明朝逐渐走向落后的主要原因。

农民缴纳了粮食，并不代表万事大吉，可以度假休息了。当差是明朝农民另一项不可逃脱的宿命。一个男丁，从十六岁一直到六十岁，每年都会收到当地政府的热情邀请，请你去参加名为徭役的义务劳动。

徭役分为正役和杂役，正役包括催征钱粮、维持治安、拘捕罪犯、运输田赋等工作，算是半个编外公务员，而对于农民来说，千里迢迢运粮比在家种地要艰辛危险得多。

杂役的名目就更多了，大到修长城、修河堤，小到给官府抬轿子，看仓库，看坟地，当建筑工，做狱卒，做更夫等，更让农民不堪其扰，苦不堪言。

张居正的一条鞭法正是针对赋税和徭役进行改革：一是将原来征收的各项实物杂税折合成银两，分摊到田亩上，拥有多少土地就交多少税，管你出产水稻还是小米，苹果还是茶叶，拿银说话，简单明了；二是取消徭役，农民可以上交银两，就算是赎身费，然后政府拿这笔收入另外出钱雇人干活。

按照经济学的原理，环节越简单就越难产生腐败，一条鞭法一实行，使得地方官员再无隙可乘，大大抑制了腐败行为。而老百姓也有了人身自由，只要你交了税，就可以去闯关东，可以去下南洋，去打工去经商任你行——当然这在当时也是违法行为，只是明朝后期管理不那么严格了。百姓自由度提高了，民生自然极大地繁荣起来。

随着清丈田亩工作的完成和一条鞭法的推行，明朝的财政状况很快有了大幅度好转。国库存银总数高峰时达到七八百万两，太仓的存粮可供十年之用。沉睡了四十多年的明帝国迅速进入中兴的快车道，实现了史无前例的富强。

当时明朝江南地区水稻平均亩产量可以达到300公斤，北方的小麦亩产也能达到150公斤。这样的高产数字，即使在自诩农耕技术更为先进的西方人眼里，也是令人瞠目的奇迹。

意大利传教士利玛窦曾在自己的书信集里由衷地称赞中国农业的产量远超过意大利，欧洲能种的中国都能找到，但产量比欧洲大得多。而葡萄牙人曾德昭的《大中国志》里描绘得更细致："不但有强壮勤劳的中国农民，更有各种大开眼界的农业器具，以至于不管多么贫瘠的土地，中国农民都能使它有所收成。"

粮食够吃，又有剩余劳动力，打工热潮应运而生，手工业自然随之繁荣起来。就拿纺织业来说，明朝的纺织行业生产技术高速进步，纺织品的细密程度远超过宋代。

有货品了，还得有买卖家儿啊。手工业的发展又推动了商业贸易的繁荣。这就是市场经济的良性循环。万历朝民营企业发展如火如荼，全国各地的经济交流日渐频繁，各行业都有规模空前的全国性市场，诞生了一大批棉布、丝绸、陶瓷等商品的交易中心。所谓资本主义萌芽，在曾经萧条沉寂的国土上生机勃勃地涌现开来。

## 好日子

朝廷赋予百姓相对的自由，且限制与民争利，故而万历朝各个阶层的生活幸福指数显著升高，尤其是士大夫们，更是走在了引领社会享乐风潮的最前沿。经过了嘉靖时代的死气沉沉，好日子就这样在不知不觉中到来了。

明代文人袁宏道曾经总结了万历时代追求享乐的人士有五大快事：一是吃遍美食，看尽美景；二是宾客满堂，美女相伴；三是湖景豪宅，万卷藏书；四是豪华游艇，载歌载舞；五是家财散尽，托钵于灯红酒绿之处要饭，也算赤裸裸来去无牵挂，无憾人生。

我们可以节选几个小小片段，来看看万历朝繁华盛世之下明人的衣食风貌，生活状态。

先说穿衣。开国太祖朱元璋是个性格极为严苛的人，他曾对国家各个阶层的服饰做过严格规定，衣服的材料、颜色，无不列入律法，稍有差池，就要追责问罪。譬如庶民只能穿杂色盘领衣，玄色、紫色、绿色、柳黄、姜黄及明黄等都在违禁之列。袖子必须长于手六寸，袖桩广一尺，袖口则为五寸，衣长离地五寸，多一寸少一寸都不行。

不大讲究穿戴的男人还好说，爱美的民间女孩如果生在明前期，也算是生不逢时。庶民女子只能穿粗布衣裳，不许绣金，大红、鸦青、黄色等鲜明之色被绝对禁止。另外就算你家里再有钱，也不许佩戴宝石、黄金的首饰，最多只能银子镀金，想来定有不少女孩子悄悄在闺阁中埋怨：你这朱重八管得太宽。

好在到了明中期，尤其是正德年以后，随着经济繁荣发展，各种禁令已是荡然无存。隆庆年间百姓的服饰潮流还是十年一变，到了万历年间，已经是三年一变。经常有人穿着绣着大朵花卉的奇装异服招摇过市，赚足了眼球。不仅中原各州县的繁华之地如此，就连偏远的宁夏军户家的女子，也讲究出门要戴名贵首饰。如果不是穿金戴银，摇曳叮当，看见熟人都不好意思打招呼。

民以食为天，说到吃就更有话题了。由于农业丰收，物产丰富，酒楼饭馆如雨后春笋般大量开业，其中名厨辈出，做法也日趋精致。

明朝的士大夫们很喜欢以吃联谊，每次交游、酒会、诗社聚会都要带着丰盛的食品，讲究的甚至会带着自家的厨师在现场烹饪。当时在江南地区流行着一种"船宴"，无论西湖、太湖、瘦西湖、秦淮河都有专门供应船宴的"沙飞船"，这种游船中不仅供应有美酒佳肴，更有美貌船妓相陪，怡然自得，夫复何求。

由于万历朝物质丰富，政府又不滥发货币，所以物价很平稳，低廉的商品价格从很多小说中便可见端倪。《三言二拍》中文若虚做生意，买一百斤红艳甜美的"洞庭红"橘子，只要一两银子。成书于明朝中后期的小说《金瓶梅》里记载，西门庆热结十兄弟时，买了一头猪、一只羊、五六坛金华酒和香烛纸扎、鸡鸭案酒之物，摆下两大桌宴席，只花了四两银子。西门庆的娇妻美妾们赌钱吃猪头，买一个猪头、四只猪蹄，外加若干金华酒，四五个人把酒大嚼，只花了五钱银子，亦可见当时百姓的幸福指数颇高。

跟这些寻常吃喝相比，更高级的风月场所的娱乐费用就比较贵了，卖油郎想和王美娘春风一度，得舍出去十两银子。

富户人家吃得丰厚奢侈，平民百姓填饱肚皮也不是问题。当时北京一个居民一年收入十几两银子，若是再有点头脑，肯于钻营，再种些农副作物，贩卖点土特产，一年二十两银子稳赚。当时一钱白银能买30斤大米，8斤新鲜猪肉，或者一条5斤重活蹦乱跳的大鲤鱼。如果是在南方鱼米之乡，物价就更低了，买一斤鱼只需一二文钱，一只鸡或鸭不过六七文。

自打海禁在一定程度上开放以后，来自世界各地的食材大大丰富了中国菜系，番茄、辣椒、南瓜、地瓜、玉米等大量涌入中国，寻常百姓也能吃个番茄炒蛋，就算开了洋荤了。

在万历一朝，百姓除了衣食丰足以外，安居乐业也并非难事。在京郊购置一处正房三间、厢房三间、门面三间的大宅子，不过纹银50两。对于普通百姓而言，只要肯吃苦，攒上三五年，首都买房不是梦。

## 精神食粮

经济繁荣往往带来文化繁荣，物质丰富了，精神需求自然就跟着来了。由于万历皇帝后期多年不上朝，皇权相对弱化，所以政府对民间文化娱乐方面的管理十分宽松，甚至可以说是压根儿就不管。

盘点历朝历代，政府文化管控宽松的时期，往往是文学大师辈出的时代。万历年不同的文学流派、文学主张同时并起，争奇斗艳，当时各类小说、戏曲产量极大，广为流行，涌现了许多明星作者和一大批忠实读者群。闻名于后世的《金瓶梅》《西游记》《水浒传》《牡丹亭》《三言二拍》都诞生于此时。

文学作品的丰富，自然也带来了文化传播的活跃，这对知识分子来说是个好消息。很多文化名人开始投入编书、刻书、卖书的行业，书籍的出版印刷达到了前所未有的繁盛程度。秀才没有功名也不要紧，靠着书立说也能糊口，搞好了甚至能发大财。

好作品自然有大量读者捧场，广大平民阶层的宅男虽然逛不起青楼，喝不起花酒，但摸出几文铜钱买本书，听个戏还是没问题的。随着大量普通市民甚至农民都成为文学的消费者，万历一朝自然成为中国古代当之无愧的文化盛世。

今天，我们从明代长卷《南都繁会图》和《皇都积胜图》中依然可以看到两京商贾云集、繁花似锦的景象。画卷中街市纵横，店铺林立，茶庄、金银店、药店、浴室，乃至鸡鸭行、牲畜行、粮油谷行应有尽有，车马行人摩肩接踵，标牌广告林林总总。一派繁华、富庶、热闹的市井生活场面，令人心驰神往。《圆圆曲》的作者吴梅村曾有诗赞曰："眼见当初万历间，陈花富户积如山。福州青袜乌言贾，腰下千金过百滩。看花人到花满屋，船板平铺装载足，黄鸡突嘴啄花虫，狼藉当街白如玉。市桥灯火五更风，牙侩肩摩大道中。"此诗把万历年间的繁华盛景描绘得淋漓尽致。

随着经济发展，生活富裕，人们对精神生活的要求越来越高。取字号原是文人雅士的专属，发展到后来，已经成了暴发户们争相效仿的时尚，闹出了很多笑话。

话说浙江有个王姓皮匠，白手起家，投身商业大潮后成为一方巨富，家里起了一座豪宅，想花重金请大才子吴梅村来给他的豪宅取名。

吴梅村是谁啊，诗文奇绝，与钱谦益、龚鼎孳并称"江左三大家"，他见有外快可赚，欣然提笔，潇潇洒洒写下"阛阓楼"三字。王皮匠虽然不明就里，却也觉得风雅至极，便命人裱了，挂于庭院之内，沾沾自喜。后来有人问吴伟业，"阛阓楼"是什么典故？吴梅村一脸坏笑道："别无他意，不过东门王皮匠耳！"

类似的笑谈还有一位铁匠，姓李名三，也是凭手艺发了财，有人提醒他须改个文雅的称谓。于是李铁匠取字岳亭，自此五里八乡人见了他皆尊称李岳亭，李铁匠十分得意，铁匠之称号再无人呼之。

更有甚者，某县衙公差逮了一个强盗头子，审问时将他按倒于地，大声喝问他："你小子抢劫掳掠，为害乡里，可知罪吗？"那个膀大腰圆，一脸横肉的强盗头子诺诺而言："泉石知错了！"

泉石是什么玩意？捕头都听愣了，后来还是问了旁人才知道，这个强盗原名张大狗，因脸上有条疤，在江湖上人称张大疤子。强盗觉得自己的绰号着实不雅，也想赶潮流，于是也找了个秀才，给自己起了极为风雅的名号：泉石。

上面几个故事虽说是笑谈，但可以发现一个共同点，无论铁匠、木匠、皮匠，只要有本事，都能出人头地，可见英雄不问出处。这些手艺人干的活儿不起眼，劳作之时常常灰头土脸，但都生意兴隆，客户众多。

有些名声在外的大工匠，每日的工钱极高，不是一般老百姓能请得起的。譬如京师名噪一时的著名漆匠杨郧在家具上作画栩栩如生，所涂之漆不掉色，靠着这手绝活儿，杨郧两年赚的钱就够置办一套大宅院，社会地位与著名画家没差多少。底层工匠皆有发展机会与上升空间，亦可见证社会经济之发达。

张居正的十年中兴之功，可谓恩泽当世、德被苍生，甚至在他死后中兴局面依旧靠惯性持续了数十年。十年生聚，万历中兴，是中原王朝值得怀念的最后辉煌。那一幕幕盛景，仿佛绚丽烟花绽放的流光溢彩，即使在明亡之后消散无踪，依然令无数中华遗老追忆痛惜。

明靖江王朱亨嘉之子朱若极，亡国后在太监营救下出走，剃发为僧，后来以笔名石涛闻名于世，成为一代诗画大师。作为前朝贵胄之后，石涛无时无刻不在思念故国家乡，他的每首诗歌句尾都有"头白依然未有家"一句，散发着浓浓的悲国之情，犹如杜鹃悲鸣，字字血泪。

明末才子汤传楹在其《闲余笔话》中这样写道："天下不堪回首之境有五，哀逝过旧游处，悯乱说太平事，垂老忆新婚时，花发向陌头长别，觉来觅梦中奇遇。未免有情，感均顽艳矣。然以情之最痛者言之，不若遗老吊故国山河，商妇话当年车马，尤为悲悯可怜。"

## 如何盛世

万历一朝在相当长一段时间内都是一个经济发达、文化灿烂、生机勃勃的繁华世界，更是一个罕见的文化盛世。我们在这里拿出一个篇章延展一下，单就文化方面而言将后世评价不高的万历时代与当今被盛赞的乾隆盛世做个对比。

乾隆皇帝继承了乃父传统，是个兴文字狱的大家。史料记载，他在位期间共发生 130 余起文字狱，这些文字狱内容五花八门，理由之荒唐，株连之广泛，处理之严酷都令人发指。

试举一小例：乾隆十八年（1753 年），有人举报称翰林院学士胡中藻所著《坚磨生诗抄》中有"一世无日月""一把心肠论浊清"等句。乾隆大怒，认为这是"悖逆讪讪怨望之词"，日月合写为明字，是胡中藻有意恢复明朝，并指斥他道："加浊字放在国号（清）之前，是何心肝？"

胡中藻案未完，又牵连出已故大臣鄂尔泰的侄子、广西巡抚鄂昌。因胡中藻曾任广西学政，所以胡、鄂二人常有诗文唱和。乾隆怪罪鄂昌没有及时举报胡中藻，搜查鄂家，又发现鄂昌《塞上吟》中称蒙古人为"胡儿"。

乾隆这回又抓住一个把柄，批示道："满蒙本属一体，称蒙古人为胡儿，此与自加诋毁何异？非忘本而何？"最后定案：胡中藻斩首，鄂昌赐自尽。之后乾隆又传谕八旗，要保持满族人骑射尚武传统，不得沾染低贱汉人吟诗作赋的习俗。

此类案件，在乾隆一朝比比皆是。按照《大清律例》规定："凡谋反及大逆，共谋者不分首从，皆凌迟处死，祖父、父、子孙、兄弟及同居之人，不分异姓及伯叔兄弟之子，不限籍之同异，男年十六以上，不论笃疾废疾皆斩。男十五以下及母女、妻妾、姐妹、若子之妻妾，给付功臣之家为奴。"而大量文字狱案件都是按照"悖逆"罪做最高量刑的判决。

在这样的高压政策下，当时的官员们终日战战兢兢，提心吊胆地过日子，别说像明朝言官一样上疏骂皇帝，连身家性命都岌岌可危，从不敢多说一个字，更丝毫不敢沾创新和改革的边儿，只能谨守"祖宗之法"，终日揣摩上意，唯唯诺诺，歌功颂德。

相比万历年间出版行业的繁荣，乾隆年间很多书籍中都有空白，那不是印刷错误，而是怕犯了皇帝忌讳特意开的天窗。

乾隆皇帝最大的"壮举"发生于乾隆三十八年（1773年）三月，这位一生写过四万多首诗的诗人皇帝表示要修撰一部中国最大的丛书——《四库全书》，下诏让全国的藏书家献书，以供官方修书之用。

皇帝的旨意下达，清朝各地官吏闻风而动，派出大量人员深入百姓家中搜书，把大清国掀了个底朝天。往北京运书的货车昼夜不停，书籍堆积如山。武英殿前的大铜炉不分昼夜地燃起熊熊烈火，无数记录着中华文明的典籍甚至孤本因不利于清朝统治，在这位"十全老人"满意的狞笑中灰飞烟灭。这次举国消除记忆的行动，总计销毁书籍数千种，六七万卷以上，另有一千多万份明代档案也被毁灭一空。

《四库全书》一共收录了近3500种古籍，但在编纂过程中被禁毁的书籍就多达3000种，几乎是把中国图书留一半，毁一半，而被存留收录的古籍也被大量删改，面目全非。《四库全书》虽然庞大，但文献价值远低于明朝的《永乐大典》。

鲁迅在《病后杂谈之余》中曾一针见血地指出："文字狱的血迹已经消失，满洲人的凶焰已经缓和，愚民政策早已集了大成，剩下的就只有'功德'了。那时的禁书，我想他都未必看见。现在不说别的，单看雍正乾隆两朝对于中国人著作的手段，就足够令人惊心动魄。全毁，抽毁，剜去之类也且不说，最阴险的是删改了古书的内容。乾隆朝纂修《四库全书》，是许多人颂为一代之盛业的，但他们却不但捣乱了古书的格式，还修改了古人的文章；不但藏之内廷，还颁之文风较盛之处，使天下士子阅读，永不会觉得我们中国的作者里面，也曾经有过很有些骨气的人。"

我国著名历史学家吴晗曾经哀叹："清人纂修《四库全书》，而古书亡矣！"

# 第十五章　帝国双雄

李成梁立下大功，万历皇帝却赐给他一座门墙新彩、棨戟森严的凶宅。

李成梁是明朝大名鼎鼎的边关大将，其先祖李英是朝鲜移民，到李成梁这一辈已经是第五代。李氏一族一直承袭铁岭卫指挥佥事一职，为大明帝国戍守边疆。

早年李成梁生得英毅骁健，但身为军户，收入实在微薄，他想继承家里的职位，连去北京办手续的路费也没有，直到四十岁还只是一个穷秀才。

嘉靖四十五年（1566年），李成梁遇到了第一个贵人，当时的辽东巡抚魏学曾发现李成梁是个人才，就出银子资助他进京，李成梁这才获得祖辈传下来的职位，以一名下级军官的身份，开始为帝国效力沙场，也开始了自己出人头地的第一步。然而后来在宁夏战场，李成梁的长子李如松却处处跟魏学曾对着干，显然是忘记了当年魏学曾对李家的大恩。

自嘉靖后期至隆庆年间，鞑靼的察哈尔部多次进犯辽东，守辽的几员大将殷尚质、杨照、王治道相继战死，总兵的位置就这么空了出来。李成梁因为多次立下战功，不断升职，被任命为代理总兵官，终于成为镇守一方的军区司令。这时候李成梁都已经五十岁了，而他的辉煌人生才刚刚开始，正所谓大器晚成。

在李成梁生活的时代，托嘉靖皇帝几十年无为而治的福，明军虽然在账面上拥有数量庞大的兵源和将士，但真正堪战的部队却少之又少，战斗力退化到最低点。不仅地方上的军户们沦为将领的佃农和奴仆，京城里的精锐部队也退化为仪仗队和权贵们的苦力。别说数千卫所军阻挡不住一百多日本武装商人，京军三大营在俺答骑兵面前也形同虚设，边军实力略强一点，然而在对蒙古人的战争中也是败多胜少。

这种情况下，每到有战事发生，明朝的皇帝经常发现自己其实无兵可用，只能在日常军费开支外再斥巨资募兵。譬如在全国扮演救火队角色的戚家军就是在这样的情形下建立的优质职业部队。

军事奇才李成梁在这个罕有名将的时代就显得格外引人注目，他自创了一套练兵带兵的方法，组建了一支精锐"李家军"，也就是后来大名鼎鼎的"关宁铁骑"的前身。

在山高水远的辽东，李家军全部实行"双饷制"——除可以拿到朝廷配发的军饷外，李成梁自掏腰包，额外再给士兵发一份更为丰厚的津贴。如果士兵战死，李成梁还会另外发给安家费，让战士绝无后顾之忧。这样这支军队事实上已经演变成李成梁的私人部队，他们眼里没有朝廷，唯李成梁一人之命是从，被称为"家丁"。家丁们待遇优厚，收入超过普通军户十倍，而且装备精良，武器先进，甚至可以凭战功与主人以父子或者爷孙相称，得到很高的社会地位。

李成梁手下家丁的数量，随着他地位的不断稳固而水涨船高，巅峰时期达到了万人规模。李家军纪律严明，士气旺盛，尤其擅长奔袭、夜战。精锐骑兵每人配备三匹战马和一柄三眼火铳，将明军火器之长与蒙古人的骑兵战术相结合，战斗力异常强悍。每到战斗最关键时刻，亲信将领亲率家丁发起的敢死冲锋，往往成为决定一场战役胜败的关键。

自从俺答汗被封顺义王，与大明达成和平协议之后。土蛮部成为对大明威胁最大的游牧势力，经常纠集其他小部落侵犯边境，而且动辄数万骑兵一同出动。

万历十年（1582 年）三月十八日，土蛮部酋长速把亥再次兴兵犯境。李成梁亲自出战，带着三千骁勇的家丁和数万边兵，在土蛮军必经之路镇夷堡周围设下重兵埋伏。等到土蛮军进了包围圈，李成梁手下第一勇将李平胡率先领铁甲骑兵冲阵，一箭射中了速把亥的手臂，致其坠马。一个家丁小头目乘势冲过去，将速把亥一刀劈为两段。经此一役，从此土蛮部群龙无首，元气大伤。

捷报传到北京，万历皇帝大喜过望，封李成梁为宁远伯，奖励给他一套北京豪华住宅。张居正为此特意写了一首诗，称赞他"将军超距称雄略，制胜从来在庙谟"。

然而这套豪宅正如我们开篇说的，是座凶宅。

豪宅的位置在东城大街的石大人胡同，曾是明英宗时期忠国公石亨的宅邸。当初石亨发动夺门之变，重新拥立明英宗复辟，得以权倾朝野，朝廷内外将帅半数是石家的门下。

石亨兴建的这座府第，富丽堂皇的程度甚至超越了王府，有一次明英宗登上翔凤楼，看见这片气派的宅邸惊问道："此是谁家府第？"如此张狂，哪有善终，石亨终以谋反罪被下狱抄家，最后病死狱中。

后来这座宅邸在嘉靖年又归了太子太保、宣大总兵官仇鸾。当年俺答汗挥军十万，围攻北京，各路勤王军的总司令就是仇鸾，因此他当时深受嘉靖帝的宠信。可惜花无百日红，仇鸾后来因为与严嵩争宠失和，被嘉靖皇帝革职，忧惧而死，死后落了个"叛逆"的罪名，被开棺戮尸，砍去头颅。

这座宅子的第三位主人，正是大权臣严嵩，严嵩贵为首辅，一人之下，万人之上，最终也是落得家破人亡，断子绝孙。

李成梁成为这座大宅的第四任主人，再次验证了这是座凶宅。李成梁有九个儿子，如松、如柏、如桢、如樟、如梅都官居总兵，各个是镇守一方的军区司令，如梧、如梓、如桂、如楠亦官至参将，可谓一门十将，功盖当世，权倾辽东。可自从得到这个宅子之后，李成梁被罢官，长子如松战死，继承家业的李如柏后来搬了进去，把好大的家业毁败一空，最后竟然落得自杀而死的结局。

# 东北往事

李成梁在全盛时期"师出必捷，威震绝域"，辽东成为明帝国一道坚固的屏障。土蛮大大小小的游牧部落或联合出兵，或单独挑衅，逢李必败。李成梁宣称要为大明拓疆七百里，新建起了人丁兴旺的宽甸六堡。而六堡筑成之后，倒像个国中之国，李家肥沃的自留地。

有财斯有兵。李成梁不仅打仗在行，也很有商业头脑，他在开原、清河、抚顺开辟辽东最大的马市和木市。马市可不光是卖马，渔猎为生的女真人将毛皮、珍珠、蘑菇、松子、蜂蜜、人参等贵重产品都拿到马市上售卖，以换取耕牛、盐、铁具、绢布、纸张等日常所需的农具和手工业制品。中原汉人和朝鲜人对女真特产需求非常大，明人刘若愚在其《酌中志》中记载，当时仅明朝宫廷每年就需要貂皮一万张、狐皮六万张。

闯关东一说，在明朝就有。当时内地有大量失地的流亡人口会聚于此，宽甸六堡全盛时期居民达到数十万，为李家军提供了巨大的兵源。而规模庞大的贸易活动又为李成梁带来了可观的收入，使其能够有钱厚养私兵，甚至连许多蒙古和女真部落的勇士也加入进来。李成梁一手抓钱，一手练兵，正所谓钱多、兄弟多、够狠，成为辽东不折不扣的无冕之王。

自清河以南至鸭绿江口地区，属于建州卫管辖范围，当地的建州女真部势力壮大后一直叛附不定，和驯服的海西女真相比，就像一头暴烈难驯的野猪，翻脸就咬人。

自"土木堡之变"后，大明王朝算是丢尽了颜面，国威受挫，边事大坏。辽东的女真酋长李满住、董山两兄弟等人开始不断寻衅作乱。特别是董山，和努尔哈赤颇为相像，既有野心，也有手段，没几年就联合并控制了建州卫和建州左卫，将整个建州女真置于他的掌控之下。

早期建州女真的农业生产，主要依赖从明朝和朝鲜边境劫掠来的百姓，这些百姓沦为部落首领所有的"耕田阿哈"（即农业奴隶），专门从事农业生产。后来，女真人也开始学蒙古人对明朝、朝鲜边境进行骚扰掠抢，新增了一种损人利己的经济模式。

　　说起来明廷还是挺讲道理的，一开始还打算以德服人，尝试扶持建州女真的农耕经济，通过免费提供大量生产工具、牲畜、种子，希望女真人自己喂饱自己，不再因缺乏物资而外出劫掠。但建州女真人口增加太快，小冰河时期的东北气候又极为严酷，粮食始终不够吃。当时建州地区一个成年奴隶的价格，已经高达"牛马二十余头或牛马十七头，衣七领"。明摆着，怎么看都是应了《权力的游戏》里铁民葛雷乔伊家族的那句族语："强取胜于苦耕。"

　　成化三年（1467年），不作不死的董山到底惹下了一场滔天大祸，竟然打死了明朝辽东都指挥使邓佐。这回可惹恼了当时的宪宗皇帝，他任命大将赵辅率军五万，在朝鲜军队的辅助下，兵分三路进剿建州女真，而且下达了一条非常霸气的指令："捣其巢穴，绝其种类。"

　　当时的明军实力还是不错的，而女真人则弱小得可怜，譬如李满住下辖的一个部落，不过"率三十余户居焉，常养马十二匹"。不过一个月的时间，女真人就被杀得落花流水，房屋化为焦土，牛马器械尽被夺走。明军共斩首五百三十六级，俘获三百四十余人；朝鲜军也斩首三百余级，俘获二十多人。这一次建州女真遭受了毁灭性的打击，三卫首领全部被处死，从此消停了一百多年。作为罪魁祸首之一，董山在史书上留名的儿子有三个，其中之一叫锡宝齐篇古，他的四世孙就是大名鼎鼎的努尔哈赤。

　　到了万历年间，建州女真的首领换作王杲。王杲其实并不姓王，只是因为明朝将女真酋长称汗者，皆译为"王某"，指其为某部落之王。这个王杲又是个桀骜之徒，他看好了李成梁的抚顺马市是块肥肉，一心想据为己有，还为此诱杀了明朝边防官员裴承祖。

　　王杲和明王朝的灭亡同样有着千丝万缕的关系，他有一个女儿喜塔腊氏，嫁给了一个部落小头领觉昌安的儿子塔克世，喜塔腊氏嫁过去以后，连生了三个儿子，其长子就是大明帝国的掘墓人——努尔哈赤。

　　万历二年（1574年），野心勃勃的王杲纠集鞑靼土默特和土蛮部，三家联兵一同大举犯扰辽阳和沈阳。

　　李成梁自然不是吃素的，仅仅几日就将王杲打回老巢古勒城，接着以火攻之，一举拿下古勒城。王杲侥幸逃脱，但仅一年后即被同族出卖，解送京师后被凌迟处死。他的两个外孙，努尔哈赤和舒尔哈兄弟也被明军俘虏，为李成梁收留充当仆役。

　　努尔哈赤对他的外公感情很深，并且十分敬仰。后世大清皇帝祭拜祖陵时，必先祭王杲，可见王杲在满人心目中的地位。但在当时，虽然目睹外祖父兵败被杀，年轻的努尔哈赤却将仇恨埋藏于内心而不动声色，依然以仆役身份服服帖帖地侍奉于李成梁左右，其城府之深，可见一斑。

　　王杲死后，他的长子阿台子承父业，继续与明朝政府武力对抗。李成梁再次出兵古勒城，准备再来一次"犁庭"。具有戏剧性的是，这次为明军带路的向导正是努尔哈赤的父亲塔克世，而他年过七旬的爷爷觉昌安，当时就住在古勒城的儿媳家中。

　　李成梁兵精将勇，攻破古勒城自然是不费吹灰之力，破城后明军按照老规矩四处纵火掳掠，大肆屠杀城中老幼。经过明军一番"洗礼"，城中两千多女真人被烧杀一空。

　　明军在一番乱杀之中，误杀了两个无辜的重要人物。努尔哈赤的爷爷觉昌安死于火海，而塔克世一身女真人打扮，在进城寻找父亲时，也被明军误杀，一对父子就这样双双死于战祸。努尔哈赤身世也是够惨，先祖、姥爷、爷爷、父亲尽死于明军之手。

　　努尔哈赤闻听祖、父二人均已丧命，悲愤不已，怒气冲冲地去找明军喊冤。李成梁自知理亏，遂将塔克世的土地、人马等都送给努尔哈赤，并给予努尔哈赤丰厚的赔偿——堪合三十道，马三十匹，还封了他个龙虎将军。

　　堪合三十道可真不算少，丰厚的利润是女真人积极参与互市贸易的根本原因，而堪合作为参与贸易的准入资格证明，决定着贸易规模大小和获利多寡，因此成为女真人趋之若鹜的宝贝。要知道称雄一时的王杲手中也不过只有十八道堪合。

　　通过这次家族惨剧，努尔哈赤因祸得福，意外获得了发展壮大的第一桶金，同时也得到了日后叛明起兵的借口。

# 北境长城

　　万历七年（1579年）十月，土蛮部再次发动四万大军自前屯锦川营深入明境。李成梁命诸将加固城防，自己则亲自带兵出战，扼制蒙古入寇的要冲，一场大战一触即发。就在这时候，一支从装备到战法与辽东军截然不同的明军也到达战场，前来增援，领军的大将就是赫赫有名的戚继光。

　　两雄会聚，将星交辉，土蛮人算是开了眼界，哪里还敢应战，光是看两面帅旗已经吓得肝胆破裂，很快便退了兵。

一直威震东南与倭寇作战的戚继光，怎么会领兵出现在北方战场了呢？这还是出自张居正的用心安排。

明朝为了加强北方防务，将长城沿线划分为九个防御区，分别驻有重兵，称之为九边重镇，每镇均设有总兵官管辖。

九边之外，都有强敌。宣大、山西一线对峙的是俺答部，陕西三边防御的是吉囊部，而蓟镇以北则是土蛮部。俺答被封王之后，宣大方面的形势有了很大好转，但依旧不能保证整个北边的平静。宣大方面是以封贡开市换取和平，而蓟、辽方向则必须以武备来确保国家安全。

知人善任的张居正确立了用李成梁镇守辽东，戚继光镇守蓟门的策略，在明帝国的北方边境，建立起强大严密的军事防御体系，如同修筑了两道无法逾越的钢铁长城。

蓟辽防区东起山海关，西至居庸关，拱卫京师，是九镇中最重要的一镇。一开始，对于戚继光镇守蓟辽，朝廷中反对的声音很多。但张居正对戚继光绝对信任和支持，任命他为总兵官，要求蓟州、永平、山海各地总兵都要听戚继光统一调遣。有朝中大佬的倾力支持，戚继光如虎添翼，在新的战场再次大放异彩。

整个蓟镇防线长达两千里，边兵却不足十万人，而且多是老弱病残，纪律松弛，疏于训练，根本无法跟蒙古人抗衡。在戚继光上任之前十七年间，蓟州总兵已经换了十任，没有一个人能在这个风口浪尖坐得长久。

戚继光把自己一手训练出的精兵都留在南方，只带浙兵三千人北上赴任。刚到蓟镇，戚继光就举行了一次阅兵式，以树声威。当时正赶上天降暴雨，电闪雷鸣，从早晨一直下到黄昏。蓟镇原来的兵将们都乱哄哄四处躲雨，只有浙兵直挺挺地站了一天，纹丝不动。北兵的将领们由震惊转为佩服，不由感叹：见了戚家军，才算懂得什么叫军令如山。

北方的边兵，因为常年与蒙古人作战，作战方式也非常蒙古化，只习骑射，不习步战，呼啸往来，更没有什么阵势。而汉人跟蒙古人拼骑射，可以说是以己之短对敌之长，很难取胜。

戚继光到任后，陆续建立起车营和辎重营，配以火器，根据不同的地势，编排不同的阵型应对蒙古军。在蒙古人最习惯的平原上以车阵出战，在靠近明军堡垒的地方以骑兵出战，再用火器步兵对抗蒙古的骑兵。后来戚继光又从浙江陆续调来训练有素的炮手和杀手各三千人，以近万人的南军为核心，加上北方新招募的三万新军，组成守卫蓟镇的主力，使明军的面貌焕然一新，战力大为改观。

鞑靼朵颜部酋长董狐狸不知死活，出兵进犯喜峰口，想领略一下戚家军的军威。戚继光得知后亲自率兵进攻，一战就打败了董狐狸，差点将其活捉。董狐狸后来又多次侵扰边境，不但没有占到便宜，反而损失惨重，此时才发现明军已经今非昔比。

董狐狸有个弟弟叫董长秃，在一次进犯边境时，被明军活捉。董狐狸与弟弟感情很深厚，他穿着素服，带着儿子与宗族三百人来到明军的关隘前大哭请降，乞求戚继光赦免董长秃。

戚继光不仅在战场上运筹帷幄，百战不殆，更懂得不战而屈人之兵才是战争艺术的最高境界。他纵观整个北边形势，知道明军没有能力将鞑靼人彻底击败，唯有谈判才是取得和平的唯一途径。在得到张居正首肯后，他接受了董狐狸投降，释放了董长秃，并允许通贡。董狐狸则将劫掠的百姓放回，并发誓不再反叛。鞑靼人还是比较重信义的，自此，董狐狸果然再也不曾出兵犯边，蓟州迎来了长达十六年的和平局面。

虽然董狐狸服软了，但戚继光知道，和平仍需要武力来保证，对鞑靼人的防御不可松懈，利用这一段休战期，戚继光开始大规模修建长城。

蓟镇长城最早修建于明朝初年，为大将军徐达所建，但到万历时代已经破败不堪。戚继光新修建的长城不再是简单地以石块筑墙，而是依据"因地制宜，以险制塞"的建筑思想，西起古北口，东至望京楼，依山设险、凭水置塞，修起一道绵延千里的立体防线。

空心敌台是戚继光的一大独创，敌台由上、中、下三部分组成，下部基座用巨大条石砌成；中间空心部分构筑成相互连通的房间，供士兵驻守，存放粮秣和兵器；上部为台顶，可以燃烟举火以传递警报。每个敌台都配备有火炮，敌人的弓箭无法射到里面的士兵，骑兵在火炮的射程内也不敢靠近长城。每个敌台置有正八品百总一名，负责指挥战斗。这样的敌台多达一百五十八座，层层设防，互为犄角，使蓟镇长城固若金汤。直到今天，我们依然能在河北省承德市滦平县境内的金山岭看到保存完整的戚氏长城。

得益于俺答封贡和戚继光镇蓟，明朝北边数十年里几乎没有大战发生。这一时期，辽东方向虽然战事不断，但捷报频传，明军一直处于压倒性优势，足以让皇帝高枕无忧。

李成梁和戚继光虽然走的是两条截然不同的制军道路，但殊途同归，都取得了巨大的成就。戚继光一贯走专业路线，专于战术理论研究，训练的是国家队，纪律严明，赏罚得当，又擅长研发各种新式兵器，使得北方边境太平，十余年不见烽烟。

李成梁练兵的思路很像南宋时期岳家军、韩家军那种私人部曲，以重金厚养精锐死士，这种部队作战虽勇，但只忠于个人而国家观念淡薄，除了李成梁父子谁也指挥不了。

年复一年，万历皇帝只看到了辽东的显赫战功，多次祭告郊庙，进封李成梁为宁远伯，又一次次为他加太子少保、太傅，世袭锦衣卫指挥使等荣誉头衔。同时由于北方长久安宁，戚继光无功可建，也就无法继续封侯晋爵，一代名将的重要性日渐微弱，渐渐被皇帝所忽视、遗忘。

边境平安，无仗可打，对于一个国家来说是件好事，但对于镇守一方的将领来说却未必如此。到明朝末年，清军内犯，流寇四起，而大批实力派将领却各怀私心，养寇自重，皆是出于这个原因。

# 第十六章　朕等此疏有日

自明朝开国以来，冬季上朝有个老规矩，就是按照节气每到大寒之日，皇上会赐给大臣们貂皮护耳取暖。然后第二天所有大臣都会戴上这副毛茸茸、暖烘烘的御寒用品集体向皇帝致谢。

万历皇帝登基之后，因为受了张居正勤俭节约思想的影响，这项老规矩已经多年不再实行。大臣们上朝都是面北顶风而行，一路朔风劈面，寒如霜刃，等到步行数里到了朝堂上，人已经冻得半僵，苦不堪言，但也只能硬挺。皇帝不发话，大臣们也不敢僭越穿戴。

这一年冬天，万历皇帝不知道从哪里听说了臣工们挨冻的窘况，便又恢复旧例，赐给大家貂皮护耳。满朝官员皆大欢喜，以为终于可以摆脱挨冻之苦，可是到了第二天上朝时，大家全都傻了眼。

站在最前面的首辅张居正还是往常的服饰，头上依旧是一顶金线缘边的乌纱官帽，并没戴护耳。帝师不怕冷，百官谁又敢说自己畏寒，大家虽然怀里揣着御赐的暖耳，不少人甚至连貂帽也准备了，但没人敢戴。

张居正此时已经是年过半百的人了，而且为国事日夜操劳，鬓发苍白，形神顿惫，何以如此不畏严寒？这话还得从头说起。

## 喋累长空

热爱工作的张居正同样热爱美女，妻妾成群自不必说，全国更有大把的官员争先孝敬，其中尤以戚继光的礼物最为贴心。

戚继光老家在山东文登，而文登一大特产就是著名的壮阳药腽肭脐，也就是海狗肾，真品效果奇佳，千金难得。有戚继光不断进献，张居正家里的海狗肾多得可以当饭吃。然而此药虽有金枪不倒之奇效，但长期服用也会造成身体热毒难消，头灼似火。所以张居正在严冬时节身体躁热，头上也不需要戴任何保暖之物。

大臣们没有那么多海狗肾来补身体，真有身体羸弱熬不住严寒的，有时就会偷偷戴上暖耳，但如果远远看到张居正来了，就要赶紧摘下来。即使是皇上赐的东西，大臣们依然要看张居正的脸色行事，可见张居正摄政之威。

万历九年（1581年），张居正病了一场，朝内朝外，大小臣工莫不争相斋醮为首辅大人祈祷。其中有个叫朱琏的御史，最为谄媚，大夏天脑袋上顶着香炉，于炎炎烈日之下骑马巡行，为张大人祈福。他在回家吃饭时，因为下属进献了荤酒，失了诚心，还狠狠鞭打了下属一顿，因为首辅大人尚且病着，他要斋戒！张居正当权时威风如此，却也为后人留下了灾祸的种子。

公道世间唯白发，贵人头上不曾饶。张居正可以决定天下人的命运与帝国的走向，却不能推迟衰老的来临。张居正于公于私都不太爱惜自己的身体，尽管位极人臣，功高权重，太后、皇帝对他尊宠备至，恩礼有加，但繁重的公务，复杂的人际关系，新政的重重阻力，加上纵欲过度，都令他血气两衰，刚到天命之年身体便已经严重虚弱，似朝不保夕。

张居正清楚地知道自己的身体已经不堪重负，同时看到皇帝已经日渐长大，他作为顾命大臣辅佐幼帝的任务似乎该告一段落了。与其中途翻车，不如急流勇退。万历九年（1581年）三月二十二日，他向万历皇帝第一次提出退休请求，意在归政于皇上。

年轻的万历皇帝对张居正的威权震主早有戒心，也很想早日亲操政柄，但对如此重大的人事更动，他还是做不了主，就去向太后请示。慈圣皇太后对儿子的信任远不如对张居正的依赖，她态度明确地对儿子说："待张先生辅佐你到三十岁，那时再做商量吧。"太后如此表态，让皇帝大失所望，这一年皇帝已经十八岁，感觉自己走向亲政的路上阻碍重重。

然而辅政十年，只是太后一厢情愿的想法。不过是四个月后，张居正就已一病不起，严重到多日不能上班。年轻的皇帝对张先生无可挽回的衰老并没有感同身受。他一边继续要求张居正边治疗边回来工作，一边派人前往张府探望病情，并带去赏赐的活猪一头、活羊一只，糟瓜茄一坛，白米二石，酒十瓶。

在这些赏赐里，有一个很有意思的东西，就是糟瓜茄，《明史》记载，历代皇帝曾多次赐给大臣这种脆嫩清香的小酱菜。

据说宫廷御膳房所出的"糟瓜茄"味道奇佳，制作方法也极为简单："瓜茄等物，每五斤，放盐十两，和糟拌匀。用铜钱五十文，逐层铺上，经十日取钱，不用换别糟，入瓶收久，翠色如新。"这种做法后来一直流传到民间，直到今天，名闻天下的北京六必居酱菜依旧延续了当年的宫廷制法，让这种价格不菲的美味酱菜传承至今。

万历十年（1582 年）二月，张居正再次重病卧床，据说是一次失败的痔疮手术感染所致。这一次病情急剧恶化，挨到六月，别说吃酱菜，连米汤也喝不进了。

六月二十日，一颗巨大的彗星出现在西北天空，形如白练，巨大的彗尾直指五车星座。当日，张居正溘然长逝，享年五十八岁。张居正病逝后，万历皇帝为之辍朝，追赠张居正为上柱国，谥号"文忠"。

谥法上说：经纬天地曰文，危身奉上曰忠。翻遍中国历史，唐代以后，能得到"文忠"这样高的评价的，也不过颜真卿、苏轼、欧阳修等寥寥十余人而已。张居正初入阁时虽位列诸辅臣之末，但已有独当国政的雄心，他挤掉高拱，独揽大权，当政十年，实施新政，力挽狂澜，延长了大明王朝的国祚，功业堪称冠绝当代，卓立千古。

但换一个角度来看，张居正当国十年，所揽之权正是皇帝的大权。这十年间，万历皇帝看起来是那么恭敬、顺从、心甘情愿地生活在张居正的阴影里。然而帝王自有帝王的逻辑，随着万历皇帝一天天长大，尝到了权力的滋味，对张居正的倚重和信赖也慢慢变成了厌恶甚至仇恨。

张居正既死，万历皇帝也已成年，其从爷爷身上遗传而来的刚愎自私、薄情寡恩的一面，如同一匹束缚了太久的野马，被彻底释放出来。

# 连锁反应

张居正病逝仅仅过了四天，一场清算行动就在无声无息中开始了。首先感受到严寒滋味的，正是张居正临终前推荐的内阁大臣潘晟。

礼部尚书潘晟既是冯保的亲信，也是张居正改革的坚定支持者。他听说自己一步登天，以武英殿大学士的身份进入内阁，自然满心欢喜，从浙江新昌一路春风得意地来京上任。

当时内阁的阁臣是次辅张四维和申时行，两人都很看不上潘晟的为人，更不愿意在其之下，于是一起向给事中、御史们吹风，示意他们上书弹劾潘晟。

潘晟人还在半路，就遭到了七名言官联手弹劾，大丢脸面，干脆先写了份辞职信快递送到北京，以测试皇帝的态度。

万历皇帝对言官言听计从，丝毫不念及张居正的旧情，顺水推舟，当即批准同意潘晟以新衔致仕。潘晟虽然一天内阁的大门也没进过，但总算可以享受到阁臣的退休待遇。

打狗需看主人面。这一棒子打在潘晟身上，却痛在冯保脸上。冯保当时患病在家休养，闻讯后气得暴跳，大叫道："我只是刚得了点小病而已，就当我不存在了吗！"

一叶知秋，冯保只顾着发怒，并没有发觉潘晟未任而辞，是一个明显的政治信号：张居正已死，冯保失去朝堂上强大的盟友。这两个人本来就树敌众多，结怨甚深，现在张居正的生命结束了，冯保的政治生命也将走到尽头。张居正尸骨未寒，万历皇帝冷冷的目光，已经看向了陪伴了他整个童年到少年时期的冯保。

冯保之所以得势，首先是出于两宫皇太后对他的一贯信赖。当年的小皇帝，在外要看张居正的态度，回宫还得看冯保的脸色，有时候与小太监嬉戏打闹，一看冯保来了，马上停止游戏，正襟危坐，表情紧张地说："大伴来啦！"

冯保身兼司礼监与东厂的要职，加上太后的信赖与皇帝的尊重，未免得意忘形，气焰嚣张得很。就连太后的父亲武清侯李伟见了冯保，也得叩头行礼，尊称他一声"老公公"。冯保在皇上的姥爷面前本来也是奴才身份，却对李伟这种恭敬礼节安然受之，只是小屈膝答："皇亲免礼！"

小皇帝身边有几个亲信太监，都是活泼好玩的年轻人，如乾清宫掌事太监孙海、客用等人，作为同龄人，他们比较懂皇帝的心理，常常带着皇上斗鸡走狗，舞刀弄枪，与皇帝的关系十分亲昵。

某一日，皇帝与孙海、客用等人在曲流馆饮酒，喝得酩酊大醉。此时皇帝想起冯保平时的跋扈，恨意顿生，就趁着酒劲，领着一干人将被冯保收为义子的两名小太监打成重伤，然后又骑马来到冯保家门外，大呼冯保之名。冯保十分恐惧，不但没敢出来见驾，还用石头挡住家门，真怕皇帝杀进来一刀结果了他。

一直折腾到第二天天亮，皇帝困意上涌，回家睡觉去了。冯保这时候才敢出门，一溜烟儿跑进宫内，找到慈圣太后哭诉，鼻涕一把，眼泪一把，狠狠告了皇帝一状。

慈圣太后听说儿子如此放纵，怒不可遏，立刻换上了青布袍，摘掉首饰，扬言要召见内阁和六部大臣，昭告太庙，废掉万历皇帝，另立皇帝的弟弟潞王为帝。

万历皇帝酒醒之后，才知道自己闯下滔天大祸，赶忙前去向太后请罪，慈圣太后对他一顿劈头盖脸的责骂，威胁道："这皇帝就你一个人能当吗？"

她命冯保取出《汉书·霍光传》，要皇帝看看前朝废立皇帝的先例，并声称要召回潞王。万历皇帝这时候彻底吓傻了，一句话也说不出来，只会跪地痛哭流涕。过了好久，太后才算消了气，但要求皇帝把太监孙海、客用等人斥逐出宫。

在这里真要帮万历皇帝说句公道话，一个从小被压抑管制的年轻人，偶尔饮酒放纵一下，又没有造成什么严重的后果，太后真的没必要如此反应过度。更何况这个年轻人的身份是皇帝啊！

事情到这还不算完，冯保又要张居正代万历皇帝起草罪己诏，向阁臣检讨认错。张居正所写罪己诏措辞十分苛刻，并在其中开列出皇帝身边有罪太监的名单。这份名单完全是冯保提供的，他正好官报私仇，趁机把自己看不顺眼的太监通通逐出宫去。

经过这场风波，万历皇帝伤心地领悟到，自己徒有皇帝之名，却不过是一个傀儡，在太后面前毫无地位，在张居正面前毫无权力，在冯保面前毫无尊严。这刻骨的伤害让他与冯保的关系，由信赖、畏惧转为怀疑、怨恨。

一日万历皇帝兴致大发，又想书写大字赏赐众臣，当时冯保就站在一旁伺候。皇帝写着写着，突然猛一抬头，怒视冯保，把手中饱蘸墨水的毛笔当作投枪，猛地扔到冯保身上。霎时冯保的红袍上墨迹斑斑，本人也变成了花斑豹，呆愣在那里，手足无措，连张居正也吃了一惊，面色大变。万历皇帝掷笔之后，仿佛出了一口恶气，心情舒畅了许多。他接着又拿起一支笔，若无其事地书写完毕，起身走人。

现在皇帝再无束缚，大权在握，剪除冯保的时机到了。

此时万历皇帝最信任的人，是司礼监秉笔太监张鲸。张鲸原是司礼监八个秉笔太监之一，年龄虽然只有三十五六岁，却已经在内廷当了二十年差。他五岁被阉送入宫中时，曾在内书堂读了六年书，是太监里头难得的秀才。张鲸平日言语极少，更不论他人是非。

万历皇帝因为曲流馆事件栽了跟头，心里苦闷，常叫张鲸找些意境哀伤的诗来读，其中有一首据说是建文帝写的《逊国后赋诗》：“牢落西南四十秋，萧萧华发已盈头。乾坤有恨家何在，江汉无情水自流。长乐宫中云气散，朝元阁上雨声愁。新蒲细柳年年绿，野老吞声哭未休。”哀婉沉痛的词句正符合他的心情。

在读诗与解诗的过程中，万历皇帝也见识了张鲸的才华和品性，对他很有好感，逐渐引为心腹。

冯保掌权多年，势力根深蒂固，但万历皇帝也并非孤军作战。除了内宫的张鲸，更有内阁大臣作为他的盟友，这个人就是赶走潘晟后顺利坐上了首辅位置的张四维。

张四维字子维，山西蒲州人。前几任首辅如严嵩、高拱、张居正等人都是出身清苦的读书人，但张四维家里则是山西有名的大盐商，家资巨万。他的舅舅更不得了，就是我们在前文中提到过的兵部尚书，宣大总督王崇古。王崇古的亲家是礼部尚书马自强，同样出身于山西大盐商。张、王、马这几大家族盘根错节，有钱有权，是朝廷中一支不可小觑的力量。

张四维是几大家族寄予厚望的政治明星，他不仅擅长文辞，明悉时事，而且才智过人，曾为首辅高拱所器重。

当年在俺答汗与朝廷议和之时，朝议纷纷，相持不决。正是王崇古在前方极力周旋，高拱、张居正在后方全力支持，才使和议成功。张四维当时是坚决的议和派，高拱很看重张四维的才干，提拔他为吏部左侍郎。隆庆皇帝死后，高拱被张居正斗垮，作为高拱门下的红人，张四维只得引病回家，以待时机。

万历三年（1575年）三月，用人不计出身的张居正请增置阁臣，张四维得到了二次出山的机遇，出任礼部尚书兼东阁大学士，入阁参与机务，又上了一个台阶，与申时行一同作为张居正的左膀右臂，为新政的推行做出了很大贡献。

潘晟入阁的失败让冯保对张四维怀恨在心。他想加封自己为伯爵，也遭到张四维极力反对。冯保的性格何其阴毒，他决定效法当年打击高拱的前例，干掉张四维。

冯保先是唆使云南道御史杨寅秋首先发难，弹劾吏部尚书王国光滥权纳贿。王国光和张四维是同乡，二人向来关系密切，弹劾王国光实际也是剑指张四维。

王国光果然不是冯保的对手，很快被罢了官，紧接着冯保又推荐张居正一系的梁梦龙继任吏部尚书，算是先胜了一局。御史曹一夔跟着推波助澜，借弹劾王国光之机，直接向张四维发难。万历皇帝坐不住了，怒斥他道："张四维是元辅忠臣，你小小御史怎敢妄言！"

冯保的先发制人令内阁十分紧张，次辅申时行不安地提醒张四维说："事情紧迫！咱们也得有所行动了。"为了维护后张居正时代的权力格局，阁臣们不惜与司礼监决一死战，一场针对冯保的战争很快拉开序幕。

内阁派派出山东道御史江东之上疏弹劾冯保的亲信书记官、锦衣卫同知徐爵。徐爵这名字，我们在前文中提到过，是冯保的重要亲信，当初冯保派人向张居正请教如何除掉高拱，派出的信使就是此人。

万历皇帝接到上疏，毫不迟疑，立刻下令将徐爵逮捕入狱严加审讯，然后送刑部拟斩。新上任的吏部尚书梁梦龙也很快被勒令罢官，内阁迅速扳回一局。

言官发起的反击战火很快烧到冯保身上，江西道御史李植上疏，指名道姓地弹劾冯保当诛十二罪。这些罪状包括擅入宫禁，窥视太后、皇上起居，所建私宅庞大豪华，不亚于藩王府第等，甚至连冯保床上使用的帷帐颜色违规，冯保的弟弟辱骂太监之类鸡毛蒜皮的琐事也一一被检举出来。

一时间，司礼监外风雨飘摇，各种弹劾冯保的奏疏如雪片一般飘来，其中最可怕的控诉，是对冯保家产的夸张描述。而这些半真半假的文字，让万历皇帝对传闻中的巨大财富充满了天真的期待。

翻脸无情的万历皇帝早就想对这个一路陪伴他成长的"大伴"除之而后快，又垂涎冯保的家产，他看罢奏疏，开怀大笑道："我等此疏有日了！"

由于在冯保的管制下压抑太久，皇帝在如何处分冯保的问题上还有点打怵，不敢直接痛下杀手。最后还是张鲸给皇上壮胆说："就让冯保回家闲住吧。"皇帝担心地问："冯大伴来找我算账怎么办？"还是张鲸胆大，不屑地说："既奉了皇爷的处分，他哪里敢来，冯保是绝对不敢抗旨的。"

时逢皇帝的弟弟潞王大婚，急需大量银两，太后一直对此事忧心忡忡。万历皇帝胸有成竹地说："此事不难，咱们朝臣很多无耻之辈，把金银财宝尽献张、冯两家了。"

正所谓人走茶凉，太后听说冯保有那么多财产，很想马上抄回来给小儿子办婚礼，对冯保这位昔日的亲密战友的生死变得漠不关心。

张居正死后不到七个月，七品言官李植的一封奏疏，成为压倒骆驼的最后一根稻草，让不可一世的权阉冯保黯然下台，其家产尽数被抄。

当时有的言官建议万历皇帝仿照当年正德皇帝凌迟刘瑾的先例，处死冯保。但万历皇帝对冯保还是念及一些旧情的，不但没杀他，还允许他离开北京时带走一千两银子，两箱衣服。冯保苟延了一条性命，灰溜溜地回了南京，从此彻底告别了权力中枢。

没过多久，愤懑至极的冯保便悄无声息地死去了，死时不过四十岁，被葬于南京一个叫皇厂的地方。

冯保的文化修养很高，他在司礼监任上时监刻了《启蒙集》《四书》《书经》《通鉴直解》等多部书籍，备受后人推崇。冯保亦精通音律，尤其善于制作古琴，他做出来的琴音色极佳，是当时人人求之不得的宝贝。

在今天北京房山兜率寺内的一面石壁上，还镌刻着两千多字的《佛说四十二章经》，即为冯保亲手书写，笔法极为精妙。

随着张居正的离去，曾经身处帝国权力中心的一代风云人物，风雅多才的权阉冯保，就这样在万历皇帝恩断义绝的疏离中迅速黯淡下去，消失于人们的记忆之中。

# 鸟尽弓藏

除了冯保之外，还有另一位引人注目的实力派人物也渐渐淡出人们的视线，他就是戚继光。

戚继光之所以能镇守一方，屡立战功，离不开张居正的赏识和提拔。二人的关系十分密切，尽人皆知，而张居正死后不到半年，戚继光就尝到了失去靠山的苦涩滋味。

戚继光镇守蓟镇的十余年间，胡人不敢南下牧马，长城内外烽火长久不燃，他的功绩尽人皆知。然而边境安宁竟然成了戚继光的罪名，在不到半年的时间里，戚继光的亲信将领胡守仁、李超先后被调到南方，紧接着与戚继光十分友爱的弟弟戚继美也接到了调往贵州的诏令。

亲近知交的纷纷离去，让戚继光十分落寞。一个萧瑟冷清的秋日，他独自登上蓟镇西北的盘山绝顶，举目望去，天高云垂，衰草连天，吟咏出了一首著名的诗篇《登盘山绝顶》："霜角一声草木衰，云头对起石门开。朔风边酒不成醉，落叶归鸦无数来。但使雕龙销杀气，未妨白发老边才。勒名峰上吾谁与，故李将军舞剑台。"

不久，对戚继光落井下石的小人陆续跳将出来，给事中张鼎思上疏万历皇帝说："戚继光虽然在南方打过一些胜仗，到北方却鲜有战果，说明他的本事只适合于南方，北方水土不服，应该重新调他回去。"

蓟镇是北京最重要的外围防线，张居正死后，万历皇帝并不愿意将这个至关重要的军镇交给张居正的嫡系将领，于是很快下旨将戚继光调任广东总兵官。

同为总兵官之职，虽然看起来是平级调动，但戚继光实际上已经失去了拱卫帝都的重要位置。广东的倭患早已平定，戚继光到那里其实无事可做，这一番南北调动，足以看出万历皇帝对他的明显疏远。

戚继光临行前，蓟镇的百姓流泪攀车，不舍得让他离去。戚继光的部将陈第见此情景，心中伤痛，赋诗感怀道："辕门遗爱满幽燕，不见胡尘十六年。谁把旌麾移岭表？黄童白叟哭天边。"

万历十二年（1584年），随着恩公张居正跌落神坛，戚继光不再抱有建功立业的期待，只想能够以体面的方式退休，保全一个军人最后的荣誉。鸟尽弓藏，兔死狗烹。万历皇帝毫不念及戚继光的盖世功勋，而是以张居正党羽的罪名，将戚继光革职。戚继光为国尽忠一生，结局却让人唏嘘，晚年不得不在屈辱与悲凉中返回故里。

又过了两年，朝中不少有识之士都为戚继光的结局感到惋惜，河南道御史傅光宅特地上疏皇帝，建议重新起用这位当代罕见的将才。这使戚继光内心充满了希望，他当即挥笔疾书，告知北疆的战友："寄书向知己，不解作家音。男儿铁石志，总是报君心！"可是没过多久，朝廷中传来令人失望的消息：万历皇帝不但不予采纳，反而给了傅光宅夺俸两个月的处分。

三个月后，这位守护了朱家三代江山的精忠名将，在满腹委屈与无尽凄凉中溘然长逝。

# 第十七章　恩怨尽时

话说当年洪武皇帝朱元璋分封诸皇子时，十五子朱植被封为辽王，就藩在辽河流域的广宁卫，大概位置就在今天辽宁省北镇市附近。

东北是个没人愿意来的苦寒之地，比如前文提到的韩王，就是死也不来东北就藩。但朱植算是朱元璋比较优秀的儿子之一，他不但欣然就藩，而且积极训练军队，和燕王、宁王几个兄长屡建军功，受到了朱元璋的多次褒奖。

建文帝继位后，开始大刀阔斧地削藩，但燕王朱棣却不是善茬，干脆打起靖难的旗号起兵造反，还打算拉朱植入伙一同对抗侄子皇帝。

这下子朱植陷入了两难的尴尬境地。一方面他觉得帮四哥造反胜算不大，但帮侄子打哥哥同样吃力不讨好，几个兄弟的下场就在眼前，早晚也得被收拾。

朱植想来想去，决定干脆一走了之。于是他抛下军队，远离战场，要求建文帝给他换个封地。这一下倒正合建文帝心意，朱植被重新分到了江陵，也就是今天的湖北荆州。

朱植带着家眷，千里迢迢从东北前往江陵，还没走到地方，已经传来惊天消息，大明王朝竟然换了天子，四哥朱棣以一藩之地夺了天下，成为永乐大帝！

朱棣登基后，自是一番赏功罚过，对朱植当初的袖手旁观很不满意，特意下诏不准他再回辽东，并把他的俸禄和各项待遇降为原来的十分之一，仅给他留下区区三百人的侍卫和仆从。

朱植一宝没押准，成了边缘人，但也没什么办法，东北是回不去了，也只能在湖北老老实实地继续当他名不副实的辽王。

朱植死后，他的儿子第二代辽王朱贵烚承袭王位。这位王爷比较机灵，脑子活泛得很，只要听说北京换了新皇帝，他就上书哭穷，要求提高待遇。

明仁宗和明宣宗父子俩都比较厚道，有求必应，把辽王的待遇提高了不少。辽王府的日子又开始好过起来。

明英宗朱祁镇登基后，朱贵烚又如法炮制，继续厚着脸皮提条件，要待遇。

明英宗脾气可不太好，压根儿不想惯他的毛病，他觉得我爷爷和我爹已经很给你们家面子，你居然还如此贪心不足，真是给脸不要脸，结果不但没有同意朱贵焌的请求，还特意派御史去查辽王的违纪情况。

想抓一个王爷的把柄还不容易吗？一番巡查过后，英宗以"伤风败俗、污辱祖宗"的名义将他的王爵废除，派他去给老爹守陵，让他的弟弟朱贵燫继任辽王。

可怜的朱贵焌这下失了算，不仅没要到待遇，还彻底丢了王位，最后在父亲墓地的草庐里足足苦熬了十四年，很好地继承了辽王家族倒霉的传统。

# 人心叵测

一百多年过去了，嘉靖三年（1524年）第六代辽王朱致格即位。这位辽王是个病秧子，身体虚弱，常年跟枕头做伴，所以王府里里外外都由王妃毛氏当家。

这位毛王妃是个王熙凤式的人物，识文断字，做事泼辣果断，倒也把辽王府管理得井井有条。事业心强的女性一般都对子女有着严格的要求，毛氏也不例外，她将重振辽王府的希望寄托在了儿子朱宪㸅的身上，经常激励他奋发读书。可惜朱宪㸅是天生的恶少一个，压根儿不是读书的料。毛氏没办法，就拿出所有父母最常用的一招，用别人家的孩子激励自己的儿子。

这个让王妃无比欣赏的别人家的孩子，是辽王府护卫张镇的孙子，名叫张白圭。

张白圭自幼便有神童之名，少年得志，名扬四方，十二岁进入府学，十六岁就高中举人，街坊邻里争相夸耀，连辽王也久闻其名。作为同龄人，朱宪㸅非但没有在榜样的影响下发奋读书，反而在母亲的唠叨中对张家祖孙产生了巨大的反感和仇视。慢慢地，小辽王心生恶念，找了个机会赐酒给张镇让他痛饮。王爷赏的酒，张镇一个小小护卫岂敢不喝，结果饮酒过量，醉死在了辽王府中。

这下两家算是结下了仇。一方是王爷，另一方是个护卫，势力天差地别，朱宪㸅压根儿没有把张家放在眼里。可惜这回他看走了眼，那位满怀仇恨的江陵神童张白圭成年后还有一个响当当的名字——张居正。

杀爷之仇，岂能忘怀。张居正把少年时期的仇恨化为强大的动力，奋发图强，他要凭自己的才华在官场上奋力登攀，直达权力的顶峰，为社会荡涤污浊，让草根庶民也能散发光芒。

江陵那位不成器的辽王朱宪㸅，虽然不曾用功读书，但他吸取了以前几位辽王的教训，一直拼命讨好皇帝以维持自己的地位。当时在位的是热衷于修道的嘉靖皇帝，辽王果断选择了准入门槛极低的修道方式以显示自己和皇帝同心同德。

辽王在自家王府摆出了一副潜心修道的姿态，然后让周围人把他的虔诚表现报告给京城的皇帝，嘉靖皇帝对辽王崇信道教的情况非常满意，还封了他一个"清微忠教真人"的道号。

朱宪㸅假戏真做，越来越疯狂，他曾命人在光天化日之下在大街上杀人并割下人头，无人敢管。隆庆皇帝继位后，不像嘉靖皇帝那样对宗室无底线地纵容，压根儿不吃朱宪㸅装神弄鬼那一套，而是命刑部侍郎洪朝选前往荆州，勘查落实朱宪㸅的各种不法行为，最后将他废为庶人，禁锢在凤阳高墙之内，从此辽王藩国彻底变成了废藩。

洪朝选到荆州查验罪证的时候，带了一个助手叫施笃臣。施笃臣与辽王原来就有积怨，正好可以借机会狠狠报复一下这位早年的仇人，失势的藩王。

要说这施笃臣手段也真够狠毒，阴招连环出手。他先是伪造朱宪㸅书信，又反过来以此为把柄要挟朱宪㸅。朱宪㸅虽然疯疯癫癫，但毕竟藩王的架子还在，哪里肯轻易就范。干脆就在自家门口竖起一面大白旗，上写"讼冤之纛"四个大字，以鸣不平。这下可给施笃臣抓住了把柄，他一面上报诬陷辽王起兵谋反，一面出动五百卫军将辽王府团团包围。

眼看着事情越闹越大，几乎不可收拾，好在洪朝选是个厚道人，他知道辽王虽然罪不容赦，但扯旗造反之事绝对是不可能的，所以在返京向隆庆帝报告勘查结果时，没提所谓辽王谋反的事情。本来事情就算过去了，可他这么公事公办，又惹恼了另一个与辽王有深仇大恨的人——当年的张白圭，今天的张居正。

当时已经是内阁大学士的张居正一直紧盯着对辽王案的处理，他见洪朝选没有对辽王痛下死手，大为不满，严厉指责洪朝选没有向朝廷如实揭发朱宪㸅谋反之事。正直耿介的洪朝选一气之下，辞官回了老家福建同安。但张居正不依不饶，密令福建巡抚劳堪罗织洪朝选的罪状。

内阁大学士托自己办事，劳堪自然全力以赴。他为了讨好张居正，竟然随便捏造罪名将洪朝选逮捕入狱，并刻意断绝饮食三天。洪朝选又气又病，竟然死在了狱中。更令人发指的是，劳堪不准洪朝选的家属殓尸，任其一天天腐烂。

公正地说，洪朝选之死，张居正是有责任的。但辽王被废，纯属自作自受，与张居正并无半点关系。张居正死后，善于观察形势的云南道御史羊可立跳将出来，翻出这件陈年旧案，无中生有地声称张居正陷害辽王，是为了侵占辽王王府和田地。

当时朱宪㸅早已郁郁而终，但此论一出，辽王的家属都欢欣雀跃，认为咸鱼翻身的时机到了。寡妃毛氏亲自出面，向朝廷上疏，除了为辽王辩冤，特别强调指出，辽王家的财产数以万计，都被张居正侵吞了。

刚刚亲操政柄的万历皇帝，帝王独断之心勃然而兴，但不把张居正的神位推翻，又何以树立自己的天子权威？这一起辽王旧案被再次翻出，正当其时。

数月前，冯保、戚继光、潘晟、冯梦龙等人的遭遇，已经让政治嗅觉格外灵敏的言官们闻到了皇上好恶的微妙变化，继而发现了大显身手的机会。既然张居正的亲信们可以被扳倒，攻击死去的张居正又有何不可，而且既可扬名立万，又绝对安全。

万历十年（1582年）十二月十四日，善于揣摩上意的陕西道御史杨四知出马，弹劾张居正十四大罪。他这一宝押对了，尽管其控诉的内容空话连篇，完全没什么实质性的罪过，却正中皇帝下怀。

杨四知的奏疏是一个极为恶劣的开端。万历皇帝下令严查张居正的管家游七，将其关入大狱，作为彻底否定张居正的热身运动。

我们在前文提到过，游七结交官绅，手眼通天。在张居正权倾朝野，炙手可热之时，游七自然也跟着势倾中外，公然与权贵高官往来。一般官员想要巴结张居正，都得先过游七这一关。

明朝规定：官员不能和太监私下来往，所以张、冯二人平时不便见面，只能靠心腹之人传递信息。张居正对游七格外信任，他的很多谋划，都是通过游七跑去告诉徐爵，徐爵再报告给冯保。而冯保要做什么决断，也是让徐爵先告诉游七，游七再汇报给张居正。

言官中有的是落井下石的无耻之人。游七下狱后，南京刑科给事中阮子孝弹劾张居正的三个儿子张嗣修、张敬修、张懋修的功名有问题，属于"滥登科第"。万历皇帝心领神会，未经详细调查即令内阁拟旨，将张居正三个儿子的功名都予以革黜。

天日昭昭，苍天做证，张居正曾经因为儿子要参加殿试，特意请求回避读卷，而万历皇帝坚持不允。后来张嗣修进士及第，张居正向皇帝谢恩时，皇帝又情真意切地说："先生的大功，朕说也说不完，我照顾好先生的子孙就算是报答啦。"这番情真意切的表白当时听来是多么感人动听，现在看来又是多么讽刺！

当年的话语言犹在耳，可现在的万历皇帝已经全然忘记，毫无顾忌地撕破面皮，对张居正乃至整个张氏家族开始了一场不留余地的凶狠打击。

## 斩尽杀绝

张居正擅于理财，精心培养的学生却是一个善搜刮的昏君。财迷心窍的万历皇帝，早就对传说中张居正的万贯家财垂涎三尺。如今羊可立诬陷张居正侵吞辽王资产，这就等于有了堂而皇之抄没张居正家财的理由。

万历皇帝迅速下了一道圣旨，宣布张居正犯有侵盗王府财产，侵占王坟，掘毁人墓之罪，下令将张家的一应财产全部抄没入官，变卖解京。

这道圣旨等于皇帝于公于私两方面都彻底否定了张居正，将张居正及其家人推入万丈深渊。

在万历皇帝派出的查抄张府家产的负责人之中，有一个对张居正恨之入骨的人——刑部侍郎丘橓。

这位丘橓可谓明代官场中的一朵奇葩，他初入仕途，就遭到皇帝的厌恶。嘉靖四十一年（1562年），湖广巡抚方廉因为一件小事私下赠予丘橓五两银子，这本来是非常普通的人情往来，没想到丘橓竟然小题大做地向皇帝上奏，说方廉贿赂官员，违法乱纪。

虽然五两银子微不足道，但既然丘橓在奏疏里把这事捅了出来，嘉靖皇帝也不得不有所表示。最终的处理结果是巡抚方廉丢了官职，回老家"冠带闲住"。

这事一出，朝廷上下对丘橓心胸狭隘、不近人情的做派都很厌烦，没过多久，嘉靖皇帝就找了个借口，打了丘橓六十大板，将他削籍为民，赶回老家去了。

丘橓虽然性情古怪，倒也颇有海瑞之风，他归乡之时，身无长物，全部家当只有一筐旧衣服，几卷图书。

万历初年张居正刚刚主政的时候，有人向他推荐丘橓，但张居正早就听说过丘橓的种种事迹，最讨厌这种有名无实的名士做派，对他的评论是："这小子是个怪胎，没什么人格道德。"丘橓的复官之路就这样被张居正一句话掐断了。

张居正倒台后，正所谓"凡是张居正反对的，万历就要支持"，丘橓也凭着这段被张居正黑过的经历，重新回到政坛，并很快升任刑部右侍郎。丘橓对张居正一直怀恨在心，人还未抵荆州，就先命地方官封锁张府出口，将张家团团包围，大门封死，以待查抄。

另一个代表皇帝监督抄家的，则是冯保的死对头，当年曾被冯、张驱逐出宫，现在又回到司礼监的太监张诚。此二人奉旨抄家，对张家极尽疯狂报复之能事也就不稀奇了。

张家的大门是封了，可张府上上下下还有很多人都住在里面呢。不多日，相府里的存粮吃完了，许多老弱妇孺竟然被活活饿死，其状惨不忍睹。多年之后，依然有人说能看到无处可去的怨鬼在人去楼空的相府飘荡。

张居正虽不是海瑞那种不近人情的清官，但也自持甚严，很少接受下属馈赠。家财万贯的辽东大帅李成梁受封伯爵后，为表示感激，特遣使者送给张居正黄金千两、白银万两，遭到了张居正的严词拒绝，因此张居正的家产并不像万历皇帝想象的那样富可敌国。

锦衣卫在两大酷吏的带领下兴师动众地杀奔张府，清查财产，锱铢必较。就连张家女眷也被抄家者逐一搜身，甚至掀开内衣搜查到腹脐，连张居正八十多岁的老母亲赵太夫人都未能幸免。此时，不知道赵太夫人是否还能回忆起儿子活着的时候，自己进京时过黄河如履平地，地方官员屈膝相迎，唯恐招待不周的梦幻待遇。

经过一番掘地三尺的精细搜刮之后，锦衣卫向皇帝上报的抄家清单却与万历皇帝的预期相去甚远，令他大失所望。

由于没有找到传言中的巨额财产，丘橓和张诚立功心切，就开始对张居正的家人刑讯逼供。

锦衣卫有一招大名鼎鼎的"弹琵琶"，在上刑前先在犯人的胸膛划上几刀，使其肋骨露出，然后再用特制钢刀在犯人的肋骨上来回地刮，此刑一用，受刑者痛不欲生，无不招供。张敬修是张居正长子，官至礼部主事。一介书生，哪里经得起锦衣卫这般严酷拷问。张敬修屈打成招，只好胡乱指认在兵部右侍郎曾省吾家藏有银子十五万，吏部左侍郎王篆家藏银十万，南京户部给事中傅作舟家藏银五万。

查来查去，最后这三家压箱底的所有银渣子凑到一起，也只有十万两银子。

丘橓等人不肯作罢，继续严刑拷问，张敬修实在受不了如此折磨，竟然自缢身亡，以一死表示最后的抗议。张敬修的妻子高氏求死不得，觉得生无可恋，竟用茶匕戳瞎了自己的眼睛。

张敬修临死前，留下一纸绝命书，上面写道："丘侍郎、任抚按，活阎王！你也有父母妻子之念，奉天命而来，如得其情，则哀矜勿喜可也，何忍陷人如此酷烈！"这份遗书的最后特意给这一幕惨剧的始作俑者万历皇帝也点了名："有便，告知山西蒲州相公张凤盘，今张家事已完结，愿他辅佐圣明天子于亿万年也！"张凤盘就是接替张居正的新任首辅张四维。

张居正的三儿子张懋修是张家最为优秀的子弟，他虽然生在宰相之家，却全无纨绔之恶习，自幼积学好古，清约寒素，26岁就高中状元。然而这样一位未来的政治明星，还未能有所作为就已经凄惨凋零。

张懋修也想随大哥自杀，可是技术不过关，投井自杀未遂，绝食又不死，最后被发配边疆，戍守烟瘴之地。

在流放地，满腹经纶的张懋修写了很多愤恨之诗来抒发心中的不平。他深切怀念亡父的英灵，更痛恨万历皇帝的恶毒寡恩。

一直到了天启二年（1622年），张居正才得以平反昭雪，张懋修也在古稀之年从流放地返回家乡。这位才华横溢、饱经沧桑的状元公就这样荒废了一生最好的岁月，未能实现济世安民的抱负，甚憾！

张居正二子张嗣修同样才华横溢，是万历五年（1577 年）的探花，被发配充军后生死不明，再无消息。

值得一提的是张居正的第五子张允修。崇祯年间，张献忠率贼众打到了张氏老家江陵，非要逼迫这位一代名相的后人从贼为寇。张允修宁死不从，竟然自杀而死。留下一首绝命诗："八十空嗟发已皤，岂知衰骨碎干戈。纯忠事业承先远，捧日肝肠启后多。今夕敢言能报国，他年漫惜未抢科。愿将心化铮铮铁，万死丛中气不磨！"

尽管朱明对不起张家，但在国仇面前，张允修放下了家恨，依然选择了为国家以死尽忠。

## 晦明百变

这场惊天骇地的查抄终于结束了。虽然没有找到传言中的巨大财富，但万历皇帝依然十分兴奋，在京城眼巴巴地等着张居正的家产充实自己的内孥。

张诚怕皇帝等得心焦，先发了一封急报，告诉皇帝张家财产总计一百一十杠已经分路递解进京。贪婪的万历皇帝又额外叮嘱张诚道："张家墓地的石兽、牌坊我也要，都给我拆毁卖石料，换成钱送入京师！"

事实证明，万历皇帝只是将辽王一案当作摧毁张居正崇高声望的利刃，并不是对辽王一家有什么好感亲情。没过多久，这位薄情贪婪的皇帝就将荆州这个富庶丰饶的风水宝地，分封给了自己的亲生儿子惠王朱常润。而那个进呈御状的废王妃毛氏无耻陷害了一代名相张居正，折腾了一大通，自己到头来却什么也没捞到，着实是损人而不利己，徒留千古骂名。

如今，万历皇帝翻手为云，覆手为雨，只为了宣泄心中莫名的怨恨。张居正死后竟然遭到如此无情的惩处，这是他始料不及的。

张居正辅政十年，所作所为都是在皇帝的鼎力支持与参与下进行的，新政更是得到了太后与皇帝本人的一致认可，而且取得了显赫的成果。十年来，他不但对张居正不曾表示过丝毫异议，而且一直对他推崇备至、褒奖有加。任何人都看不出他对张居正的怨恨如此之深，竟然可以这样不择手段地残酷报复。

张居正自认为教育出了一代明君，盛世皇帝，却不知逆反的皇帝学生成年后变本加厉地毁坏以往的政策与功业，毫不留情地将万历新政毁于一旦。

当年那个因为夺情事件被廷杖的邹元标，后来成为东林党的五大领袖之首，身历三朝，在七十岁高龄再次回到京师，任吏部左侍郎。邹元标亲眼看到朝政腐败不堪，党派纷争不断，大明王朝日益衰败，不由深深怀念起万历初期的勃勃生机。他终于理解到张居正的确是难得的中兴名臣，痛切地后悔自己年轻时反对张居正夺情是一次非常草率的行为。

胸怀磊落的邹元标痛定思痛，竟然上疏为自己的大仇人张居正平反，他认为张居正有功于社稷，今天国家江河日下，就是因为把张居正的改革成果推翻了。如今为张居正平反，正是为有志报国者树立楷模。在邹元标的倡议下，明熹宗终于为张居正复官复荫。

大明最后一任皇帝崇祯帝在国家风雨飘摇之际，也对张居正极其怀念，还加封张居正后人官荫与诰命，可大明王朝已经覆亡在即，吃后悔药又有什么用呢。如果张居正在，国势何至于此。后人在感慨之余于张居正故宅题诗拟怀云："恩怨尽时方论定，封疆危日见才难。"

万历十年（1582年），也就是张居正家破人亡这一年，皇帝专程派人前去慰问八十高龄的徐阶，并赐他玺书、金币。第二年，徐阶去世，享年八十一岁，被追赠太师，谥文贞。

作为官场斗争中的失败者，徐阶得以远离官场，悠游泉林，安享晚年。在徐、高、张三大名相中，他理政时间最长，人缘最好，家产最丰厚，儿女也都在父荫下享受到了荣华富贵。徐阶下台后，张居正对徐阶的三个儿子都做了很好的安排，但自己死后却连儿子们的性命都保全不了。

争了半生，一切皆空。明末一位罢闲的太监书有一联云："无子无孙，尽是他人之物；有花有酒，聊为卒岁之欢。"

隆万年间最强内阁的三大名相相继离世，帝国再无负重担当之人。张居正得意之时，相府中堂上挂着皇上亲笔书写的对联："志秉纯忠，正气垂之万世；功昭捧日，休光播于百年。"其得到的推崇褒奖前无古人。可当他死后，身败名裂之快犹如山岳崩塌，转瞬间亲人不保，家业成空。设想徐阶、高拱、张居正三人相逢于地下，谈起当年的恩怨纷争、雄心壮志，又将论得出谁输谁赢？

尽管万历皇帝对张居正恨之入骨，但总算守住了最后的底线，没有对他掘墓鞭尸。事实上确实有不少丧心病狂的大臣建议皇帝这样做，但此类奏章都遭到了皇帝痛斥，批评他们太过残忍，不近人情。

张居正的墓地位于荆州市沙市区太岳北路。1966年的深秋，一伙年轻人开来了推土机，高呼着"横扫一切牛鬼蛇神"的口号，将张居正墓彻底摧毁，不仅将墓旁的石人、石马、石龟、石狮尽毁，也让安睡了三百八十年的一代名相在无奈中重见天日。

被挖掘出来的张居正棺椁中，除了一副身穿一品朝服的森森白骨，其他的陪葬品非常菲薄，不过一副黄金衣钩，一方古砚和一面铜镜而已。

万历大时代

卷三

帝国永夜

# 第十八章　独当天下

万历十一年（1583 年）刚一开春，北京就迎来了一场骇人的大风沙。疾风怒起，声如兽吼，尘沙漫天，日月惨淡，铁锅都能吹得飞上天，百姓们都躲进家中不敢出门。钦天监奏报皇帝，预言国家很快将有兵祸降临。

此时万历皇帝独揽大权的兴奋劲儿已经过去，心中已失去了最初那种君临天下的愉悦感。权力这种危险的玩具，在才能平庸的人手里，不但很快会让人意兴阑珊，还很容易反噬其主。皇帝开始隐隐感到，管理一个国家并不容易，甚至可以说前路莫测，危机四伏。他逐渐明白，没有张居正的日子，自己这个皇帝将会过得格外艰辛。

从以往经验来看，帝国的边患兵祸大多是从北方而来。所以皇帝下旨给兵部，严令北边各镇守将对鞑靼人严加防范。然而数日之后，收到的却是云南巡抚刘世曾的四百里急报。一个皇帝几乎没有听说过的国家——缅甸，胆大妄为，竟然向帝国最南边的行省发动了进攻。

年轻的万历皇帝，将迎来亲政以来第一次战争的考验。

早在洪武十四年（1381 年），大将沐英在云南击败了蒙古人的残余势力，被封作黔国公留在当地，世镇云南。后来明朝又在云南外围设置了缅甸、老挝、孟养、木邦、八百大甸、车里六个宣慰司，管辖范围相当大，包括今天整个缅甸、泰国北部和老挝中部，加上云贵西南地区的大片领土。

到了明朝中期，由于朝政腐败，军力日益孱弱，南倭北患都应付不过来，明廷早已失去了对云南六司的有效管理。六司基本上成了六个独立国家，互相之间为了争夺地盘经常发生混战，而镇守云南的沐氏只能远观，无力管控，更不敢弹压。

嘉靖初年，孟养和木邦两大土司一度占据了上风，他们联兵击破缅甸宣慰司，杀死其最高首脑——宣慰使莽纪岁，分据其地。与此同时，锡当河流域的小邦东吁在国王明吉逾统治时期开始兴起。1531 年，明吉逾之子莽瑞体继承了父业，他励精图治，带领部族逐渐强大，创建了东吁王朝，最后竟发展成为六司之首，统一了缅甸中部和南部，定都勃固，自称西南金楼白象主。

莽瑞体死后，他的妹夫，缅甸东吁王朝第三代首领莽应龙即位，将东吁王朝的霸业继续发扬光大。他先是剪灭了称霸缅甸北部的阿瓦王朝，继而又挥军攻打周边诸部，大有秦王灭六国而并天下的架势。孟养、木邦、八百、孟秘、蛮莫的土司无论是独斗还是联盟，都不是缅甸的对手，纷纷向明廷告急。但朝廷方面压根儿不想管这事，各路告急文书全如石沉大海，结果五司一一被缅甸击破，要么彻底覆灭，要么献地臣服。

莽应龙一统六司后，缅甸进入历史上最强盛的时期，疆域东到老挝的林城（即万象），西到印度的曼尼普尔，南到印度洋海岸，北到现中缅边境，国土空前辽阔，一举奠定了今日缅甸的版图。

历任云南巡抚对于六司的改天换日，莫不噤若寒蝉，对这个昔日属国管不了也惹不起，只能背过身，闭上眼，假装事不关己。也有人尝试给缅甸送去重金招抚，可缅王毫不领情，强行留下礼物，却连一个谢字也没有。

万历九年（1581年），莽应龙去世，其子莽应里继承王位，成为第四代缅王。两年后，他在一个中国人的怂恿下，开始对北方的明帝国大举进攻。

# 刘邓大军

这个吃里爬外的中国人名叫岳凤，原是云南本地的一个豪商。他曾与陇川宣抚司的多士宁交往甚厚，多士宁老朽昏庸，引狼入室，竟把岳凤招为自己的女婿。

岳凤狼子野心，异常歹毒，他引诱多士宁与莽瑞体见面，摆下鸿门宴鸩杀了岳父，又杀了自己的妻子，夺了多士宁的金牌印符，成为受到东吁王朝扶持的新一代陇川宣抚使。

万历十一年正月，在岳凤的不断怂恿下，莽瑞体终于下决心把战火烧到云南境内。

缅军军力正盛，前期的进攻十分疯狂，先锋部队一直打到云南腹地的顺宁府，驻守云南的明军武备废弛，加上猝不及防，连战连败，战死多名将领。缅军到处烧杀掳掠，所过尽成一片焦土，留下一片白骨青磷。云南巡抚刘世曾这才急急报向皇帝，以求增援。

战争，是对一个君王意志的最高考验。经过短暂的思考，年轻的万历皇帝在首辅申时行的支持下，毅然决心派兵南征，不仅要收复云南国土，更打算直捣缅甸，一举荡平这个西南的强敌后患。一场在今天很少被提及的明缅大战由此爆发。

云南山高路远，当地的卫所军早已不堪一战，根本指望不上。万历皇帝选派了四川的刘綎和广东的邓子龙两军前去戡乱。他命二将各自领兵五千，作为中央军主力，再会同云南当地的土司军，开始了这场轰轰烈烈的西南战役。

刘綎绰号"刘大刀"，是明朝将门子弟中的佼佼者。他的父亲是与戚继光、俞大猷等将领齐名的大将刘显。初出茅庐的刘綎当时才二十五岁，已有了善战之名，他所用镔铁刀重一百二十多斤，寻常人抬都抬不动，刘綎却可以在马上轮转如飞。

邓子龙是嘉靖三十七年（1558 年）的武举人，当时已经是五十五岁的老将了。他既精武艺，又通兵法，半生都在南方平叛，亦是实战经验非常丰富的一员宿将。

这一老一少两位将军领了皇帝旨意，迅速领兵南下。镇守云南的黔国公沐昌祚也给予了密切配合，从昆明公爵府移驻到洱海前线，调动了数万当地军队与民夫配合客军。

当时缅军数量有十万之众，他们气势汹汹，一路攻到姚关以南的攀枝花，正遇到刘、邓大军，两军狭路相逢，立刻展开一场血战。刘大刀果然不是浪得虚名，在这场战斗中表现得尤为出色。他身先士卒，往来驰骋，无人能敌，刀下不知道断送了多少缅兵性命。刘綎的部队都是他父亲当年指挥过的旧日部曲，官兵之间关系亲密，配合默契，所以战斗力极强。一场血战，明军取得大胜。

缅军吃了大亏方知明军的真本事，只能节节败退。明军则乘胜追击，一鼓作气收复了湾甸和耿马，并于当年十二月逼近岳凤所盘踞的陇川。岳凤情知大势已去，只好让新任妻子及一部分手下去明军营中投降以作缓兵之计。给岳凤当老婆风险极大，不是被杀死，就是被送去当人质。

刘綎岂能上他的当，他将计就计，以送还岳凤的妻子为名，亲率大军进抵陇川。岳凤知道已无法逃脱，只好到刘綎军中请降，献出了缅王赐予他的任命书、蟒衣和大印。之前归附缅王跟随出兵侵明的西南各部土司，看到明军势大，纷纷杀了缅甸使者，重新投入大明怀抱，云南境内传檄而定。

明军平定云南后，很快进入第二阶段的作战，刘、邓二军长驱直入，杀到缅甸境内，连破多部，势如破竹。当时残存的土司还剩四个，全部表示臣服。刘綎把这些投降的土司首领召集到一起，在蛮莫立起一座巨大的石碑，刻下了慷慨激昂的誓言："大明征西将军刘綎筑坛盟誓于此。誓曰：六慰开拓，三宣恢复。诸夷格心，永远贡赋。洗甲金沙，藏刀鬼窟。不纵不擒，南人自服。受誓：孟养宣慰司、木邦宣慰司、孟密安抚司、陇川宣抚司。"

各部土司投降后，缅甸都城阿瓦外围已经无险可守。镇守阿瓦的大将莽灼是缅甸开国之君莽瑞体的弟弟。他见明军勇猛难当，知道大势已去，左思右想，没有据城死战，而是选择了开城投降。

经过刘、邓大军的英勇作战，明朝的这场反击战以疾风骤雨之势取得完胜，攻占了敌国都城，东吁王朝的势力被赶出了木邦、孟养、蛮莫等广大地区，叛国投缅的岳凤及其儿子襄乌被押送北京处死，边境地区的土司纷纷重新归入明朝的管辖之下。

刘綎将大批缅军俘虏押回北京献俘。万历皇帝大喜，对自己的英明决断十分得意，亲自到太庙告谢祖先，对首辅以下官员皆有封赏。刘綎第一次独当一面就取得这样辉煌的战果，被破格封为副总兵，世代承袭。

本来这场西南战争进行到此，是一个完美的结局，然而后面的故事，就不那么好看了。

# 虎头蛇尾

虽然从表面上看，明军是取得了胜利，但由于阿瓦天气酷热，瘴疬遍布，明军水土不服，根本无法在本地长期驻留。而且数万大军的粮草主要靠云南供应。云南高原山路崎岖，大江奔腾，交通条件十分恶劣，原本较为富庶的大理、鹤庆、蒙化、姚安、楚雄五郡，也因为朝廷不停地征民夫，征粮草，村村凋零，户户逃亡。

平缅之战后，刘綎驻军金沙江畔，把自己的大营就修筑在缅甸王城的旧址上，成为当地最高长官，不可一世，威风凛凛。可惜刘綎虽然作战勇猛，但有一个致命的缺点，就是军纪松弛，贪婪好财。他向蛮莫土司思顺勒索了很多财物，又放纵士兵到处奸淫掳掠，当地人民深受其害，对这些汉兵恨之入骨，暗生反意。

这些远道而来的明军不仅祸害缅甸百姓，对云南的同胞同样如此。一支部队从缅甸回到明境腾冲换防时，大张旗鼓，招摇过市，对途经的村镇四处劫掠，甚至纵火焚烧百姓的房屋，搞得民怨沸腾。刘綎在蛮莫听说部队扰民无状，几乎失控，只好亲自飞马赶回来安抚，又拿出大量金钱犒赏士兵，这才把局面控制住。

刘綎前脚刚一走，已经忍耐多时的土司思顺立刻起兵造反，而且一呼百应，他击溃了群龙无首的明军，重新投靠了缅王莽应龙。

思顺起兵后没过多久，缅兵也跟着卷土重来。阿瓦明军连战连败，陆续败退回国内。明军一退，刚刚发誓投降的土司们也都再次反叛，蛮莫所立之碑变为废石，成为莫大的笑话。

明军先胜后败，将之前占领的大片地盘再度丢失。万历皇帝高兴没几天，又闻噩耗，盛怒之下下旨解除了刘綎副总兵的职务。刘綎的总兵大印还没抱热乎，就又上交了，只能重新以游击的身份待命。

刘綖因为军纪涣散，引起连锁反应，自己也倒了大霉。而另一员大将邓子龙也栽在军纪这件事上，结局比他还惨。

战事结束后，由刘綖统领腾冲营，邓子龙统领姚安营，各自管辖一片区域。由于明军与缅军进行了多场恶战，自己也有很大的兵力损失，所以两营都在永昌、腾冲两地招募新兵。

刘綖年轻气盛，又是新上任的副总兵，不大把老将邓子龙放在眼里。邓子龙戎马半生，也很看不上这个轻狂傲慢的军二代。由于两将互相看不顺眼，结果两营士兵之间也常常发生暴力冲突。

刘綖被罢官后，他原来的部下都由邓子龙兼管。邓子龙非常偏袒自己一手带出来的姚安营，而腾冲营就成了后妈养的，凡事吃苦在前，吃饭在后。邓子龙这种公然的偏袒让姚安营养出了一帮天不怕地不怕的骄兵悍将。不久之后，因为拖欠军饷之事，竟然哗变造反。叛军一路烧杀抢掠，差点攻下省城昆明府，最后还是朝廷再次调动了大批军队才镇压下来。

邓子龙的失职之罪比刘綖大多了，最后被削职入狱。平缅战役的两大功臣，打赢了敌人，却都败给了自己的部下，下场可谓悲催。

缅甸赶走了明军后，经过数年的休养生息，再次聚集起一支庞大的军队，于万历十五年（1587 年）再次向明帝国发起了多轮进攻。其中规模最大的一次出兵就达到三十万，战象百头。而此后明军再也无复往日的辉煌战果。

蛮莫土司思正连败于缅甸后，只好逃入明境求救，明朝官员对这个盟友竟然不敢收留，而是杀了思正，把他的一只胳膊送给缅军，以求缅军退兵。

之后明缅之间断断续续经历了长达二十一年的漫长战争，明帝国抵抗无力，更鲜有还击，一退再退，最终丢失了西南边陲二十五万平方公里的控制权。

## 眼高手低

西南边疆战火不熄，而北京庙堂上的战争也一刻没有停息过。最新一次激烈的交战，一方是以谁上台就怼谁为原则的言官，另一方则是在明缅战争中给予皇帝大力支持的新任首辅——申时行。

张居正死后，首辅的位置本来应该由张居正当年的得力助手张四维接任，但张四维在首辅位置上只坐了数月的时间，就因为父亲病逝而向皇帝提出丁忧归葬。这次万历皇帝不再"夺情"了，因为在他眼里，已经没有哪个大臣是离不开的。

张四维理政处事颇有些张居正的风格，并非对皇帝百依百顺。有一次云南给朝廷输送贡金误了日期，皇帝欲加罪于地方官吏，张四维上疏坚持制止。皇帝又下诏想要将云南旧贮矿银二十万两运回北京，张四维再次谏止。皇帝成年后，对奇技淫巧之物越来越有兴趣，欲下诏命江西烧制样式新颖的陶瓷器物十万件进贡，张四维还是极力谏止。事实上，万历皇帝早就对他十分厌烦，盼着他赶快退休，好腾出地方来重用对自己言听计从的申时行。

张四维这一次归乡服丧，竟成为永别。他刚从京城赶回山西老家，母亲胡氏也故去了。没过多久，他的两个弟弟又先后离世，张四维连遭噩耗，悲痛交集，身心受到很大伤害，三年服丧期还没满，自己就病死了。

申时行的口碑很好，当年张居正风风光光回湖北老家葬父之前，曾经荐举了两个人入阁，一是与张四维关系密切，同为盐商大族的礼部尚书马自强，另一个就是谦虚低调，兢兢业业，担任吏部右侍郎的申时行。

申时行，字汝默，南直隶苏州人，他曾在嘉靖四十一年（1562年）获得殿试第一，也是一名状元宰相。

马自强、申时行入阁时，内阁中还有吕调阳、张四维两位阁臣，申时行排名最后，仅是充数而已，相当于清朝军机处的挑帘子军机。可谁也没承想，不到两年的时间，张四维回家守丧，吕调阳辞官养病，马自强病死，内阁中竟然就数申时行资格老了。于是他顺理成章地接替了张四维的位置，成为万历朝第三任内阁首辅。

申时行曾做过万历皇帝的讲官，皇帝对他一直很尊重。此外，皇帝对申时行格外欣赏的一个重要原因是：申时行对张居正的前车之鉴心有余悸，在协助皇帝理政方面非常小心谨慎，事事顺从皇帝的意思，使皇帝的自尊心与权力欲能够得到充分的满足。

万历十三年（1585年），整个北方冬季几乎没有降雪，而次年的春季依旧滴雨未下。这样反常的恶劣天气，在当时被看成是执政者的过失所引发的上天示警。万历皇帝深深认同天灾必应人事的理论，决定别出心裁地搞一次徒步大会——亲率文武百官步行到南郊为国家祈祷，以示自己的成熟与强大。

郊天之礼，起源于周代，是历代王朝最为隆重的祭典之一。与上天沟通，独享天界与人间的交流权，这件事必须由皇帝亲自来做。万历皇帝憧憬着如果自己的诚意真的能打动上苍，求雨成功，必然会大大增加自己的声望。

从武英殿到南郊的天坛圆丘有十几里的路程，这对很少运动，身体肥胖的年轻皇帝来说是一次严峻的体能考验。

四月初五清晨，破云而出的红日将金色的光芒洒在皇城宫阙的琉璃瓦上，熠熠生辉，光彩夺目。在众多大汉将军的护卫下，万历皇帝身着素色无纹的深青色袍服，昂首阔步地走在队伍最前面，表情虔诚而坚毅。他的后面跟随着上千名素服的官员，熙熙攘攘，占满了整个街道。许多六七十岁的老臣，步履蹒跚，根本跟不上健步如飞的年轻皇帝，等到了南郊天坛时，已经累得浑身瘫软，趴在地上起不来了。

天坛是中国最大的祭天场所。天坛最北端的建筑物是祈年殿，在祈年殿的南方另有一个较小的建筑物叫作皇穹宇，内部没有供奉任何偶像，只在朝北的墙壁上刻了四个大字——"皇天上帝"，就是皇帝敬拜的对象。

在进行了一系列烦琐的天人互动礼仪后，万历皇帝在帷幄外郑重其事地对内阁辅臣们说："上天降下旱灾，固然是因为我的德行不够，但是也和贪官污吏盘剥百姓有关，今后提拔官员，务必慎加选用。"首辅申时行多会讲话啊，立刻恭敬地答道："皇上如此虔诚，上天一定会感动，您做得很好，就是大臣们玩忽职守导致伤了天和，如果还有官员不能体谅皇上的良苦用心，臣等一定会严加惩处。"

经过一整天的忙碌，万历皇帝已经显得非常疲惫。在回宫的路上，申时行请皇帝坐轿子，但他依然倔强地挥手拒绝，坚持走着回去，以显示对上天的诚心。

申时行性情温和，但绝不软弱。他担任首辅后，内阁成员共有四人，包括许国、王锡爵、王家屏，加上张居正临终推荐的余有丁。许国和王锡爵都是申时行南直隶的同乡，三个很快结成同盟，余有丁和王家屏势单力孤，也只能依附于申时行。申时行在短期之内就有效控制了内阁，这位状元宰相跃跃欲试，也很想有一番作为。

申时行一贯反对张居正的严峻高压，主张处事以宽大为主，在执政一开始就赢得了大多数官员的赞誉。但这种局面并未维持多久，在宽松的舆论环境下，言官们如同冬眠醒来的虫子，全都活跃起来了。你申时行不是要广开言路吗？他们就纷纷翻起陈年旧账，继续没完没了地指斥张居正执政时的所谓种种罪行。

申时行是被张居正推荐进入内阁的，所以言官们在肆无忌惮地指斥张居正时，申时行身上也被溅了好些污水。

言官们先是弹劾吏部尚书杨巍，给他安的罪名是逢迎内阁。内阁首辅是申时行，这明摆着就是含沙射影骂首辅专权。紧接着礼部尚书徐学谟也被弹劾，说他所选的皇陵位置风水不好。徐学谟是申时行的亲家，申首辅再次莫名其妙地躺枪。

兔子急了也会咬人，申时行心胸再宽厚也难以忍受这群乌鸦没完没了无事生非、恶意中伤。一向谨小慎微的申时行发现，自己的无限宽容丝毫不能与言官们达成友好关系，只好收起笑脸，举起棍棒。这时候发生的一件"高启愚案"，使言官与首辅的矛盾变成言官与整个内阁的混战。

礼部侍郎高启愚当时主持南直隶乡试，曾经出过一个考试题目叫作《舜亦以命禹》，用的是大禹治水有功，被禅让为王的典故。御史丁此吕上疏揭发，说高启愚出这个命题，是为了阿谀张居正，有劝进受禅之意。

万历皇帝虽然任性，但不是傻子。他虽然非常厌恶张居正，但看到这个罪名还是觉得太过牵强，很不以为然，就将这份奏疏转给申时行处理。申时行正好需要个杀鸡儆猴的对象，就对皇帝说："丁此吕内心邪恶，明摆着是想要诬陷别人于死罪，咱们是清明的王朝，绝对不允许有这样的谗言，应该对丁此吕严惩。"皇帝无所谓，立刻表示同意。

处罚官员的权力在吏部，吏部尚书杨巍自己刚被弹劾完，心中正对这群言官恨之入骨，因此痛下重手，将丁此吕贬出京师。

这下可惹怒了一众言官，给事中、御史王士性、李植等人抱着兔死狐悲的心态，纷纷为丁此吕上书鸣冤："我们言官就是靠提意见吃饭的，杨巍只知道一味屈从于申时行，蔽塞言路，这分明是和祖宗留下的体制作对！"

万历皇帝没想到会激起如此大的波澜，也知道这群言官都是得理不要命的主，觉得还是少惹他们为妙，也没和申时行商量，来了个朝令夕改大反转，重新下令让丁此吕留任，并罢免了高启愚。言官们反败为胜，扳回一局，齐声高呼万岁，皆大欢喜。

申时行这下可被激怒了，他知道如果不能彻底制服言官，自己这个首辅将形同虚设，毫无权威。他拿出当年徐阶、高拱用过的老办法，与杨巍一同上疏辞官，老子不伺候了。

团结就是力量的道理，内阁大臣们同样知道。此时大哥受了委屈，阁臣们自然同仇敌忾。余有丁、许国一同上疏反对留任丁此吕。许国更是配合申时行采取一致行动，也上疏辞官，向万历皇帝施加压力。

这下万历皇帝有些蒙圈了，他是不想招惹言官，但更不想为了一个小小的御史得罪整个内阁。皇帝想来想去，把夕改的朝令再次改回去，宣布维持原判，贬丁此吕出京。

言官们空欢喜了一场，便转而蜂拥攻击许国。申时行自然要保护自己的战友，不断以罢官来惩治众言官。从此言官与阁臣更加对立，势同水火。申时行没有当年张居正的绝对权威，所以朝廷里的战况势均力敌，一片混乱。

就在内阁和言官激烈交锋的时候，大臣与宦官之间也发生了冲突。亲政没多久，万历皇帝不知从何处冒出了一股尚武精神，竟然在后宫挑选了三千名年轻力壮的太监，授予他们武器，让他们每日在内廷操练，打算训练一支属于自己领导的"太监军"。

皇帝想得很好，首先太监军不用另外发一份粮饷，其次他们外无家室拖累，内无权臣依靠，可以说只忠实于皇帝一个人。如果训练成为一支劲旅，自己就多了一群对他唯命是从，可以任意使用的爪牙。这些太监被稍加训练后，刚学了齐步走，行军礼，万历皇帝就急忙带出来炫耀，每次出行，都会带上这些盔甲鲜明、耀武扬威的太监军作为贴身护卫。

二十二岁的万历皇帝已经开始考虑自己身后事了，为了避免父亲死后无陵可葬的尴尬，他决定开始在大峪山营建自己的寿宫。钦天监和礼部把吉壤选好后，皇帝要亲自前去考察，随身带的扈从不再是"大汉将军"，而是这支花架子太监军。

朝中大臣对皇帝这一荒唐的举动非常反对，曾在辽东久经战阵的兵部尚书张学颜劝谏说："以往皇帝出行，我曾经带领六军将士十万护驾，队伍一样整齐肃穆。内府操练的太监军不过数千人，看起来却毫无军纪，进退举止十分放肆。您的御驾队伍到达凉水河的时候，他们乱哄哄地互相争执，来回奔跑。按照大明的制度，军士在随御驾郊外祭祀时，才能领取甲胄，不是宿卫军士，带武器进皇城门就要发配充军，敢擅自进入宫门的处以绞刑。现在可倒好，这些太监军在皇城之内就可以披甲乘马，手持利刃，如有人想阴谋叛变，外臣不敢进入内宫，军队也不知道，皇上您可就危险了。"

张学颜一颗赤胆忠心，万历皇帝听了却无动于衷。倒惹得太监们对他咬牙切齿，到处散布流言，诬陷中伤他。最后还是申时行亲自出面劝谏，万历皇帝才算给了这位忠厚长者一个面子，停止了对太监的操练。

## 半途而废

初理政务的万历皇帝，对国计民生之事还是很关注的，他委派徐贞明为监察御史兼领垦田使，准备开发京畿附近的水田，推行一项利国利民的新政。

徐贞明是个狂热的农业专家，一辈子投身农业科研，对水稻种植颇有心得。当时水稻还只能在南方种植，在北方极其罕见。徐贞明经过多年研究，总结出了在北京种水稻的十四个好处，包括增加京城存粮，减少漕运成本，充实国防等，令万历皇帝大为动心

在申时行的大力支持下，徐贞明在京郊周围进行了一系列科学、周密的考察，并开垦了多处试验田，结论是完全可以大规模种植。如果能把江南的水稻大规模移种到北方地区，无疑是大明帝国一次颠覆性的"农业革命"。

万历皇帝一开始对此事十分关心，还与申时行探讨说："南方地势低，北方地势高，南方土地湿润，北方土地贫瘠干燥，如果赶上旱灾，泉水干竭，那这些水

田可怎么种？"申时行告诉他："欲开垦的荒田，都会因地制宜，不一定都是种水稻。"万历皇帝还谦逊地说："我成天闷在深宫里，对外界民情事物都不是太明白，全靠先生您把握，有事随时跟我商量。"

眼看种植水稻就要开始实施，可朝野内外却瞬间炸了锅，反对之声如滔天洪水。首先是言官们纷纷上奏，以违背祖制等空洞的理由反对开发水田，紧接着太监们也在内宫猛烈诋毁徐贞明。被皇帝和首辅看重的农业专家徐贞明，一夜之间成了人人喊打的过街老鼠。

在京畿种植水稻，明明是一项国民两利的好事，为什么阻力这样大呢？原因很简单——牵扯到个人利益！被徐贞明看中的那些土地，名义上是无主荒地，其实早被京城勋贵暗地瓜分，非法圈占。他们宁可种点芦苇织凉席卖点小钱，也绝对不愿意种出来的粮食流入官仓。这些人自己不好出面，就鼓动相熟的言官上奏反对。

皇宫里的太监们同样暗地里在京郊占有大片土地，自然也上蹿下跳地给徐贞明泼污水。动了这两拨人的利益，还能有什么好结果！

万历皇帝终于明白，在他古老庞大的帝国中想要实行一项新政，哪怕是对国家极其有利的，也是如此艰难。张居正当年是怎么熬过来的！

皇帝左思右想，还是怕惹麻烦，终于知难而退，决定放弃种粮，一切照旧。反正目前国家还处于万历中兴的惯性之下，官仓里倒还有的是粮食。

那么在北京种水稻到底行不行得通呢？最终决心真正予以实践的，是大清雍正皇帝。他完全参考了徐贞明的主张，十年时间在京津地区种植水稻五十万亩，连年丰收，大获其利。

# 第十九章　惆怅孤帆

万历十六年（1588年）九月十四日，这一天皇帝心情不错，带着一干大臣到石景山登高临远。从石景山顶向下望去，正可以看到一条浊流滔天的大河奔腾而过，惊涛拍岸，迅猛不羁，声势惊人。

这条大河就是今天的永定河，因为上游黄土高原水土流失严重，所以河水混浊，泥沙淤积，在当时被称为浑河。

很少出宫的万历皇帝从没见过这样壮阔的大河，简直惊呆了。他看着山下惊浪奔流，拿出夜郎国主的口吻，问身边的申时行："这条河水势太壮观了，它跟黄河比起来怎么样？"

申时行对这位没见过世面的年轻皇帝诚实地说："浑河发源于西北，出卢沟桥直入大海，只是在雨季水势较大。而黄河源出昆仑，由淮入海，气势与规模比它要大不止十倍。浑河发水，最远也就祸害数十里。但要是黄河决口，将是千里汪洋，自徐州至淮安一带会被冲毁一空。"万历皇帝听完申时行的话，深受震撼，原来两相比较，浑河只能算是黄河的孙子。

申时行关于黄河的描述给了皇帝很大触动，他在回京后很快重新提拔因受张居正牵连赋闲日久的潘季驯，让他重新出任河道总督，全面负责治理黄河。

万历皇帝是这样一个人，他想做的事，不用扬鞭自奋蹄，他不想做的事，十头老牛也拉不回。有一次经筵完毕，申时行讲完课口干舌燥，刚走到宫门口，却被皇帝派太监叫住，问了他一个颇有深意的问题："魏征这个人怎么样？"

这还用问吗？刚开蒙的小学生也答得出来。申时行不敢不耐烦，恭敬地回答："魏征敢于直谏，乃是贤臣。"可万历皇帝提问时已经先入为主带着自己的观点，对申时行的回答很不以为然，他给出的看法是："魏征先是跟随李密，后来侍奉太子建成，最后又辅佐李世民，分明是个无耻的三姓家奴。"

申时行一看我教出的学生就这水平，很是失望，因为魏征生逢乱世之中，又有谁能保证出世就遇到明主呢？于是他再次耐心地解释道："皇帝陈述的事实没错，但是商代的伊尹也是先辅佐了臭名昭著的桀，后来才辅佐圣贤的汤，后世依旧尊他为元圣；齐国的管仲为了帮公子纠抢王位，差点把公子小白，也就是未来的齐桓公射死，后来却辅助齐桓公成就霸业，孔子依然称其仁；就是本朝的开国名臣刘伯温、陶安、詹同辈这些人，都当过元朝的大臣，但他们最后都辅佐明太祖朱元璋成就霸业。综上所述，可以确定魏征就是个不折不扣的贤臣。"

万历皇帝的观点本来就站不住脚，听罢申时行的解释，皇帝无言以对，不再对魏征发表意见，就又询问申时行对李世民的看法，并首先阐述了自己的观点："唐太宗胁父弑兄，并不是一位好皇帝。"

皇帝的观点近乎找碴儿抬杠，申时行实在不想和他纠缠，却又不能不应付："太宗虽然于伦理有亏欠，但他敢于纳谏，仍称得上是明君，而且古代的尧舜禹汤就够皇上你学的了，所以也不必太在意唐太宗。"但万历皇帝坚持自己的观点，并拒绝再听《贞观政要》，因为那是称颂李世民的典籍。

《贞观政要》是万历皇帝经筵学习中重要的一课，皇帝和申时行表面上是谈论唐太宗和魏征，实际上说的都是自己。万历皇帝说来说去就是想表达对听从文官谏言的反感，他自己不想效仿唐太宗从谏如流，也不希望大臣们像魏征那样直言谏诤。

虽然申时行的观点明显更胜一筹，但他却不能再继续和皇帝争辩了。

万历皇帝表现出对李世民品德的极度鄙视，然而李世民的雄才大略，勤政治国，却是他一辈子也学不来的。从万历十七年（1589 年）的新年开始，皇帝的懒政达到了前所未有的新高度，他下令取消了元旦大朝贺，而从这一年开始，这种盛大的仪式再也没举行过。

## 有性格

万历皇帝敢于如此放手不理朝政，源于他知道有申时行、王锡爵这一班正直勤政的好阁臣帮他管理国家。即使他不对国事用太多的心思，政府依旧照常运转，帝国的大事小情也都交代得过去。然而轻松撂挑子的日子没过几天，皇帝惊奇地发现，内阁在一夜之间竟然变得空无一人了。

事情源于这一年的乡试。

王锡爵的儿子王衡参加顺天府乡试，获得第一名"解元"，申时行的女婿李鸿也中了举人。礼部侍郎高桂对这个考试结果深表怀疑，明里暗里指责考试不公平，称主考官黄洪宪为了拍内阁高官的马屁，公然作弊，让这帮官二代统统过关，并一口气点了八个人的名。

王锡爵是个急性子，对这样光天化日之下的污蔑十分愤怒，他连章申辩，言辞十分激愤，并请旨罚掉高桂两个月俸禄。这时候工部主事饶申也跟着煽风点火，上疏说："以前张居正三个儿子也是科考全中，内阁辅臣的子弟高中成了惯例，这明摆着就是考官营私舞弊。"

万历皇帝对此事有些将信将疑，并没有完全信任他的阁臣，而是下旨在午门对这八名考生进行复试。经过第二次严格考试，结果狠狠打了那批质疑者的脸。这八个人的学业都十分优秀，复考全部通过，无一落榜。而王衡更是为父增光，再次获得第一。

虽说面子找回来了，但王锡爵恨极此事，为了避嫌，他不允许儿子王衡继续参加礼部会试，直到他去位多年后，王衡才又参加了万历二十九年（1601年）会试，再次名列一甲第二名，证明了自己的真才实学。

这一复考事件发生后，申时行和王锡爵对皇帝的猜疑和言官们的恶意中伤都满怀委屈，二人商量好了，一同闭门不出，谁也不去上班，同时递交了辞职报告。当时另一个阁臣许国在全国奔波，忙于主持会考，所以内阁空无一人，奏章堆积如山无人过问。太监们只好把奏章送到申时行家里请他票拟，申时行看也不看，原封退还。

万历皇帝这时候才知道，几个忠厚老臣都很有性格，轻易得罪不得，他在后宫玩儿退休，内阁大臣们受了委屈立刻撂挑子了。皇帝只好亲自出来好言安慰申时行等人，又把饶申下人锦衣卫诏狱，才算平息了这场风波。

# 没脾气

没有内阁的扶持，才能平庸的万历皇帝一天也玩儿不转。虽然皇帝亲政后也曾试图用心管理国家，在数年内勤奋地批阅奏折，频繁接见大臣，关心武备，操练军队，甚至不顾龙体步行去郊祭。然而经过一番忙活后他终于发现，治理一个国家并不像他写书法那样得心应手。他的敌人太多太强大，他们来自敌国，来自天象，来自国家的农业、财政、军备、水利上的各种问题，最让他头疼的，还有来自内部文官集团一刻不停的反对声音。

有时候皇帝的意见与内阁不一致，而内阁的意见又经常与朝臣们相悖，然后就变成多方势力之间没完没了的争论和角逐。

独揽大权的万历皇帝就像一个刚刚试玩一种新游戏的孩子，看别人如臂使指，得心应手，自己上手的时候才发现困难重重，挫折不断。这个孩子渐渐没了热情，从畏难，到退缩，到逃避。

也许在某一个夜深人静的时候，皇帝独处静思，会理解张居正的苦衷，甚至会想念有张居正伴随身边的那些日子，想念那些不必付出辛劳就能得到一个强盛国家的岁月。皇帝似乎明白了以自己平庸的才能注定不会有什么作为，这位刚刚二十六岁的年轻人所有的抱负都在那一晚戛然而止。

继元旦大典之后，三月份最大的典礼——当年得到晋升的官员集体对皇帝进行当面致谢——也被免除了。从此万历皇帝临朝越来越少，不仅普通官员再也见不到皇帝，连各部掌印大臣也难得一见天颜。皇帝不仅不上朝，不见官员，也终止了日讲，最后连祖宗也不大想见了，经常以头晕为理由让官员代替自己享祭太庙。

万历皇帝当政的第二个十年，虽然在申时行等人兢兢业业的辅助之下，国家看起来依旧繁花似锦，富庶而强大，但以往的种种弊政已经如顽强的病毒般逐渐复活，重新开始侵蚀国家的肌体。

万历十四年（1586年）以后，皇帝常常抱怨自己头晕眼黑，力乏不兴，很像是营养不良低血糖的症状。乾清宫有自己的小厨房，专做御膳，日日珍馐美味不重样，皇帝又是个胖子，得高血脂、脂肪肝的概率倒是更高一些。那么皇帝为何还会常常头晕眼黑呢？这件事不能不引起官员们的关注和猜测。

文官们是绝对不想让皇帝舒舒服服地躲在后宫的，主管祠祭事务的礼部祠司主事卢洪春上疏说："仪式里面没有比祭祀更重要的，疾病里面没有比虚弱更可怕的。陛下正是年富力强，怎么就会虚弱呢？如果是因为沉迷床第之欢，忘记了保重身体，那危害可就大了。请陛下不要因为贪图享乐埋下祸根，最好明明白白地告诉大臣到底得了什么病！"

万历皇帝看了奏疏后大怒，心想老子病了你不说安慰安慰，这话里话外的意思分明是说我自己作的！马上传谕内阁，说卢洪春悖忤狂妄，把卢洪春着实打了六十廷杖，革职为民，永不叙用。

卢洪春的直言不讳，只不过是个热身。万历十七年（1589年），大理寺左评事雒于仁上疏，以极其激烈的言辞指出皇上沉迷于酒、色、财、气，严厉批评皇上私生活的不检点，而且特意点名皇帝弄了十个俊俏的少年太监供自己玩弄，皇上沉迷女色也就罢了，还弄了一群娈童每日同起同卧，这身体还好得了吗？

也就是仗着万历朝的政治风气比较宽松，雒于仁也真是语不惊人死不休。他这份不亚于海瑞《治安疏》的奏章，引起了朝野上下的巨大反响。他给自己定位成医生，在奏疏中就给皇帝下了诊断书："皇上有病是自找的，病根儿就是酒、色、财、气者。纵酒则溃胃，好色则耗精，贪财则乱神，尚气则损肝。"雒于仁诊病带开药方，方子名叫"四物之箴"，提出皇帝戒酒、戒色、戒财、戒气，就差把皇帝送到庙里清修做和尚了。雒于仁拍断肋骨打了包票，皇帝只要做到这四点，病一准儿就能好。

平心而论，雒于仁的奏疏勇则勇矣，文笔也不错，但实在是言过其实，批评皇帝实在太过苛刻了。万历不算是个好皇帝，平庸而贪婪，但顶多列入昏君之类，但绝非暴君，并无更多荒淫和暴虐方面的劣迹，酒色财气谁不爱，加上偶尔打打廷杖，已经算是皇帝中的菩萨了。

## 往好了看

虽然和宋朝的政治清明没法相比，但明朝皇帝在相当程度上也还是能够允许下面有反对声音的，当然接受不接受是另一回事。这一惯例全赖于朱元璋开了个好头儿。

洪武初年，江苏农民陈寿六因为受到当地官吏顾英的欺压，竟然将这名朝廷官员绑了，押送到南京去找朱元璋告御状。

对于这种近乎造反的行为，日理万机的朱元璋却没有动怒，而是亲自接见了这名胆大妄为的农民。经过一番调查之后，朱元璋发现陈寿六所言不虚，当即将顾英治罪，就连沿途拦截陈寿六的官吏也受到了处罚。

陈寿六的贸然行事不仅没有受到处罚，反而得到了皇帝赏赐的银钱和衣服，并被免除了三年徭役，这让所有人都大感意外。朱元璋甚至还细心地考虑到陈寿六回乡后可能会遭到地方官员的迫害，特意下旨给地方官要对陈寿六进行人身保护，如果陈寿六有过失，不许地方官擅自审问，要直接报到京城由皇帝亲自审问，若有人敢诬陷陈寿六，株连九族。

朱元璋对待功臣残暴是一回事，但在对待民间声音的态度上，还算得上开明。

皇帝宽仁如此，相当多的官员对百姓的态度也比较厚道。

万历朝都察院右佥都御史宋缥有一次乘官轿出行，途中遇见一人，以袖遮面，立而不避。按规矩百姓遇到官轿是要回避的，宋缥的侍从就走上前去，一把扯下那人的袖子，想呵斥她，却发现是个鹤发鸡皮的老太婆。

男女授受不亲，老太婆也不例外。老太婆不说自己不避官轿之罪在先，反而走上去对宋缥破口大骂："我住在京城五十多年了，这等仪仗见了千千万万，偏你这个蚊子官稀罕吗，敢来触犯我老人家？"

宋缥是正儿八经的四品大员，有巡视百官的权威，面对那老太婆的指责却哭笑不得。他也不动怒，只是吩咐下人快走：老太婆咱们惹不起，躲！

宋缥到了衙署后，将途中之事告予同僚，同僚也哈哈笑道："那老妇敢骂你是蚊子官，眼界委实不小！"

事实上这事如果较起真儿来，老太太骂人，特别是骂官，并不是一件小事。因为明朝有这样一条规定：没有秀才身份的人，是不可以骂人的。换句话说就是只有读书人可以骂人。可见明朝读书人是拥有相当的特权的。

这种平民以下犯上的事件在明朝也许只是笑谈，但到了清朝，就又是另一番模样了。在清军入关以前，在中国的传统文化中，底层知识分子乃至平民百姓上书当道是常有的事，正所谓家无半亩，心忧天下。很多人虽无功名却依然以报效国家为己任。

乾隆四十五年（1780年）七月，广西平南县一个叫吴英的老秀才就拦下了广西布政使朱椿的官轿，向他递了一纸建议书，其内容有五条：一、请朝廷进一步减免钱粮税赋，减轻百姓负担；二、各地添设社义仓，救济贫民；三、革除盐商盗案连坐；四、禁止种烟草，以利人民健康；五、裁减寺僧，减轻社会负担。

如果是在明朝，遇到这种来自民间的谏言，官员们往往并不会太过介意，最多是置之不理。但朱椿却是如临大敌，第一反应竟然是将吴英抓捕入狱，然后上奏皇帝请求严惩。

在乾隆皇帝眼里，任何自下而上的声音都意味着对他的权威的挑战。吴老秀才生错了时代，被判犯了"生逢圣世，不知安分"的大逆罪，竟然被凌迟处死。

乾隆皇帝大施淫威，把吴英的两个儿子吴简才、吴经才，弟弟吴超，侄子吴达才、吴栋才，全部以连坐罪处死。而吴英的妻子全氏、妾蒙氏，儿媳妇彭氏、马氏以及未成年的两个儿子，四个幼孙、三个子侄全都被发配给满人贵族为奴。

吴家遭此飞来横祸，一夜之间家破人亡，仅仅是因为一个老知识分子关心朝政，忠君爱国的一纸谏言。

我们再回到明朝，雒于仁指着鼻子骂皇帝，他的结局又是如何呢？

皇帝万分恼火是一定的了，气得连年也没有过好。万历十八年（1590年）大年初一，申时行等阁臣到会极门行礼致贺。申时行刚一到达，就受到了皇帝急匆匆的召见。万历皇帝认为自己受了天大委屈，想让申时行为他说句公道话。

申时行行了礼，还没有来得及开口，皇帝就拿起那份奏疏，迫不及待地为自己逐条辩解起来："说我好喝酒，男人谁不喝酒啊？你不喝吗？我喝酒了可从没有耍酒疯啊；说我好色，偏宠贵妃郑氏而不去恭妃那里，那是因为人家郑氏勤劳又贤惠，从早到晚小心侍奉我，而恭妃那边是我不想给她添麻烦，她不还得照顾儿子嘛；说我贪财，天子富有四海，天下之财，皆是我的，我贪什么财啊！说我尚气，谁又能不生气呢，先生你也有僮仆家人，他们犯罪你难道不责罚他们吗？说我打死宫女太监，如今内侍宫人是有被杖责的，但也有病死的，怎么能说都是被我下令打死的呢？"

皇帝竹筒倒豆子一般大吐了一通不平，心绪才稍微平缓了些，喘着粗气说出了心里的想法："先生要对雒于仁这家伙票拟重处！"皇帝气成了这样，口中依然没有一个杀字。

面对皇帝大吐苦水，和事佬申时行只能顺其意而劝解说："雒于仁不过是个无知小臣，道听途说就来胡说八道罢了。"皇帝插上一句："他就是想沽名钓誉。"

这句话正好让申时行找到了保全雒于仁的方法，他劝皇帝说："就是因为他想沽名，皇上若重重处罚他，不就成全他了嘛，这样反而会损害皇上的圣德。如果对他宽容不计较，反而能彰显圣德。此疏最好留中不发，以免扩大影响。"

皇帝到底还是年轻，还真好骗，同意了申时行的说法，但又觉得心中愤恨难消，连着说了好几次："朕气他不过！"申时行赶紧加上一顶高帽说："皇上的气度就像天地一般宽广，哪有什么事容不下呢？"于这件小事可以看出，跟乾隆相比，万历皇帝何其可怜，堂堂一国之君被一小官骂了，却还要和大臣商量如何处理，心里所求不过是个公道。

事已至此，皇帝无奈地说道："先生你这样的重臣尚且知道尊卑上下，这些小臣却敢这样放肆。近年来议论纷纷，跟我拧着来的上疏一本还没看完，就又来一本，使我应接不暇。现在我在天黑掌灯之后，看字眼睛已经花了，费这么大劲儿看来看去，看到的全是些骂我的话，先生你是我的主心骨儿，一定要替我做主啊。"

在申时行的保护下，雒于仁最后只落了个革职为民的处罚。他和海瑞一样，抱着必死的决心直言犯上，却都逃过一劫。明代在制度上继承了宋代不杀文官的传统，掌握天下生杀大权的皇帝即使受到侮辱，这样发怒发狠，也不会随便痛下杀手，只不过是在私下里自怨自艾一番罢了。

从以上这几件事可以看出，万历皇帝自以为失去了掣肘的强臣，找到了发泄十年压抑的极好时机，可亲政数年后，依旧处于一个非常尴尬的境地。

从表面上看，皇帝已经走出了张居正的阴影，可以独断专行，君临天下，而在现实中却依旧面临着文官集团的重重阻力和羁绊。他虽然才能平庸，但权力欲极强，处理朝政时最常用的口头禅是："如今用人哪一个不是朕主张？""朕亲览奏章，何事不由独断？"然而正所谓越强调的，就越是缺乏的；越彰显的，就越是虚弱的。万历皇帝口出独断之言，可当他面对治国理政的真正考验时，那些自信满满、励精图治的想法，却常常化为迷茫迟疑的困惑，造成了朝令夕改的局面。

万历皇帝并没有自己想象中的魄力和才干，年复一年，大明帝国逐渐停下了生机勃勃、蒸蒸日上的中兴脚步，开始变得平庸起来。

# 第二十章　家事国事

张居正去世后，万历皇帝又想起了海瑞这位道德楷模。张居正不用的人，万历皇帝偏要用，他要让天下人知道自己慧眼识珠的英明，比张居正强。皇帝下旨，起用七十二岁的海瑞为南京都察院右佥都御史，赋闲了好久的海瑞重回官场，再一次成为国家正二品大员。

海氏工作风格一辈子从未变过，他上任后立刻给万历皇帝写了一份提意见的奏疏："陛下也算励精图治，可国家还是没有治理好，根本原因就在于对于犯法官吏的刑罚太轻了。"海瑞同时给出了他的解决办法：恢复开国皇帝朱元璋定下的酷刑，贪污八十贯者绞死，剥下贪官的皮，填上稻草放在他的继任者旁边。皇上看了海瑞不切实际的主意，很是无奈，只能敷衍他一番了事。

海瑞这次复出，官职虽高，但没有任何实权。万历皇帝在这次人事安排上不糊涂，他对如何使用海瑞有过批示，说海瑞工作能力有限，但树立起来做个榜样标兵还是很合适的。海瑞不久听说了皇帝不过是把他当个活牌位，不由得心灰意冷，一连七次向万历皇帝递交辞呈，但每次都为御批所否决，风烛残年的海瑞在郁郁寡欢中度过了人生的最后两年。

万历十五年（1587年）十月十四日，海瑞病故于南京任上。世人口中的海青天命犯天煞孤星，死时连个送终的子嗣也没有，境况十分凄凉。幸好我们在前文中提到过的那个耿直言官王用汲是海瑞的挚友，他当时也在南京为官，亲自去主持海瑞的丧事。当他看见堂堂二品高官仅有的家当不过是葛布制成的帏帐和破烂的竹器，箱子里仅有几两散碎银子，禁不住泣不成声。

海瑞的死讯传出后，南京人民奔走相告，都如死了家人一般悲痛。出殡那天，很多店铺自发停止营业以示哀悼，普通百姓纷纷前往参加送葬，延绵的队伍竟长达一百多里，身穿白衣白冠的人群站满长江两岸，哀哭之声不绝于道，伴随着滚滚江水流向天边。

# 僧道大战

就在海瑞去世前一年，朝廷中发生了一件大事。在一个月黑风高的夜晚，身为首辅的申时行竟然把文澜阁的银铸篆文大印给搞丢了。

这颗大印乃是明宣宗时所铸，专为阁臣进奏时专用，历世为内阁首辅相传珍护。如今这颗大印居然不翼而飞，连印盒也一同踪迹难寻。

为官的丢了大印，这兆头可大大的不祥。申时行只好诚惶诚恐地上疏请罪，万历皇帝命令锦衣卫穷追严查，却杳无踪迹，成为一件千古谜案。

对于申时行的过失，皇帝还是宽容的，并没有处罚他。毕竟像申时行这样既勤勉能干又忠厚谦逊的首辅大臣并不多见。在没有威胁的臣子面前，万历皇帝还是愿意时常展示他仁慈一面的。但此时后宫还有一个重量级人物，被万历皇帝视为最后的政治隐患。这个人就是皇帝的生母——慈圣皇太后。

纵使后人评说万历皇帝有千般缺点，但绝对没有不孝这一条。当他还是太子时，每天清晨起身，必定去朝见父皇母后。继位之后，依然对太后悉心照料，可以说万历皇帝对母亲感情深挚，完全是发自天性。太后看戏，他亲自陪坐；宫中宴饮，他斟酒奉膳；太后轿子到了，他长跪奉迎；每逢节令，都亲自恭请太后到乾清宫大殿升座。尽管国务繁忙，皇帝仍坚持像以前那样三天一问安，五天一侍膳，对母亲的生活起居关怀备至。

然而唯有一点，万历皇帝从来没有掉以轻心，那就是他亲政后，再不希望太后像以前一样继续触碰他的权柄。

在万历十一年到十八年间，发生了一起轰动天下的僧道大战。争斗的双方分别是崂山道士耿义兰与五台山僧人憨山。耿义兰三次状告憨山和尚侵占太清宫三千亩私人土地，却三次败诉，无奈之下，耿义兰只得来到京城告御状，请皇帝裁决。

太清宫这块地方，原本确实是道家的产业，可为什么耿义兰三次打官司都输了呢？原因有二。第一，当时的太清宫道观早已破败不堪，已经被废弃，是憨山和尚四处奔走，募集资金，才在原有道观的基础上重新修建了海印寺，让这里的香火重新旺盛起来。耿义兰本来对重振道观无能为力，现在看着眼红，又来争夺，当然没理。第二个原因就更重要了，就算耿义兰有理，这场官司他也打不赢。因为憨山和尚有一个无比强大的后台——慈圣太后。憨山之所以能与太后结缘，是因为他曾为恭妃祈福生子，结果第二年恭妃果然生下皇长子朱常洛，也就是后来的明光宗。于是太后对憨山愈加宠信，多次恩赐，支持他将太清宫道观改建为海印寺。

这场本来毫无悬念的官司，打到了万历皇帝那里，终审结果却让人大跌眼镜。耿义兰意外地获得了皇帝支持，圣意天裁的结果：庙产归还耿义兰，憨山和尚及其徒弟被发配戍边。这一反转结局，让天下人都大吃一惊。

皇帝为什么会如此偏心断案呢？说到底，万历皇帝支持的不是耿义兰，只是要打压憨山背后的太后，憨山不过是做了替罪羊。此外，憨山有一个不可宽恕的罪过，"海印寺"三个大字是太后亲笔题写，但从严格意义来说，太后并没有权力代表国家创立寺庙。憨山擅自去请圣母令旨，但未请皇上圣旨，所以犯下私创寺庙之罪。

此时皇帝头上的紧箍咒，三已去二，还剩太后一个，正好借此机会，让太后明白大明只有皇权，没有后权，太后的势力范围只能在后宫。一生强势的老太后吃了个瘪，也只好默默忍耐，再不敢对后宫以外的事情指手画脚。

## 偏心

除了太后和皇后以外，万历皇帝生命中还有两个重要的女人，都对他的人生产生过巨大影响，甚至可以说改变了整个国家的走向。

第一位，就是恭妃王氏。王氏出身低微，本来是太后身边的宫女，也曾参加过当年的皇后海选，只不过早早出局，之后被分配到太后宫中服侍。

一次，万历皇帝去慈宁宫朝见母后，索水洗手，恰好是这位豆蔻年华的王宫女捧了面盆伺候他。王氏虽然面貌一般，但是身材丰腴饱满，青春的容颜，少女的气息，让年轻皇帝的荷尔蒙迅速升腾，一时冲动，就临幸了她，事后还赏了她一副首饰。其实皇帝对这个王宫女是没有任何感情可言的，发泄之后便扬长而去，全无留恋，甚至完全忘记了自己有过这样一次风流往事。

当皇上也真是毫无隐私可言，每一次做爱都会被清楚地记录在册。按照宫中惯例，宫女被皇上宠幸，随侍太监必定要记录皇上与宫女发生关系的年月日及所赐物品，以备查验之用，这就是所谓的《内起居注》。万历皇帝虽然自己没当回事，但王氏却暗结珠胎，过了五六个月，居然胸高腹肥，藏不住了。太后这才知道了儿子在身边的宫女身上暗暗埋了一颗龙种。

中国的老太太，一辈子最为期待和开心的就是早日抱上孙子。这一点太后和民间妇女没有区别。

太后有一次与皇帝一同宴饮，在饭桌上满怀欣喜地问及此事，可万历皇帝却沉默不语，继而又矢口否认。太后本来是满心欢喜，发现儿子的态度如此消极，便命左右内侍取来《内起居注》，让他自己看。跟母亲谈及自己的性事，场面一定是相当尴尬的，皇帝当着老妈的面，羞愧万分，只好勉强承认。太后倒是一脸慈祥，拉着儿子的手劝说："我已经老了，还没抱上孙子，王氏要真能生个男孩，这是祖宗社稷的福气，你又何必不承认呢，而且母以子贵，你该给人家个名分！"

孝顺的皇帝听从了太后的规劝，册封怀孕的宫女王氏为恭妃。这才有了太后让憨山和尚祈福求子之举。

两个月后，恭妃果然生了一个男婴，虽然早产，但还健康，这个孩子便是万历皇帝的长子——朱常洛。这个幸运又不幸的男孩，一生将要经历一场又一场惊天骇地的风吹雨打，此为后话。明帝国的皇长子在遮遮掩掩、稀里糊涂的景况下诞生了。

当时的万历皇帝，还处于母后、张居正、冯保的三重管辖之中，日复一日循规蹈矩地生活，平淡而压抑。虽然幼为太子，少为皇帝，但作为一个孩子，他几乎从没体验过童年应有的快乐，更不可以像其他同龄人一样可以放肆挥洒青春岁月。

直到又一个女人走进他的世界，年轻皇帝的人生才有了改变。一位长得乖巧玲珑的小家碧玉郑氏，以淑嫔的身份初次与皇帝见面，就令皇帝对她一见钟情，终生不渝。他们的爱情，还埋下了本朝一个极为严重的政治危机，最终导致大明帝国身受重创。

郑氏之所以能赢得万历皇帝的欢心，并不仅仅因为她的容颜。皇帝身边美貌女子多得是，包括皇后本身就是个大美女。郑氏之所以能够在百花丛中独绽芳姿，根本原因还在于她冰雪聪明的头脑，狡黠泼辣的人格魅力。

在后宫之中，以皇后为首的数百嫔妃个个以温婉娴静作为要求自己的最高标准，就像一群眉目端庄而冰冷无趣的瓷娃娃。而郑氏则性格多变，让人难以捉摸。白天，她天真烂漫，敢作敢为，甚至会肆无忌惮地说出大逆不道的话来，让皇帝感受她的娇憨有趣。夜晚，她又能风情万种地把皇帝拥入怀中，聆听皇帝的苦恼与脆弱，替他排忧解愁。郑氏凭借自己天生的头脑、手段与心机，使年轻的皇帝终于体会到拥有一个灵肉合一的完美伴侣是多么快乐。

人生何其无聊与漫长，即使是拥有千百女子的帝王，能够得一志趣相投的知己也十分难得。遥想杨玉环取代梅妃，武媚娘得宠于太宗、高宗父子，也都是凭借这般灵犀相通。

至于母仪天下的王皇后，一直以孝慈著称。她如果能为皇帝生下一个嫡子，将会是另一番命运。之前她已经为皇帝生过一个公主，但有了郑氏之后，皇帝就再也不去亲近她了。

长子诞生后，皇帝对皇后和恭妃冷淡如常，真正让他开心的是四年之后郑氏为他生了第三个男孩——朱常洵（皇二子早夭，母亲是谁史书上没有记录）。当心爱的女人生下儿子，万历皇帝才流露出初为人父的兴奋，他特地传旨户部：取太仓银十万两赏赐给郑家。

"太子者，国之根本。"群臣不是瞎子，都看得出皇上对皇三子的偏爱超过了皇长子百倍，大臣们隐隐感到，帝国的国本将要面临一个严峻的问题，朝野上下议论纷纷，人们猜疑着皇上究竟想要立谁为太子，一时流言蜚语四起。文官集团一心想维护皇长子的合法继承权，将之视为守护儒家正统的"争国本"。

为了尽快解开太子人选的谜底，万历十四年（1586年）二月初三日，在皇三子朱常洵满月之际，首辅申时行向皇上婉转地提出了尽快册立太子的议题，想探探皇帝的口风。但皇帝心中早有打算，并不接茬儿，只说了一句话："皇子太小，过两三年再说吧。"就这样把册立太子的事，一下子给支到三年之后去了。

万历皇帝心中其实早已盘算好了，打算把天下留给爱人所生的儿子。只是当下朱常洵太小，能不能健康长大还很难说，只能先给申时行来个缓兵之计。

儿子的事可以先放放，但郑氏因为生子有功，很快便被册封为皇贵妃，地位仅次于皇后。有明一代，嫔妃被册封贵妃尊号的仅十六位，其中两位还是死后追封的，可见其地位之尊贵。万历皇帝的生母慈圣太后，在儿子继位前，也只是贵妃。皇帝这样做也等于打下个伏笔，可以看作是想要延续贵妃之子继承大统的先例。

万历皇帝已经想到了自己册封郑氏会引来群臣反对，但没想到反对的声势会如此浩大，明明是皇帝的家事，如今却引起一场事关国之正统的轩然大波。

第一个明言反对的，是户部给事中姜应麟，他的理由很简单：郑妃所生只是皇上第三子，而恭妃所生的是皇长子，怎么能使恭妃居于郑妃之下？就算已经宣布要册封郑氏不能收回，也可以首先册封恭妃为皇贵妃，再册封郑氏为皇贵妃，两妃并立。而且他还直言不讳地建议皇上采纳申时行的请求，册立长子为皇太子，以定天下之本。

姜应麟这一疏，打响了国本之争的第一枪，一下触到了万历皇帝的痛处。皇帝气得把奏本丢到了地上，当时无处撒气，还把身边的太监痛骂了一顿，然后下旨把姜应麟调到山西广昌县当乡官去了。

大明的言官，从来不会被皇帝的权势压服，无论出发点错与对，造成的结果是与非，这份执着着实让人佩服。吏部验封司员外郎沈璟紧跟着上疏，再次提出请皇上立皇长子为太子，并进封恭妃为皇贵妃。万历皇帝不听，下旨将沈璟降级到行人司去当了个九品小官。

紧接着礼部正式上疏请皇上册立太子，并请封恭妃为皇贵妃，皇帝依旧置之不理，不久后将郑氏封为皇贵妃。

直到二十年之后，万历皇帝的长孙诞生，当了奶奶的恭妃才被晋封为皇贵妃。皇帝在两个孩子的母亲之间，厚此薄彼竟然达到如此悬殊的地步。皇帝如此偏心，郑贵妃身负盛宠，自然也有了做皇太后的野心，明里暗里多次乞求皇上立朱常洵为太子。

在紫禁城的西北角，有一座气势恢宏的皇家御用道观，叫大高玄殿，里面供奉的是真武大帝，香火旺盛，传闻十分灵验。据说万历皇帝曾携郑贵妃到此行香，郑贵妃要皇帝当着真武大帝的面立下誓约——立朱常洵为东宫太子。万历皇帝一时头脑发热，真的手写一纸誓书，封缄于玉盒中，秘密贮存于郑贵妃处。

多年以后，万历皇帝遣太监往郑贵妃处取回玉盒，盒子外面封印还宛然若新，但开启后一看，所写誓文早已腐朽殆尽，皇帝大惊失色，从此不敢再去大高玄殿。

此事虽不可信，却反映了皇帝与朝臣在册立太子的问题上两不相让，连神仙都惊动了。一场漫长、惨烈，剧情起伏跌宕，过程千回百转的国本大战，正式爆发。

# 第二十一章　有此美玉

万历十八年（1590年）不是个太好的年景。用内阁辅臣王家屏的话说，近年以来，天鸣地震，星陨风霾，川竭河涸，加上旱涝蝗灾，瘟疫死亡，总而言之看不到任何让人感到顺心和欣慰的景象。

群臣都记得，四年前皇三子朱常洵满月那天，申时行就向皇帝询问过册立太子的事情，被皇帝以长子还小为理由推脱过去了。督促皇帝早日册立太子，是首辅当仁不让的责任，同时朝廷上请皇帝册立皇长子的呼声越来越大，但以申时行的性格，并不想鲁莽地提出自己的观点。他了解皇帝的心结，所以打算找个恰当的机会，实施迂回战术。

万历十八年元月，皇帝难得地与申时行见了个面。申时行抓紧时机，对皇帝进言道："现在皇长子已九岁，可以让他先出阁读书。"他还特意提到，万历皇帝自己六岁就已经出阁读书了。虽然上学与册立太子看起来并无关系，但给皇长子讲学、开经筵这种形式一旦启动，就等于承认了皇长子就是太子的不二人选，申时行想以退为进，用皇长子出阁读书来造成既成事实。

万历皇帝何其聪明，一眼看透了申时行的心思，连忙找理由说："人的天资不同，常洛现在上学还早，还得再等等。"接着又自负地说："朕上学的时候才五岁，不是六岁。但我能行，恐怕我儿子没有这样的水平。"

申时行坚持道："皇长子有您优秀的遗传基因，必定也聪明不凡，皇上还是早点给他开课吧。"皇帝明显感到不耐烦了，收起笑容，下了逐客令："我知道了，先生回去吧！"

申时行处心积虑准备了好久的计划失败了，只好灰心丧气地叩谢离开。还没走多远，忽然被司礼监太监张诚叫住，说皇帝想让先生见见长哥儿。

长哥儿就是皇长子，申时行仿佛又看到了希望，赶紧掉头。等他回来时，万历皇帝面前已经站了一位清瘦腼腆的少年。皇帝一时也动了父子之情，牵着儿子的手，走到光亮之处，让申时行仔细看看这孩子。

申时行对朱常洛端详良久，颇有深意地说："皇上有此美玉，何不早加琢磨，使之成器？愿皇上早定大计，宗社幸甚。"

万历皇帝的慈爱神情一闪而过，很快变了副面孔，威胁申时行说："朕不喜欢群臣言辞激烈地离间我们父子，如果你们不再上奏逼我，我计划后年册立太子；如果你们继续没完没了，我就等皇长子十五岁以后再说。"

经过这番深入交谈，申时行发现立太子的路途艰难而漫长。别说册封之事遥遥无期，即使让皇长子出阁读书都是一道难关。皇帝的借口说来说去就是那几个，不是说长子并非皇后所生的嫡子，就是说朱常洛身体弱，又不聪明，现在不适合上学。

明朝的大臣，是出了名的不怕皇帝，巧计不成，就继续使用笨办法，他们前仆后继地上疏，企图以舆论的压力改变皇帝的意志。

一个月后，阁臣王锡爵上疏请皇帝册立太子。

三个月后，阁臣联名上书请求让皇长子出阁读书。

三个月零八天后，那位被骂成是蚊子官的吏部尚书宋缥率群臣集体向皇帝呼吁立储。

面对大臣们咄咄逼人的态度，万历皇帝心里暗藏怒火，更是坚决不肯松口。

内阁大臣们也够顽强，他们见皇帝装聋作哑，消极抵抗，干脆来了个集体罢工，全部递交了辞职报告。

面对内阁坚定一致的态度，皇帝有些打怵，终于退让了一步，开出一张远期支票，让各衙门明年先准备册立大典所需要的钱粮，后年春天册立太子。

礼部尚书于慎行，心知这是皇上的缓兵之计，就上疏催促皇帝说："册立太子不应该如此拖延，应该速速解决。"皇帝认为自己已经退让一步了，礼部还来催促，勃然大怒，将礼部所有官员停俸三个月。

至此，万历皇帝第二次成功拖延了册立太子的时间，为期两年。

河边芳草，冬时枯死春满道。一转眼，时间就到了所谓的"后年"。整个上半年，皇上仿佛完全忘记了自己说过的话，毫无动静，到了下半年依然对册立太子之事只字不提。大臣们对皇帝的言而无信十分失望，于是开始各显神通，向皇帝发动了新一轮进攻。

言官们这回学聪明了许多，不再跟皇帝硬碰硬，各种迂回战术接踵而来。

刚刚进入七月，福建佥事李琯就上疏弹劾申时行有十宗罪，其中最大的一条就是想改立太子，把皇上的责任，完全推到申时行身上。万历皇帝心知李琯不过是在指桑骂槐，于是把李琯革职。

工部营缮司主事张有德提出要准备册立大典需要的物品，意图逼皇上公布册立时间表。这种旁敲侧击的意图自然也瞒不过皇帝。借张有德的上疏，皇帝反戈一击，在张有德的奏疏上批示道："我们父子是至亲，如何立太子我自有安排，岂待你辈邀功！"结果张有德被罚俸三个月。

看到皇帝明摆着开始要无赖了，申时行、许国、王家屏三位阁臣再次联名上疏，请皇帝给个准话，明确答应于明年春天册立太子。

万历皇帝阅疏后，非常不满，他专挑软柿子捏，单单责问申时行说："先生你怎么也和这帮小臣一个鼻孔出气？"申时行向来不是坚毅刚强的性格，只好低着头推诿说："是别人列上了我的名字，我不知道这事。"

申时行深知皇上秉性固执，而且他也觉得谁当太子跟他的仕途并无多大关系。于是暗暗决定改变立场，站在皇帝一边。他写了一份密揭，跟皇帝说册立大典应该由皇帝自己说了算，不能听那帮小臣的。所谓密揭，就是单独给皇帝看的奏疏，他人不得拆阅。可万历皇帝不知出于有意还是无心，竟然将申时行的密揭与其他奏本一起转给内阁，内阁又转给礼部，申时行的密揭成了人人皆知的秘密。

这下可热闹了，礼部给事中罗大纮当场痛斥申时行的两面三刀，表面上附和群臣奏请册立，暗地里又到皇帝那儿去阻止册立，讨好皇帝，毫无气节。

一时间朝臣们群情激愤，一面声援罗大纮，一面把矛头全都指向了申时行。皇帝当然要保护自己唯一的支持者，下旨将罗大纮革职为民。

其实申时行有他的苦衷，于情他应该帮助爱子心切的皇帝，于理他应该支持群臣的意见，他两头都不想得罪，结果两头都得罪了，本想从中周旋，但周旋太过把自己给转晕了。这种首鼠两端的做派让他沦为众矢之的，只好和许国·同引咎辞职。

事已至此，万历皇帝再一次表现出薄情冷血的一面，对为了帮他挡枪而被迫辞职的申时行表现得相当冷漠，对他没有丝毫挽留，只是赏给他路费银子一百两了事。

当时的内阁中王锡爵早已辞职，现在申时行、许国又辞去，辅臣中只剩下新来的王家屏一人了。

王家屏是隆庆二年（1568 年）二甲第二名的进士。张居正如日中天的时候，有一次得了病，满朝大臣为了表达对首辅的关心和忠诚，纷纷奔走于道观寺庙，为张居正祈祷，极尽阿谀奉迎之能事，唯有王家屏对此不屑一顾，从不参加这类逢迎拍马的活动。

然而张居正去世后，当初那些溜须拍马的人又换了副嘴脸，倒张风潮一浪高过一浪。这时候唯有王家屏站出来，公开保护张家后人，为他们辩护、解脱。他的这些做法令人敬佩，足见其一身正气，不趋炎附势的坦荡胸怀。

此时内阁已经空了，王家屏自己在值班室坐不住，也向皇帝请求辞职。皇帝心知内阁不能成了空壳，不但不同意王家屏辞职，还把他升任首辅。两天后，万历皇帝自己任命了两名内阁新成员：赵志皋和张位。这场国本之争，导致了内阁的彻底大换血。

赵志皋和张位都曾经因为与张居正政见不合被贬出京城，到外地做了州同，也就是个六品的副职小官。谁知风水轮流转，十年后两人竟然同时拜相。时人有诗赞叹他们的人生际遇："龙楼凤阁九重官，新筑沙提拜相公。我贵我荣君莫羡，十年前是两州同。"

内阁暂时安静了一些，但朝臣们却依旧不依不饶。礼部给事中李献可继续上疏皇帝请立太子，万历皇帝将李献可罢官。多位言官为他鸣不平，皇帝干脆来个一勺烩，一口气处罚了十一位大臣，将御批下到内阁。王家屏颇有原则，对皇帝的做法很不配合，拒不执行，竟然将御批原封不动退还给皇帝。

首辅这样和皇帝对着干，自然也没有好日子过。万历二十年（1592年）三月，只做了两年首辅的王家屏再次申请辞职，被皇帝批准。临行前，他连上三疏劝谏皇帝册立太子，并充满感情地说："情依依而恋主，犹回弃妇之头；心惓惓以忧时，横洒孤臣之泪。"

王家屏走了，继任首辅的是年逾七旬的赵志皋。赵老爷子耳聋眼花，索性无为而治，对皇帝一点忙也帮不上。倍感失望的皇帝决定重新召回三年前退休回家的内阁旧臣王锡爵。

王锡爵我们曾在前文中提到过，就是那个年轻气盛的翰林院掌院学士，曾孤身闯入张府质问张居正廷杖言官之事。吴中行等人遭到廷杖毒打后，许多人都吓得不敢再多言，纷纷回避，只有王锡爵赶赴刑场，亲自扶起吴中行为他号啕大哭。

王锡爵出身于太原王氏，该家族从魏晋到唐朝都非常显赫，与陇西李氏、赵郡李氏、清河崔氏、博陵崔氏、范阳卢氏、荥阳郑氏七族并列为五姓七族高门。王氏第十一世孙王锡爵是北宋宰相王旦后裔，祖父王涌善于经商，白手起家，成为太仓巨贾。

虽然是富家公子出身，但王锡爵毫无纨绔之气，学业出类拔萃。嘉靖四十一年（1562年），二十九岁的王锡爵赴京赶考，他会试中第一，殿试中第二，一举获得"会元""榜眼"两项殊荣，令天下文士称羡。

王锡爵无论是人品还是作为都堪称官僚典范，民谣里说"一班儿肯做事又不生事，有权柄又不弄权柄的"指的就是他和申时行。万历二十一年（1593年）正月，万历皇帝把王锡爵召回京师，请他入阁担任首辅。

王锡爵风尘仆仆赶来赴任，他上任后做的第一件事，就是请皇帝允准于今年举行册立太子大典。皇帝还想以等皇后生儿子为借口拖延。王锡爵不留情面地说："这种说法十年前还说得通，现在皇长子都十三岁了，哪里还能再等啊！"

王锡爵的态度，让万历皇帝备受打击。他终于发现，自己谁也指望不上，几乎站在整个文官集团的对立面，独坐龙椅的滋味是如此孤独。本以为张居正已死，自己就可以大权独揽，现在看来，乾纲独断依然是个遥不可及的梦想。自己虽然贵为皇帝，但在文官心中，儒家礼教的信条，比他这个皇帝更有力量，而这种力量，就是大明帝国立国三百年的根基。

面对群臣强大的压力，聪明的皇帝又想出了一条对策。皇帝这次的借口是："立嫡不立庶"，意思是皇长子不是皇后所生，现在不宜册立为皇太子，应该虚位以待。当时皇五子也降生了（四子夭折），可以暂时将皇长子朱常洛、皇三子朱常洵、皇五子朱常浩一并封王。

所谓的"三王并封"听着热闹，其实还是回避了立太子这个关键问题。这次皇帝非要硬拉王锡爵站在自己这边。王锡爵虽然心不甘情不愿，但有申时行、王家屏的前车之鉴，也不好激烈反对，只好硬着头皮勉强同意。

三王并封的旨意一下，如同往热油锅里泼了一盆凉水。大臣们本以为新首辅上任，皇帝可以在他的劝谏下回心转意，都在静候册立之旨，不料等来等去，等出来个不伦不类的"三王并封"。所有人都对皇帝和王锡爵大失所望，感觉被皇帝当猴耍了。

正月二十八日，光禄寺丞朱维京首先上疏指责首辅失职，如同当年言官指桑骂槐把棍子打向申时行一样，这一次是王锡爵替皇帝挡枪。万历皇帝苦心孤诣憋出来的妙计，岂能容区区小臣轻易否定。他将朱维京革了职，发配到边疆充军。

刑科给事中王如坚的态度更为激烈，他痛批皇上言而无信，在奏疏中一一列举了皇帝历年来的出尔反尔："皇上你先在万历十四年说长子幼小，册立事要等两三年再举行；万历十八年又说皇长子不是嫡子；万历十九年好不容易同意册立了，却又说要等万历二十一年举行典礼；群臣盼到万历二十一年，现在又要搞什么三王并封，以图蒙混过关。"最后还不无讽刺地说："陛下的声音还在我们耳边嗡嗡响呢，难道您自己却忘了不成！"万历皇帝被气得心脏病发作，立刻降旨：王如坚革职，发边疆充军！

礼部向来喜欢跟在言官后面不失时机地补刀，在接到皇上关于择日并封三王的谕旨后，虽然表面不违抗，但也压根儿没执行，同时郑重提出了册立太子与封王同时举行的方案。

礼部的方案万历皇帝根本不予考虑。朝臣们见皇帝不肯让步，对不起，我们更不让。虽有诸多大臣被罚被黜被贬的前车之鉴，后继者依然如飞蛾扑火一般挺身而出，这种只要道理不要官职性命的敬业精神，确实令人感慨万千，无比钦佩。

工部都水司主事岳元声领着一帮同僚又要上疏，王锡爵声色俱厉地吓唬他说："把你们的名字在落款都写清楚，再给皇上看如何？"岳元声大义凛然道："请把我的名字写在第一个，廷杖也好，发配也罢，我奉陪到底！"

背黑锅的日子不好过，王锡爵虽然表面维护皇上，心里却明白道义有亏，日日受到巨大压力的折磨。他的学生们也都到他家中痛哭流涕地劝他，再这样帮皇上与天下为敌，恐怕有灭族之祸，在青史留下污名。王锡爵终于意识到事态严重，幡然悔悟，终于决定临阵起义，卸下大黑锅重新站到了皇帝的对立面。

二月初六，王锡爵向大臣们公开认错，说自己同意"三王并封"是错误的，同时请皇帝收回这一决定。这下皇帝尴尬了，唯一的盟友反水，让他又一次体验到了孤家寡人的滋味。

经过两天的思索，皇帝不得不向文官集团让步，宣布收回"三王并封"的成命，但坚持不册封太子，继续找理由说请大臣们再等个两三年，如果皇后还生不出孩子，再册立皇长子。

虽然"三王并封"的闹剧作罢，但万历皇帝仍坚持要等嫡长子出生压根儿是个笑话。皇帝压根儿不去跟皇后睡觉，难道要等皇后梦见天龙入怀、巨蟒缠身自己受孕吗？

# 第二十二章　一月天子

　　每年北京下过大雪之后，都会从京营调拨三千士兵到内廷扫雪。劳动虽然辛苦，却暗地里有一种香艳之乐。士兵们时常会捡到宫女丢弃的首饰、旧鞋，甚至一些成人用品。这些上不得大雅之堂的东西拿到宫外，都成了足以向外人炫耀一番的宝贝。一来二去，民间有些浪荡子弟，对这份工作趋之若鹜，竟然暗地里争相代替士兵们进宫扫雪，在当时被传为笑谈。

　　内廷的大雪可以一扫而清，可王锡爵先得罪了朝臣，后失信于皇上，心中风雪交加，万钧重担却无处排遣。进退两难，举步维艰，王锡爵十分痛苦，真想撂挑子不干了。皇帝对他的处境倒也理解，劝慰他说："卿为首辅，就是我的心腹，你官大责任大，怎么能逃避天下的怨言呢？"

　　就在大臣和皇帝双方僵持不下的时候，一个意想不到的援军出现在众臣的背后。

　　皇帝的生母慈圣太后早年也是以宫女的身份进入裕王府的，在生了朱翊钧以后被封为贵妃，儿子继位后，又被尊为太后。太后很喜爱这个身世与自己近似的恭妃，也心疼她的长孙得不到父亲疼爱。

　　有一次皇帝前往慈宁宫向母亲请安，太后便对儿子提起了这个话题："外廷大臣都说该早定长哥儿，你是作何打算啊？"皇帝没把母亲的话当一回事，一脸轻蔑地回答："常洛不过是个都人（宫女）的儿子，哪能轮到他啊。"这句话可惹恼了太后，她把脸一板，正色说道："母以子贵，怎么可以分等级出身？别忘了你也是都人的儿子！"

　　皇帝本想羞辱恭妃，却连母亲一起骂了，他自知理亏，惶恐万状，赶紧伏地请罪，良久不敢起身。皇帝此时突然想到了一个可怕的问题：如果朱常洛因为是宫女所生就没资格做皇帝，那么他自己也是宫女所生，他这个皇帝算不算名正言顺呢？

　　太后一句话，胜过外廷千百大臣的死命劝谏。至此，万历皇帝对册立皇长子的态度终于开始动摇了，朱常洛的命运也开始有了转机。

万历二十二年（1594年）正月，皇帝在皇极殿暖阁单独召见王锡爵。王锡爵早就盼望这次召对，打算抓住这个难得的机会，面谏册立之事。他见了皇帝，行了叩头礼，便急不可耐地说："皇长子今年已经十三岁了，陛下什么时候才能让他出阁读书啊，从古至今，老百姓家的男孩也没有十三岁还不上学的，何况皇长子！"

皇帝此时也冷静了下来，在确认自己无路可退的情况下，终于作出让步，同意皇长子出阁读书。到此时，朱常洛终于向太子之位迈出了至关重要的一步。

虽然已经亲口答应常洛出阁，但万历皇帝还不甘心就此屈服，打算狠狠为难一下大臣，命令太监做一份朱常洛开学典礼的费用预算。

负责此事的是内承运库太监孙顺，太监可不管国本不国本，他早看明白了皇上的心思，自然顺意为之，对费用预算来了个狮子大开口，开出一张令人瞠目结舌的豪华清单，其中包括：金银器皿，估银36400余两；各类宝石，估银129200两；珊瑚琥珀，估银18700两；龙涎香等香类，估银25200余两。一个开学典礼，总预算费用达到20多万两银子，里面看不到任何笔墨纸砚的项目，真看不出这些宝石珊瑚和皇长子读书有啥关系。

面对这份高得离谱的预算，户部当然心疼，所以建议降低标准。这下正中万历皇帝下怀：反正册立典礼也得花钱，既然你们嫌开学典礼费用高，那就再等两三年，等着册立典礼和开学典礼一起办得了。户部这才明白皇帝又要玩拖延之计，事已至此，绝对不能退让，咬着牙说又重新测算了一下，开学典礼费用其实不高，遵旨照办。

万历二十二年二月初四，皇长子出阁典礼如期举行。出生后就一路坎坷的皇长子朱常洛，在应该上中学的年龄，终于上一年级了。

皇长子终于上学了，为了他能够登上太子之位，费尽心血、苦心孤诣的王锡爵却再一次退休了。

王锡爵这个人勤政廉洁，勇于直谏，很像高拱为官的风格。他曾奏请皇帝停止江南织造和江西陶器的进贡，减少云南采矿贡金，并请皇帝用内帑银赈济河南饥民，这些惜民力、重民生的建议，全都得到了皇帝的支持和执行。

然而王锡爵性格中的弱点也和高拱一模一样，《明史》中总结王锡爵的特点用了四个字——"性刚负气"。身为内阁首辅，如果太过刚直，做事情绪化，很容易为自己惹下祸端。

这一年考核在京官员时，吏部考功郎中赵南星秉公办事，毫不留情地罢黜了大批不合格的官员，其中包括内阁前辈、大学士赵志皋的弟弟，也有王锡爵的亲信。于是内阁与部臣的关系再起冲突，王锡爵自然冲在前列。皇帝向着自己的首辅说话，先下旨将赵南星降级外调，最后竟将他革职为民。不少大臣替赵南星上章呼冤，也都遭到贬谪。

说到赵南星，这里要多说一句，他与岳麓书院的顾宪诚，仗义执言的邹元标并称海内三君子，仕途几起几落，后来成为东林党的领袖之一。

这下大家把账都算在了王锡爵的身上，认为赵南星受到的不公待遇是他怂恿皇帝一手操纵的，因此对他十分愤恨。王锡爵每日面对言官的群起围攻，如芒在背，日子过得十分辛苦，只好连上八疏辞去了首辅之位，回乡养老。

王锡爵可以离开内阁这个是非之地，但皇帝坐在龙椅上跑不了。万历皇帝被言官们连章累牍的抨击折磨得烦不胜烦，还想请王锡爵再回来替他分忧。

王锡爵在老家给皇帝呈了一封密揭写道："再有这类的奏章一概留中不发，就当是听鸟叫，一个也不要搭理他们。"结果不知道万历皇帝的保密工作为什么做得这样差，这个密揭再次被泄露了。满朝大臣闻知自己被说成是鸟，个个气愤不已，一时舆论哗然，王锡爵再次成为众矢之的。他自知理亏，这回彻底死了回去做首辅的念头，闭门谢客，终生没有再出山。

王锡爵教子有方，他的儿子王衡与父亲一样优秀，在顺天乡试名列第一，在万历二十九年（1601年）高中进士及第第二名，被时人誉为"父子榜眼"。

王衡和其子王时敏官做得都很大，王家被称为"四代一品"。王锡爵的曾孙王炎，官至内阁大学士，因此王家又被赞誉为"祖孙宰相""两世鼎甲"。太原王氏人才辈出，后代科场得意者比比皆是，其家族的荣耀一直延续到清代，是中国名副其实的簪缨世家。

# 二等公民

相对于诗书传家、出类拔萃的王家子孙，朱常洛同学即使在上学后依然是一个不受重视的边缘人。

当年万历皇帝上学的时候，每次讲官们上完课都会被赏赐精致美味的酒饭。宫内的银作局还会专门制造一批金豆、银豆以及金银钱，专供皇帝赏赐所用，讲官们隔三岔五就会得到此类赏赐，其他如酱菜、黄蜡、笔墨之类的小礼物更是不断。

但到了朱常洛上课的时候，讲官们的待遇却大打折扣，光禄寺小厨房的美食已经成为美好回忆。至于讲官们的午餐，对不起，请自备便当。

讲官刘曰宁自嘲地说："我刚刚考取秀才时就做过私塾先生，一年学费能挣个五六十两白银，那时候在学生家里吃香的喝辣的，小日子过得很不错。如今可倒好，给皇帝家当老师，一年挣的是死工资三十两，还得天天自己准备盒饭。每天早上五更起床，要走好几里路到皇宫上课，真是太辛苦了。看来是老秀才不及小秀才，我算是越混越差啦。"

朱常洛出阁读书，令郑贵妃危机感陡增。本来以为儿子被立为太子大有希望，现在却看到朱常洛在群臣的帮助下，向太子的位置越走越近。郑贵妃情急之下，开始使出下三烂的手段，对朱常洛造谣中伤，她跟皇上吹枕边风说："别看皇长子年纪小，但最喜欢和宫女淫戏，早就不是童男子啦！"沉迷女色，关系到皇长子的品行节操问题，如果此话属实，说明他不适合做太子。万历皇帝立即派太监前去查验此事是否属实。

事实上朱常洛从小到大一直与生母恭妃同居于景阳宫，寸步不离。恭妃王氏听说郑贵妃如此恶意中伤，大为悲恸，哭泣着对前来查验的太监说："我十三年来每日与儿子同起同卧，不敢让他片刻离开我的视线，正为了防备可能有今日之祸。今天果然让我等到了！"

来验看的太监听了恭妃这番话，也大为动容，回去后据实向皇帝禀告。万历皇帝听罢，默默无语。他虽然不喜欢甚至看不起恭妃，但也知道恭妃绝对不会撒谎，从此便对皇长子的品行不再怀疑。而且通过这件事，他对郑贵妃的话也不再轻易相信。

讲官刘曰宁抱怨归抱怨，但对皇长子的辅导一直是尽心尽责。他知道朱常洛处境艰难，心中忐忑，经常对他安慰、鼓励，给予他最需要的信心。磨难中成长的孩子，往往早熟懂事。朱常洛对讲官的心意、群臣的寄托，都能心领神会，对难得的学习机会也十分珍惜，学业进步很快。

皇长子的书桌前有一对铜鹤，按照规定，讲官每次讲课之前，要先叩头行礼，然后从铜鹤下方走过。有一次一个讲官不小心从铜鹤上方走过，等于做了一个十分失礼的举动。朱常洛看到这一幕，不但没有责备，反而悄悄暗示身边的太监，将铜鹤移近他的书桌，以避免再有讲官犯同样的错误。皇长子这样宽仁体贴，令众讲官既叹服，又感动。

朱常洛读了四年书，册立皇子的事也拖到了万历二十六年（1598年）。万历皇帝估摸着再拖下去恐怕又要迎来大臣们新一轮的诘难。这一回他主动表态，传谕礼部，说明年册立太子与分封皇三子、皇五子、皇六子、皇七子为亲王的典礼将一同举行，提前堵住了大臣们的嘴。

诸位大臣这下终于看到了曙光，大家满怀期盼，再次翘首等待了一年，却发现皇帝毫无动静，才明白又被皇帝耍了。

万历二十八年（1600年）新年刚一过，群臣如同被水坝拦截已久的洪水一般，对皇帝发动了排山倒海般的攻势。

正月初三，礼部尚书余继登奏请立皇长子为太子。

正月初四，南京浙江道御史上疏请求册立大典应该尽快举行。

正月初六，接替王锡爵的内阁首辅赵志皋老爷子也振作精神，奏请举行皇长子三礼：册立礼、冠礼、婚礼。

正月初七，皇亲国戚也发动起来了，定国公徐文璧、驸马侯拱宸等分别上疏奏请举行皇长子三礼。

正月初八，新晋的内阁次辅沈一贯上疏，恳请举行皇长子三礼。

作为个体，再聪明、再有才能的官员也不是皇帝的对手。但所有官员结合成强大的官僚集团，形势就会发生逆转，弱势的那一方成了皇上。

本来官僚体系是皇帝亲手建立的，而这个体系一旦成型和运转起来，就成了一个难以控制的庞然大物，有了自己的生命、性格和利益，让皇帝无路可退，无处可避。

面对朝廷上下义正词严的紧紧相逼，万历皇帝看似已经退无可退，只好第 N 次使出缓兵之计，传谕内阁，大典可以举行了。然后，就又没有然后了，一拖又是十个月。

新上任的工科都给事中王德完，忍不住再次上疏，老调重弹，说起了皇帝宠信郑贵妃，冷落皇后一堆陈年旧事。万历皇帝半真半假地大发雷霆，不仅严惩了王德完，更是以此事为借口，宣布暂停皇长子册立大典。

到这一年，为了国本之事，大臣们已经与皇帝博弈了整整十四年。朱常洛的太子之位看似已经近在咫尺，却又仿佛在海角天涯。

朝臣的逼压，往往不如亲情的触动。万历二十九年（1601 年），万历皇帝发了一次急病，竟然昏厥过去。等他苏醒后发觉，自己头枕在皇后的手臂上，皇后满面愁容，泪痕未干。而他心爱的郑贵妃却一副若无其事的样子，出来进去忙活着自己的事情。无意中的一瞥，让万历皇帝心有触动，心中的天平又向长子一方倾斜了一些。

万历皇帝曾与诸皇子宴饮，赏赐给每个儿子一样珍贵的礼物。当时朱常洛得到的是一只玉碗，暂由郑贵妃代为收藏。这几天皇帝为册立的事烦心，夜不能寐，忽然想看看那只玉碗，就命郑贵妃呈上。这下子郑贵妃一个头两个大，翻箱倒柜，挖地三尺也没找出来。万历皇帝心中不快，但也没有发作。没过几天，他又特意说想要看皇三子朱长洵的礼物，结果郑贵妃分分钟就拿了出来呈给皇帝。

郑氏身为贵妃，竟然拿皇帝的赏赐如此不当回事，连表面文章都不屑一做，这让万历皇帝大为震怒，立即升殿，下令要把郑贵妃宫里的宫女首领抓进来。明朝法制规定，宫女是绝对不能进朝堂大殿的，皇帝这样说就是为了给郑贵妃出个难题。郑贵妃此生头一遭见到丈夫对自己大发雷霆，再不敢任性撒娇。她脱了礼服、摘下首饰，蓬头赤足地带着宫内所有的宫女匍匐于殿门外请罪。

皇帝过了好久才熄了怒火，宽恕了她，但内心对郑贵妃非常失望，不能不联想到这样的母亲又会教育出什么样的儿子。

九月十八日深夜二更，几乎一夜未眠的万历皇帝终于下定决心，连夜传谕内阁让礼部选日子，为皇长子举行三礼。深更半夜做出这样重大的决定，也可见皇帝内心的纠结与矛盾。

册封太子的大典终于在万历二十九年得以顺利举行，在经历了十五年之久的磨难后，大明帝国的国家之本总算是定下来了。万历皇帝还特意把这个消息告诉了已经退休的两位元老——申时行和王锡爵，可以想象这两位老臣听到这个令人满意的结果会何等兴奋，又何其感慨。

这一场国本之争从万历十四年开始，持续斗争了十五年之久，先后有四名首辅、十位尚书被迫致仕，一百多大臣被罢官、解职、廷杖、发配，大明帝国也因此受到沉重的内伤。

虽然太子储位已定，但万历皇帝自觉是被逼迫做出的决定，他心有不甘，却无从报复。最终选择了效仿自己的祖父嘉靖皇帝，以一种极端的方式表达自己的不满——躲在深宫之中再不上朝。他怠政时间之长，刷新了中国历代帝王的历史纪录，给国家造成了无可挽回的损害。

# 红丸

最后，我们再说说那位苦命的太子朱常洛。

在万历皇帝驾崩后，朱常洛顺利继位，改元泰昌。

从正德皇帝开始，似乎每一位新君在登基伊始都是一副励精图治的模样，给予朝臣巨大的希望，然后又以各种方式让他们的希望落空。

泰昌皇帝继位后，很快开展了一系列意在革除弊政的改革措施，如增补阁臣，废除矿税，重振纲纪，发银二百万两犒劳刚刚经过惨败的辽东将士等。明帝国似乎要再一次向兴盛的方向迈进。可是就在泰昌皇帝即将作为一番的时候，忽然离奇驾崩了，死因不明。最大的疑犯竟然是郑贵妃。

在不上朝理政这件事上，万历皇帝很像他爷爷嘉靖。在不顾身体，沉迷女色上，泰昌皇帝又像极了爷爷隆庆。

据说郑贵妃为了讨好新君，一次进献了八个美女。有道是蛾眉皓齿，皆为伐性之斧。正如一个人吃了半辈子青菜米汤，忽然间开始暴饮暴食，顿顿和牛卷着龙虾吃，任谁的身体也受不了。在八大美女的轮番轰炸之下，年轻的泰昌帝身体很快垮了下来。他在泰昌元年（1620年）八月初十日一病不起，这时候登基大典仅仅过了十天。

来给皇帝看病的，是司礼监秉笔太监兼掌御药房太监崔文升，这个人曾是郑贵妃宫中的亲信太监，身份十分可疑。崔文升让泰昌帝服用强力泻药大黄，结果泰昌帝一昼夜连泻三四十次，身体迅速处于衰竭边缘。

八月二十八日，朱常洛已经到了回光返照的地步，他召英国公张惟贤、内阁首辅方从哲等十三人进宫与皇长子见面，已经有了托孤的意思。这时鸿胪寺丞李可灼自称有仙丹要呈献给皇上。求生心切的泰昌帝听说后不顾众人劝阻甘当小白鼠，非要试一试李可灼进献的这种红色丹药。

泰昌帝刚服下第一颗红丸后，不但觉得精力充沛，浑身暖畅，竟然连胃口也打开了。当天晚上，恨病心切的皇帝命令李可灼再进一粒红丸，尽管所有的御医都坚决反对过量服用这种来路不明的丹药，但皇帝还是坚持又吃了一丸。第二日五更，泰昌帝暴毙于床。

据后人分析，泰昌帝吃的这种红丸，其实就是历代皇上引为至宝的热性兴奋剂，这种药与崔文升所进的极寒的大黄药性相反，本来就身体虚弱的朱常洛连遭这两种相克药物的摧残，又岂能不死。

正所谓："空悲浮世云无定。"泰昌帝用了十五年的时间才争取到太子的位置，又在太子的位置上等了十六年皇位，自己当皇帝却仅仅一个月，便三魂缥缈，七魄幽沉，驾鹤西游去也，令人感叹命运无常，造化弄人。

泰昌帝的那位三弟福王朱长洵的命运也很有戏剧性。万历皇帝一生都觉得对他有所愧疚，只能以物质作为补偿，不断赏赐他大量财富。万历皇帝在后半生拼了老命敛财，其中的相当部分都赏赐给了这个儿子。

这个不幸又幸运的宝贝王爷后来就藩于河南洛阳，在父母毫无节制的溺爱下，成了一个拥有田地两万顷，富甲一方的败家子，家产之丰厚胜于皇帝。他终日饮酒作乐，所爱者唯有美人歌舞，生活极其糜烂。崇祯十四年（1641年），李自成大军围攻洛阳，朱常洵缒城逃亡失败，最终落了个城破身死的下场。

# 第二十三章　宁夏不宁

蒙元灭西夏后，在西夏国故地设宁夏府路，中国大地上从那时起便有了宁夏之名。

西夏虽然亡于蒙古，但宁夏大地也与蒙古结下了不解之缘。《宣德宁夏志》中记录了当地土民擅长放牧、骁勇善战的民族特色。所谓土民，就是已经蒙古化的党项人后裔。

大明洪武建国后，宁夏处于中原王朝与草原势力长期对峙的第一线，宁夏府城银川紧挨着河套鞑靼人的势力范围，银川公鸡打鸣，鞑靼人听见了就起床放牧。草原上马嘶狗叫，府城里的汉人也听得一清二楚。

## 哮家军

明朝驻防边军中有大量因为各种原因投入明军的蒙古人，俗称土旗军。其中混得最好的，当数万历年间宁夏副总兵哮拜。

哮拜原本是鞑靼部的一个小酋长，因为得罪了部落首领英台吉，父兄皆被杀死，只好率领部众来投奔宁夏明军，被当时宁夏巡抚王崇古收留。

哮拜天生是个做军人的好材料，他统御有方，作战勇猛，手下的骑兵能一日疾驰三四百里。因为熟悉鞑靼人的战法，知己知彼，所以屡立军功，很快被提升为都指挥，成为镇守一方的中坚力量。宁夏有哮拜镇边，贺兰山一带鞑靼人皆不敢内犯。等到哮拜年老退休时，被提拔为副总兵，相当于让他享受军区副司令的待遇。他的儿子哮承恩则世袭了他的职位，继续统兵镇边，大明也算很厚待这对将领父子了。

和明廷其他边关大将一样，哮拜手下有精锐家丁数千，领饷的士兵上万，他的儿子哮承恩、哮承宠以及其义子哮塞、哮云、哮洪及猛将土文秀等人，各个如狼似虎，分管各军，俨然一支领着国家钱粮的哮家私军。

万历十八年（1590 年），蒙古火落赤部大军进犯明境。老当益壮的哱拜亲提三千家丁出击，火落赤部慑于哱拜的威名，不战而退。哱家军在蒙古人的地界行军，如入无人之地。哱拜父子一路之上见诸边镇的驻军都不如他的部下勇武，对明朝的军事实力大起轻视之心。

哱承恩对父亲大言道："明廷这些军队不堪一战，我看重新做个开国大夏的李元昊也不是什么难事。"哱拜也心有所动，但他毕竟老谋深算，急忙捂住儿子的嘴说："不要乱说，有灭族的危险！"不说不等于不做，哱拜从此开始暗暗筹划他做宁夏王的计划。

哱拜之所以萌生反意，也不完全是他的野心使然。宁夏巡抚党馨在其中起了巨大的负面作用。他身为一省之长官，对于哱拜和他手下这帮骄兵悍将不但没有能力统御控制，反而处处压制，步步相逼，以致最后酿成大祸。张居正早就评价过党馨，说他是个刻薄残暴的小人，可见江陵公识人的慧眼。哱承恩某次强娶了一个当地民女为妾，这下可被党馨抓住了把柄，他当着众人的面，扒下这位大公子的裤子，狠狠打了他二十皮鞭，让哱家大丢面子。

每个军镇的驻军都有屯田的任务，宁夏本来土地贫瘠，单靠这些舞刀弄枪的士兵种地，收成情况可想而知。党馨没事找事，一次要求收取三年的地租，扬言如果收不到就从士兵的军饷中扣除，更是搞得边军人心惶惶。

万历十九年（1591）冬，党馨连续第三年克扣了士兵做冬衣的钱，士兵怨声载道，群情激愤。营官江廷辅向党馨请求，先把从前积欠的银子发放，否则有可能激起兵变。党馨不屑地说："这种动不动就向上级请愿的作风，不可以鼓励纵容，难道这些大头兵不怕被满门抄斩吗？"

党馨的简单粗暴与苛刻吝啬，终于激起了将士们的怒火，双方的矛盾再无挽回的可能。哱拜看准了这个时机，鼓动他们说："任凭你们放开手脚干！"

当时宁夏边军中的下级军官刘东旸、许朝威望很高，受到士兵们的拥戴。尤其是刘东旸骁勇桀骜，胸怀大志。万历二十年（1592 年）二月十八日，在哱拜的暗中支持下，刘东旸领着一批暴兵起兵造反。

党馨平日里趺扈刻薄，从不拿士兵当人看，可真面临兵变，就吓得噤若寒蝉，毫无主张，最终被暴兵一刀砍死。造反的士兵们杀死了数百名大小官员，收缴了巡抚符印，又打开银库，释放囚徒，最后一把火将巡抚公署烧成白地。

宁夏军队名义上的最高指挥官是总兵张维忠，但他性格懦弱，在军中毫无威信，完全是个空头司令，被生擒做了俘虏。张维忠情知罪责难逃，只好寻了个空子上吊自杀了。

数日后，驻军在外的哱拜义子哱云和游击土文秀也率兵回到府城，与叛军合兵一处，声势更加壮大。

各部叛军整合在一起后，开始建立自己的组织机构，刘东旸自称总兵，当然背后由谋主哱拜掌控全局。他任命哱承恩、许朝为左右副总兵，土文秀、哱云为左右参将，并联络蒙古著力兔部首领珠尔图，以许诺割让花马池一带给他们做牧场为条件，与之结盟。叛军还俘获了就藩宁夏的庆王作为人质，然后四下分兵，进攻宁夏各地。

兵部尚书魏学曾听到宁夏兵变的消息，大为震惊，急忙派部下张云、郜宠谕令叛军投降，以图做挽救局势的最后努力。

刘东旸此时已经狂妄到了极点，并不打算给魏尚书面子，扬言道："想要我投降，就必须承认我所任命的官员，让我世袭镇守宁夏。否则，我将与蒙古人联合发兵，进攻潼关。"

这番大话可不只是嘴上说说，气势正盛的叛军数日之内横扫河西四十七堡，占据了包括宁夏重镇灵州在内大批城市和要塞，沿途明军望风而降，叛军很快就已饮马黄河。

叛军一路进攻如摧枯拉朽，一直打到平罗城时，才第一次遇到顽强的抵抗。平罗守将名叫萧如薰，是万历朝一员以诗才闻名的儒将。他曾留有一首《登牛首山》："闻道经台古，如来说法年。树因藏垢拔，水为渡迷穿。人我终无相，空门不二缘。岂惟忻此遇，投老要归禅。"此诗超尘出俗，很有意境，恰好就是这场宁夏大战期间的作品。

自从隆庆和议后，边境少有警报，朝臣名士到各地边镇旅游采风成为时尚风潮。喜欢文学的萧如薰家中常常高朋满座，因此还留下了"趋之若鹜"这样一个成语。但客人多了也会有烦恼，萧如薰工资花光也不够支付招待费用，幸亏他贵族出身的妻子嫁妆丰厚，靠卖首饰才换来了丈夫请客的钱。

萧如薰诗写得好，打仗这个老本行也没忘记。面对叛军的凶猛进攻，他孤军坚守平罗城长达数月之久，不但守得滴水不漏，还设计射死了叛军最勇猛的将领哱云。他的夫人此时亦显英豪之气，变卖家底，买酒买肉，亲自拎上城头犒劳将士。

## 泰山压顶

宁夏叛乱的急报传入北京时，万历皇帝正在为处理李献可的事和首辅王家屏斗气。皇帝本来就在气头上，又接到了魏学曾关于宁夏叛乱的报告，更是大发雷霆，怒言道："天朝全盛，岂容此小丑横行！"

万历皇帝下旨令魏学曾总督宁夏，全面负责进剿叛军。

魏学曾接到旨意，立刻派出延绥、榆林、兰靖、庄浪四镇兵马作为先遣部队向宁夏方向合围。临近的甘肃巡抚叶梦熊也自筹粮草，从贵州土司中征集了1500名善战的苗兵，加上他亲自训练的战车营一同前往平叛。

明朝以一国之力对付一地之叛，势如泰山压顶。三月，明军在李昫、麻贵、董一元三大总兵的带领下，分批渡过黄河。平叛前期，战事进展顺利，兵力占绝对优势的明军很快收复了被叛军占据的各个城堡，一路打到了宁夏府城。萧如薰在解围后，也出兵与各路明军会合，几支部队一同对哱拜的老巢形成合围之势。

宁夏府城城高池深，共有六个城门，东门叫"清和门"，西门叫"镇远门"，北门叫"德胜门"，南门叫"南熏门"，西南方向叫"光华门"，西北方向叫"振武门"，此外还建有南北关城，八十五座悬楼，七十座辅楼，高大坚固，易守难攻。

魏学曾指挥各路人马在城外排列了四百多门弗朗机火炮轮番轰炸，却依旧奈何不了宁夏坚城。城中的叛军在坚守之余，竟然还有力量出城反击，大开城门派骑兵奇袭明军。两军在城外展开骑兵混战，互有伤亡。幸亏叶梦熊带来的战车营大显身手，挡住叛军骑兵，同时大量施放火器，才把叛军打回城里。

曾有人向魏学曾提议挖开附近的黄河大坝，水淹宁夏城。起初魏学曾认为这样做会伤及城内的无辜民众，一直没有同意。然而数月强攻不下，明军伤亡越来越多，魏学曾无奈之下只好同意进行水攻。

明军发动上万民夫，掘开了黄河大坝，引水灌城。但城内叛军早有防备，他们在城外构筑了新的堤坝，堤坝也随着水位上升而不断加高，结果大水遇阻反过来倒灌入明军的营地。这时哱拜的盟友蒙古著力兔部的骑兵也不断攻击明军的后方，平叛明军不仅攻城不利，后勤补给也成了问题，势如破竹的良好开局变成了进退两难的困厄境地。

就在城内外两军僵持不下的时候，大将李如松率援兵赶来了。

李如松，就是我们前文提到的那位辽东大帅李成梁的长子，他是李成梁诸子之中最优秀的一个，深得乃父真传，是明末最为杰出的将领之一。李如松少年时就随父亲征战四方，不仅骁勇善战，而且深富谋略。

自古名师出高徒，李如松的兵法师从大名鼎鼎的才子徐文长。

人们皆知大明三大才子之一的徐文长文采天下无双，但很少人知道他性格果决刚毅，给胡宗宪当过参谋，治军很有一套。

胡宗宪自杀后，徐文长作为他的亲信，也受到连累，坐了七年大狱。他出狱后，一度心灰意冷，漂泊四方，曾做过戚继光的座上客，后来又来到辽东，被李成梁收留，成了李如松的老师。李如松朝夕跟在老师身边，进步神速，不仅晓畅军事，连文学水平也飞速提升，也能写得一手好诗。

李如松本事大，脾气更大，他的性格和关羽很像，脑门上贴着两个明显的金字标签，一是勇猛，二是骄横。明朝的规矩历来是文尊武卑，但李如松偏偏不守规矩，最烦文官。他在担任宣大总兵时曾与巡抚许守谦一同阅兵，应该坐在下首的李如松大大咧咧地与许守谦平起平坐，最后二人闹得差点大打出手。

早在四月朝廷就调李如松为提督兼陕西讨逆军务总兵官，让他统率辽东、宣府、大同、山西数万大军，作为总预备队，对哱拜发动最后一击。李如松不慌不忙，周密准备了两个月后才到达战场。

六月二十二日，李如松统率的大军终于抵达宁夏外围，早已疲惫不堪的西北官军士气大振，都期待辽东军能够有所作为。李如松本来就对魏学曾久战无功相当看不起，他率军到达之后，单独立营，单独行动，跟名义上的总司令魏学曾连面都不见。

魏学曾对李如松的高傲姿态大为恼火，下令要求李如松接受统一指挥，但李如松理也不理，跟谁也没打招呼，当天就独自发兵攻城。

李如松命麾下的三万士兵每人提一沙袋放在南城下，以减少城墙的高度，然后再命士兵搭起云梯攀爬。对这种寻常的进攻套路，城上早有准备，炮火弓箭如织，很快摧毁了攻城的云梯。李如松毫不气馁，当晚又派弟弟李如樟率家丁夜袭南城。甘肃巡抚叶梦熊害怕头功被抢，也赶紧令麾下总兵董一奎、游击龚子敬率苗兵随后前往。

苗兵身手敏捷，跳跃如猿，他们凭着一股狠劲儿，也架起云梯，冒着箭矢向城楼猛攻，不少人爬上城墙与守军激战。另一方面李如松指挥辽东兵用撞车猛烈攻击城门，也将城门撞了个大洞。

城内叛军眼看城防岌岌可危，赶紧会聚重兵拼命用火器阻挡，官军横尸累累。李如松已经看到城内街巷，但被阻挡在城门口就是冲不进去，僵持良久，险象环生，幸好他的弟弟李如柏带领家丁拼死赶来，将李如松抢出战场。

此时，已经攀城的苗兵也进展不利，攻城的云梯被城上缒下的叛军烧毁，后继无兵，只好撤退。两支攻城的军队虽然都非常善战，但毫无配合，在已经取得极大优势的情况下，功亏一篑，又都各自收兵回去了。

夜半时分，峰回路转。城中偷偷跑出一个降兵，直奔魏学曾的中军大帐请降。他自称姚钦，是城中指挥赵承光的部下，愿意反正，并相约于明夜丑时举火为号，开城迎接官军。魏学曾大喜，满口答应配合接应，次日夜晚按约定出兵集结于城外，等待信号。

到了约定时间，果然听得城内有喊杀的声音，城楼上燃起大火，城门也如期被打开了，从城内跑出来几名士兵，拼命向城外招手，呼唤官军进城。在这个关键时刻，优柔寡断的魏学曾竟然又犹豫起来，他担心有诈，迟迟不肯下达进攻的命令。

机遇只在一瞬间，你不抓紧，城里的叛军就会反应过来了。不多会儿，城内喊杀声越来越弱，最后明军眼巴巴地看着已经大开的城门咣当一声再次紧闭起来。

第二天早上，城头上扔下来五十多颗死不瞑目的人头，正是赵承光、姚钦等人，魏学曾这才明白自己白白浪费了一次破城建功的大好机会。

虽然明军暂时攻不进来，但宁夏城孤立无援，储存的粮食、火药、箭矢都越来越少。哱承恩心急如焚，连续派出两路人马，分别向河套的蒙古人著力兔部和卜失兔部求援。

向著力兔部求援的一路五十个士兵比较倒霉，他们出城后立刻被辽东军发现。李如松派出骑兵紧追不舍，将他们都杀死在半路。而另一路的三百骑兵则顺利出城，带着大量财物到卜失兔部求援。

看在金银的分儿上，卜失兔部首领打正尽起部族中三万兵马杀奔宁夏而来。魏学曾这一次应对很到位，他不慌不忙，分兵抵抗，先命麻贵率兵五千正面抵御，又派游击龚子敬率八百苗兵扼守沙湃口，堵住敌军归路，再暗遣三千奇兵，由董一元率领，去偷袭打正的营地老窝。

麻贵也是明朝当时数得着的悍将，他用五千步兵跟打正的一个万人队在石沟城血战了两天，依靠着火炮与鸟铳的密集火力，寸步不让，打得蒙军晕头转向，始终无法靠近宁夏城。战至第二天中午，有哨马急报打正一个噩耗，老巢被明军偷袭，留守的蒙古妇孺被屠戮一空，牲畜也全部被掳走了！

偷鸡不成反而丢了个粮店，这买卖亏大了！打正急火攻心昏厥过去，好不容易才被救醒，此时他已无心再战，只好仓皇撤退，收拾残局。

来的时候容易，想走可就没那么简单了。麻贵不依不饶，领军在后面紧追不舍。蒙古军退到沙湃口的时候，又正好遇到龚子敬的八百苗兵堵住去路，双方再次展开一场血战，苗兵确实够猛，八百对三万也毫不畏惧，最后龚子敬英勇战死，八百苗兵伤亡殆尽，但终于等到了麻贵的追兵。

打正是屋漏偏逢连夜雨，这时候满载而归的董一元也正好带兵赶到，与麻贵合兵一处对其前后夹击。这一战下来，打正虽然保全了性命，但三万人马折损大半，元气大伤，蒙古诸部再也不敢出兵援助哱拜了。

## 最后一击

魏学曾打残卜失兔部的战绩并不能平息皇帝对他剿抚不定、优柔寡断的不满。作为前线的最高指挥官，无功就是有罪。万历皇帝没有耐心继续等待，干脆将他罢了官，押回北京治罪，令叶梦熊接替，节制一切军务，一并授予叶梦熊尚方宝剑，给他斩将的大权，要他速战速决。

魏学曾虽用兵水平一般，但于军务方面十分勤勉，对将士们也很体恤，在军中人望不错。他被捕时，三军都很舍不得他，纷纷洒泪送别，对他受到如此待遇感到惋惜。

叶梦熊比魏学曾更加果决干练，没那么多菩萨心肠，他下令再次掘开宁夏四周各处大湖的水坝，以大水漫灌宁夏城。

日复一日，到了九月，城外水深已经达到三米，坚固的宁夏府城墙在洪水的浸泡和压力下变成了豆腐渣，开始一处又一处崩坏。一些叛军企图坐船突围，但城外明军围得如同铁桶一般，叛军基本上是出城一队，送命一队。

由于城中已经严重缺粮，叛军只能以马肉充饥。至于百姓们就更惨了，只有吃树皮烂靴充饥，每日死亡无数，宁夏城已经沦为人间地狱。虽然李如松趁机攻下了被水泡烂的南城门，但叛军仍然占据着内城，用土石填塞城门，截断护城河，防守依旧严密。明军虽然有进展，但想要一战决胜还是遥遥无期，眼看日日劳师糜饷，叶梦熊和李如松都心急如焚。

这一日，明军军营外来了个卖油的小贩，一直在军营门口吆喝。

正所谓大隐隐于市，这个小贩名叫李登，他相貌奇丑，又跛又瞎，却是个奇士。此人嗓音十分洪亮，背着油罐边走边唱道："毒瘤不除，将留疤痕，危巢颠覆，猛枭栖息。"

没过多久，这颇有深意的歌词就被监军梅国桢听到了，他心知此人不凡，就把李登请来，待为上宾。果然，李登是带着一个周密计划来的，二人经过一番密谈，定下一条奇计，即李登孤身入虎穴，带着三个密札进入宁夏城去使反间计。

人不可貌相，李登身体残疾，胆子却比一般壮汉大上百倍。他乘坐木排，顺着浊流驶入东城门，独自去见哱拜的长子哱承恩，对他说："我们监军知道哱拜有安定边塞的功劳，如今却将要与那些鼠辈一同被诛杀，认为太可惜了。我军中并不是没有可以出使的人，只是因为我李登身体残缺，不会让人害怕，所以派我来送密信给将军。如果将军能听从我的意见，就杀掉刘东旸、许朝来赎罪，我们监军答应你不但可以留住性命，还能给你记功。如果你不愿意听我的劝告，我愿意死在将军帐下。"

哱承恩早知道困守无望，这时候斗志已消，听了李登这番话，心中开始动摇起来，就犹豫着答应了。

李登说动了大公子，又从小道去暗暗拜访刘东旸和许朝，也难为他一个瞎子居然可以在炮矢纷飞的宁夏城来去自由。他一脸诚恳地对刘、许二人说："将军为什么要跟别人一起承受祸患呢？城里士卒还剩多少？怎能抵挡得了官军，这无异于驱赶小雀去与鹰隼相斗。有头脑的人，应该知道审时度势才能转祸为福啊。"

经过李登的一番挑唆，刘东旸、许朝也动摇了，想要先投降，于是城里的叛军将领各怀心腹事，都相互猜疑起来。

不出几日，刘东旸率先动了手，杀了哱承恩的搭档土文秀。接着哱承恩反戈一击，又杀死刘东旸及许朝，宁夏最能打的几员猛将就这样稀里糊涂地死于自相残杀。

哱承恩求活心切，压根儿没和父亲打招呼，就下令开城投降，城外数万大军厮杀一年没干成的事，被一个卖油的瞎子三言两语就搞定了。

城门既开，李如松、麻贵、萧如薰等一干将领立刻率兵蜂拥而入，哱承恩按照事先的约定，去寻找监军梅国桢请求保护，却被李如松的参将杨文抓了起来。

哱拜还在家中，得知城破，明白大势已去，带领家人和少量扈从退到官邸中固守。李如松提兵将他团团包围，送去令箭命令他卸甲投降。哱拜情知投降绝无生路，被凌迟是必然的，只好狠下心来放起一把大火，与全家一同自焚而死。

这一次宁夏平叛的首功当数叶梦熊和李如松。李如松以战功第一被加封为少保。踌躇满志的叶梦熊还挥毫写下《出征回朝宴享诗》一首为纪："幼习干戈未习诗，太平宴饮强留题。江南有福同君享，塞北凄凉只自知。剪发堪伤骑骏马，割衣剖腹补旌旗。貔貅百万临边境，那见先生点笔时？"

一代名臣叶梦熊死后葬于惠州菱湖畔的犹龙山，墓前立有四对高大的石像生，一直到清代还保持着恢宏的气势，保存完好。今天惠州博物馆门前面还矗立着幸存的三个，就是当年叶梦熊陵前之物。

梅国桢当时曾许诺哱承恩投降后不但可以保命，还可以封官。但叶梦熊愧恨此计并非己出，便从中作梗，将哱承恩献俘于朝，哱承恩最终被凌迟处死。

梅国桢心中怨恨自己的上级杀降，害得自己失信，也写了一首诗抱怨："弃甲抛戈满路旁，家家门外跪焚香，军门忽下坑降令，关市翻为劫夺场。计就平吴王浚老，谋成返晋介推藏。山中黄石休相问，已乞仙人辟谷方。"

至此，以一府之地震动西北的哱拜之乱全部平息。明帝国前后动用军队十余万，伤亡将士上万，耗费军饷不下二百万两，最后总算是完美收场。

# 第二十四章　显佳名于三国

万历十九年（1591 年）对大明帝国而言是一个四面开花的热闹年景。西北边陲的宁夏边军正紧锣密鼓地准备造反；西南小霸王缅甸王再次兴兵侵犯云南；北方努尔哈赤在长白山麓忙着兼并和扩张，却又声称都是为大明干的脏活累活，向朝廷讨要都督的职位；远在日本的丰臣秀吉野心勃勃，对着朝鲜和大明地图日夜研究，想要纳入囊中；就连京营的武官也不消停，因为一个削减俸粮的流言，他们相约共同起事，聚集在长安门外闹嚷大哗，几乎酿成兵变。

缺钱的噩梦与战乱的危机，似乎又一次向这个承平日久、富庶安定的帝国袭来。风生于地，起于青萍之末，帝国不能承受之重，在这一年只是刚刚开始。

作为中华宗藩体制下的"天下共主"，万历皇帝早已习惯了天下的纷纷扰扰。此时他刚发完脾气，因为南京礼部祠祭司主事汤显祖给皇帝上呈了一封言辞犀利的奏疏，指责首辅申时行打压言官。

万历皇帝看到这种奏疏气就不打一处来。在他眼里，汤显祖不过是陪都一个不得志的闲官，也敢来哗众取宠，攻击内阁首辅。恼怒之下的皇帝决定将他贬到徐闻县去做了个典史。

放下汤显祖的奏章，万历皇帝又拿起一份奏章，却让他不由得吸了一口冷气。

这是一份来自日本的秘密情报，由两名已经移居日本但身在曹营心在汉的中国人发出。奏疏的作者一个是岛津藩的医生许仪，另一个是萨摩藩的军官许安国，二人都声称日本太阁丰臣秀吉正在进行举国动员，准备出兵进攻大明。

从年初开始，辽东一带就有流言四处传播，说朝鲜已经暗中投靠了日本，朝日两国将要联手一同入侵大明。有一次朝鲜世子访明，随行带着仪仗和卫队刚过了鸭绿江，就被当地百姓当成了侵华朝军，吓得四散奔逃，躲进深山，多日不敢还家。

皇帝拿着这份来自日本的密报，将信将疑。日本在何处？丰臣秀吉是谁？为何要对大明发动战争？万历皇帝对日本的了解几乎是一片空白。此时他首先要搞清楚的第一个问题是，到底是朝鲜还是日本要对大明动手？鉴于此种情况，皇帝决定派臣属出使朝鲜去调查这一传闻的真相，并下令锦衣卫上报有关丰臣秀吉的情况。

朝鲜在"辩诬"方面还是很有经验的。国王李昖立刻派使者金应南觐见万历皇帝，把朝鲜这两年对大明忠心耿耿，坚拒倭寇的光荣事迹自夸了一番。万历皇帝十分满意，朝鲜君臣也松了一口气，明、朝两国尽释前嫌。

# 关白大人

丰臣秀吉一统日本后，成为日本列岛的"天下人"。虽然这只是多方势力妥协下形式上的一统，但对丰臣秀吉的个人成就来说，已然达到了前无古人的霸业顶点。然而丰臣政权的根基并不稳固，政权内的大小实权派仅仅是服从丰臣秀吉个人，而非丰臣氏，依然存在着种种被背叛的隐患。

完成称霸大业之后，丰臣秀吉的野心并没有就此满足，他还有更高的目标——远征大陆，而这个信念在丰臣秀吉获得关白身份之前就已经有了。早在还是织田信长家臣的时候，他就曾夸下海口，在征服关东以西后，即刻着手吞并朝鲜和大明。兴福寺的和尚多闻院英俊在日记中记录了秀吉的宏大目标：一统亚洲，定都北京。

我们前文讲过，自朱元璋开始，明廷就要求日本称臣纳贡，还出台了很多歧视性的政策，并多次拒绝对日贸易。在这样一个被大明主导的东亚世界里，神国日本无论从政治、文化还是经济方面的需要来说，都迫切需要打破被边缘化的现实。

日本列岛孤悬海外，不与外国接壤。如果想向大陆扩张，必然要先占领朝鲜。于是朝鲜怀璧其罪，一次次成为日军大陆政策的跳板，被踩踏得遍体鳞伤。

丰臣秀吉敢作敢为，而且自信满满，他的信心主要源于对日军战力的自负与对朝、明军队的轻视。日本一直实行的是兵农分离，战士都是职业士兵，而且有相当部分的武士，经过多年战争锤炼，战斗力极其强悍。战国时代浴血厮杀出来的大名与武士，可以说无论是军事素养还是士气军锋都处于鼎盛状态，相反明军就羸弱得多，譬如我们前文提到的，嘉靖二年（1523 年）宁波三百日本贡使一发飙，竟让浙江数千卫兵无力抵挡，损失惨重。

嘉靖三十四年（1555 年），更有 53 名倭寇暴走数千里，纵横浙、皖、苏，一口气攻掠了杭、严、徽、宁、太平等二十余处州县，一路打到南京城下。这样一支微型特种部队最后甚至惊动了大明帝国的国防部长。兵部尚书张时彻亲自组织大部队反击，不想两次以石击卵的围剿下来，明军却发现自己才是卵，战死了两名把总和千余名士兵，倭寇方面却不损一人。

无奈之下，庞大的南京城四门紧闭，守军坚守不出，甚至发动百姓轮流上城协助防守，一副如临大敌的架势。直到八十余日后，这批既无补给又无后援的倭寇才被绝对优势的明军围歼。

在海商走私兴盛那些年，江浙一带常有百人规模的小股倭寇攻取州县，如履平地。而这些不过是少数日本浪人组成的乌合之众，战斗力与诸大名统领的正规军又不可同日而语。所以丰臣秀吉的狂妄也算是有一定的心理基础。客观地说，明军卫所兵的战斗力并不代表边军的真正实力，因此丰臣秀吉的情报只是部分准确，还是带有很大的片面性。

至于朝鲜军队的水平，丰臣秀吉则通过朝鲜籍顾问韩翼了解得一清二楚。朝军两百年少经战事，除了北方和女真人作战的部队有一些战斗力外，大部分军队都虚弱腐败，武备如同枯朽。

六月，丰臣秀吉派出使者宗义智出使朝鲜，要求朝鲜国王开放国境，同意他的大军借路攻明。他在信中吓唬朝鲜国王说："我本是个神人，是我娘梦见太阳入怀所生，所以我才能战必胜，攻必取。人生不满百岁，绝不能安于现状。如今我要借道朝鲜，挥师入明，将中国、朝鲜、日本合为一国，以达成我显佳名于三国的心愿。"

朝鲜国王李昖已登基二十多年，日子过得一直清闲自在，唯一的烦恼就是女真人经常入境劫掠，不过总归是纤芥之疾。深度汉化的朝鲜自诩为"小中华"，自认是亚洲的二等公民，眼界甚高。对于丰臣秀吉结盟、借路的要求，朝鲜君臣毫不理会，既无恐惧，也不戒备，依旧浑浑噩噩地过着歌舞升平、吟诗作赋的日子。

面对朝鲜这样虚弱的对手，丰臣秀吉确实有自负的资本。他在肥前修筑起了名护屋城，作为攻朝日军的总指挥部，由他亲自坐镇，开始做全面出兵的准备。有家臣建议他出兵时要带上懂中文和朝文的翻译，丰臣秀吉不屑一顾地说："让他们学咱们的文字就可以了。"

## 受天明命

万历二十年（1592年）春季，日军迅速完成了集结，自德川家康以下，全日本大大小小数十家大名各率军马在名护屋集结，兵力超过了三十万，堪称日本历史上规模空前的大军。

第一批入朝部队总兵力为十五万人，分为十个军团，以宇喜多秀家为总司令官，以小西行长、加藤清正、黑田长政、岛津义弘等百战宿将为各军团领军。此外还有九鬼嘉隆率领的水军和七百艘舰船配合作战。因为德川家康和伊达政宗等最善战的大名没有出现在首发阵容中，所以战争进行到最后，日军依旧保留着巨大的实力。

老谋深算的德川家康为丰臣秀吉出谋划策，提出了"陆海并进""以强凌弱""速战速决"三策，以水军保证陆军的后勤供应，陆军则分三路齐头并进，力图一举占领朝鲜全境，为进攻大明奠定基础。

朝鲜的釜山港与日本的对马岛近在咫尺，日军战船带着大批辎重一波波地运抵，朝鲜方面却毫无反应。直到大明询问日本方面有无异常动向，国王李昖这才恍若大梦初醒，仿佛刚刚嗅到了一丝战争临近的气息。

李昖糊涂，万历皇帝也没明白到哪儿去，他指示内阁加强天津、江浙、福建等处海防，因为根据大明以往的经验，日本来犯的不过是倭寇海盗，而海盗必然会从东南沿海登陆。

朝鲜使者金应南曾小心翼翼地询问万历皇帝说，如果日本真进犯朝鲜怎么办？皇帝一本正经地告诉他，大明已经为朝鲜准备了两个盟友，朝鲜大可放心，可以让你们三国联军主动出击，直捣日本老巢。

金应南一脸蒙，忙问那两家盟军都是谁。万历皇帝得意地公布了答案：一个是弹丸之地琉球，一个是远在天边的暹罗。

蜗角小国琉球，万把人口，既贫又弱，虽然进贡很殷勤，但也无非是多求点赏赐，等他那三五百人的军队去跟日本作战，无异于天方夜谭。

暹罗更是从来没给过大明面子，在与缅甸作战的时候，万历皇帝就曾经下旨让暹罗出兵助战，但近在咫尺的暹罗并没有出动一兵一卒。这次皇帝想调动暹罗军北上攻打遥远的日本，更无异于痴人说梦。

趁着皇上异想天开的热乎劲儿，总督两广侍郎刘继文帮皇帝开了个更大的脑洞，说找葡萄牙人出兵更好。地球人都知道葡萄牙人船坚炮利，如果他们肯助拳，准保能一路杀到日本首都，活捉丰臣秀吉。

万历皇帝一拍脑袋，这么好的主意我怎么没想到呢，赶紧吩咐刘继文去澳门联络。面对刘继文诚意满满的出兵邀请，葡萄牙人却根本没搭他这个茬儿。他们不远万里来华只为求财，才不会替大明去做这种火中取栗之事。而且葡萄牙人跟日本方面的生意也不小，压根儿也不会去得罪老主顾。

就在大明与朝鲜在各自的混沌世界里臆想的时候，日本兵真杀过来了。

四月十二日，丰臣秀吉以朝鲜拒绝借道攻明为借口，正式发动了对朝战争，史称壬辰战争。

打头阵的是会说朝鲜语的肥后国大名小西行长，他率领第一军团一万八千七百人于釜山登陆，经过短促而激烈的交锋之后，很快占领了这座天然良港。此后日军各军团一批批到达，朝鲜遭遇到立国以来最大的危机。

小西行长是商人之子，同时也是一名天主教徒。作为一名乱世枭雄，小西行长凭借自己的才能成功逆袭，受到丰臣秀吉的重用，在混战中成为封邑二十四万石的大名。

功成名就后的小西不改商人本色，一直在和朝鲜做贸易，大发其财。现在战端一开，他的生意只能停止，所以他在心底对这场攻打贸易伙伴的战争并不热衷，甚至还有些三心二意。

即使主将并无太强的战斗意愿，但作战经验丰富的日军在作战理念、军队士气、训练水平和武器装备方面依旧有绝对实力碾压对手，开战伊始就以摧枯拉朽之势消灭了大量朝鲜军队。日军特有的新式武器铁炮，在整场战斗中一直起着巨大的作用。

素喜火器的戚继光曾说过："诸器之中，鸟铳第一，火箭次之。"公元1543年，这一年德川家康刚刚出生，嘉靖皇帝正忙着炼丹制药。一艘葡萄牙商船不远万里来日本种子岛做生意，年仅十六岁的岛主时尧第一次见识到了葡萄牙的火绳枪，并对这种新式武器产生了巨大兴趣，以重金买了两杆。

葡萄牙人走后，时尧将其中的一杆火绳枪交给岛上最好的武器制造师八板金兵卫，打算让他仿制一批。可金兵卫多次仿造，依旧失败，最后只好以自己的女儿为代价从葡萄牙人手中换来了图纸，再加上自己天才的发挥，终于制成了性能更优的日本铁炮。

铁炮这种新式武器在日本得到了大力推广，形成纪州根来、泉州堺町、近江国友三大铁炮制造中心。铁炮的有效射程能达到200米，精准射程40米，无论是射程还是威力，都明显高于弓箭，这种新式武器很快成为战国群雄争霸天下的利器。根据《信长公记》记载，在织田、德川联军与武田胜赖的长筱合战中，织田军至少装备了3000杆铁炮。

相比之下，明军用的国产鸟铳属于初级的火门枪，最多连发七铳，就不敢再放，否则很容易引起炸膛。铁炮却没有这种问题，可以持续射击。朝鲜战争后期明军缴获不少日本铁炮，发现铁炮从质量到装备数量都比明军的鸟铳高出很多，所以都留着装备给了精兵。日军火器不只有铁炮，据记载，日军使用的大筒和焙烙火矢等重火器也给参战的中朝军队留下了很深的印象。

日军的装备优势不仅在于热兵器，也包括战刀和盔甲。日本钢的质量明显优于明朝时期的中国钢，冶炼和刀具制作技术更是堪称世界一流，其品质足以媲美西亚出产的大马士革钢刀。

日军自四月十二日进攻釜山开始，只用了二十天时间就占领了朝鲜的半壁江山。朝鲜三京——王京（汉城）、平壤、开城全都落入敌手。朝鲜著名的中兴之臣柳成龙在战争回忆录《惩毖录》里沉痛地写道："三都守失，八道瓦解。"此时的朝鲜仅剩北部靠近辽东的部分还有军队在进行抵抗，勉强顶住了日军的进攻。因为这里驻守的是常年与女真作战的部队，尚有较强的战斗力。古人云：生于忧患，死于安乐。道理正在于此。

朝鲜国王李昖一路仓皇奔逃，别说三京八道，连两个儿子也丢给日军做了俘虏。他一口气跑到鸭绿江边的义州，派出一批又一批使臣去向万历皇帝请求救兵。朝鲜的使臣们到了北京，各显其能，不仅当面递交了正式国书，私下里还分别去游说内阁大臣和各部官员，甚至暗中贿赂，请求太监为出兵援朝拉票。李昖甚至一度表示愿意放弃王位，内附于明朝，只求大明尽快出兵。

面对朝军的一败涂地和日军的咄咄逼人，万历皇帝的反应出乎意料的积极，迅速做出了他这辈子最重要的决策："倭寇之图朝鲜，意实在中国，而我兵之救朝鲜实所以保中国。"坐视朝鲜被占领，等于动摇各藩属国对大明的信心，这是天朝在道义上不能承受的损失。

六月二日，皇帝下旨令辽东集结部队，作为应援朝鲜的先遣部队，另外还紧急划拨了二十万两银子作为辽东军费，又在天津截留了漕粮数万石以充军资，还把400艘运输船拉过来改造成战舰。

内阁首辅王家屏对支援朝鲜全力支持，但没过多久就因为和皇帝翻脸而告老还乡，只剩下一个耳聋眼花的赵志皋代首辅之职。可以说这次战争决策完全是万历皇帝主导做出的，成为他一生中最为人称道的亮点。

至此，天朝与神国之间的大规模战争已经是不可避免的了。

## 牛刀小试

万历二十年（1592年）六月十五日，副总兵祖承训带着参将戴朝弁与游击史儒，率领骑兵两千余作为前锋部队渡过鸭绿江。自此开始，朝日战争变成了大明、朝鲜与日本的战争。

祖承训祖上和朱元璋是安徽老乡，算是从龙之臣，后来又随徐达北伐，便定居在辽东，世代为大明守卫北边。祖承训此人知名度不算高，但他有个大名鼎鼎的儿子，就是后来袁崇焕手下第一猛将——祖大寿。

祖承训带领的这支火器骑兵被称作跳荡骑，装备精良，久经沙场。他们除了随身携带弓箭和大刀，还配备一杆为后人之津津乐道的三眼铳。三眼铳这种武器的有效射程在50步左右，也就是50到80米左右，很适合骑兵马上近战，毕竟火绳枪是很难在马上使用的。由于能快速开火，还能连着三发，所以能对披甲敌人造成有效杀伤。作战时骑兵们的战术是边冲锋边发三记火铳，等这三发打完，也冲到了敌军眼前，三眼铳也就变成了近战的铁锤。

日本作家津本阳在《德川家康·乾坤梦》中曾对跳荡骑有过详细描述：明军骑兵手拿长柄火枪，三个枪筒相连，可自由选择发射一次或三次。骑兵的衣服外层是红色的毛毡，里层用铁链连着一块块切割过的大钢片，有像道服一样长长的下摆。盔甲是用磨白的钢制成，护臂也是钢制，刀枪不入。其实在整个壬辰战争中，三眼铳的使用都是非常少的，也并不算是什么神兵利器，只不过是五花八门的管状金属射击火器中的一种而已。但朝鲜人对于三眼铳评价一直很高——"三眼铳，御敌之良器，亦不可不习。入直炮手，自来月习放三眼铳，循环数度而止。论赏与鸟铳同"。

明军进入朝鲜时正值夏季，日日大雨滂沱，从定州到平壤之间路上泥泞难行，正是骑兵行军的大忌。朝鲜领议政大臣柳成龙劝阻明军暂缓进兵，等雨季过去。祖承训仰天大笑道："老子当年率领三万骑兵，歼灭十万鞑子都不在话下，何况这些倭寇！"不过翻遍明史，也没查到祖将军歼灭十万鞑子的战绩，真正是吹牛不上税，欺负朝鲜人没见过世面。

祖承训在没有摸清敌情的情况下，执意孤军进兵平壤。他带三千铁骑和五百朝鲜军，一路艰难开拔，到达平壤城外时已是筋疲力尽。

此时平壤城中悄无声息，城门大开。小西行长早已命令日军偃旗息鼓，严阵以待，明摆着设下圈套，打算给明军来个瓮中捉鳖。

面对这种显而易见的险境，祖承训再次显示出傲慢与轻敌，认为日军不过是虚张声势摆的空城计。他不屑一顾地对部下说："蛮夷野人，安能与天朝大军抗衡哉？"祖承训大话连篇，但并不敢身先士卒，他命令戴朝弁与游击史儒先行，自己却躲在大军之后缓步前行。

平壤城完全是按照明朝的城市布局修建，但因为不断扩张，城里到处是违章建筑，房屋排列杂乱，街道十分狭窄。明军进城后，阵型被迫变成长长的纵队，前队如果遇到攻击后队根本无法应援。

此时日军已经布下天罗地网，街道两侧的木屋顶上，无数黑洞洞的枪口早瞄准了目标，还有不少已经投降日军的朝鲜弓手，也都眯起一只眼睛，拉紧了弓弦。

凌乱的明军冒着大雨刚走到一处叫作大同馆的地方，小西行长一声令下，数千挺铁炮齐齐发出惊天动地的轰响，连串的雨柱中飞出无数致命的铅弹和羽箭。

朝鲜的"馆"是专为接待明朝来使而建的，以往明人来了都有美酒佳肴伺候，可今天却只剩恐怖与死亡，昔日的嘉宾馆成了明军的殡仪馆。

在如此狭窄的街道中突然遭遇敌人居高临下的突袭，即使训练有素的部队也会陷入混乱，平壤街头霎时血流成河。前队明军想转身逃跑，后队明军却还在往前拥，乱哄哄的人群都被堵在街道上，进退两难，一马当先的史儒身中十几弹，当场阵亡。

祖承训闻听得前面有埋伏大惊失色，与出兵之前的气壮如牛判若两人，丢下死伤惨重的部下，拨马就跑，只听得耳后部下呼天喊地的惨叫声越来越小。

就这样，第一批入朝的明军几乎没有看清敌人的模样，就已经全军覆没，祖承训仅以身免。小西行长轻松获得了对明军第一战的胜利。

朝鲜方面听说明军大败，主将退走，急派兵曹参知沈喜寿前去阻拦祖承训，希望他能暂时留守在朝鲜境内，至少可以给日军一定的心理威慑。但祖副总兵此时思乡心切，动作神速，没等沈喜寿赶到，已经渡过鸭绿江回到国内。

半个月后，朝鲜组织起了一万两千人的大军，又打了一次平壤反攻战，经过多场恶战的小西军团，依然未显疲态，再一次把朝鲜军打得大败。

平壤首战的败痛，使明帝国终于认识到日本是个可怕的对手。此时宁夏之战已经取得全胜，在西北浴血奋战了大半年的将士们稍作休整便陆续东进，从黄沙碧草的祁连山奔赴恶浪滔滔的鸭绿江。

# 第二十五章　再造之恩

万历二十年（1592年）十月，大明帝国援朝部队正式组建完成，兵部尚书石星代表皇上统筹整个战局。

兵部左侍郎宋应昌担任备倭总经略，相当于援朝明军总司令。刚刚平定宁夏的李如松担任前敌总指挥，头衔由讨逆总兵官变成了备倭总兵官，总理蓟、辽、冀、川、浙从北到南的各地军务。

宋应昌长得仪表堂堂，方面紫髯，望之如神。但他资历浅、实战经验少，所以李如松对他并不服气。

总经略相当于督师，按体制李如松见宋应昌时应该穿戴全副盔甲，大礼拜见。但李如松是何等样人，刀山血海中滚出来的名将，与宋应昌见面时只穿便服，大大咧咧地侧身而坐，就算是他的大礼了。宋应昌十分无奈，却也不好发作。

宋应昌是南兵领袖，李如松是北兵首脑。后来平壤大战之后，李如松处事不公，引发明军南北兵之间激烈争斗，背后实际上就是宋应昌与李如松之争。

当时北兵中还流传着一则关于宋应昌的笑话：说宋应昌出兵时，命将士烧草发烟以御倭寇。众将领都不解其故，惊叹宋经略竟然懂得此等魔幻兵法，从古至今也没听说过。后来名士冯开之公布了谜底："此法不在兵法的六韬三略之中，但《孟子》里有所记载。"众将听了，都丈二金刚摸不着头脑，冯开之捋着胡子慢悠悠地说："首篇即有一句'齐人伐句燕胜之'。"众人听罢都笑得趴在了地上。朝鲜旧称高句丽，燕与烟同音，故有此笑谈。

## 先天不足

按照万历皇帝的意思，明军这次入朝本意计划出兵七万，然而各地军镇都有私心，不愿将所属精锐调出，故而李如松统率的援朝军大约只有四万人。然而即使这点人马依旧是兑了水的，以辽镇为例，堪称精锐的仅有李宁、张应种所属正兵 1189 人，其次较有战斗力的为广前营 339 人、选锋右营 1300 人、辽阳营及开原营 1534 人，总计 3173 人。入朝时的蓟镇兵仅有 4500 人，后续又到了 2800 人，这些兵的素质都是"强弱相半"，这样算下来堪用之兵仅为 3650 人。其余像赵文明部的 2100 名马兵，都是自备马匹的应征民兵，庸贩之徒。

特别值得一提的是，这支部队里还有 3000 名南军，是当年戚继光留在蓟镇的浙江兵老底子，由原戚家军将领吴惟忠、骆尚志带领。虽说南兵继承了戚家军的传统有一定战斗力，但也不能称为精锐，只能说好于老弱庸贩之徒，其中精兵也仅有 600 人而已。总的来说，这支四处拼凑的军队中训练有素战斗力较强的马、步军只在 8000 人左右，其余两万多人以新兵和民兵为主，战斗力并不高。

朝鲜军民对戚家军的印象格外好，称他们为南兵炮手。大臣尹斗寿听说有南兵入朝，特意跑过去参观，看到戚家军果然和传闻中的一样纪律严明，剽悍精勇。他赶紧跑回去把这个好消息告诉了国王李昖说："南兵斗志昂扬，精神抖擞，人人手持鸟铳，一看就训练有素，一点不比倭寇的铁炮手差！"李昖也十分高兴，拿出压箱底的一批好酒，放在沿途驿站招待天兵。

朝鲜君臣高兴了没几天，从辽东就传来了一个堵心的消息。建州卫的女真头领努尔哈赤上奏万历皇帝，说他刚刚统一了建州女真诸部，部下现在有马军三四万，步军四五万人，人强马壮，精勇惯战，请求朝廷赐给他金顶大帽服色及龙虎将军职衔。他愿意带女真兵渡江抗日，只要等到冬天鸭绿江水一上冻，就可以出发。

万历皇帝闻奏自然大喜，朝廷的头衔官印有的是，反正不用他出钱出人，白捡数万精兵为他出国作战，何乐而不为。

女真人和日军作战，已经不是第一次了。三个月前，第二军团的加藤清正带着 8000 名日军和 3000 名投降的朝鲜军就和女真人较量过一次，地点就在一个日本人称为兀良哈的地方，具体位置在今天吉林省延边朝鲜族自治州。兀良哈本是朵颜三卫，是蒙古人的地盘，当时兀良哈三卫的势力范围已经延伸到了明朝长城边外甚至到了东北，因此日本人误以为这批女真人是"兀良哈"。实际上与日本人交战的应该是海西女真的乌拉部。

这一仗刚开始打的时候，日军胜，因为海西女真人正忙着抵御建州女真的努尔哈赤，所以没防备背后被插了一刀。加藤清正攻占了五个村子，对丰臣秀吉说斩杀了 8000 多人，当然很多都是村里的老弱病残。

等海西女真的大部队回过神来，很快发动了反击，加藤清正军队死伤颇重，最后只得渡过豆满江撤回朝鲜的咸镜道，看来还是打朝鲜人更容易些。

这件事在北岛万次的《加藤清正·朝鲜侵略的实像》、李植的《野史初本》和池内宏的《文禄庆长之役·别编》中都有记载，由此可见女真人的战斗力确实恐怖。李如梅当时评价女真说："此贼（女真人）精兵七千，而带甲首三千。此贼七千，足当倭奴十万。西北虽有鞑子（蒙古人），皆不如此贼！"

女真人这么能打，肯定是日军克星。兵部尚书石星兴冲冲地把这个"好"消息透露给了朝鲜，没想到朝鲜人的反应出乎意料的激烈。对朝鲜人来说，他们的敌人一共有两个，一是日本，二是女真。女真人常年在朝鲜北境杀人越货，骚扰抢掠，是朝鲜人不共戴天的仇敌，比日本人强不到哪儿去。

朝鲜君臣表现出了前所未有的强硬，宁可被日本亡国，也不要女真援助。朝鲜还派出使节出使女真，吓唬努尔哈赤说："日本铁炮的弹丸可以击穿两层木板制成的大盾牌。你们女真人薄薄的劣质铁甲，根本没用处，不要自己找死。"面对朝鲜的坚决抗议，万历皇帝只好放弃了让女真出兵的打算。

朝鲜的担心是没错的，其实努尔哈赤哪里会想要报效朝廷，援助友邦。他只不过打算趁机落井下石，借路一举荡平海西女真，再借机会洗劫朝鲜一把而已。

那时候谁也不会想到，丰臣秀吉打败明朝，占领北京的凤愿，竟然和努尔哈赤不谋而合，东亚两大枭雄在万历二十年擦肩而过，失去了一次在朝鲜临阵对垒、一决雌雄的机会。

十二月初八日，李如松与宋应昌在辽阳会面，达成了"倭奴畏寒"对明军有利的共识，约定尽快出兵朝鲜。很快，李如松进入朝鲜境内，与朝鲜大臣柳成龙会晤，二人把酒夜谈，甚是投机。李如松取来一把纸扇，挥毫题写了一首气壮山河的七律送给柳成龙，诗云："提兵星夜到江干，为说三韩国未安。明主日悬旌节报，微臣夜释酒杯欢。春来杀气心犹壮，此去妖氛骨已寒。谈笑敢言非胜算，梦中常忆跨征鞍。"

兵马未动，粮草先行。明朝军队正式出发前往朝鲜的前提是朝鲜国王承诺"江以西则我给饷，江以东则尔给饷，饷必给五万人，必支三月，国王许诺"。按明军标准，士兵一人一日军粮一升五合，马一匹一日豆三升。明军向朝鲜通报的人员数量为士兵48585人，马26700匹，这样算下来一日所需为米72877.5升，豆80100升。然而李昑情急之下的许诺只是一份打折的支票，从义州至平壤直路十官（地方官仓），加上平壤附近三县六邑，仓储的大小米为51488石，豆33127石，仅仅只够支付明军两月兵粮，而马豆只不过仅支月余。即使这些粮草，也仅仅是账面上的，朝鲜平安道内自己还有一万余名士兵要吃饭。

供应明军粮食对江山残破的朝鲜来说，负担非常之重，可以说是根本完不成的任务，这也为后来的补给不足留下隐患。壬辰战争之所以前后耗时将近七年，很大一部分原因是后勤补给难以为继，明军不得不在数次关键大捷后等待补给，难以持续扩大战果。

# 旗开得胜

明军入朝第一战的目标就是光复平壤。

平壤是朝鲜三都之一，平安道的首府，首屈一指的繁华所在，人烟辐辏，车马骈阗，其地北靠牡丹峰，西枕苍光山，东傍大同江，三面据险，地形险要，共有大小城门十八座，可谓易守难攻。然而这样一座坚城，却被日军一枪未发直接占领。

小西军占领平壤后，一万多名日军又在原有城墙的基础上修筑了风月楼、密德台、练光亭，加上七星门和普通门边新修的两座城堡以及城外牡丹峰上的松山城，一共六座铜墙铁壁般的战国式阵城以确保平壤的城防安全。

万历二十一年（1593 年）元月初五，明军主力进抵平壤城下，李如松顾不上吃破五的饺子，立刻着手部署攻城。

李如松排兵布阵很有一套，他派浙军悍将吴惟忠与辽东副总兵查大受带着部分朝鲜僧兵攻打平壤城外的制高点牡丹峰，中军杨元、右军张世爵率军进攻七星门，二弟李如柏、参将李芳春领兵进攻普通门。几路部署完成后，李如松在城外竖起一面大白旗，上书"自投旗下者免死"七个大字，尽显必胜之志。李如松有这样的自信，除了辽东兵确实勇猛善战外，更源于他配备了一大批威力巨大的杀器。别看明军的火铳水平一般，但大炮却着实很厉害。

第二天，总攻开始，刺骨的寒风挡不住明军炽热的斗志。明军炮兵先以射程最远、火力最猛的大将军炮向城内猛轰。这种大将军炮是明朝本土火炮中口径最大的火炮，炮弹是一枚重达四五斤的大铅弹和上百枚重四五钱的小铅弹，所有炮弹加起来足有八斤上下，大炮弹直入敌阵，房倒屋塌，小炮弹四散飞舞，血雨纷飞，势若雷霆，不可阻挡，号称"一发决血衢三里，草枯数年"。一颗颗巨大的弹丸带着火光飞入城内，瞬间给日军造成极大的震撼与杀伤。

几轮重炮轰击过后，没等日军喘口气，明军又推出数十辆火战车。这种战车每车装着六个长方形木箱，内有一百六十支火龙箭或者毒火箭。炮手点燃引线后，数千条火舌腾空而起，呼啸而出，纷纷扎向城内，划出长长的耀眼轨迹，场面蔚为壮观。这些火箭落到城中以后，不但会引燃房屋，还会冒出毒烟，闻者无不倒地。

发动第三轮攻击的是大批怀抱着虎蹲炮的炮手，他们在持盾兵的护卫下，开始抵近射击。虎蹲炮是戚继光所创的攻坚利器。两尺多长的铜铸炮筒，筒身用七道铁箍加固，炮口下还架着两个铁爪，可以在城墙下仰角发射。作战时一簇簇火焰从炮口中喷发出无数高速运动的铅子与铁砂，饥渴地舔舐着城内一切会呼吸的生命。

这一史无前例的狂轰滥炸持续了整整半日，让日军见识到了明军的猛烈火力，城头的守军非死即伤，活着的也肝胆俱裂，不敢露头。日军进攻朝鲜以来的嚣张气势被明军看似无穷无尽的金属与火药打消了大半。朝鲜国王在给大明的感状疏中以华丽的辞藻这样描述道："铁骑所蹴，飞尘蓊野，火箭所及，赤焰弥天，炮触列栅，则决若吹毛，抢刺守阵，则捷若飞鹘，腥烟漫空，流血浑江，天地为之摆裂，山渊为之反覆。"

经过几轮火力覆盖，整个平壤城焰烟蔽空，陷入一片火海。前来助战的朝鲜兵，见到这个场面无不欢欣鼓舞，激动万分，想不到宗主国还有比铁炮更先进和强大的武器。以后他们每每说起这场炮战，还心驰神往地回忆道："天兵之炮，如天崩地裂，山原震荡，不可状言。"

可惜当时明军还未对威力更大的"红夷大炮"进行大规模引进、仿制。所以朝鲜战场上明军火炮的威力尚未达到顶峰。

几番炮火覆盖过后，明军的大队步兵冲了上来，首先开始进攻北门。等明军进入射程，被欺负了半日，憋气窝火的日军也发起反击。他们在城上设立红白旗作为联系信号，依托城池拼死拒战，城头的弹丸倾泻如雨，刀矛向外森如猬毛，进攻的明军一时被火力压住，动弹不得。

就在北城打得如火如荼之际，南城外也出现了一支军队，打的是朝鲜军的旗号。面对日军的凶猛抵抗，李如松并没有蛮干硬攻，而是用了一招瞒天过海之计。事实上这支朝鲜军是明军乔装改扮，是明军真正的攻城主力，由南军将领骆尚志和知耻后勇的祖承训领军，朝鲜将领李隘、金应瑞协同。因为日军向来对朝鲜军的战力极为轻视，小西把主力都聚集在北城，而南门城头只留了八百人守卫，是平壤城的薄弱点。

骆尚志等人靠近城南的芦门后，立刻亮出真正的旗号，发动了猛攻。祖承训这次的状态和上回大不一样，他手持三眼铳，腰挎大刀，不顾性命地冲在最前面。因为他知道自己绝对不能承受平壤城下的第二次失败，如果败了，就算李如松不杀他，他也没脸再活着回去。

守城日军发现情况不对，立刻发射铁炮阻击，最前面的明军纷纷举起刚柔牌来抵挡。这种盾牌是一种用复合材料制成的防御利器，重达15斤，以木材做框，两面蒙着涂有灰漆和油的生牛皮，牛皮内夹有两层棉被，两层棉被间再夹上一层用薄绵纸揉成的厚纸层，以钉子钉牢，能在四五十步的距离上抗住铅弹的射击。这种新式盾牌的防御效果没得说，就是价格太贵，一面牌就要五两银子，所以明军并没有大规模装备。

守卫芦门的日军遭到猛攻，猝不及防，很快被攻破防线。骆尚志第一个登上城头，结果腹部被滚石砸中，身负重伤，他咬牙屹立不倒，继续指挥士兵登城。明、朝军很快就突破了芦门，一起杀入城中。一门失而全城乱，日军开始节节败退，紧接着含谈门、普通门、七星门、牡丹峰等要塞相继被明军攻克。

明军攻入平壤后，与日军开始了激烈的巷战。刚柔牌不够用，很多明军准备了高七尺、阔一丈二尺的大棉被，以水浸湿，蒙在身上以防御铁炮的弹丸。战况紧急之时，连李如松的头盔也挨了一弹，险些丧命，坐骑也被打死了。胆大于天的李如松毫无惧色，威风凛凛地继续屹立于枪林弹雨之中，换马再战。朝鲜文献满怀崇敬地记录下"总兵李誓师慷慨，义气动人，军行所过，秋毫无犯，临阵督战，身先列校。至于铅丸击马，火毒熏身，色不怖而愈厉"。这时候吴惟忠也胸口中弹，同样不下火线，裹伤再战，明军将士始终保持着高昂的斗志。

随着各路明军步步紧逼，包围圈越来越小，小西行长只好带着残兵退入了城北的风月楼中。这座朱甍碧瓦的高大塔楼，内部画栋雕梁，外部石墙坚厚，密布射击孔和瞭望窗，日军又以断木砖石加以修整，使之成为一座坚固的堡垒。

明军追击至此，伤亡很大，几次进攻都没有成功。李如松深谙穷寇莫追之理，下令停止进攻，派人递信给小西行长，答应网开一面，让他弃城离开。

小西行长本来已经绝望得要自杀，忽然天降一根救命稻草，当然要紧紧抓住。半夜时分，李如松按约定下令撤开一路，下令不准拦截，小西行长果然丢下平壤，率残兵逃出城去。

自古兵不厌诈，李如松只答应了放小西军出城，但没说出城以后可以畅行无阻。他早安排伏兵在城外截杀，一战又斩获日军首级359颗，生擒两人，备受鼓舞的朝军也一改往日懦弱的风貌，斩获了120颗日军人头。进入朝鲜以来一路高奏凯歌的小西第一军团，终于遇到了可怕的对手，经过这场平壤之役，他手下一万八千名精兵，减员近三分之二，几乎丧失了战斗力。

开局取得大胜之后，明军进攻的脚步并没有停下。李如松趁势挥师大举南下，在半月之内收复失地五百余里。朝鲜的三都被光复了二都（平壤、开城），八道被收回五道（黄海、平安、京畿、江源、咸镜），战争形势发生了天翻地覆的逆转，本来已经濒临亡国的朝鲜起死回生，又被救回来了。

这一阶段的战争，明军一共阵亡了一千两百余名官兵，朝廷对他们一一拨银抚恤，但数量少得可怜：指挥使十两，千总八两，把总六两，百总五两，普通士兵战死，每人仅发银三两。

# 狭路相逢

就在明军兴高采烈地评功授奖时，位于王京的日军指挥部中一片愁云惨雾，总大将宇喜多秀家紧锁眉头，与各军团长连夜举行军事会议，以决定失败之后下一步的战略方向，到底是战是守。

小西军虽然被打残了，但日军还有九个军团元气未伤。会议的结果，出击派的意见占了上风，日军决定发动反攻，小早川隆景的第六军团派出猛将立花宗茂，出任新一轮进攻的先锋官。

立花宗茂又名立花统虎，在日本是一位具有传奇色彩的猛将，是相当于中国张飞、许褚一流的人物。丰臣秀吉对他非常欣赏，称赞他与本多忠胜同为天下无双的名将。

据说立花宗茂在婴儿时期体格就非常肥壮，因此他的祖父给这个巨婴起了个小名叫千熊丸。

立花宗茂从小师从老将足利弥平，六岁时就被要求打败比自己大四岁的孩子，胜利之后再打大六岁的，而后再找大八岁的较量，直到能打败比自己大十五岁的对手时，千熊丸也已长成一名雄壮少年。足利弥平按照文武兼备的标准来培养他，同时教授他兵法、箭术、铁炮、医学，并要求他精读书籍。在这种综合训练下，立花宗茂不仅武艺非凡，而且见识也远超过一般的武士。

立花宗茂十二岁时就已披甲上阵，在伴随丰臣秀吉统一天下的过程中，无论阵前杀敌还是幕后谋略方面都有出色的表现，被丰臣秀吉赞誉为"刚勇、忠义镇西第一"。

万历二十一年（1593 年）一月二十六日，天气奇寒，云惨日曛。立花宗茂统领本部兵马 3200 人从王京北上，气势汹汹地朝着碧蹄馆方向开进，立花的家臣十时连久带领的 500 名骑兵走在最前面。

与此同时，李如松的南下大军也到达了距离王京只有八十里的坡州。他派出查大受、李宁、孙守廉、祖承训四将带 3000 名骑兵前往碧蹄馆方向查看敌情，这支骑兵部队全部由李如松的家丁组成，是辽东军中最善战的部队。

南北两支先遣部队在碧蹄馆附近不期而遇，两军立刻爆发了一场短促而激烈的遭遇战。骑兵战非日军所长，明军人数又占优势，几个回合下来，十时连久支持不住，在付出了 130 人阵亡的代价后，被迫后撤。

查大受旗开得胜，立刻吩咐部下向李如松发出了一份事后追悔莫及的报告，说日军人少兵弱，可速派援军扩大战果，咱们一鼓作气拿下王京。

查大受那份不靠谱的战报刚送走，立花宗茂率本队其余战士也赶到了战场，他命令十时连久在正面拖住明军，自己则率领主力绕过明军南侧的小山，意图偷袭。

立花宗茂想法不错，可是没考虑当地崎岖险峻的地形，他绕路太远了，本来十时连久已经在第一战中打得筋疲力尽，再让他以疲惫之师继续与明军鏖战，实在是难为这员老将了。混战中，十时连久中了明军一支毒箭，当场坠马身亡。

立花宗茂跋山涉水好不容易绕到明军侧翼，开始发起袭击，但已经失去了奇袭的效果。李如松的家丁真不是白给的，面对日军第一猛将毫不畏惧，虽然开始乱了一阵，但很快稳住阵脚，再次与日军缠斗在一起。战斗最激烈时，立花宗茂的爱将池边永晟战死，连立花宗茂自己的铠甲上都插满了箭支。

就在两军胜负难分之际，远处传来潮水般的喊杀声，日军第三军团五千人在黑田长政的率领下，匆匆赶到战场。这下本来势均力敌的形势开始迅速变化，明军支撑不住，且战且退。

由于双方情报不明，明军一开始低估了日军兵力，而日军则明显高估了明军兵力，倾巢而出，在占据了有利地形的同时对明军形成了绝对的兵力优势。而后面小早川隆景第六军团和宇喜多秀家第八军团也离战场越来越近，明军对面已经集结了三万大军，刀枪耀目，声势惊人。

就在查大受等人身陷绝境、濒临覆灭之时，背后也得到了一小队骑兵的增援，领军的不是别人，正是以敢于孤胆迎敌著称的御倭总兵官李如松。他接到查大受战报后，把四万大军都留在了身后，只随身带了十几个家丁护卫，来到了战场的最前沿侦察敌情。

李如松到达战场之后，才发现情报有误，情势危急。此时日军方面出战的已经换上了第六军团将领粟屋景雄和井上景贞，他们各领三千生力军，替下了伤亡惨重的立花宗茂。面对敌我实力的巨大差距，李如松非但没有惊慌失措，下令撤退，反而迅速判定进攻就是最好的防守。李如松从查大受手里接过了指挥权，下令已经血战了半日的部下重整队伍，主动向在砺石岭西布防的粟屋景雄部发起攻击。

明军先以神机箭进行了一轮覆盖射击，紧接着骑兵冒着弹雨开始冲锋，李如松不避刀矢，身先士卒，每有战况危急或者将士被困，他就会亲率数十家丁往复突袭予以解救。粟屋景雄部抵挡不住，逐渐向砺石领山上退却。

此地的地势是中间高两边低，两侧山丘延伸为碗状，明军登山之际，阵型松散，左侧翼暴露在砺石岭突出部位，这时在隘口右侧布阵的井上景贞乘势从山上猛攻明军部左翼，败退至砺石岭上的粟屋景雄也借此机会率军反扑，李如松陷入数倍日军重重夹击之中。随着战事的发展，明军伤亡越来越大，开始显出颓势，同时山下的碧蹄馆一带到处是崎岖狭窄的溪谷水田，地面泥泞不堪，明军骑兵行动不便，伤亡很大。

为了牵制明军，小早川隆景又命小早川秀包、毛利元康、筑紫广门部等将率5000人由新院店丘陵右侧绕出，突向望客岘。其本队和经过休整的立花宗茂部接替粟屋景雄与井上景贞部，继续保持对明军的压制。而粟屋景雄、井上景贞哥儿俩也没闲着，乘势北上，绕行至碧蹄馆西部隘口，试图包抄明军侧后。

就在这生死存亡的紧要关头，明军真正的援军终于到了，领军的是李如松的心腹大将杨元，他手下不仅带着五千多名步兵，还有一个虎蹲炮营。日军最怕明军放炮，听到炮声一响，立刻就退了下去，远远地以铁炮还击。激战之中，李如松因战马受惊被掀落马下。这一幕恰好被一旁虎视眈眈的井上景贞看到，他虽然不知道是李如松亲临战场，但也看出落马者是个军官，立刻带着人冲了过来。就在这千钧一发之时，幸亏家丁头目李有升及时赶到，敌住了井上景贞，拼死救下了李如松。李有升在混战中遭到忍者偷袭，中钩落马，被井上景贞杀死。

当年李有升曾经因为喜欢一个青楼女子违反军纪，犯下死罪。李如松爱其勇猛，不仅救了他的性命，还耗费千金帮他娶了这名女子。李有升深感其恩，发誓以死相报。这场碧蹄馆大战，李有升终于实践了自己的誓言。

此时到达战场的日军越来越多，宇喜多秀家部前锋户川达安也率军赶到砺石岭增援，眼见对面援军不断赶到，已经无法阻挡日军向两翼迂回的李如松只能放弃碧蹄馆撤退，他下令用辎重填塞道路，亲率家丁殿后，边战边退，一路退到了坡州，结束了这次仓促激烈的遭遇战。

小早川隆景向来谨慎，号称战国三大智将之一，他见明军退却，依城据守，怕中了埋伏，加上之前的连番激战伤亡也很大，也就撤军回营了。如果他知道明军总司令李如松就在城中，手下疲兵总数不过数千人，外无援军，内无粮草，一定会拼死攻城，拿下这天大的功劳。

## 绝处逢生

死里逃生的李如松，看着身边血浸衣甲、遍体伤痕的千把残兵，心情十分沉重。特别是看到李有升的女婿王审时，李如松终于忍不住心中的悲愤，放声痛哭，哭自己轻敌冒进害得将士九死一生，哭多年训练出来的辽东精华死伤殆尽，哭一战夺取王京的雄心成为泡影。

碧蹄馆之役中，日军没赢，明军也没输，上半场明军是以三千人对一万六千日军，打得有板有眼，下半场加上杨元五千人援军，面对数倍于己的对手也是进退有序。兵力占绝对优势的日军经过苦战依旧无法消灭这支仅仅数千人的孤军，反而自身也遭受了惨重的损失。此役日军伤亡近八千人，立花宗茂的家兵几乎全军覆没。

从碧蹄馆死里逃生之后，李如松如同变了一个人，斗志大减，他很快率军从坡州退回开城，甚至打算直接后撤到平壤，不再与日军接触，更别说发起新的攻势了。

不怪李如松不想再战，经过连续血战，加上后勤补给不继，此时第一批入朝的明军已经是强弩之末，疲弱不堪了。

在军粮供应方面，明军继承了两宋时期的口粮标准，单兵只携带三天份额，而骡马运输最高也不过供应五十天的粮草供应。每日浴血奋战之后，体力消耗极大的战士们往往只有水泡饭、盐块和粗布醋干充饥，最多或者配发一点油麻丸或乌梅调剂口味，维持着生存的最低标准，远远谈不上摄入足够的能量与蛋白质补充体力。经略宋应昌曾在发往兵部的报告《报三相公并石司马书》中提到补给不济下明军的惨状："众兵自渡江至今，菜肉盐豉之类，无由入口，甲胄生虱，衣履破碎，一遇天雨，浑身湿透，相抱号泣，马倒者且有一万六千匹，兵士可知矣。"

朝鲜吏曹判书李元翼曾经去平壤考察，一路之上看到到处横躺竖卧着明军的伤兵，这些人医无药，食无粮，大都已经奄奄一息。平壤城内各处驻屯的明军都面黄肌瘦，许多人一旦因为病饿倒下就再也站不起来。

本来辽东军以骑兵著称，可大批战马早已被杀充作食物。因为平壤周边草木全被日军焚毁，仅存的少量战马也无草可吃，明军自己都吃不上饭，还得拖着虚弱的身体，出城数十里，深入山中去寻找野草喂马。

靠近后方的平壤供应情况尚且如此，更接近前线的开城明军日子就更不好过了。战士们一颗粮食也见不到，只能白天吃死马肉充饥，晚上卧冰雪而眠，恶劣条件使得大量士兵失去战斗力。李如松向朝廷连上数封告急信，请求增兵补粮。

援朝的将领们对朝鲜的后勤供应极为不满，大出怨言，但朝鲜确实也有自己的难处，在朝鲜军队溃散崩解后，它的存续与否全都仰赖着明军，自然不太可能忽视明军对粮饷的需求，相反，为了补充援朝明军的粮草，朝鲜几乎是饮鸩止渴般大开"输粟拜爵"的门路，鼓励官员百姓通过缴纳粮饷换取官爵，朝鲜国王还主动削减三品以上官员的俸禄，甚至下令"予一日再食足矣，不必三时"。自己每天饿一顿以表现对明军粮饷的重视。

在封建王朝之中，上层的诚意往往很难转移到下面的执行层。许多地方官员的表现就不尽如人意了，甚至一些乌龙事件层出不穷。比如有的粮船抵达朝鲜后突然在中转站失踪，结果被发现是调配出错运到不缺粮食的地方了，甚至还有水手直接将粮草转卖，再到目的地花钱买粮赚取差价。要说粮草供应有困难还可以理解，但运输不利纯属工作水平问题。明朝千里迢迢运输来的粮草"无人输运，堆积露处，几时运来而可吃？"要知道这些粮草都是从山东、天津等地翻山越海转运而来，运输的成本甚至比粮草本身还要高出许多。

一流的军队也会败于三流的后勤，一边是啼饥号寒的明军，一边是长期留滞运不出去的军粮物资，后勤供应不力的巨大短板也是壬辰战争旷日持久的原因之一。

好在不久之后，接替第一批明军的援兵终于来了。在缅甸之战立下战功的川军名将刘綎重新被起用，率领五千部下正式渡江入朝。朝鲜君臣听到这个消息，无不欢天喜地。他们心中都有一个偏执的信念，明军只要是打南方来的，都是军纪好又善战的人民子弟兵。既然刘綎带来的四川兵，那肯定跟跋扈的辽东兵不是一路。

朝鲜官员尹根寿还特意打听过刘綎的为人，得出的结论是："刘綎为人雅淡，士兵秋毫无犯。"也不知道是谁这么忽悠尹根寿。刘綎骁勇不假，但也带着一身明将惯有的蛮横粗野、贪财尚气的毛病，跟"雅淡"二字完全不沾边，至于川军的军纪，在缅甸的时候就已经展示过了。

西南地区少数民族众多，所以刘綎的部下堪称万国大联欢，各族土人一应俱全，来源包括暹罗、都蛮、天竺、六番、得楞国、苗子、西番、三塞、缅甸、播州诸地，一个个奇装异服，武器奇特，语言各异，煞是好看。另外刘綎身边还带着黑人卫队，面色深黑如鬼，都对刘綎俯首帖耳，令朝鲜君臣大开眼界。

看到朝鲜人没见过世面的样子，刘綎自豪地说："我自十三岁从军，横行天下，可以将外国人作为家丁。我虽然只有五千人，但水陆之战都行，倭贼不足畏！"

## 壮士气苦

在刘綎率军入朝的同时，也有不少明军开始撤回国内休整。吴惟忠、骆尚志，王必迪等人率领的南军撤退国内后，遭到了非常不公的对待。

自从朝鲜开战以来，来自蓟镇的红衣浙兵出力最多，伤亡最大，立功最著，成为取得胜利的关键。吴惟忠等人以忠勇之热血，证明了戚家军雄风犹在，旁观了平壤大战的朝鲜大臣都对南军推崇备至，反观辽东军则表现相对平平。明军进入平壤以后，南军遵守着严格的军纪，秋毫无犯，但辽东兵则四处抢掠，大街小巷常常可以看到他们争先恐后，手拎肩扛的身影。

平壤首战大捷后，李如松在军中论功行赏，出乎所有人意料的是，他在众目睽睽之下把头功赏给了自己的弟弟李如柏。然而攻城那天上万将士都看得清清楚楚，明明是骆尚志最先登上城楼！这一明显的偏袒，使南军一片哗然，大失所望。

吴惟忠和骆尚志二将都没有当场申辩，为什么呢？二人当时都重伤未愈，卧床不起，根本没去参加表彰大会，究竟是谁在沙场舍生忘死，浴血奋战，两位英雄身上的创伤就是最好的证明。

吴惟忠在病榻上听到头功给了李如柏，双目望天，愤恨不能言语。后来朝鲜大臣尹斗寿代表朝鲜国王探望吴惟忠时，只见吴惟忠神色凄凉，一腔愤懑郁结于胸。他见了尹斗寿，只求给他置一副柏木棺材。尹斗寿也很替南军不平，跟着陪哭了一场，回去后真的派人去定州染源山给吴将军找来了上好的柏木。

好在老天爷有眼，吴惟忠和骆尚志休养了一阵，都得以康复。

同样受委屈的还有南军将领钱世桢，小西行长离城而去以后，钱世桢带兵一直追过大同江，杀了个一身白袍的武士。钱世桢割下他的首级，带了战袍回去讨赏。李如松有意为难他，问这人叫什么名字，钱世桢哪里答得出来。李如松大摇其头说："叫不出名字这功劳没法给你算啊。"

在碧蹄馆大战后的一次军事会议上，李如松分派将令。按照规矩，游击以下军官都要跪着接令，可南军将领王必迪直挺挺地站在李如松面前，屹然不动。李如松大怒，问其原因。王必迪说道："将军不智不仁不信，这仗没法打。平壤之战，你一大早把士兵轰起来打仗，我们连早饭都来不及吃，饿着肚子攻城，这是不仁。围城的时候，你说先登城的赏银三百两，或者授都指挥佥使的官职，结果那么多人奋勇杀敌，登城破敌。可现在银子呢？官职呢？这是不信。你把主力留在平壤，自己带着先锋轻兵前进，若是出了什么意外，大军便会动摇退却，这是不智。"

一个小小游击敢对总兵官这么讲话，明摆着是南军对李如松积怨已久，今天豁出命来也要出口恶气。李如松新败之下，脾气大为收敛，大概也是自觉愧对南军，听完王必迪的连珠炮，并没有处罚他，只是挥手让他退下而已。

自从戚继光离任后，戚家军由人人敬仰羡慕的精英部队，变成了无依无靠的三等公民。

接替戚继光的新任蓟镇总兵王保是辽东军出身，也一直把这些江浙口音的南军视为异类。主将的歧视，深深激怒了九死一生归国的南军将士，其中有三营南军反应最为激烈，开始暗暗策划准备哗变。阴毒的王保不敢与善战的南军正面交手，使了个缓兵之计，假意宣布同意给南军发放饷银。

南兵们以为真有银子发，都放松了警惕，赤手空拳来到校场，却发现闪着寒光的不是白银，而是战友的大刀。可怜这批浙江籍的战士，万里赴蓟辽，千里战朝鲜，却落得个以叛徒身份身死异乡的悲惨下场。

王保在杀完南兵以后，又纵容部下把附近的行商狠狠掳掠了一番，然后把这笔账算到已经死去的南兵头上，上报朝廷说南兵谋反，劫掠商贩，蓟镇出兵镇压，已把叛军全数剿灭。

朝鲜方面对明军内部的派系之争自是没什么发言权，君臣上下都对万历皇帝感激涕零，答谢的使者不绝于途。无论从哪个角度来看，万历皇帝这一战争决策影响了整个东亚的格局，称得上对朝鲜有天高地厚的再造之恩，朝鲜人甚至给李如松等主将立了生祠。

平壤的光复，令朝鲜对战胜日军越来越充满信心。此时朝鲜已经度过了最危急的时刻，在柳成龙等人的组织下，休整一新的朝军已经补充了兵源，重新完成了集结，希望联手明军再与日军大干一场，一举收复王京。

就在朝鲜君臣信心满满，准备有所作为的时候，一个惊人的消息如晴天霹雳般砸了下来，把朝鲜人的万丈雄心打得烟消云散。

明军不打了，要跟日本和谈。

# 第二十六章　大明第一骗局

万历年间，北京曾出过一个叫沈惟敬的老师哥，他虽是布衣之身，但自告奋勇奔赴战事激烈的朝鲜战场去做国际斡旋人，不仅多次孤身入敌营，甚至远赴日本见到了丰臣秀吉，他凭借自己三寸不烂之舌和强大的心理素质，在这场举世瞩目的国际战争中留下了自己响亮的名字、梦幻的事迹和不甚光彩的悲惨结局。

## 白衣使者

自从碧蹄馆一场恶战之后，中朝联军与日军开始以临津江为线，进入对峙阶段，双方谁也无力发动进攻，上演了一幕持久的"北线无战事"。

明军一方，李如松多年精心培养的精锐大批殒命疆场，剩下的士兵衣食不周，弹药不继，战马又大量死亡，处境十分艰难，而更让他难过的是，他不仅要面对前方强敌，更要忍受背后暗箭。因为朝廷里不断有文官对他进行弹劾，甚至包括一些朝鲜官员，说他滥杀无辜，拿朝鲜人的首级冒领军功，简直把他逼到了内外交困之绝境。李如松心灰意冷，以请病假为由坚决要求归国。

明朝在这两年战争中耗费了大量粮食和银两，许多人也开始质疑这种牺牲是否必要。兵科给事中许弘纲向皇帝上奏说："大明应该守卫边境，防备四夷，而没听说天朝上国却要为四夷守卫边境的。"万历皇帝听了这个意见也颇有触动。

此时还想要积极进攻的，除了一心复国的朝鲜人，就属隔海遥控局面的天下人丰臣秀吉了。他对日军的厌战情绪视而不见，亲自拟订了一个野心勃勃的新计划，打算率领二十万大军渡海亲征。

其实日军的各军团长也都思乡心切，无心再战，听说大老板要来，比听说明军要来还害怕。为了避免战争规模的扩大，总司令宇喜多秀家代表日军在朝将领写了一封奏捷书，把碧蹄馆之战吹成大捷，欺骗丰臣秀吉说明军已经不敢作战，想要投降。但现在朝鲜粮食奇缺，不宜再派更多军队，我们可以先假装与敌人和谈，等秋天朝鲜有了粮食，再战不迟。丰臣秀吉这才打消了亲征的念头。

损失最惨重的小西行长原本就不愿打仗，是日军中真心真意的主和派，他事先没有请示丰臣秀吉的意见，就单方面派出信使向李如松表达了求和的意愿。日方这一态度，倒正中李如松的下怀，他赶紧把这个消息上传给了自己的直接上级——备倭总经略宋应昌。

两国和谈是大事，在没搞清楚日方的真实意图之前，先不能惊动皇上。素来慎重的宋应昌决定先派人去摸摸日军的底细，再做打算。由于不便派出官方身份的公务人员出面，宋应昌就需要一个不在政府编制之中，但又有胆有识，气度谈吐足够让日本人信服的民间外交官来完成这个艰巨甚至有些危险的工作。就在此时，一个叫沈惟敬的人主动找上门来了。

沈惟敬当时已经六十多岁了，他身材魁梧，相貌堂堂，一把长髯飘洒胸前，至少在皮囊方面没的说，派出去做特使绝对不会给大明丢脸。

这位沈老爷子一辈子没从事过什么正当职业，当过兵，练过丹，最辉煌的纪录是在胡宗宪手底下做过幕僚，也算是上过战场，阅历丰富，见过一些世面。他口才格外出众，撒起谎来更是没边没沿。沈老爷子虎老雄心在，一心想要为国建功，发挥余热。

沈惟敬不过是一介平民，是怎么联系上宋应昌这个国防部副部长的呢？原来他有一个一同炼丹的丹友，是兵部尚书石星小妾的爹，这样他就七拐八拐和兵部打上了交道。石星也听说过沈惟敬，知道这个人有点歪才，和宋应昌一拍即合，给了沈惟敬一个不在编的神机营游击的头衔，派他假装大明使节，去摸摸日本人的底牌。

沈惟敬领了头衔，一路跋山涉水，很顺利地见到了小西行长，并带去了兵部给的和谈条件：日本退出朝鲜，放回王子，再送上一份谢罪奏表。明朝愿意原谅日本发动战争的罪责，封秀吉为日本国王，并准许宁波港通贡。

兵部提的这些条件既保全了天朝的面子，也给了日本一定的实惠，不算欺负人。在朝的大名们都觉得和谈有戏，纷纷表示要先请示关白大人，过些日子就给答复。最终沈惟敬与小西行长、加藤清正等人达成了旨在互相表示诚意的三条临时性共识：

第一，日军于四月十九日开始从王京退兵，同时明军也承诺分批撤回辽东。

第二，大明派出正式使节，前往日本直接与丰臣秀吉进行商谈。

第三，日方释放两名朝鲜王子。

直到这个时候，沈惟敬才算得上不辱使命，立下大功一件。而且沈惟敬在与小西行长谈判之时，还以索要礼物为名，将日军现役装备如盔甲、刀剑以及铁炮带了一批回国，交给军方以测量检验其作战性能。

经过第一轮接触，兵部觉得跟日本人接触的态度很真诚，和谈之事已经很靠谱了，终于上报给了皇帝。万历皇帝听了汇报，也觉得日本如果能够息兵服软，是个可以接受的结果，就指示兵部可以继续与日方接触，商议和谈事宜。

大明和日本之间你来我往，书信不断，越谈越热闹，却忘了一个人的存在——朝鲜国王李昖。李昖闻知明日和谈的消息后，愤怒和无奈可想而知。朝鲜半壁江山还在敌人之手，两大强国就背着自己开始议和，而且所议之事皆为机密，朝鲜方面啥也不知道。

愤怒归愤怒，自古弱国无外交，李昖不敢公开抱怨，只能私下里派人去各方打听明、日和谈的进展情况。

## 风云突变

七月十四日，毛利辉元、小早川隆景两个军团如约开始从釜山撤退回国。到了七月二十一日，被俘一年多的两位朝鲜王子临海君、顺和君被释放。八月五日，丰臣秀吉又正式下达了在朝日军总撤退令，可以说和谈形势是一片大好，和平气息空前浓郁。

半个月之后，大明官方使节谢用梓、徐一贯在小西行长的陪同下，坐上了开往日本的大船，与日方官方代表景辙玄苏和尚开始了两国间的正式谈判。然而经过了一个良好的开端之后，双方的态度却不约而同地强硬起来，让这次会谈毫无进展。

谢用梓、徐一贯带来了北京方面毫无妥协余地的新条款：第一条还好说，即明、日双方共同撤军；第二条就让日方难以接受了。明朝要求日本派人去北京请降，而日方最为期待的宁波通贡之事也不算数了，要以后再说。

这分明是招降，哪里是和谈。面对明朝方面的变卦，日军诸将经过一番商议，决定以战促和，向大明示威。

示威是示威，但得有个分寸，这一板斧不能砍在明军身上，真撕破了脸就违背以战促和的初衷了。日军决定攻打晋州，拿朝鲜人练手。朝鲜人不是一直抱怨没有参与感吗？这回算是真刀真枪地参与其中了。

晋州是朝鲜名城，防守严密。宇喜多秀家亲自指挥，加藤清正、小西行长、黑田长政、岛津义弘等各军团倾巢而出，总兵力达六万余人，这一回参战的生力军还有独眼龙伊达政宗，他也是刚刚赶到朝鲜的，立刻挥军参战。经过一场激烈的攻城战，晋州陷落，朝军守将殉国。

战场上是胜利了，但并没有达到促和的结果。谁也没想到，丰臣秀吉听说日军在晋州的大捷后，顿时信心爆棚，也变卦了。他连夜召见景辙玄苏，给出了狮子大开口的六条指示：

第一，明朝选送一位公主，给天皇陛下当妃子；

第二，恢复堪合贸易；

第三，明日两国永誓盟好；

第四，王城与西四道归还朝鲜，东四道割让给日本；

第五，朝鲜送一位王子到日本当人质；

第六，朝鲜发誓永远不叛日。

这样看来，这场和谈的奇葩之处在于，两国的最高决策者都被自己的下属所忽悠，认为是要接受对方的投降。谢用梓、徐一贯一看丰臣秀吉这六条，如同五雷轰顶，当场就要翻脸，冷冷地表示："兹事体大，这样过分的条件我们肯定做不了主，还是等回去禀告皇帝之后再给你们答复吧。"言罢拂袖而去。

眼看和谈就要破裂，战争还将没完没了地进行下去。小西行长赶紧向已经被冷落在一旁的沈惟敬讨主意，两人嘀咕了三天两宿，竟然研究出一个瞒天过海的惊天骗局。

## 局中局

说起这个骗局，其实也很简单。一方面，玄苏和尚忽悠丰臣秀吉，说大明畏惧太阁的神威，已经答应了全部条件，现在就等着派使者到北京去盖章签合同接公主啦。丰臣秀吉这边自然大喜，立刻派遣特使内藤如安出使大明。另一方面，小西行长也一本正经地告诉明朝使者，太阁已经答应接受天朝册封，现在就可以派使者去北京觐见上国皇帝。

这场骗局的总策划沈惟敬对内藤如安特使千叮咛万嘱咐："你这一次去大明可千万别提丰臣秀吉这六条，甭管大明说什么你都答应着就好。"内藤如安是小西行长家的重臣，自然站在主人一边，答应帮他们一同圆谎。

万历二十二年（1594 年）十二月十一日，内藤如安终于在午门楼见到了大明最高的统治者万历皇帝。为了彰显国威，明朝方面特意安排了数百余名盔甲鲜明的大汉将军，给内藤开了个场面盛大的欢迎会。石星等主和派的官员都对内藤如安的和平之旅寄予厚望，特意向皇帝申请恩准他过城楼的时候可以下下马。

见到万历皇帝之后，内藤如安行了三跪九叩大礼，毕恭毕敬地从怀中掏出一份关白降表来。

话说这内藤如安不是受丰臣秀吉的委派来接受大明投降的吗，怎么身上带着降表呢？其实这份降表太阁大人压根儿就不知道，是小西行长和沈惟敬两人硬生生伪造出来的。

在这一份伪造的降表里，这一对骗子将关白大人的六条之事改得面目全非：朝鲜割让四道变成割让一道；嫁公主变成了请大明赏赐两万白银；日本愿意对发动战争道歉认错，希望大明皇帝能够原谅，并对丰臣秀吉赐予"日本国王"封号；中日之间重开通贡，恢复堪合贸易。

万历皇帝对这份降表基本满意，给丰臣秀吉封一个日本国王没问题，但入贡还是不许。首辅赵志皋和兵部尚书石星、吏部尚书孙丕扬向内藤如安正式提出了大明的三个条件：

第一，所有日本人都回日本。

第二，封丰臣秀吉为日本国王，但不许通贡。

第三，日本发誓再不侵犯朝鲜。

内藤如安来之前已经被多次叮嘱，无论大明提出什么条件，都要一一应承，所以他毫不反驳，痛痛快快地满口答应。倒是兵部尚书石星隐隐觉得和谈太顺利，而日本的降表也有些蹊跷，不大放心地问了内藤如安一个非常可爱的问题："丰臣秀吉既然已经统一了日本，为何不自己称王，何必非要千里迢迢来我们大明请封赐？"

内藤如安只好两眼望天，昧着良心胡乱回答道："关白大人很羡慕朝鲜有封号，所以自己也想讨一个。"

万历二十三年（1595 年）一月三十日，小西行长和沈惟敬的谎言继续发酵，皇帝任命临淮侯李宗诚为正使，左军都督府署都督佥事杨方亨为副使，以及沈惟敬、内藤如安一行人，带着册封日本国王所用的金印、蟒龙衣、玉带、翼善冠，前往日本去册封还蒙在鼓里的丰臣秀吉。二位巨骗的谎言开始失去控制，但开弓没有回头箭，只好拖一步是一步。

在明使准备赴日的过程中，明军也已经开始撤军了，朝鲜只剩下刘綖部和第一批入朝的少量人马驻留，不超过一万。李如松在与朝鲜国王告别时，朝鲜大臣张云翼问他："提督这一次西归，就再也不回来了吗？"李如松一本正经地说："倭寇还没打完，我怎么可能不回来呢？"

小西行长先于明使一步回到日本，向丰臣秀吉汇报说，大明虽然没有完全答应"秀六条"，但还是许了一个天大的好处，愿意奉秀吉为大明王。丰臣秀吉完全没有发现其中的荒谬之处，大喜过望，对小西连声夸奖。

大明的册封使团在半路上还出了个小意外，正使李宗诚是个纨绔子弟，绣花枕头，他极度畏惧这一次日本之行，竟然在出发的前夕逃跑了。于是杨方亨顺位接任正使，老骗子沈惟敬阴差阳错成为副使。小西行长与沈惟敬在将错就错的道路上越走越远，索性打算将计就计，让沈惟敬冒充大明使臣，表示恭顺投降之意，把关白糊弄过去。在那个通信不发达的年代，这一计划还真难说完全没有成功的可能。

经过了多次周折，万历二十四年（1596年）九月一日，杨方亨手持节旄，沈惟敬手捧金印，终于在大阪城正殿见到了传奇人物丰臣秀吉。和他们想的不一样，这个叱咤日本的一代枭雄，竟然是个走路都需要别人搀扶的瘦小老头儿。为了表示友好，自以为即将成为大明王的丰臣秀吉竟然穿着一身不伦不类的明服。

丰臣秀吉出来以后，杨方亨虽然站着没动，但沈惟敬却扑通跪倒在地，俯首叩头。把杨方亨臊得满脸通红，心里好一顿嘀咕："我们手持节旄是代表大明皇帝前来受降的，应该对方向我们叩头啊，怎么倒过来了？"但沈惟敬心里清楚，对面坐的丰臣秀吉也是来受降的，死活就是今天了，自己必须得厚着脸皮把戏做足。

按照流程，首先是杨方亨宣读诏书，再由担任翻译的日本和尚西笑承兑翻译成日文。小西行长事前已经跟西笑承兑打好招呼，翻译个大概即可，如果有对关白不恭的话，可千万别说，最重要的是把日本国王翻译成大明王。西笑承兑满口答应。这一场弥天大骗局到了关键时刻。

到了宣读诏书的时候，终于出事了。西笑承兑大概是过于紧张，没有任何自由发挥，在众目睽睽之下一字一句把万历皇帝的诏书忠实地译了出来。至今在日本大阪博物馆里，仍旧保留着这封诏书的原件，全文如下：

奉天承运，皇帝制曰：圣仁广运，凡天覆地载，莫不尊亲，帝命传将，暨海隅日出，罔不率俾。昔我皇祖，诞育多方。龟纽龙章，远赐扶桑之域；贞珉大篆，荣施镇国之山。嗣以海波之扬，偶致风占之隔。当兹盛际，宜缵彝章，咨尔丰臣平秀吉，崛起海邦，知尊中国。西驰一介之使，欣慕来同。北叩万里之阙，肯求内附。情既坚于恭顺，恩可靳于柔怀。兹特封尔为日本国王，赐之诰命。于戏龙贲芝函，袭冠裳于海表，风行卉服，固藩卫于天朝，尔其念臣职之当修。恪循要束，感皇恩之已渥。无替款诚，祗服纶言，永尊声教。钦哉！

丰臣秀吉越听越不对劲，当西笑承兑颤颤巍巍地翻出一句"封尔为日本国王"时，太阁大人终于爆发了。据说他当场把诏书撕破扔在地上，怒气冲冲地大喊："吾以武威已经统治日本，何须犀房再来封我为日本国王！"对于这一场景，江户诗人赖山阳曾写过一首不大押韵的汉诗《裂封册》，以记录此事："史官读到日本王，相公怒裂明册书。欲王则王吾自了，朱家小儿敢爵豫。"

册封大会不欢而散。

事已至此，沈惟敬还想着有一线转机的可能，他欺负杨方亨不懂日文，告诉他丰臣秀吉已经回心转意，表示要接受册封。杨方亨已经对这个副手大起疑心，按照规矩，册封完以后，丰臣秀吉应该要有一封呈给皇帝的谢表由他带回，可谢表呢？沈惟敬肋骨拍断，说谢表你放心，马上就来了。

谢表在哪儿呢？艺高人胆大的沈惟敬自己在宾馆小屋熬了一夜，亲手替关白大人写了一份谢表，请杨方亨带回国内，上呈给万历皇帝。

杨方亨回到国内后也怕无法交差，就真的给皇帝呈上了这份粗制滥造的谢表。万历皇帝看了以后觉得哪里怪怪的，又说不出缘由，就让诸臣传阅。兵科给事中徐成楚很快指出了破绽：这谢表一没日期，二没落款，不像是真的。万历皇帝又叫来石星与杨方亨质问，两个人哪敢说实话，都含含糊糊地说谢表是真，如假包换。

任万历皇帝想象力再丰富，也不敢相信这世上有人如此胆大包天，国书也能造假。想来这份国书之所以制作粗糙，礼节不周，大概是因为日本荒蛮小国不熟悉中国礼制的缘故，天朝上国也就不和他们计较了。至此大明君臣都以为这场三国大战尘埃落定，和平与友好已重新降临。至此，援朝战争第一阶段宣告结束。

这事在万历皇帝那边算过去了，但在丰臣秀吉这边可没完。万历二十五年（1597年）正月，这场东亚第一大骗局被丰臣秀吉亲自揭穿。感到深受侮辱的关白大人再次出动十五万大军，水陆并进，第二次入侵朝鲜。

万历皇帝闻报大惊，他把之前所有的疑惑串起来想了一遍，终于明白自己册封日本国王的种种行为，原本是一场天大的国际笑话。皇帝恼羞成怒，命令刑部尚书萧大亨彻查历时数年的和谈到底有些什么鬼名堂！刑部官员们日夜加班，把这些年来中日往来的所有文书都翻腾出来，抽丝剥茧，找出来一一翻译对质，小西行长和沈惟敬一手谋划的惊天骗局才算真相大白。

万历皇帝感到自己蒙受了此生最大的侮辱，气得肝颤心悸，愤然下旨将兵部尚书石星下狱处死，全家老小通通发配到广西柳州卫所充军；杨方亨革职，永不叙用。这场骗局的核心人物沈惟敬赫然列在通倭汉奸名单之首，被判斩首弃市。

沈惟敬当时人在朝鲜，闻听得骗局穿帮，也乱了阵脚，企图带着朝廷几年来赏赐的金银跑路，去投奔日本，结果被李如松手下将领杨元活捉，送到北京，到底落了个身首异处的下场。

　　大话王沈惟敬不过是一介布衣，在人生已近黄昏之时，凭借自己无敌的想象力与天大的胆子，纵横三国，亲手编织了一个匪夷所思的国际大骗局，忽悠了中、朝、日三国国主，连累了多名朝廷重臣，用自己的生命在十六世纪东亚外交史上，留下了一个令人啼笑皆非的传奇！

# 第二十七章 将军百战身名裂

日益成熟的万历皇帝，现在已经可以做到遇到任何大事都能处变不惊，面对丰臣秀吉气势汹汹的又一轮进攻，他立即着手建立了一个新的远征军领导小组，由新任兵部尚书邢玠代替石星，总督蓟、辽、保定军务，山东右参政杨镐接替宋应昌经略朝鲜，备倭总兵官则以麻贵替代李如松担任，总督南北诸军。大明再次集结了四万大军，出兵朝鲜。

## 功亏一篑

小西行长因为在和谈中办事不力，令丰臣秀吉十分恼火，一时失了宠。加藤清正的部队被改为第一军团，成为日军的先锋。卷土重来的日军与朝军打了几场硬仗，依然威不可挡，陆续占领了南原、全州，又引兵进犯全罗、庆尚，直逼王京，兵势极盛。朝军靠着李舜臣的水师虽然在海上占有优势，但于整个战局依旧极为被动。日军劳师远征，粮草不足，便在全罗积存军需物资，做长期驻留的打算。

万历二十五年（1597年）九月初一，杨镐率军抵达王京。副将解生在谡山打了几场漂亮仗，朝军有了依靠，也发动反攻，颇有战果，于是日军开始采取守势，退守蔚山。加藤清正知道蔚山是明军必攻之地，因此派亲信浅野幸长督造城防，狠下了一番功夫。

加藤清正是战国时代著名的建筑大师，尤以善于筑城著称。蔚山以东1公里外有一座小山，名为岛山，适合防御，在加藤清正的指挥下，浅野幸长日夜赶工，在岛山上筑起一座高15米，周长1.4公里的高大城堡，背山面水，异常坚固。岛山城堡外面是三道用大石条砌成的城墙，石墙后面矗立着12座高耸的箭塔，最外端还围起一道号称"总构"的土墙，以保卫石墙之外的设施，重重叠叠，坚不可摧。若明军自北欲攻蔚山，必先要攻克岛山。加藤清正为这座岛山城配备了重兵，将主力尽调于此，严阵以待。

岛山城还没完全建成，就被明、朝联军视为眼中钉，明军统帅杨镐和朝军统帅权栗决定联手攻克此城。

杨镐是万历八年（1580年）的进士，先后当过南昌、蠡县知县，后来又升为山东参议，负责防守辽海道，有些知兵的本事。他曾经和总兵董一元在雪夜中翻越墨山去袭击蒙古炒花部的营帐，大获全胜，又在当地开垦荒田一百三十多顷，每年储藏粮食一万八千多石，连皇上也知道他是个能做事的。

杨镐有个最要好的朋友，就是李如松的弟弟李如梅，万历二十五年（1596年）初，二人一道出塞作战，结果打了败仗，折损了十多个军官，一百六十多名士兵。这年正赶上朝鲜用兵，急需用人的万历皇帝不但下令免除杨镐的罪过，还提拔他为右佥都御史，让他去经略朝鲜军务。杨镐踌躇满志，和他的好兄弟李如梅一同奔赴朝鲜战场。

十一月，杨镐几乎调动了明军在朝鲜的全部兵力四万余人，加上朝鲜统帅权栗带领的一万多人，将岛山城团团包围，并发起了猛攻。

对于新官上任的杨镐来说，拿下岛山城对他有至关重要的意义，所以把压箱底的老本全都动用起来。围城军共带了"大将军炮一千二百四十四门、火箭十一万八千支、火药六万九千七百四十五斤、大小铅子一百七十九万六千九百六十七斤"，还有足供一月的粮饷，可谓倾尽全力，志在必得。拥有如此强大火力的明军在一开始的进攻中势如破竹，很快攻破了岛山城外围防御工事。

加藤清正也是个狠人，他当时人在蔚山，闻听明军围攻岛山城，竟然率兵强行突破封锁，进入被重兵包围的城中，以示与守城士兵生死与共，共同御敌。

岛山城山势很高，明军火炮打外围工事还行，再往上攻击，火炮仰角就不够了，只能靠人力强行推进。辽东军常年的对手都是蒙古人，向来以野战见长，从没见过这种倭城，根本不知该如何下口。战士们投出大量飞钩钩住墙头，试图将城墙拽到，可惜毫无效果。无奈之下，明军只能暂时后退，而日军则抓住时机立刻出城追击，对明军造成不小的杀伤。

初战不利，杨镐并没有气馁，又重新部署了兵力。按照《李朝实录》记载：杨镐和麻贵屯兵岛山城北的鹤城山。副总兵吴惟忠屯兵岛山城南，高策屯兵岛山城东，李芳春屯兵岛山城西，祖承训和颇贵各领一军负责堵截釜山的日本援军，李如梅与大同游击摆赛带两千骑兵、一千步兵驻守太和江边，负责阻挡自西生浦走海路北上的日本水军。几路人马布下了一张密不透风的天罗地网。

第二轮战斗，明军严密的布局与凶猛攻势给日军造成了很大损失，两天就被斩首1000多人。但在加藤清正的亲自督战下，日军也是全力以赴，咬牙硬扛，仗

　　　　　　　　　　　　　　　　　　　　万历大时代

着坚固的城防拼命抵抗，也给朝鲜军和明军造成了不小的伤亡。明军屡攻不果，被迫撤退，攻势再一次停滞下来。

既然强攻不成，杨镐再一次改变战术，只围不攻，断绝城里水源。起初日军明显因为缺水而战斗力大减，但朝鲜的天公并不向着明军，很快就连降数场大雨，围城断水的计划宣告失败。眼看着渴死日军无望，明军改变战术，开始用火攻，但是面对日军的高城坚壁，火攻也没有取得什么进展。无奈之下，杨镐干脆下令诸军停止行动，意图等日军饿瘫了再进攻，老天能下雨，总不能下大米吧！

这种围城的持久战是一把双刃剑，由于天气寒冷，冻雨连绵，新入朝的明军衣着单薄，许多人被严重冻伤，士气越来越低。杨镐为了整肃军纪，一连斩杀了多名擅自后退的士兵，权栗也斩了两个朝鲜逃兵，总算是安定了军心。明朝联军围城虽苦，却始终围而不退，与城里的日军开始了一场意志之战。

明军在补充粮食方面一直困难，但好歹还有断断续续的补给，而城里的日军可真是上天无路，入地无门了。要知道在19世纪以前，日本人是只吃鱼不吃肉的，但守军由于粮草吃光，饥饿难忍，竟然将城中为数不多的牛马一扫而光，自加藤清正以下，许多人不得不吃纸张甚至墙皮充饥，或者趁夜出城搜寻战死者腰间的粮食苟延残喘。有了这一场战役的阴影，后来加藤清正回到日本修建熊本城时，城内的墙皮便都采用了可以食用的芋茎。城中的缺水问题也始终得不到解决，士兵们口渴了只能喝壕沟里的血水，在联军的重重围困之下，岛山城已经变成了一座人间地狱。

就在城内日军濒临山穷水尽之时，传来了一个振奋军心的好消息：毛利秀元和黑田长政的援军很快就要到了。

杨镐也听说了此事，自然担心腹背受敌，于是他集结全军，决心在敌军援兵到达之前，发动最后一次猛攻，一战定乾坤。

明军经过喘息体力得到了一定的恢复，将士们振作精神，对岛山城发动了排山倒海的冲击。这一次又是南军率先建功，游击陈寅身先士卒，成功突破了三之丸和二之丸，马上将要突入城内，然而就在这个关键时刻，杨镐却犯下了一个极其低劣的错误。

我们前面说了杨镐与李家五公子李如梅的私人关系极好，所以他不想让陈寅带领的南军取得攻入岛山城的头功，所以鸣金收兵，然后换上李如梅带着辽东军打前锋。然而战场上的机会转瞬即逝，这一徇私之举，使明军彻底丧失了唯一的战机。等辽东军到来之时，日军已经喘过气来，重新巩固了防线，并以毒药煮过的铅弹猛烈反击，明军再次功亏一篑，只得仓促撤军，并遭受了惨重的损失。

老天爷给的机遇如果没有好好把握住，那么接下来只能等着厄运降临了。此时明军背后数里之处，已经能遥遥看见黑田长政军的旗号。

当时正值隆冬，越来越近的黑田军拼命赶路，途中遇到一条小河阻拦，河水冰冷刺骨。黑田长政为做表率，率先驱马跳入河中，部下受到感召，也纷纷跳入河中，不顾寒冷向对岸挺进。

这时候的杨镐可谓已经黔驴技穷了，他听说黑田军已经杀到背后，面色大变，作为明军主力数万大军的统帅，杨镐居然在撤退工作毫无安排的情况下，带着亲信策马先逃了。

主帅不知去向，恐慌绝望的情绪瞬间感染了全军，各营明军都乱了套，唯恐走晚了被日军前后夹击。一时间围城的九员大将全部溃逃，唯恐落后，在亡命西归的路途上各个做到了身先士卒。最令人痛心的是，十几万民夫千辛万苦从国内运来的重炮、粮食、辎重、攻城器械，全都被丢弃，沿途散落数十里。

轰轰烈烈的蔚山之役就这样虎头蛇尾地结束了。对明军来说，这是一次彻底的失败，不但未能打破日军的防御体系，反而令明军主力崩溃，损失物资极多，之后一直休整了大半年才恢复元气。

杨镐害怕日军背后追赶，把剩余的全部兵力都撤回王京。更为可耻的是，他与兵部尚书邢玠竟然合谋向朝廷虚构了一个所谓蔚山大捷，虽然明军阵亡了两万人，但上报朝廷的数字只有一百多人。

杨镐是幸运的。万历二十六年（1598年）九月十八日，一个惊人的消息传遍了朝鲜半岛。日本关白丰臣秀吉在见城内溘然去世。他的离世，为这场已经持续了七年的战争带来了决定性的影响。

临终前，丰臣秀吉终于对自己出兵朝鲜的决策幡然悔悟，他在召见德川家康和丰臣秀赖时说："我从做奴仆到今天身为关白，都是国家的恩典，现在跟大明交战，结下深仇，我深感后悔。如果大明知道我死了，必然大举前来报复。日本将遭受自古未遇的外辱，都是受我的连累啊！"就在他停止呼吸的最后一刻，忽然张开双目大喊："勿使我十万兵为海外鬼！"

丰臣秀吉死后，日军诸将悲不悲伤不得而知，但大家不约而同地达成了休战的共识，开始主动大批撤军，有七万多将士先期回到了国内，在朝鲜只留下加藤清正、岛津义弘、小西行长等人率领的六万军队断后。

而与此同时，明军则反其道而行之，开始大举增兵，在短短数月之间，明军在朝鲜的总兵力激增到了十四万余人！一线兵力达到了九万多人，军容之盛前所未有。双方军事力量此消彼长，发生了巨大变化。

一线这九万人当中，除了主要由刘綎带来的川军和李如梅指挥的辽东军外，又新增了在宁夏战场屡立战功的董一元和陈璘的部队。

陈璘是御倭水师总兵官，麾下除了4000名广东水兵外，还带了4600名扛狼筅、穿战裙的狼土兵。狼兵是壮族土司兵，土兵是土家族的土司兵，这些人天性悍烈，骁勇善战，冲锋陷阵时长枪在前，两侧以刀盾防护，双刀断后，非常有章法。这些狼土兵都不属于明军的正式军籍，虽然剿贼、御倭战绩不俗，但军纪极差，作战之余四处掳掠烧杀百姓，以致百姓有惧狼兵甚于贼之说。

能够统御这支虎狼之师，可见陈璘也不是个善茬儿，然而他虽然悍勇善战，却也是一身毛病，因为贿赂高官、奴役兵士、奢侈贪财等罪屡屡被罢免，也算是一个几起几落的人物。

陈璘手下有一员老将，是我们的老熟人，就是那位因为士兵哗变被捕入狱的邓子龙，此时他已经被重新起用，也率领他的数百亲信家丁跟从在陈璘的部队里。

陈璘本人脾气暴躁，性如烈火，部下也尽是骄兵悍将。他率水军进驻朝鲜古今岛之前，对朝鲜水军很看不起，甚至对大名鼎鼎的朝鲜军神李舜臣也并不感冒。当他大摇大摆地带领部队到达营地以后，却发现李舜臣早就带着全体朝鲜水军列队出迎，并摆下美酒佳肴为他们接风。李舜臣谦逊的态度让陈璘很满意，好感立增。而李舜臣也很喜欢陈璘豪迈的性格，双方酒杯一端，距离拉近了不少。

明军的军纪向来很差，骚扰劫掠百姓算是家常便饭，将领们也都习以为常，把这作为给自己部下的一种福利。陈、李二人把酒言欢，讲些英雄豪杰之事，酒过三巡，正喝得尽兴，有人来报：陈璘的部下在营地附近的村庄四处游荡，已经有数十户朝鲜百姓遭到洗劫。

李舜臣闻报，面沉似水，酒也不喝了，当即下令部属拆除帐篷，准备上船。陈璘正喝得兴高采烈，看到李舜臣起身要走，忙问缘由。李舜臣沉重地说："我们天天盼望天朝的将军来助我们打日本人，结果您的部下四处劫掠，把百姓都吓跑了。我这个当将军的，不能保护百姓，我没脸留在这里。"

李舜臣这一番话说得陈璘有些无地自容。陈璘性格虽然暴躁，但不是浑人，当即请李舜臣掌管军纪。李舜臣在得到陈璘的许可后，迅速严厉处理多起扰民的案件。明军都知道这位朝鲜将军铁面无情，陈璘将军都让他三分，军纪大为改观。

明、朝水师合营后，很快牛刀小试，在折尔岛击溃了一支日军舰队。朝鲜水师斩获甚丰，但明军没什么战果。陈璘觉得很丢脸，回营后闷闷不乐。李舜臣做事相当漂亮，派人给陈璘送来四十多颗日军人头，让陈璘报功。李舜臣这种友好的态度，让陈璘十分感动，发自内心地折服于李舜臣的人格魅力。

陈璘是个胸怀磊落的热血汉子，他把李舜臣当成亲兄弟看待，李舜臣也投桃报李。陈璘先是请李舜臣移民大明做官，遭到婉拒后，又专门给万历皇帝上书，盛赞李舜臣战功卓著，治军有方，最后竟替李舜臣讨来了大都督铜印和一大堆赏赐。李舜臣也很开心交了这么个好兄弟，把大明给的赏赐，都摆在大帐之中，让所有来人都能看见。二人白天谈兵，夜晚纵酒，英雄惜英雄，好得跟一个人似的，就差磕头换帖拜把子了。

# 泗川合战

由于援兵大量到达，明军实力大增，士气复振，邢玠和杨镐再一次信心爆棚，在王京制订了一个雄心勃勃的进攻方案，计划兵分四路，一举歼灭日军留在朝鲜的部队。但杨镐只参与了前期策划，没有看到最后的战果。由于蔚山大败的事情在不久后暴露，结果杨镐被罢了官。所以这场大战基本是在邢玠的指挥下展开的，四路大军的作战任务如下：

中路军三万人由御倭总兵官董一元率领，加上部分朝鲜军，主攻晋州和泗川的岛津义弘部。

东路军两万四千人由备倭总兵官麻贵率领，二次进攻蔚山的加藤清正部。

西路军一万三千人由刘綎率领，与朝鲜都元帅权栗一同进攻顺天的小西行长部。权栗带的兵是朝鲜军中最善战的，明军三路主帅都希望有权栗在自己一路助战，吵得不可开交。最后还是朝鲜国王站出来发话，把权栗分配给了他最看好的那位"为人淡雅"的刘綎。

第四路是水军，自然是陈璘负责，他率领水师13200人，与朝鲜第一军神李舜臣合营，负责横扫全罗、庆尚两道海域。

我们先来看中路军。

晋州城位于朝鲜半岛南部的交通要道上，掌握了此地进可北上侵蚀庆尚道，退可防御南部沿海地域。董一元求战心切，日夜行军，一口气跑了110里，却在晋州扑了个空，只获得一座空城。原来在之前的战役中，晋州城被日军攻破，在战火的凌虐下已经残破不堪。日军事先评估了战场局势，主动放弃了晋州，集中兵力退守泗川。泗川的守将，是萨摩藩大名岛津义弘，他的兵力虽然只有董一元的四分之一，但绝对不好对付。

岛津家原本只是日本九州岛南部的一个小豪族，到了岛津义弘的哥哥岛津义久统治时期，岛津家实现了对九州岛南部萨摩、日向、大隅三国的统一，随后迈上了制霸九州岛的道路。因为岛津义久反对出兵朝鲜，最后在丰臣政权的操控下，岛津义弘取代了哥哥出任了岛津家家督。我们在关于援朝之战开篇时讲到的岛津家的家臣——中国人许仪给万历皇帝通风报信，就是因为他忠于故主，一直想撮合明萨同盟，共同对付丰臣秀吉。

岛津义弘在晋州城南约十二公里处的泗川湾修筑了一座坚固的倭城，作为割据南部沿海的长期工事。朝鲜原本就有一座"泗川城"，因而朝鲜的泗川城被称为"泗川旧城"，而日本修筑的倭城则被称为"泗川新城"。

泗川新城所在的法叱岛是个半岛，三面环海，仅在东部与一块平原接壤。日军在靠陆地的一面将海水引入了一条护城的壕沟，彻底把新城变成了一座岛城。城内还设置有出海的码头，日本船只可以在该处安全地停泊，送人员登陆。外围是为数众多的高大箭楼，易守难攻，与岛津家家臣川上忠实防御的旧城互为犄角。

董一元率部从晋州马不停蹄赶到泗川旧城，立刻着手布置攻城，准备先拿兵力薄弱的旧城热个身，再去攻打日军主力所在的新城。令他没想到的是，守将川上忠实格外骁勇，守城日军火力之猛烈大大超出他的意料。原来岛津家原本就是铁炮的发源地，士兵都十分擅长运用铁炮作战，此次出征朝鲜，岛津义弘为了向丰臣秀吉表示忠心，又额外携带了大量铁炮。

泗川旧城外，枪炮轰鸣，喊声震天，明军伤亡着实不小，参将李宁、游击卢得功皆中弹身亡。好在联军人多势众，再加上明军中的南兵力挽狂澜，方才勉强取得胜利。人数占绝对优势的明军并没有全歼敌军，反而让川上忠实带着半数日军突围而出。据说川上忠实的盔甲上足足插着三十六支箭，可见战况之惨烈。

是役，明军斩获岛津军士兵首级一百三十颗，但是己方也损失了很多士兵与军官。

占领泗川旧城后，明军在十月一日上午对泗川新城发起了总攻。泗川新城的正门由岛津义弘的儿子岛津忠恒和大将伊集院忠真守备，董一元安排了猛将彭信古率本部士兵作为先锋并担任主攻，此时祖承训也在董一元军中，负责进攻倭城东北门。

按照惯例，明军攻城之前都会先派大将军重炮打头阵。数十门的大将军重炮在新城外一字排开，发出惊天动地的怒吼，倭城的城门很快被轰垮，城墙也毁坏了多处。城中的守军被炮火压制得无法回击，只能静候联军火力覆盖后的冲锋。

炮击过后，联军开始对泗川新城发起冲击，就在士兵们破坏了城外修筑的栅栏，试图登上泗川新城的土垒时，静候已久的日军突然朝着联军齐射铁炮，一时挡住了联军的进攻。

明朝境内一直都有大量黑人战士在为各方势力服务。彭信古手里就养着一批面黑如漆、力大无穷的黑人兵。每逢恶战，他便拉出这些黑煞星对敌人连打带吓，无往不利。见到前队受阻，彭信古立刻带着一帮黑人兵恶狠狠地冲了上去，操作一种将攻城锤与火炮绑在一起的奇特攻城器械，几下就把新城的主门打得粉碎，进攻的明军再无阻碍。

此时两军的比例是 35000∶7000，而且日本在朝鲜南部沿海的顺天城、蔚山城同时遭到了联军的攻击，不可能派出援兵，如今城门一破，无论岛津军再怎么善战，在兵力众多、又持有大量大炮的联军面前，全军覆灭只是时间问题。

就在彭信古率军冲入泗川新城大门的一刹那，一出令人难以置信的悲剧发生了。大概是因为前期炮火打得太过猛烈，阵地上的一门大将军炮忽然炸膛，而这门大炮后面不远处，就是堆积如山的火药与炮弹。爆炸引起了连锁反应，明军阵地瞬间成为一片火海，最后把明军大营火药库也给炸上了天，数百明军瞬间被炸飞，其他被烧得焦头烂额者不计其数。

对于这一幕令人匪夷所思的场景，日军也有记载。根据岛津家族编年史的记述，"明军的攻城器械是被日军管炮发射的火弹击毁的，日军发射的火弹恰好打中明军的火药罐，迸溅的火焰从一个火药罐蹿到另一个火药罐，猛烈爆炸起来，并引发了大火。我们能听见从敌阵传来的惊天动地的惨叫和呼喊声，这些声音使得附近的敌军惊慌失色，陷入恐慌之中"。

这一恐怖的意外成为整场战事的转折点，岛津义弘本来已经陷入绝望，硬着头皮做好了巷战甚至玉碎的准备，一看明军大营爆炸声震耳欲聋，火焰黑烟直冲云霄，明军阵脚大乱，立刻明白这是个老天相助的天赐良机，马上率麾下所部发起反冲锋，带兵从城内杀将出来。

可怜彭信古的部下被炸得晕头转向，三军将士尽成黑人，还没等看清东南西北，日军已经冲到近前，可怜三千将士，只有五六十人生还，彭信古训练多年，引以为豪的异面神兵卫队，也不复存在了。

在后方督战的董一元，本来信心满满，忽闻一串惊天动地的巨响把他的军阵炸得七零八落，正搞不清状况，只见敌军蜂拥而出，开城逆袭，自己这边却莫名其妙地全军溃败。战场混乱如此，董一元根本无力控制，只好随着败兵的大潮一同后撤。这时候立花宗茂的援军也已经赶到了战场，正好冲到明军的右翼，与岛津军两线夹击已经丧失斗志的明军，战况变成了一边倒的割草，泗川到晋州之间的广阔平原上到处是明军的尸体。

泗川之战是中国军队此次朝鲜远征中所经历的最大的一场败仗。明军退却以后，岛津军将俘虏的明军剃成了月代头，准备送往日本为奴。城内到处都有人在出售明军战马、火器、弓矢，好不热闹。很多岛津军士兵穿着明军的铠甲，骑着明军的战马在城内炫耀。

泗川城东门外，五千颗明军首级被堆成京观，这些死不瞑目的人头都没有鼻子，他们的鼻子都被割下来浸在盐水里，送往日本当作"战利品"了。直到今天，这些鼻子依然被埋在京都一个名叫"耳冢"的大坟墓中。在当年战斗发生的地点，如今矗立着一座巨大的"朝明军冢",其中掩埋有 36000 多名明朝士兵的遗体。

是役之后,倒霉蛋董一元被降职处分,他手下的两名游击被问责斩首。

## 袖手旁观

在董一元进攻泗川之前,麻贵兵团已经进至蔚山附近的倭城岛山城。不同于第一次蔚山之战,当时的岛山城还未全部完工,而现在麻贵面前则是修缮一新的升级版,不仅城门、堞壕、箭塔样样俱全,加藤清正还引入了大和江水,修造了护城河。眼看坚城难攻,麻贵就将岛山城围了起来,没有急于发动进攻。等他听说了泗川战败的消息,十分担心泗川、固城日军再从背后给他捅一刀,重蹈杨镐蔚山之战的覆辙,便立刻率领大军后撤,蔚山之围,不战自解。

此时中、东两路一败一退,西路军的刘綎在顺天城下能否有所作为呢?

顺天的守将是我们的老熟人小西行长。他对于议和这件事,一直是百折不挠,到了黄河都不死心。他上过李如松的当,差点被斩首,跟沈惟敬一起连蒙带唬又吃了大亏,之前跟陈璘和李舜臣商讨过和谈依旧无果,但他还是痴心不改,又打算和刘綎聊聊议和的事。

刘綎那是何等聪明之人,他将计就计,利用假和谈对小西行长实施了一次斩首行动,差点得手。不过小西行长命大,再一次躲过一劫,从此死守城中不肯出来。

刘綎用计不成,只好强攻,但他所面对的同样是座异常坚固的堡垒。

顺天城坐落在光阳湾的一座小岛上,在靠近陆地的一侧只有一座窄桥可以通过。刘綎修造了大批攻城器械,在水师火炮的支援下对顺天发起三次大规模的进攻,第三次进攻时刘綎甚至亲自上阵,但都没有攻破倭城。此前制作的飞楼炮车由于太过笨重也没有起到太大作用,还损失了不少士兵。

等刘綎得到了中路军惨败的情报后,更没心思打了,于是下令停止攻城,保存实力,开始进入消极怠战状态。在这种心态的影响下,刘綎狠狠地坑了一次队友,留下了一个非常不光彩的记录。

顺天外围的海域,一直为陈璘和李舜臣的水师联军所控制。联军曾对顺天城发动了一次大规模的攻击,上百艘战舰沿着顺天城外海排开,进行了一次"千炮沸海"的大规模攻击,炸得顺天守军一佛出世,二佛升天,小西行长本人也差点死于炮弹之下。

炮击之后,陈璘命令部下乘坐几十条小船抢滩登陆,向倭城杀去。城里被俘虏的朝鲜兵偷偷挣脱绳索,逃出城外,向朝鲜军元帅权栗报告了这一绝好战机。

权栗只是副帅，不敢擅自出兵，赶紧向刘綎请命出兵配合水军的进攻。没想到刘綎懒洋洋地说大半夜敌情不明，并不打算出兵协助友军攻城。权栗愤然出帐，却又不敢抗命，只好偷偷安排一批朝鲜军的弓手赶去海滩，以对明军水师进行有限的援助。

等到天色微明，小西行长发现登陆的明军数量并不多，立刻率军出城展开了反击。此时海面已经开始退潮，陈璘只好率领主力退回远海，可是抢滩登陆的几十条小船全都搁浅了，第一批登陆的水师前锋部队成了没有后援的孤军。

在日军的围攻下，登陆将士们拼死抵抗，但越战越少。刘綎数万大军近在咫尺，却没有发一兵一卒出来援助。幸亏朝鲜弓手及时赶到，以密集的箭雨打开日军一个缺口，一百四十多个浑身血污的明军才算逃了出来。朝鲜弓手们又保护了三艘搁浅的战船，一直坚持到涨潮，算是又救了一批明军的性命。

陈璘本来就性如烈火，这次吃了这么大的亏，狂怒至极。他乘船登岸，亲自来到刘綎营中兴师问罪，把刘字大旗一把扯成了两半。刘綎自知理亏，对这个猛人也不敢来硬的，只好含含糊糊地解释说，"我手下将官无人，我没那个本事独立出兵"。

不久后，蔚山退兵的消息也传来了，刘綎干脆立刻下令明军连夜开拔，把来不及运走的八千石粮食、牲畜和武器都随手扔给了日军。小西行长在第二天看到一座空空如也的营寨，还以为是明军的空城计，愣是没敢出城，直到傍晚才相信明军真的退兵了。

此时正逢月初潮水上涨，陈璘率领水师还想再次攻击倭城，见刘綎已经撤军只好返航。在离开时陈璘极其不甘，指着倭城恨道："我宁为顺天鬼，不忍撤兵。不要攻城，每战杀倭数百，倭亦尽矣。"遗憾与愤懑透过文字仿佛在今天也能感受到，此后刘綎与陈璘结下大仇，水陆两方再也无法紧密配合。

明军九万新锐主动进攻思乡心切、无心作战的日军，靡费无数人力物力，精心布局的四路攻击没有一路取得预期的战果，真是令人失望透顶。

七年朝鲜之战，小西行长来得最早，走得最晚，可谓尽心尽责。他看到加藤清正等人已经走了，也归心似箭。但顺天外海是中朝水师的天下，他总不能率军半夜游泳回去。绝望的小西行长几次突围也不成，只好向岛津义弘求救。岛津义弘确实很讲义气，本来他率领第五军主力已经登船，准备驶往巨济岛，但接到小西行长的求援信后，当即率领这支庞大的船队，同时会合从固城赶来的立花忠茂和从南海赶来的宗义智，三支船队一同向露梁海峡而来，打算把这位难兄难弟接走。

# 最后一战

万历二十六年（1598年）十一月十八日，三百艘全副武装的日军战船趁着月色开始通过露梁海峡，企图冲破联军防线，打通小西军回国的通路，却正撞到李舜臣和陈璘船队的炮口上。中朝联军满怀雄心，摆开阵势，意图将日军全歼于海上，于是庆长之役最后一场压轴大战——露梁海战由此爆发。

很多人错误地把鸣梁海战和露梁海战混为一谈，这里要区分一下。鸣梁海战是李舜臣自己打的一场漂亮的伏击战，并没有明军参与，如今已经被韩国人拍成了电影，而露梁海战则是中朝水军一起打的，据说这一战役也将由中韩两国合拍成电影，成为《鸣梁海战》的姊妹篇。

联军因为情报得力，早早就制订了周密的伏击方案。李舜臣率朝鲜85艘战船航行到露梁海峡南侧，贴着南海岛北侧列阵。陈璘则带着63艘战舰中的大部分贴大陆海岸线东行，开拔于露梁海峡的北侧，藏于昆阳竹岛附近，同时派出老将邓子龙作为奇兵，带领三艘最大的战舰和部分朝鲜板屋船迂回到海峡北端埋伏，准备从后方夹击日军，只等日军进入埋伏圈。

一月二十四日，露梁海上云翻风滚，怒涛惊天，三国最后一场大战正式爆发。虽然日军舰船达300多艘，但大都以运输部队为主，面对联军的148艘战舰的猛攻，劣势十分明显。联军在火力、士气方面全都优于日军，就连海战水平稍逊的朝鲜战舰都配备有多门小口径火炮，船上的士兵多以蒙古式的复合弓作为火器射击间隙的战力补充，海面上枪炮齐鸣，火光纵横，声势十分骇人。而日本水军战船却几乎没有火炮，主要的输出火力依旧是弓手与铁炮，一开局在火力上就输了一筹。

朝鲜大臣柳成龙《惩毖录》中以诗意的文笔描绘了当时海上激战的场面：月挂西山，山影倒海，半边微明。我船无数，从阴影中来，将近贼船，前锋放火炮，呐喊直驶向贼，诸船皆应之。贼知我来，一时鸟铳齐发，声震海中，飞丸落入水中者如雨。根据目睹了日本远征舰队集结的葡萄牙传教士记载，大部分安宅船的上层被包裹了一层铁板，很难被联军的火器击沉，更多战果还是需要靠近身肉搏与纵火来获得。

年近七十的老将邓子龙，一身是胆，秉承着明将亲自率领少数精锐实施突击的习惯，率领精锐家丁三百，驾驶三艘大船冲锋在前，锐不可当。然而悲剧就在这时发生了，朝鲜的板屋船与日军常用的安宅船外形极为类似，在硝烟弥漫的混战中，邓子龙跳帮至朝鲜船上作战时竟然被友军战舰误掷火器击中，船上燃起熊熊大火，这位一生坎坷的老将与三百名家丁一同在烈焰中壮烈牺牲。

邓子龙年轻的时候一直在粤东围剿海寇，曾在海中捞起来一根沉香木。他找雕工把这块木头雕刻成了自己的头像，一直摆放在自己的卧室，十分喜爱。露梁海战结束后，士兵们找到了邓子龙残缺的尸体，头颅已经不知去向。在安葬他时，恰好用上了这个木雕，陪邓老将军一同入土。

混战中，日军战船鳞集，包围了李舜臣的座舰。陈璘见好友被围，冲冠眦裂，立刻驾船冲入日军的包围圈奋力救援，但日军船众，陈璘的座船也遭到围攻，有好几次甚至有日军已经爬上了座船与陈璘的亲兵在甲板上激烈肉搏，幸而陈璘的儿子陈九经率领部下拼死抵抗。陈璘急令明军发射火炮，射击船舷两旁的敌舰。日军则仰放鸟铳，攻击船上的明军。陈璘又令明军将身体躲在挨牌之后，等到日军靠近，起身用长枪俯刺，刺死日军千余人。战至半酣，陈璘突然鸣金收兵，日军大为困惑，稍稍退后。谁知陈璘命船只转到上风口，施放喷筒点燃大批日军船只，火势异常猛烈，大量日军被烧死，海水滚烫，赤焰舐天。

战事激烈之时，李舜臣亲自擂鼓，率龟船冲入敌阵，结果被日军战舰团团包围，周遭铁弹纷飞如雨。一颗子弹打中他的肋下，透过铠甲，撕开一条巨大的伤口，李舜臣当即血流如注，倒了下去。弥留之际，李舜臣强撑着精神给部下下达了最后一道命令："战事方急，勿言我死，赶紧用盾牌做好防御。"就这样，朝鲜军失去了他们最伟大的主帅，明军也失去了最可信赖的战友。

露梁一战，从半夜一直打到了第二天中午，在中朝联军舍生忘死的猛烈进攻下，日军逐渐失去战斗意志，开始溃逃，除了岛津义弘率领残余倭船百余艘遁入外海，其余战船均被联军击毁，燃烧的黑烟几乎遮蔽了整个天空。是役日军战死约3000人，其中岛津家战死数百人，留下名字的高级武士就有104人。

在联军主力与岛津舰队激烈缠斗的时候，小西行长已经率部悄悄放弃了倭城，登船离开了顺天沿海。他知道联军一定在猫岛和露梁之间安排了部队监视自己，所以没有去露梁海峡，而是沿着猫岛西梁南遁，从平山洋附近绕着南海岛走了一大圈。可以说，岛津义弘牺牲了自己的舰队，换来了小西行长的安全生还。

战斗刚一结束，陈璘便急忙寻找他的好兄弟李舜臣共庆胜利，却听到了李舜臣已经中弹殉国的惊天噩耗。陈璘悲痛至极，竟昏死在船上。归航的明、朝水师舰队，完全没有得胜的喜悦，哭号之声，响彻海面。明军将士纷纷把食物投入海中，以示对李将军的尊敬和祭奠。可叹李舜臣一代军神，倒在了胜利前夕的黑夜之中。

战后，明军还捞起了69名日军俘虏，将他们押往北京斩首处死。

自从小西行长的部队离开朝鲜后，朝鲜半岛再无成建制的日军。刘綎这时候倒是活跃起来了，他带兵精神抖擞地进入倭城，割了不少残留日军伤兵和朝鲜流民的脑袋，又让人用金字漆了"西路大捷"四个字，飞马向兵部尚书邢玠报功，知道内情的明、朝将士，都对刘綎的做法十分鄙夷。

朝鲜战争的惨烈，给岛津义弘内心留下了深深的创伤，他临死前曾留诗一首，以纪念自己的征战生涯：春樱秋枫留不住，人去关卡亦成空。

小西行长回国后，脱下战甲，又恢复了天主教徒的本色，收养了不少孤儿，特别是收留了一名朝鲜孤女做养女，取名叫小西·茱莉亚。小西行长死后，茱莉亚因不肯屈从德川家康而被流放到大阪。她精通医术，终生在大阪当地行医，救人无数，受到当地百姓敬仰。

## 得失之间

七年间两场大战，自釜山开始，至釜山结束。大明虽然付出了巨大代价，但也算打出了中华国威，万历皇帝的威望也达到了自己帝王生涯的顶峰。他满意地大奖三军，称这次东方之捷为万世大功。

客观地说，日本军力之强悍，在当时堪称亚洲一流，即使与最盛时期的蒙古人作战，也毫不逊色。元朝人在记载中亦称日本武士非常擅长战斗，而按照日本人的说法，蒙古人的战斗力却并不像想象的那样强大。

侵朝日军与大明帝国最优秀的将领和最精锐的部队整整鏖战了七年，最后两败俱伤，甚至削弱了大明国力和军力。如果丰臣秀吉不是突然死去，这一场战争造成的后果可能还会更加严重。

经历了七年漫长的战争，大明国库被消耗一空，另外还折损了大量精锐将士。辽东原有兵额95000人，万历二十八年（1600年）时统计，兵数仅剩一半。而辽东军元气大伤的后果，就是无力遏制努尔哈赤的崛起。

战争结束后，有不少被俘的日本士兵加入了明军。这其中既有武艺高超的武士，也有专业尽职的铁炮手。这批日籍战士人数不多，不能大规模成军，经常被分配给不同部队去担任顾问，也算是对损失惨重的明军一个小小的补充。

朝鲜全境光复后，明军开始陆续归国。他们虽然没有留下兵马驻守，但郑重其事地给朝鲜君臣留下了一尊保护神——武圣关二爷。朝鲜人耗费巨资在王京建起规模宏大的关帝庙，万历皇帝还特意从中国给他们送去了关公塑像和匾额，关公信仰正式传入朝鲜。

朝鲜对大明一直怀有无比真挚的感恩之心，日后大明在面临与清军的全面战争时，只有朝鲜出动军队相助。

大明亡国后，朝鲜王宫中依然保留着大明皇帝的牌位。直到康熙四十三年

（1704年），仍有史籍记录朝鲜肃宗为万历皇帝立庙，设坛祭奠亡明。朝鲜君臣虽然被迫臣服于清朝，但私下里无不对宗主国竟然为满洲蛮夷所灭感到痛心疾首，义愤填膺。

丰臣秀吉临死前最担心的是明军前来进攻日本复仇，实属多虑了。因为明朝皇帝从来没有挥军海外的魄力和实力。明军既没有乘胜追击，也没和日本签订停战条约，就这么稀里糊涂地结束了战争。日军水陆两军的主要将领，无一人战死朝鲜，全部安全归国。

丰臣秀吉死后被安葬在京都阿弥陀峰山的丰国庙，被奉为神明，封号丰国大明神，关白大人死后总算如愿以偿地拥有了"大明"二字作为头衔。

今天的日本京都丰国神社内，埋葬着十余万中朝阵亡将士的耳鼻，常常有韩国人前来祭奠，但鲜见中国人的身影。

# 第二十八章　半朝天子镇乾坤

公元前 135 年，汉武帝派了一个叫唐蒙的人出使南越国。彼时南越国的首都在番禺，也就是今天的广州番禺区。

上国使者来访，南越自然好吃好喝好招待。唐蒙是个美食家，一日忽然吃到了蜀地出产的枸酱，心里觉得很奇怪。蜀道之难，天下皆知，四川距离南越千里之遥，道路险峻，蜀地的食物怎么会出现在这里呢？

唐蒙经过多方打听才得知，在蜀地南边有一个小国叫夜郎国，国中的牂牁江与南越的西江相通。蜀地商人先把商品卖到夜郎，夜郎商船再顺江而下，直达番禺，因此在南越国也能吃到蜀地的枸酱。

一道普通的小菜，为早有吞并南越之心的汉武帝提供了一条价值重大的进军路线。于是唐蒙很快上书汉武帝，提出了发兵经夜郎国攻打南越的计划。

依靠着强大的国势，唐蒙不费一兵一卒，单凭自己过人的口才，就把夜郎国变成了大汉的属国。到了汉成帝和平年间，最后一代夜郎王被牂牁太守陈立所杀，夜郎国也就从此彻底消亡了。夜郎故地后被改名为播州，辖地在今天的贵州遵义一带。李白被流放时曾有诗叹云："我愁远谪夜郎去，何日金鸡放赦回。"

唐朝末期，南诏兴起，俨然要与大唐平分天下，并驾齐驱。已经衰微的大唐帝国在与南诏的战争中屡战屡败，播州重镇也丢了。唐僖宗只好向天下发出诏谕：天下豪杰谁能收复播州，就把这块土地永远赏赐给他。

会稽太守杨端率先响应皇帝的号召，举族中精兵四千余人，千里迢迢进军播州，在当地奭、蒋、黄三大部族的支持下，战胜了南诏叛军，为大唐收复了这块土地。唐僖宗言而有信，封杨端为"播州侯"，官位世袭。

从唐到明，朝代更迭，中原皇帝如走马灯一样轮流转，甚至一度转到了蒙古人手里。杨氏独霸播州，位置却坐得稳稳当当，七百多年里父子相继二十多代，大权从未旁落。

洪武初年，播州宣慰使杨铿第一批跑来归顺大明，从大元播州宣慰使摇身一变成为大明播州宣慰使，继续舒舒服服地当播州的土皇帝。

到了万历年间，宣慰使的大印已经传到第二十九代土司杨应龙手里。当时播州控制着川、贵交界处的大片地盘，下辖黄平、草塘两个安抚司，真、播、白泥、余庆、重安、容山六个长官司，还统领着田、张、袁、卢、谭、罗、吴七姓豪族，广袤千里，地富兵强，实力蒸蒸日上。

播州杨氏历经唐宋元明四朝不衰，其存在的时间远胜于历史上任何一个中原王朝，这与其选贤为王的政策以及强大的军事力量是分不开的。

杨应龙从小在北京的国子监学习过，受过良好的教育，此外他还严于治军，要求士兵每日训练须穿烂三双草鞋，如果没有达到标准就要被处死。

严酷的军纪练出了播州一万七千名精兵。卫所军不中用，杨应龙就带着他的部下频频协助朝廷平叛，战功显赫，被朝廷封为镇国将军。

云贵地区有大片原始森林，出产上好的木材。万历十四年（1586年），杨应龙因为向朝廷进献千年大木70棵，被授予都指挥使的头衔，并赏赐飞鱼服。能穿上这种大红飞鱼服绝对是尊贵和荣誉的象征。

播州不仅军力强盛，经济也很发达。当地不仅出产木材，还特产茶叶、大米以及铸造钱币所需的材料——铅。从播州顺着赤水河可以直通长江，庞大的播州商队载着当地货物顺江而下，进入重庆、武汉、南京等大城市开展贸易，红彤彤的河水把白花花的银子、黄澄澄的铜钱日夜不停地运回杨应龙的银库。播州虽然藏于深山之中，但人口稠密，生活富庶，俨然一副川贵小江南的模样。

杨应龙自以为地位安如泰山，逐渐膨胀起来，他在播州自称千岁，雄视西南，不可一世。他的宣慰使府邸仿造北京皇宫而建，府内到处使用龙凤图案，并和皇宫一样选绣女，用太监，俨然成了播州的皇帝。他在自己的大本营海龙囤题有一联："养马城中，百万雄兵掣日月；海龙囤上，半朝天子镇乾坤。"半朝天子的典故正是根据当年南诏与大唐并称东西帝而来。杨应龙的这些逾越行为无不授人以柄，后来给播州带来了无可挽回的灭顶之灾。

与富裕强盛的播州相比，四川、贵州的其他州郡就相形见绌了，除了大小官员不缺，赋税粮食样样都缺；官员们除了扰民有术，敛财有道，剿匪安民样样无能。周围不少地方无论在军事还是财政上，都要靠杨应龙这样的土司接济。尤其是川贵卫所孱弱的实力，更让杨应龙十分鄙视。

杨应龙为人狡诈多疑，好以诛杀立威，不仅和当地五司七姓结怨甚深，也得罪了很多朝廷大员。没过多久，一件因妒妇引起的血案竟然让杨应龙这样一个地方土司引起了万历皇帝的注意。

# 妒妇血案

万历十八年（1590年）六月，京城大理寺接到贵州转过来的杀人案状纸。原告是播州治下的七姓小土司，而被告人正是杨应龙。

杨应龙的原配夫人叫张春花，也是播州豪族的女儿。杨张两家虽然联姻，但这种政治婚姻向来难有幸福，夫妻感情并不好。杨应龙除了正妻，还娶了五个小妾，他新收的第五房妾叫作田雌凤，妖艳无双，心如蛇蝎，并不满足于小妾的地位，一心想把主母做掉，自己取而代之。

这个田雌凤常常在杨应龙身边吹枕边风，红口白牙地诬陷张春花给杨应龙戴绿帽子。本来杨应龙早就看发妻不顺眼，再加上田雌凤有鼻子有眼地造谣中伤，时间一久，假的也就成了真的。

一日，杨应龙饮酒大醉，田雌凤又提起这个话题来激怒杨应龙。杨应龙醉酒之下，恶向胆边生，竟然提刀奔向卧房，将原配夫人张春花、岳母以及侍女全部杀死，酿成一幕骇人听闻的家庭惨剧。

张家遭此飞来横祸，奇耻大辱，自然不肯善罢甘休。他们不敢公开向杨应龙兴师问罪，就在其他几个大姓小土司的支持下，把杨应龙告到了贵州巡抚衙门。张春花的弟弟张时照知道，如果状告杨应龙无故杀人，不会引起朝廷的重视，所以干脆告他谋反，意图置杨应龙于死地，给姐姐报仇。

播州地属贵州，贵州巡抚正是宁夏战争中大出风头的叶梦熊。叶梦熊是个高傲严苛之人，一直看杨应龙不顺眼，早就想找个理由收拾收拾这个"哱拜第二"。七姓上司的状纸一来，他立刻跟着火上浇油弹劾杨应龙"二十四大罪状"，包括府邸违制、擅用太监等，请朝廷对他治罪。

关于杨应龙的案件，朝廷下旨让杨应龙自己选择去四川或贵州受审。在拒绝了贵州受审之后，杨应龙同意前往四川彭水受审。不料彭水审判的结果竟是判处杨应龙斩首，杨应龙为了保命提出缴纳两万两白银赎罪，仍遭到否决。

正当朝廷审议杨应龙的请求时，朝鲜战事爆发，战场正缺人，杨应龙主动表示愿意捐助五千播州兵去朝鲜参战。这样一来，杨应龙不但无罪，而且还有功了。只是播州离朝鲜千山万水，播州军刚走到半路上，朝鲜第一阶段的战争已经在沈惟敬和小西行长的忽悠下结束了。

一年以后，四川巡抚李化龙去职，杨应龙真正倒霉的日子来了。新任的四川巡抚王继光与叶梦熊一样，也把杨应龙视为眼中钉。王继光新官上任三把火，提出要翻旧案，继续盘问杨应龙。杨应龙很不耐烦朝廷对他一而再再而三的审查，将王继光派来的调查专员轰了回去。

王继光见杨应龙一点面子也不给，脸上无光，便使出一招阴毒之计。他派总兵刘承嗣、参将郭成统兵三千前往播州，想要强行抓捕杨应龙。王继光心知三千卫所兵不可能撼动杨应龙，也知道杨应龙不会束手就擒，如果他敢拒捕，那就坐实了造反的证据。至于三千无辜的士兵，他自然毫不在意。

杨应龙张狂惯了，果然出兵迎战，在娄山关外设下埋伏，一仗下来，杀得官军死伤过半。消息传到朝廷，引得万历皇帝震怒。四川乱了，这还了得！皇帝还没想好如何处置杨应龙，先把王继光给撤了职。王继光损人不利己，想害杨应龙，却把自己的政治前途给搭进去了。

万历皇帝任命刚从朝鲜战场风尘仆仆回来的邢玠为川黔总督，去处理此事。邢玠刚经历了惨烈的朝鲜战事，深知国穷兵疲，不愿再动刀兵，建议招抚杨应龙。播州的五司七姓得知总督贵州的兵部大员打算宽大处理杨应龙，深惧杨应龙以后会对自己进行报复，就偷偷派人截留了杨应龙与贵州的来往公文，使得邢玠跟播州完全断了联系，局势再度复杂起来。

重庆知府王士琦虽然是文官，却颇有胆略。他见播州久久没有消息，索性单刀赴会，亲自到松坎去找杨应龙。杨应龙土皇帝当得舒服得很，压根儿不想公然对抗朝廷，上次中了王继光的计，正追悔莫及。这回见省城来了官员，如同旱苗得雨，立刻以百分之二百的诚意表示向朝廷认罪。

王士琦还没到，杨应龙已经早早出来等候，以膝行大礼迎接王士琦，并把自己捆绑起来，痛哭请罪。为了表现悔过的决心，他把抵抗官军的部将黄元、阿羔、阿苗等人捆绑送出，以抵消自己的罪责，并认罚四万两白银。

毕竟播州宣慰司根基深厚，势大力强，是大明六大土司中排名第一的实力派，万历皇帝也不愿意大动干戈，且念及杨应龙往昔的功劳，就再一次下旨饶恕了他。朝廷下旨将杨应龙革职，由其长子杨朝栋出任宣慰使，并将其次子杨可栋羁押在重庆作为人质，直到杨应龙把四万两白银如数缴清再行释放。

杨应龙主政播州以来最大的一次危机，终于再次被化解。杨应龙虽然对播州豪族们的背叛和朝廷高官的打压心中窝火，但还是大大松了一口气。

## 杀子之仇

四万两银子不是小数，何况播州刚刚缴过两万两银子的罚款，就在杨应龙全力筹款的时候，一个惊天噩耗传了过来。他心爱的小儿子杨可栋竟然在重庆死了，死因不明！

杨应龙格外宠爱幼子，那个不久前还在他身边活蹦乱跳的翩翩少年，不过数日的工夫就在重庆监狱中死于非命，明摆着是被虐待致死。杨应龙觉得自己先前做了那么多的让步以图息事宁人，如今却换来爱子冤死狱中，这令他无比愤怒与痛苦。更让他怒不可遏的是，当杨应龙派人去重庆接回儿子尸体时，却被当地官员无情拒绝，理由是四万两赎金交完才能领尸。

杨应龙已经出离愤怒了，丢下一句话："假如我的儿子复活，银子就能送来。"他在家乡召集一千多名僧侣，为儿子举行了招魂仪式。

丧子之痛使杨应龙失去了理性和判断力，他已经下定决心要与明王朝彻底决裂。他先修整海龙囤堡垒，分遣将领把守播州周边的关隘险阻，严禁出入，断绝了播州与周边的一切联系，并抢劫播州豪族富人的家产作为军费，又招募大批苗人扩充军队。杨应龙认为爱子之死都是由五司七姓告状引起的，所以先发兵进攻湖广四十八屯。播州兵劈开余庆土司毛承云的棺木，肢解了他的尸体，血洗重安土司张熹满门，活剐了合江土司袁子升，并虐杀了另一个土司宋世臣全家，杨应龙对仇家进行了一系列的血腥报复。

未开化的苗人本性残忍野蛮，在杨应龙的鼓动下，苗兵们在綦江县官坝、三溪、母渡、小河堡等地四处奸淫掳掠，所犯罪行罄竹难书。短短数月，播州外围各州县化为人间地狱，惨遭杀害的平民不计其数，尸体顺江漂到下游，江水为之变色。杨应龙失去了自己挚爱的亲人，便意图拉着整个世界一同陪葬。

万历二十七年（1599年），贵州巡抚江东之派都司杨国柱、指挥李廷栋率三千兵马前往播州平叛。播州兵佯败，设伏于天邦囤，引得官军中了圈套。三千官军被播州兵包了饺子，连同杨、李二人一同被围困于飞练堡，最后全部战死，无一生还。

这一次杨应龙是彻底不打算留后路了，而万历皇帝此前已经赦免了他两次，这次下决心要一劳永逸解决播州问题。

这次的统帅人选很有意思，正是杨应龙的老朋友，前四川巡抚李化龙。一边是老板，一边是朋友，孰轻孰重李化龙心里清楚，他不敢怠慢，很快走马上任，持尚方宝剑，总督四川、湖广、贵州三省军务，调动大批兵马全力进剿播州。

万历二十八年（1600年）二月，万历三大征的最后一役——"平播之战"开始了。

此时朝鲜战火已熄，大批精兵强将都回到了国内。李化龙在重庆誓师，20万大军兵分八路，刘綎出綦江，陈璘出白泥，马礼英出南川，吴广出合江，曹希彬出永宁，童元镇出乌江，朱鹤龄出沙溪，李应祥出兴隆卫，分进合击。刘綎和陈璘刚从朝鲜回国没多久，人不脱甲，马不卸鞍，就又风尘仆仆地投入新的战场。

面对明军的大举进攻，播州叛军和宁夏叛军一样，连战连败，但也击退了乌江一路的官军。万历皇帝下令将总兵官童元镇逮捕，关入大理寺狱中。

刘綎在朝鲜的表现可以说是很差劲儿，但回到了国内战场如同变了一个人，又恢复了骁勇善战的刘大刀风采，表现很是不俗。刘綎和杨应龙私交很好，开战之前，李化龙曾把刘綎请进自己的内室，推心置腹地与他长谈了一次，提醒他不要因私废公，刘綎自然发誓誓死效忠朝廷。

綦江是播州的北面屏障，杨应龙派儿子杨朝栋为主将，领数万苗兵重重设防。但刘綎到达后，苗人闻风丧胆，只要一见刘綎旗号便呼喊"刘大刀来啦"，四下逃散。明军在罗古池与播州兵一场恶战，打得杨朝栋全军覆没。刘綎趁势一鼓作气，一直攻到了播州的门户娄山关下。

娄山关四周刻削千仞，嵯峨百重，中间仅有一条小道，被称为黔北第一险要。杨应龙在此设置了十四道关卡，层层设防，明军若于此进攻，必然伤亡极大。刘綎没有正面强攻，而是使用了邓艾偷渡阴平之计，指挥部下官兵寻了一条小道，顺着藤条攀登而上，一举攻占娄山关。杨应龙派播州第一猛将杨珠夺取娄山关，刘綎亲自率兵迎击，再次大败播州军，进一步逼近播州最后的堡垒海龙囤。

海龙囤位于今天遵义市老城西北约 28 公里的龙岩山巅，杨应龙率领残余的两万士卒退守于此。屯上建有九道关口，屯前六关：铜柱关、铁柱关、飞虎关、飞龙关、朝天关、飞凤关；屯后三关：万安关、二道关、头道关。九道关口是飞鸟难渡、猿猴难越的天险。

五月十八日，七路官军齐集这个弹丸之地，将海龙囤围得水泄不通，开始轮番进攻，杨应龙指挥播州兵殊死抵抗，乱箭纷飞如雨，滚木礌石如山崩一般从天而降。明军猛攻数日，不免损兵折将，播州勇将杨珠也为明军大炮击死，杨应龙痛失臂膀。

杨应龙见形势危急，白天亲自上囤死守，晚上就与儿子抱头痛哭。他给每一路进攻的官员都送去投降文书，想以此延缓官军的攻势。李化龙心如铁石，传令各路："杀掉使者，焚毁降书，拒不纳降。"杨应龙又让那个败家娘们田雌凤亲自出降，谎报杨应龙已服毒自杀。明军根本不予理会，反而在海龙囤外筑起长墙，断绝了海龙囤的柴樵和水源。

战事最激烈之时，恰逢李化龙父亲去世，万历皇帝下诏令李化龙穿戴丧服指挥作战。李化龙素服赤脚，依旧在军中起草军令，布置进攻。将士们见总督如此，更加卖力攻城。

当时贵州正是雨季，阴雨连绵四十余日，将士整日在烂泥中奋勇苦战，打得十分艰难。六月初三，天空突然晴朗。明军士气大振，纷纷传言这一日必有大胜。

总攻开始，刘綎部作战极为果决，一举攻克海龙囤外围城墙。杨应龙拿出压箱底的数千两黄金招募敢死队上前抵抗，但苗人此时已经是魂惊胆散，知道对面是刘綎将军，无一人敢于应征。这一夜四更时分，总兵陈璘又率部发动夜袭，杀死守关的军卒，一举攻破海龙囤。

一代枭雄杨应龙心中明白，播州杨氏一族七百年的基业在他手上终结了，他也很快就要和自己心爱的小儿子见面了。杨应龙的结局和哱拜极为相似，他和姬妾们告别后，回到寝宫，先点燃帐幔，而后上吊自杀，冲天大火吞噬了海龙囤。

说来也真是奇妙，远在东北一隅的努尔哈赤可以凭借十三副铠甲起家最终夺取大明天下，而根深蒂固统治西南七百二十五年之久的杨氏小王朝，有钱有兵，却仅仅经历了百余日的战争就永远退出了历史舞台。

杨氏家族被俘七十余人，包括那位红颜祸根田雌凤和杨应龙的长子杨朝栋，全都被押赴京城凌迟处死，杨应龙尸体亦被挫骨扬灰。这场播州会战历时一百余天，官军斩首二万五千级，俘获一千余人，播州数十万百姓十不存一二，整寨皆空，一片荒凉。

一个叫杨寅秋的监军太监在日记中记录了战后播州的惨状：播州自杨应龙官邸以下数万间房屋，尽付一炬，仅能看到残存的望月台和他的渔舟码头。唯有合抱古杉、夹道垂杨还依稀诉说着播州往日的风采，千年营建，一朝成墟。

杨氏被荡平之后，朝廷将播州一分为二，遵义府归四川，平越府归贵州，改派流官治理。

万历大时代

卷四

——

血银王朝

# 第二十九章　采征天地

陆二没脸回家了。

陆二曾经很为自己的职业感到自豪，虽然他经营的只是贩卖灯草这样最微小的生意，却也一直做得兢兢业业。

做灯草是陆家祖传的手艺，从万历十年（1582 年）起，陆二就常年雇船带着灯草从苏州运到南京去贩卖，每一趟都要往返几百里水路。有时候夜间行船，陆二坐在船头，看着沿岸茅屋草舍中星星点点的萤尾之光，常常自豪地想着，南京有多少人家用的都是他陆二制作的灯草啊。

南京的达官贵人家里是不点油灯的，而是以昂贵的黄蜡、精致的灯笼来照明。但还有万千升斗小民，要在每一个漆黑如墨的夜晚点起一盏以菜籽油或者松油为燃料的油灯，为家中带来微弱的光亮。甚至对于很多人家来说，即使是这样微弱的光亮也是一种奢侈品，只有在必要的时候才会点起。大部分时间里，农民们在暮色刚刚降临的时候就要上床歇息了，这样才能以最小的生活成本和最节省体力的方式，迎接下一个黎明。

陆二每贩运一船灯草大概可以收入八两银子，草的成本几乎可以忽略不计，但如果去掉沿途交给钞关的税银，再去掉船费和人工，只能剩下二两左右的利润。靠着这些钱，在乡下可以买上三百斤糙米，十斤猪肉，供全家数口人度日，直到他做出下一批灯草。

万历二十四年（1596 年）三月，正是江南"雨打黄梅头，四十五日无日头"的日子，陆二新赶制了一船灯草，沿江北上，继续着自己跑了半辈子的生意。这一批灯草做得格外好，陆二心里盘算着，若能卖上个好价钱，或许可以给老妻扯块布料，给小儿子买一支新毛笔。

然而这一次陆二失算了，走了十几年的老航路，沿途竟然新增了六七处钞关，每经过一个码头，就要停船交税。收税的人不是县里的官吏，都是些穿着崭新官衣，不知什么来头的地痞流氓。只走了不到一半的路程，陆二已经足足交了四两多的税银。

船至青山，只听见艄公喊道："陆二，前面走不了，又有官船拦截，得上岸缴了税才得前行啊。"

陆二眉头紧锁，心里十分焦躁，他这趟出门只带了四两银子作为往返的盘缠，此时已经是囊中空空，灯草一棵还没卖，哪里还有钱交税呢？再往前走，不知道还有多少关卡，继续前往南京看来已经不可能了，走得越远，赔得越多。

进退两难的陆二左思右想，前行绝无生路，干脆一横心让艄公靠岸，把船中的灯草都搬到了岸上，不等税官来询问，便掏出火石，把这些灯草烧了个精光。灯草燃起的熊熊烈焰散发出这种植物特有的酸涩气味，熏得陆二泪流满面。

妻儿在家中满怀期盼，可如今灯草烧了，全家人的生计如何打发，陆二计无所出，悲愤交加，呆呆地久站河边，看着灯草的火光一点点由亮转暗。

这是明朝典籍《金陵琐事》中一个叫作"焚灯草"的小故事，真实地记录了万历中期横征暴敛、万民失业的惨痛现实。灯草小贩，经营着世界上利润最微薄的生意，然而从万历二十四年开始，就连他们也被无差别地克以重税。

万历中兴，国富民殷，好好的日子，怎么忽然就过不下去了呢？

## 往事不堪

明朝刚建国时，元朝残余势力尚未肃清，军费开销巨大。明太祖朱元璋命人铸造了一批铜钱用以流通，由于与北元战争不断，铜矿开采陷入停滞，政府只能强征民间铜器用来铸币，但经过元朝百年的搜刮，民间的金银铜器也很有限，如何获得充足的货币成了一个棘手的问题。

洪武八年（1375年），因缺钱而烦恼不已的朱元璋忽然想明白了一个道理，自己起家"本是拦路抢劫，不想弄假成真"，既然手头紧，那么何妨再打劫百姓一把，也算是轻车熟路的老本行。于是政府干脆发出了禁止金银流通的命令，效仿宋、元开始发行宝钞，也就是纸币。

宝钞的币面上印着"大明宝钞，天下通行"八个篆书大字，下边小字写着"中书省奏准印造，大明宝钞，与铜钱通行使用，伪造者斩，告捕者赏银二十五两，仍给犯人财产"等文字。宝钞的面值从一百文到一贯不等，最高面值的一贯宝钞等同于一千文或者白银一两。因为考虑到许多人不识字，宝钞还用图画的形式表明面值，用每个钱串图样代表一百文钱。

刻制印版可比燃起铸炉省事多了，于是宝钞如滚滚洪流涌入民间。

宋朝、元朝虽然也发纸币，但是是有准备金的，政府承诺随时可以向官方兑换。政府知道纸钞之所以有价值，不是因为人们看重这张纸，而是看重它对应的财富。至于后来因为战乱和管理的问题纸币滥发失控，则是另一回事，并不是政府最初的意愿。

但到了明朝就不一样了，宝钞从诞生之初就带着明抢的基因，而抢劫是不需要理由的。政府在毫无准备金的情况下，肆意滥发，而且朱元璋明确下令只出不进，绝不兑换，以皇帝的权威和严刑酷法来强迫民间接受，保证宝钞的流通。

这下可好，朝廷在花钱时尽量多使用纸币，用这些花纸片来换取民间的真金白银、大米猪肉。而政府收税时却少收或不收纸币，俨然官方的公开打劫。

洪武九年（1376年），朱元璋一次性赏赐给军队票面价值5000万两白银的宝钞，看起来无比慷慨，其实这玩意要多少有多少。但国家如此滥发，造成宝钞迅速贬值。只用了20年时间，宝钞制度就崩溃了。

到了洪武二十七年（1394年），票面价值千文的宝钞只能兑换160枚铜币，随着岁月流逝，宝钞渐渐成了废品，堆在街上都没有人捡了。

开国皇帝建立的制度，后代没有人敢废除。到了后来，宝钞就成了一种礼仪性的东西。逢年过节，皇帝就会装模作样地向大臣发放宝钞作为赏赐。大臣们明明知道宝钞已经形同废纸，也要假装感激涕零地接受。

对于明朝人来说，皇帝发行纸币唯一的公平之处是：它不仅仅坑老百姓，坑公务员也毫不手软。户部给官员们发俸禄经常是上半年发纸币，下半年发苏木和胡椒。所以也难怪明朝贪官多，拼着扒皮也要贪，因为光靠俸禄真能饿死人！

朱元璋之后的几任皇帝不是不知道滥发纸币的弊端，可现实问题是，帝国手里的硬通货总量实在是撑不起这么大国家的场面。

## 不劳而获

万历皇帝运气太好了，正如亚马孙的一只蝴蝶可以掀起巨大的风暴一样，在经过了一系列阴差阳错之后，全世界的白银开始如潮水一般涌入正处于国运上升期的大明帝国。

腌出上等的咸肉需要多种多样的调味品，即使手艺再精湛的大厨也必须依靠香料与盐的完美配合，才能制作出耐存储的美味。在中世纪，欧洲最为热门的香料主要有几样：一是印度黑胡椒，二是印尼丁香、肉豆蔻仁和肉豆蔻皮，三是斯里兰卡桂皮，第四样是中国特产——姜。

从货运路线上来看，这几大香料的产地都在东方。1453年奥斯曼帝国灭亡拜占庭帝国之后，就隔绝了欧洲到东方的通路，垄断了传统的东方贸易。欧洲人没有香料简直生不如死，只能自己奋发图强，探索新路，对香料的渴望被认为是欧洲人探索新大陆的最大动力。

英语中"Spice"（香料）这个词来源于拉丁语"species"，常用来指代贵重但量小的物品。人们在背后夸奖某个富豪的时候会这么说："史密斯先生家可真有钱，我看见他做菜的时候一把一把地放花椒。"高昂的价格甚至使香料成了富人炫富的工具，中世纪有一种流行的炫富方式就是用桂皮烧掉债务人的借条。

在巨大利益的刺激下，欧洲商人开始了大规模的东方冒险。葡萄牙、西班牙、荷兰、英国等国勇敢的航海家们进行了一次次历史性的远航，共同成就了永载史册的大航海时代。

财运来了谁也挡不住，自从美洲被发现后，大量产自墨西哥和秘鲁的白银落入了西班牙人和葡萄牙人手中。1573 年，自从第一艘满载白银来购买中国生丝和瓷器的大帆船到达马尼拉后，跨洲贸易产生的白银开始如潮水一般涌入中国。

几乎在相同的时间，距离中国更近的日本发现了世界罕见的大银矿——石见银矿和生野银矿。对于明朝来说，日本银有更便捷的地理条件进入中国，与南美银交相辉映。

中国商品不仅质地精良而且价格很低，具有很强的市场竞争力。以丝绸为例，在欧洲，中国同类商品的价格仅是本地产品的一半，在北美洲的墨西哥，中国产品的价格仅是西班牙产品的三分之一。一时间，世界各地的商人带着当时国际流行的硬通货——白银纷纷涌向中国，疯狂采购中国商品。

对于一贯自给自足的明帝国而言，进口需求远不如出口那么强劲，这样就产生了巨大的贸易顺差。明帝国一夜间从饿汉变饕餮，仿佛一个超级大海绵，瞬间吸收了全世界大部分的白银，被欧洲人惊叹为东方的"银泵"。

美洲 20 年间有 4 亿比索的白银输入马尼拉，其中大部分最终转到了中国。据何芳川《澳门与葡萄牙大商帆》记载，仅 1631 年经菲律宾输往澳门的白银就在1400 万两，而明朝鼎盛时一年的财政收入还不到 500 万两。

万历皇帝赶上了最好的年景，多年的财政赤字完全消失。明朝在经济方面一直以来的混乱与窘迫，在一条鞭法的实施与巨量白银涌入的双重加持下得到了巨大的改观。

张居正死后给万历皇帝留下的家底包括外库银 300 多万两，老库银 200 多万两，窖库银 400 万两，总计达到千万两之巨，创下有明以来国库储备的新纪录。万历皇帝可以说是外借天时，内依人和，不劳而获，坐享其成。

大河有水小河满，明朝中央各部也都有自己的银库，工部有节慎库，兵部有常盈库，光禄寺也有小银库，那些年间全都满满当当，私房钱留得相当充裕。

至于皇帝的私人内库，包括如承运库、广惠库、天财库、广源库等十二大库，不仅储满了各种贵金属，还收纳着来自全国各地的各色名贵实物，包括绫罗绸缎、珠宝珍玩、瓷器茶叶、香料蜡烛，应有尽有。

太仓银库里，五十两一个的大元宝码得整整齐齐，一眼望不到边，即使在昏暗的库房也闪烁出夺人心魄的光芒，无言地夸耀着帝国的强盛富庶，给万历皇帝带来了莫大的安全感与满足感。然而他不曾想到的是，这座看似永远也花不完的银山，会消耗得这样快。

# 挥金如土

宁夏之役、朝鲜之役与播州之役被后世称为"万历三大征"，三次大战虽然留下了彪炳千秋的功绩，但也耗干了帝国的鲜血。与此同时，皇家的奢靡生活却丝毫未变，每年都要耗费大量国家财富。

隆庆帝在位的时候，一贯奉行"端拱寡营，躬行俭约"，每年光是吃饭一项就能省下几万两银子。张居正当国时，更是严控皇家支出，光禄寺一年花费不过十几万两，就连皇帝的结婚大典也不过用银7万两，所以才能给万历皇帝攒下这么大一份家当。

然而一个人的天性是不可能被长期抑制的，万历皇帝对物质享受要求极高，虽然他在登基之初强自隐忍了十余年，但亲政掌权之后，对物质欲望的追求日甚一日。

进入中年以后，万历皇帝自以为摆脱了张居正的制约，可以独揽大权，说一不二，但一场国本之争让他明白自己在政治上依旧阻力重重。备受打击的皇帝再也无心进取，从此躲入深宫，这便让他有旺盛的精力去极尽奢靡挥霍之能事。

当年有士人戏谑京师有四大不靠谱，分别是翰林院的文章、武库司的刀枪、光禄寺的茶汤、太医院的药方。单就光禄寺的茶汤而言，质量差是有根源的。叫花子出身的朱元璋生活节俭，不允许宫内御厨大肆挥霍，在饮食上也不讲究。据说朱元璋最爱吃的一道菜叫作"一了百当"，制作方式十分豪放，就是将猪肉、羊肉、牛肉和虾米切成馅，然后加入马芹、茴香、川椒等调味品，再加入麦酱放到锅里炒熟，放入瓷器收藏。

吃过光禄寺饭菜的官员曾私下抱怨说："御膳之名听着好听，其实压根儿就没有什么珍馐美味，只不过是把鱼、肉大块烹煮，多加点调料罢了，与民间的大锅饭没啥区别，毫无精致可言。"

万历皇帝是讲究生活品位的人，根本看不上光禄寺的手艺，他吃的饭菜一直由后宫的御膳小厨房出品。翻翻史籍，皇帝寻常一日的菜单如下：

米面食：八宝馒头、攒馅馒头、蒸卷、海清卷子、蝴蝶卷子，大蒸饼、椒盐饼、夹糖饼、芝麻烧饼、奶皮烧饼、薄脆饼、灵芝饼，枣糕、白馓子、糖馓子、芝麻象眼减炸，鸡蛋面、白切面、水晶饭。

肉食：烧天鹅、烧鹅、清蒸鸡、暴腌鸡、川炒鸡、烧肉、白煮肉、清蒸肉、猪屑骨、荔枝猪肉、鲟鳇鲊、蒸鱼、猪耳脆、煮鲜肫肝、玉丝肚肺、蒸羊、烧羊。

汤品：牡丹头汤、鸡脆饼汤、猪肉龙松汤、玛瑙糕子汤、锦丝糕子汤、木樨糕子汤、酸甜汤、葡萄汤、蜜汤、牛奶。

其实对于一个盛世皇帝来说，这样的菜谱着实不算过分，但加上太监们的层层克扣，报账的数字可就相当可观了。虽然皇帝早就不再需要光禄寺制作御膳，但光禄寺的支出依然连年翻番，达到了一年三十万两。

严冬时节，光禄寺的暖房之中培养着扁豆、黄瓜等反季节的新鲜蔬菜，一蒂就价值数两银子，而这对皇帝来说不过是家常小菜。《酌中志》中有一个有趣的记载，万历皇帝十分喜爱一道塞外野味，叫作黄鼠。这种啮齿目松鼠科的小动物肉质肥嫩，每年冬天宣府、大同的地方官都会挖地三尺，准备一批最肥壮的黄鼠作为贡品敬献宫中。

时逢多事之秋，万历皇帝不知道为何得罪了老天爷，自己住的乾清宫与皇后住的坤宁宫先后遭雷劈而起火，紧接着皇极、建极、中极三大殿又遭火灾，这下又有花钱的地方了。

被焚毁的宫殿全部需要重建，虽然时局艰难，财政窘迫，但也不能让皇帝住在残垣断壁之中，于是工部开始着手修复两宫三殿。重修宫殿的预算拿出来活活吓死人，居然达到900万两。

万历皇帝的嫔妃众多，宫中每年的脂粉费高达40万两，加上大量采购的珍珠、瓷器、折扇、袍服、丝绸等，年年都是一笔巨资。

这些吃穿用度还不过是些小钱，万历皇帝在二十岁的时候就已经开始为自己兴建陵墓，前后耗银高达800万两。

除了皇帝的个人开销以外，供养宗室的费用也是填不满的无底洞。据万历初年统计，全国财政支出约1854万两，其中宗藩禄粮就有552万两，占到国家总支出的三分之一。

秉承着先祖厚待宗亲的一贯传统，万历皇帝对家人们极其慷慨。虽然他自己的婚礼只花了 7 万两银子，但他弟弟潞王、妹妹瑞安公主、儿子福王三个人的婚礼费用，前后耗银高达 900 多万两。

潞王一家就占有优质田地万顷，福王更有肥田两万顷之多。唯有万历皇帝的第五子瑞王朱常浩比较倒霉，他就藩于陕西汉中后，父亲照例大大方方地赏赐他三万顷土地。但朱常浩到任后才发现，自己只是个纸面富翁。整个汉中土地资源早已经枯竭，当地官员费尽力气只搜刮到 41 顷零 52 亩土地献给他，又勉强从西安拼凑了 1500 顷，这让这位皇子大为不满。

万历皇帝的姑姑是燕国长公主，也拥有两万多顷耕地，但是她竟然还恬不知耻地向侄子抱怨说：“家里太穷，日子都快过不下去了。”

当年依靠着国外供应的白银，国家的日子过得顺风顺水。朝鲜战事一开，中国禁海，日本锁国，日本的白银再也不能进来。与此同时，不可一世的西班牙遭到整个欧洲的敌视，频繁的战争使西班牙与东方的贸易量大减，明朝的白银进口量也随之骤然跌落。源头干涸，东方大银泵再无银可吸。

此时国库的存银进账如涓涓细流，支出似大江决堤。经过多年毫无节制的消耗，到了万历十五年，外库银已基本用光；万历二十七年，窖库银一扫而空；万历三十六年，老库银也只剩下 8 万两。南京户部的银库在万历十三年时还有 150 万两储备，花到万历二十八年也见了底。户部官员上奏，用八个字准确地描绘出明帝国的财政状况：环视太仓，一空如洗。

## 敛财之路

有钱的好日子谁都会过，缺钱的时候万历皇帝的精明就以非常粗鄙的方式表现出来了。他意识到只有另开财路才能支持他对白银与日俱增的需求，于是在万历二十四年（1596 年）终于使出了他帝王生涯中最为臭名昭著的昏招。

这一次，他决定不再倚重外国白银，而是打算自采银矿，信心满满地提出了“采征天地自然之利”的宏大计划。

明朝立国之初，虽然朱元璋将白银从明朝官方货币体系中剔除，但这并不意味着国家不需要银两来进行对外贸易和对内赏赐，所以对采矿业没有进行集中打压。当时朝廷不仅默许私人开矿，甚至将其视为政府吸纳白银的重要渠道。

朱棣篡权上台后，矿民在夹缝中求生存的日子也结束了。为了杜绝百姓自发以贵金属进行交易，朱棣下令强行将民间银矿全部收归官府所有，任何人如果敢私自采矿，不仅自己会被判处死刑，家人也将按律遭到流放。

别的事可以给祖宗面子，但钱的事可就没那么好商量了。万历皇帝下决心违背祖制，开放矿权，但在实际操作中又制定出官督民办的政策，让百姓自己出人出钱开采，而政府在背后负责收税。

朝廷最初派出的矿税官员，分别来自户部和锦衣卫。可这两大部门的公务员们对督民采矿的事很不热心，他们既无技术，又无胆量，办事效率极低，数个工作组派出去好久，却迟迟拿不回银子。皇帝大失所望，很快就不耐烦了，他召回了这些无能之辈，重新派出自己的私人仆从——太监去继续执行这一政策。

矿税征收权从户部转移到太监手中，这是一个危险的转变，也是明朝国策的一个重要转折点，等于把收矿税这种国家行为变为皇帝的个人行为，而皇帝的个人行为，是可以不受法律控制的。

一直在政治上无权可揽的太监们纷纷粉墨登场，他们腰里都系着朝廷颁发的关防大印，号称奉旨采矿，奔赴全国，打着皇帝的旗号开始了敛财大业。

各路太监们出宫时都是光杆儿司令，手头并没有团队可供驱使。他们每到一地，就在当地网罗地痞无赖成立工作组，任命富者为矿头，驱使贫者为之垦采。

身残志坚的矿税太监们刚出宫的时候一个个干劲儿十足，但他们长期深居宫中，完全不懂何为国计民生，更没有地质学的常识，他们唯一擅长的就是狐假虎威，扰民作恶。

在大张旗鼓地开矿数月之后，太监们才发现，采矿并不容易，其呈报的结果成了笑话：河南进粗银 120 两，银沙 300 斤；昌黎进粗银 160 两，银沙 30 斤；横岭进粗银 604 两，银沙 60 斤。这么点银子，还不够太监们人吃马喂的差旅费，显然不能满足皇帝的心愿。万历皇帝下旨将银两收下，银沙不必再递交，开始表达出明显的不满。

主子不满，奴才心焦。矿税太监们终于想明白了一件事，靠自己的智力与能力是根本挖不到矿的，如果想让皇帝满意，最好的方法就是直接收钱。于是太监们一夜涅槃，都变成了"勘探专家"。

太监们只要看好某处土地，管你是住宅、田地、山林乃至坟墓，通通贴上皇家封条，宣布该处为矿区，直接向地的主人征收矿税。至于此地究竟有矿无矿，全凭公公们的心情，肉眼扫描即可。

被征地征税的百姓们，如果不想被拆家刨坟，只能出钱赎回自己的房子土地，为自家床底下子虚乌有的银矿交上一笔昂贵的保护费。

# 第三十章　太监盗墓笔记

　　大唐开元盛世之时，唐玄宗李隆基自诩手下人才济济，同一天任命了张九龄、裴耀卿、李林甫三人为宰相。就职典礼这一天，三相同台而立，张九龄和裴耀卿在皇帝面前态度都十分恭敬，弯腰趋进，唯独以口蜜腹剑著称的李林甫站在二人中间，挺胸叠肚，顾盼自雄，一副不可一世的倨傲神态。

　　李隆基心情正好没什么感觉，但满朝文武见此情形，都暗暗惊叹："这三位宰相站在一起，简直是一只大雕挟持着两只小白兔啊！"

　　有道是：长生殿古生青草，王庭谢馆尽黄鹂。斗转星移，千年之后，一个跟这位"大雕"有关的奏疏摆到了万历皇帝案头。

## 荆州宝藏

　　一个养马的小军官——腾骧左卫百户仇世亨神秘兮兮地呈上了一本让皇帝睡不着觉的奏疏，透露了一个十分诱人的秘密：在江西兴国州，有一个名叫漆有光的人，他社交极广，认识一个名叫徐鼎的盗墓贼。而这个徐鼎在一次夜间工作中偶然挖到了大唐权相李林甫夫人杨氏的墓。

　　虽说没有挖到宰相本尊，但这座夫人墓里面的内容也不简单。据说墓内有方二尺、厚二寸的诰命金牌，一对沉甸甸的金孩童，还有乌金制作的炉、瓶、烛、壶不计其数。除此之外，据说还有两个金银窖没打开，墓里陪葬的黄金估计多达万两。更加耸人听闻的是，仇世亨还密报了另一件事，说听闻湖广二十五府，留有大量遗漏税银，贪官的赃款、罚款，士兵多发的空饷，累计达到了亿万，请皇帝赶快派官追查，把这笔天大的财富收回来。

　　贪欲一起，智商立降。万历皇帝拿着这本道听途说、满篇胡言的奏疏，兴奋得一夜没睡着觉，反复观看，不时露出谜之微笑，仿佛看到每个字都闪烁着金灿灿的光芒。

如果皇帝在当年的经筵上认真听课，应该会记得：李林甫死后还没来得及下葬，就被唐玄宗以谋反罪削去官爵，抄没家产。翻脸无情的唐玄宗甚至派人劈开李林甫的棺材，挖出了他的尸体，连他口含的珍珠也给掏了出来。

李林甫自己死后都得到这般下场，他妻子的墓里又怎么可能有什么金器、万两黄金陪葬呢！而全国一年缴入太仓的税银不过三四百万两银子，单凭湖广遗漏的银两又何来天方夜谭般的亿两巨数。

仇世亨的奏疏，明摆着是一个小官为了邀功而哗众取宠、信口胡诌的东西。皇帝如果稍有理智，应该将仇世亨廷杖下狱，以儆效尤。然而这位天纵聪明的皇帝已经被传说中的巨额财富迷住了心窍，不仅信以为真，而且如获至宝。他立刻派正在湖广做税监的御马监奉御陈奉追查此事。他甚至已经天真地把这些并不存在的金银财宝分配了用途：一半留在当地，以备兵饷赈济支用；另一半押运入京，送到皇帝的内帑。

这位被皇帝委以盗墓重任的陈公公，自万历二十七年（1599年）二月被派到荆州，身兼数职，既是荆州店税使，又兼兴国州矿洞的矿监，还管着当地钱厂铸钱，可谓位高权重。

陈奉替皇帝敛财，无非还是用的老套路，在各个府县派出大批税官，先不着急收税，而是细致入微地做好市场调查，把当地富户的情况摸个一清二楚，然后就以种种借口公开向富户要挟勒索。管你是房宅、墓地、田产、水渠，税官们闭着眼睛一指，就说下边有矿，就要奉旨掘地开采。而那些富户只能以重金向陈奉行贿求个平安。

自从陈奉到来，荆州是行商不敢经过，坐商纷纷逃亡，就连农民进城镇卖点鸡鸭、青菜，也要交上高于以往数倍的重税。晚明著名文人袁宏道曾有一诗，专写陈奉殃民之祸："雪里山茶取次红，白头孀妇哭春风。自从貂虎横行后，十室金钱九室空。"

荆州当地的官员也有对陈奉的胡作非为进行抗拒的，但陈奉仗着背后有皇帝撑腰无比嚣张，不管什么级别的官吏，一言不合，扬鞭就打。

中国百姓的忍耐力是很强的，不到走投无路绝少发起反抗。一日，陈奉从武汉回荆州，消息传出后，数千百姓纷纷集结到半路上，大家怀着满腔的怒火，朝陈奉抛掷了雨点一般的石头，可见受苦已久的百姓恨他到了什么程度。

幸亏陈奉命大，在卫兵的保护下狼狈逃窜，才算保住了性命。但他平白受了一番惊吓，自然不肯善罢甘休，就将心中怨气发泄到当地官员身上。

陈奉一口气参劾了襄阳知府李商畊、黄州知府赵文炜、荆州推官华钰、荆门知州高则巽、黄州经历车任重等一大批官员，说他们煽动抗税。

"抗税"二字向来是皇帝最忌讳的。万历皇帝很快做出批示，将华钰、车任重等人投入大牢，李商畊等官员或罢官或降职处理。

自从接到挖坟寻金的谕旨后，陈奉立即挽起袖子到兴国督查此事，但事情办得很不顺利。所谓湖广存留税银"亿万余两"之事，稍微一查就一清二楚，纯属毫无实据的胡诌，只得先搁置一旁。

而另一笔传说中的横财——李林甫夫人墓中的万两黄金也是个天大的谎言。盗墓贼徐鼎发现的那座古墓，是宋末名将吕文德之妻程妙静的墓地，跟李林甫八竿子也打不着，墓中也根本没有什么值钱的陪葬。

陈奉大失所望，将徐鼎等人抓起来毒刑拷问，责令他赔偿。盗墓贼徐鼎虽然可恨，但最多赔上自己的性命，万两黄金是无论如何也赔不出来的。

眼看着没法向皇帝交差，陈奉干脆将错就错，下令对湖北境内的古墓进行全面开发。

荆楚故地，古墓众多，大名鼎鼎的曾侯乙古墓就是在湖北随州被发现的。经过陈奉的一番开掘，藏于地下几百上千年的秦珠汉玉、唐杯宋碗大量出土，之后通通被洗去泥土，擦去尸印，一车车运往北京内库。万历皇帝倒也不怕这些古物上有冤魂附身，半夜做噩梦。

光天化日之下打着皇上的旗号盗墓，这在湖北历史上堪称闻所未闻的丑剧。湖广巡按御史王立贤实在看不下去，试图阻止这种胡作非为，多次上疏给皇帝，请求他下旨阻止。但万历皇帝却将奏疏留中不发，昧着良心继续默许陈奉肆无忌惮地为自己开棺敛财。

湖北人讲义气，性子急，能拼命，敢为天下先。陈奉坏事做绝，当地百姓忍无可忍，终于再次爆发民变。万历二十八年（1600 年）十二月初，千余商民自发聚集围攻官衙，大家抛砖放火，高喊着甘愿与陈奉这个畜生同归于尽。

可叹陈奉再次落入石雨之中，身中多处砖石，手下的司房参随等人尽被打成重伤，官衙的门窗舆轿、桌椅杂物也被焚毁。陈奉走投无路，只好一头扎进了巡抚衙门避难，藏身于内房之中抖如筛糠。

湖北巡抚支可大是个胆小的主儿，生怕百姓伤了这位皇帝钦使，干脆让湖北布政使司、按察使司、都指挥使司的掌印主官都带人在大门口镇守，自己则亲自领兵在二门坐镇保护，如此与百姓对峙了好几天，变乱的人群才逐渐散去。

万历二十九年（1601）正月，陈奉派人去开谷城矿，挖地三尺依然一无所获，就干脆向县衙索要库金。湖广兵备佥事冯应京是个硬汉，他分巡武昌、汉阳、黄州三府，铁面无私，抓贪官，摧奸豪，在百姓中声望很高。如今陈奉又来祸害谷城，冯应京直接逮捕了陈奉的爪牙，将他们绳之以法。

陈奉闻讯大怒，又不敢与冯应京直接翻脸，就假装给他送去食品，把黄金暗藏其中，企图收买冯应京。冯应京哪里肯接受他的贿赂，干脆将此事公之于众，因此彻底跟陈公公结了仇。

再次逃过一劫后，陈奉不知悔改，反而变本加厉地招募了地痞无赖千人，为自己建立了私人卫队，并让这些人在居民区乱发火箭，焚烧民房，以示报复。百姓们再次成群涌到陈奉门前抗议，这一回陈奉不用再抱头鼠窜了，他指使爪牙们挥动刀枪，杀死了不少赤手空拳的百姓，许多人被掷尸于路，其状甚惨。

疾恶如仇的冯应京怒不可遏，上疏皇帝弹劾陈奉十大罪。陈奉则反咬一口，弹劾冯应京阻挠皇命，凌辱敕使。两个奏折一起送到北京，万历皇帝自然偏心自己的奴才，问也不问就下令将冯应京罢官，贬为杂役。

两个月后，陈奉挖坟挖昏了头，在枣阳开矿时竟然一口气挖到了埋葬万历皇帝太爷爷和太奶奶的显陵附近。枣阳知县王之翰闻报大惊，急忙亲自带人去阻止陈奉在此开矿。

陈奉又岂会把区区县令放在眼里，他祭出屡试不爽的法宝，再次上疏皇帝，弹劾王之翰及襄阳通判邸宅、推官何栋如等一批官员阻挠开矿征税。万历皇帝查也不查，立刻派出锦衣卫来到武昌，逮捕了王之翰等官员，连同之前被贬官的冯应京也一同抓捕押送京城。

冯应京被缉拿之日，武昌百姓纷纷走出家门，流着眼泪沿途相送。陈奉一看人心向背如此，就将冯应京枷锁笼中，并在旁边张贴告示，诬陷冯应京的种种罪状，以示羞辱。

武昌百姓见自己拥戴的英雄受到如此凌辱，更为愤怒，于是发生了第三次暴动。人们围攻陈奉公署，高呼誓杀陈奉。面对声势如潮的人群，陈奉手下的打手们再没了往日的威风，吓得四散奔逃。

陈奉再一次变成了丧家之犬，巡抚衙门已经罩不住他了，他干脆直接窜进了楚王府寻求保命。百姓们逮不着陈奉，就把他的手下耿文登等16人捆缚起来，扔进了滚滚长江，让他们找龙王爷收税去了。

面对汹汹民意，冯应京倒是非常冷静，他担心事情闹大了朝廷会派官兵前来镇压，就在囚车中苦苦劝说百姓不要做出过激行为，人们这才陆续散去。

在陈奉的祸害之下，湖广局势已经不可收拾，朝廷方面甚至不敢再派人去武昌调查。吏部尚书李戴与众官员共同向皇帝上疏，指出锦衣卫所抓捕监禁的官犯，一多半都是因为陈奉诬奏入狱的，请求释放他们。就连内阁大学士沈一贯也请求撤回陈奉。可万历皇帝面对官民的一致愤慨却不闻不见，不理不睬，对官员们的奏疏一概留中不发。

到最后，陈奉的恶行连同行都看不下去了，督理湖口船税的御马监监丞李道上奏揭发陈奉征三解一，说他只给皇帝交了百分之三十的税，其余都揣进了自家的腰包。

朝廷无数官员的泣血上疏，万历皇帝视而不见，唯独"征三解一"四个字一下子触动了皇帝的心窝子。你陈奉挖坟作恶我不在乎，但黑内帑的银子可不行。万历皇帝雷厉风行，立刻下旨将陈奉召回，湖广百姓这才算送走这尊瘟神。

陈奉回朝后，为了平息民愤，万历皇帝找了湖广巡抚支可大当了替罪羊，将其革职。而湖广人民的英雄冯应京在被关押了三年之后终于被释放，也算结局圆满。

最倒霉的要数那个枣阳知县王之翰，因为饱受虐待已经死在狱中，他本是为了保护皇家陵寝而入狱，最后却惨死在皇帝手中，何苦来哉！

湖广发生民变之后，兵科给事中田大益曾向皇帝上书痛陈："陛下驱率狼虎，飞而食人，使天下之人，剥肤而吸髓，重足而累息，以致天灾地坼，山崩川竭。"这一番话读起来令人痛心彻骨，描绘的正是在万历皇帝的授权下矿监税使们肆意涂炭百姓的真实惨状。

## 三秦何辜

通过挖坟盗墓为皇帝敛财的太监，绝不止陈奉一人。御马监监丞梁永奉命赴陕西征税，也把这套手段玩得十分纯熟。三秦大地，十二朝古都，帝王将相之陵墓何止万千，梁永找到了迅速发财致富的广阔天地。

梁永招募了五百骑兵作为自己的贴身护卫，强征大批民夫，光天化日之下公然开挖历代陵寝。漫天黄沙中，一车车从尸体身边夺来的珍宝被运往北京，搬入内帑，只留下累累白骨，一片狼藉。

除了会挖坟盗墓，梁永征税敛财也是一把好手，包括蓝田在内的七个关口，每年被他强征的税银竟有十万两之巨。

湖广有冯应京，陕西也不乏爱民护民的好官。对于阻挠他征税或不与他同流合污的地方官，他都一一上奏皇帝，请派锦衣卫将这些人逮捕入狱。

他向咸阳县强征冰片 50 斤、羊毛 1 万斤、麝香 20 斤，这个不可能完成的任务遭到知县宋时际的拒绝，结果宋时际被捕下狱。

富平知县王正志揭露梁永等人的罪状却遭到逮捕，下狱后被虐死狱中。

有清官美誉的渭南知县徐斗牛因不堪受辱，愤而自杀。

长安县丞郑思颜不愿受贿附和梁永，竟然被梁永手下活活打死。

不过一年，梁永就干掉了四个县令。

万历三十四年（1606 年），素有直名的陕西巡按御史余懋衡亲自出马，向万历皇帝参劾梁永，打算斗一斗这个恶监。

梁永每年上贡的金银珠宝数不胜数，因此，尽管皇帝知道梁永作恶多端，也知道余懋衡的声讨句句属实，却舍不得动这个大能人一根汗毛。

梁永也真是胆大包天，无知无畏，他听说余懋衡竟然敢和自己唱对台戏，便买通了余懋衡家的厨师想偷偷下毒毒死他，幸而余懋衡命大，抢救及时，脱险未死。

余懋衡死过一次，公仇私恨加在一起，更是决心要和梁永血拼到底。他多方搜罗梁永祸国殃民的证据，联合了京城与陕西大批官员，再次弹劾梁永，当然这一次还加上了梁永企图谋害朝廷官员的罪行。

铁证之下，万历皇帝再也无话可说，只能被迫召回了梁永。祸害了陕西整整七年之久的梁永在锦衣卫的护送下，携带着搜刮来的大量财物，依依不舍地离开了陕西。

梁永回京后依然任御马监监丞，最后逍遥终老，真是好人不长命，祸害活千年。

# 圣人故里

山东矿税太监陈增，算得上是这批吸血鬼的杰出代表。

到山东就任之后，陈公公先给当地官员来了个下马威，一出手就废掉了两个县令：福山知县韦国贤革职罢官，益都知县吴宗尧下狱刑讯。理由很简单：阻挠开矿。其实这些七品芝麻官怎么敢阻挠皇帝派来的天使，无非是看到陈增扰民太甚，与他据理力争，为百姓说句公道话而已。

收拾了县太爷，陈增就是爷！陈增到山东的第一个"政绩"，就是强征了数千百姓开采孟丘山矿。

我们前文说了，目不识丁的太监哪里懂得开矿，在陈公公的胡乱指挥下，矿场发生了大量事故，工人死伤甚多却无人过问。采了一阵子，陈增看到矿上实在出不了多少银子，干脆诬陷富民盗矿，抓捕了五百多人，逼他们交银。其实在陈增等人的眼里，哪里还用得着采矿，富户百姓就是矿。

山东巡抚尹应元看到自己的地盘被陈增搅得乌烟瘴气实在看不下去，上奏朝廷，要求严惩陈增。

当时万历皇帝正因为立太子之事和大臣们置气，每日躲到深宫中消极怠工，不理朝政，但唯独对有关矿税的奏报反应极其灵敏，立刻给予了颠倒黑白的批复："陈增征税有功，朕要把收取山东店税事宜也交给他。尹应元作为地方官不但不予配合，还无理取闹，做罚俸处理。"

巡抚也不是陈增的对手，山东再无人能动陈增一根毫毛。有了皇帝撑腰，陈增越发骄横起来，对于民间的掠夺更加毫无忌惮。矿区之中哭声震天，山东百姓苦不堪言。

陈增有了收店税的权力后更加张狂。每遇到有钱的大商户，他上嘴唇一碰下嘴唇，随口诬蔑其藏匿违禁物，动辄抄家灭门。小门小店更是被重重苛捐杂税征到破产。山东各地的官员们慑于以往的教训，都不敢与之对抗，忍气吞声，噤若寒蝉。陈增就这样肆无忌惮地祸害了山东十年。

直到凤阳巡抚、漕运总督李三才出面，陈增才遭到了一次沉重打击。李三才是东林党的重要成员，万历朝少有的干吏，极有手腕，在治理淮河方面政绩卓著。虽然白璧有瑕，在清廉方面不及东林诸君子，但他有勇气抵抗矿税太监对民间的横征暴敛，又敢于为民请命，不失为一代名臣。

李三才很聪明，他没有先动陈增，而是用了一招打草惊蛇之计，抓捕了陈增的一个亲信党羽程守训。

程守训不过是个小税官，但这些年跟着老大真没少捞。李三才派人抄了他的家，竟搜得珍宝和白银价值40余万两，比山东收的税还多。

李三才把此事上奏给了皇上，万历皇帝大怒，不是怒齐鲁百姓含冤苦，而是怒自家奴才敢黑钱。他这回不再装聋作哑，立刻降下雷霆之威，把程守训锁入京城，问罪斩首，家产充公。受到牵连的陈增遭此惊吓，再也不敢四处招摇了。

经过矿监们的大肆搜刮，在全国百姓付出了巨大代价之后，各地所进的矿税不过百万两，仍然不能满足皇帝的胃口。

挖了一阵子矿，万历皇帝终于想明白了一件事：开矿还要找有山的地方，而征税可以不受任何自然条件的限制，可谓遍地是矿，可以更加便利高效地敛财。

很快，皇帝的生财之道发生了转变，由开矿收税转为全面征税。新一批如狼似虎的税使太监兴高采烈地奔赴全国，也有一些原来的矿监兼任当地的税使。

税使太监出动后，在原有的钞关之外陆截道路，水霸河川，增设了大量新的税卡，无物不税，无人不税，极尽搜刮之能事。两淮收盐税，成都收盐茶税，广东收珠税，兼及市舶、丝绸、瓷器、木材、船只，甚至鱼税、苇草税、灯草税，只要能叫得上名字的生意，无论大小，都要被皇帝扒一层皮。

在商业口岸林立的长江水道上，原本只有湖口、芜湖、仪扬三处钞关。新的税监来了，根本不屑同当地政府协商，随便找个地方就雇用当地痞流氓为爪牙，自行设立新的税卡。

从湖口到安庆不到三百里，设卡征税；从安庆到池口不到二百里，又增税卡；池口到荻港不到二百里，再增税卡；荻港到芜湖不到百里，还增税卡；芜湖到采石数十里，要交税；采石到金陵不过二百里，再交税；金陵再走数十里到瓜埠，又交税；瓜埠前面几十里是仪真，同样要交税……原本长江顺流扬帆，商船一日可行三四百里。现在一日之内，处处停船，处处交税。

如此重重征税，很多大商巨贾生意也做不下去了，至于像陆二这样的灯草小贩，更是只能面临生计断绝的绝境。

司马光曾经说过："天地所生货财百物，止有此数，不在民间则在公家，不取于民，将焉取之？"张居正虽然善于理财，但一直反对通过"开利源"来增财，因为他同样认为天地间的财富是有限的。这一观点虽然有局限性，但毕竟出发点是呵护民力，反对不顾人民的承受能力横征暴敛。

万历皇帝自幼饱读经史子集，对这些道理不是不懂，然而有白花花的银子在侧，圣人的训诫、老师的教诲早已被皇帝抛在脑后了。

# 第三十一章　身披朽甲守辽东

万历二年（1574 年），一个叫作裴承祖的小军官面色沉重地打开了抚顺关的城门，带着由三百名军士组成的"自杀小队"，去执行一项不可能完成的任务。

裴承祖的头衔是抚顺守备，品秩不高，干的却是刀口舔血的危险工作。因为他所面对的敌人，正是近些年已发育出尖牙利爪的建州女真。

东北的女真人分为建州、海西、野人三大部，从南到北分布在广袤的白山黑水之间，其中野人部和海西部人口稀少，距离明境很远，总的来说还算消停，最让明廷头痛的就是桀骜难驯、屡屡反叛的建州女真。

建州女真的首领叫阿古，此人狡黠强悍，善于占卜，行事十分狂妄乖张，多次率兵侵扰边境，烧杀劫掠，不少明将都死于其手。而明廷当时的主要敌人是东南沿海的海盗和北方的蒙古人，不愿在辽东糜饷用兵，轻易开战，所以对阿古的态度就显得很是软弱，一直忍气吞声地与其和谈。大明在抚顺开了抚夷厅，一厢情愿地打算以封官和开通互市来换个平安。

朝廷的妥协态度被阿古当成了软弱可欺。天性奸诈、反复无常的阿古一点不给南面这个天朝上邦面子，不仅经常用羸弱不堪的瘦马、病马充当"贡马"，换取明廷的真金白银，更是一次次肆无忌惮地挑衅朝廷的底线。

阿古是个战争狂人，但他手下有见识的族人不想跟着他玩火，就有一批女真人偷偷逃入抚顺关投降去了。这把阿古气得直跳脚，立刻派出得力部将来力红将投明的族人全部夺了回去。

当时辽东的最高长官、右金都御史巡抚辽东张学颜是个很有才能的强硬派，上奏朝廷要求给阿古下最后通牒："送还俘掠，否则调兵剿杀，毋事姑息以蓄祸！"然而骄横的阿古并没有把这份旨意放在眼里，依旧我行我素，全然不知大祸即将临头。

上有命，下不得不为，追索降夷人等的任务经过层层下达，最后一路从北京落到了抚顺守备裴承祖的头上。裴承祖身为军人，自然以服从命令为天职，明知道去阿古的老巢要人是深入虎穴，却也只能硬着头皮"单刀赴会"。而他身边带着的三百骑兵已经是他所能调动的全部兵力了。

这一次军事行动的结局是可以预料的，阿古不仅没有听从朝廷的指令放人，反而大动刀兵，将这个忠于职守的大明军官剖腹剜心，残酷处死，而裴承祖带来的部下也无一幸免，全部死在女真人的长刀之下。

这是一次非常严重的边衅事件，大明帝国的尊严又一次遭到史无前例的羞辱。告急文书飞报京城兵部，继而交到当时年仅 10 岁的万历皇帝手中。

10 岁的孩子，不过是今天一个四年级小学生，自然没什么能力，也没什么经验，难以对发生在遥远边疆的这起外交事件做出有效的判断和决策。阿古敢于如此嚣张，也无非是欺大明国力衰退更兼主少国疑。

皇帝是小孩子不假，但阿古忽略了小皇帝背后的内阁，那是大明朝建国以来史无前例的最强内阁。

当时主持朝廷政务的内阁首辅正是名动天下的张居正，在他的谋划调遣下，辽东总兵李成梁亲率六万大军进驻抚顺，以雷霆之势一举击败阿古的军队，继而持续追击，一路杀到阿古的老营古勒山。走投无路的阿古被世仇海西女真部擒获后送给明军，最后被押赴北京，凌迟处死。阿古用自己疯狂的一生完美解释了什么叫不作不死。

战斗结束后，明军俘获了一对满脸污泥的少年兄弟，他们是阿古的外孙，14 岁的弟弟叫苏尔哈齐，15 岁的哥哥就是日后灭亡大明的掘墓人——努尔哈赤。

# 别来无恙

乌兔相代，盈昃互乘，转眼到了万历三十七年（1609 年）九月，时局倒转了。

金风破暑、雁字横空的清朗秋日，一个器宇轩昂、盔甲鲜明的精壮汉子带领五千骑兵，气势汹汹地来到辽东都司抚顺关外，声称是来要债的。当年那个被明军俘获为奴的瘦弱少年努尔哈赤，今天以极为张扬的傲然姿态杀回来了。

抚顺关本是供建州女真向中央献贡品的关卡，可努尔哈赤却毫无恭敬之意，怒气冲冲地大声扬言："要么把拖欠人参钱还给我，要么把欠我钱的人绑缚起来献给我，否则莫怪我翻脸无情。"守关的明军早没了当年犁庭满洲的威势，个个噤若寒蝉，大气也不敢喘。

抚顺守道谢存仁既拿不出钱，也送不来人，只好亲自出面摆上酒宴赔罪，好言软语相求，答应尽快催促付款。努尔哈赤带着手下吃饱喝足，又耀武扬威地围城转了一大圈，这才下令退兵。

此时的努尔哈赤早非吴下阿蒙，他已经兼并了女真三大部族，手下雄兵数万，纵横辽东，对明廷来说早成尾大不掉之势，就连辽东总兵李成梁也不大敢得罪他。如今是谁吃了熊心豹子胆，敢拖欠努尔哈赤的钱，惹得这位龙虎大将军亲自提兵上门讨债？

这件事，还得从北京崇文门税卡的一名小吏说起。

这北京南城的崇文门，是全国往来客商必经的枢纽之地。当时京师九门，皆有课税，但都由崇文税司统一管理。崇文门的税关之苛也令天下商贩望门生畏，就连京郊菜农挑两挑青菜进城贩卖，也需要在鬓边插二文铜钱，路过城门时任凭把守城门的收税小吏自行摘取。

由于崇文门税司收入多，油水大，名声臭，所以每年都要花点儿银子出点儿血以塞住众人之口。每年春季，税司都会以"献鲜"为名，给皇帝及各部大臣送去新鲜的黄花鱼，而到了秋末，又要送冬笋和银鱼，年年如此，以图个好人缘儿。

在崇文门税卡上班的众多收税小吏中，有个叫高淮的天津人，每日干的就是从菜农鬓角取铜钱的活儿。高淮的工作虽然受人鄙夷，却是个肥差，靠着雁过拔毛，也存下不少银子，他在京城娶妻成家，小日子过得蛮滋润。

别看高淮目不识丁，野心却很大。他知道自己当个税吏虽然能卡点油水，却毫无社会地位，没人看得起。高淮瘦小的身板里蕴含着巨大的斗志，憧憬着有朝一日能拥有人人敬畏的资本，成就一番大事业。

高淮一不识字，二没靠山，唯一的特长就是有家传的厨艺，做得一手好菜。他如今已近中年，能稳稳当当做个公务员已经是几辈子修来的福分，想要在北京这座皇城里迅速出人头地，无异于痴人说梦。

但凡能成大事的人都有股狠劲，高淮文不能测字，武不能防身，就另辟了一条直入皇宫的捷径——找了个阉猪的朋友把自己的子孙根割了，去做太监。

被骗的滋味不好受，高淮命大，在家休养了三个月，好不容易熬到伤口愈合便立刻抛妻弃子投身宫中，报名做了一个最底层的太监。

要说这厮真是运气不错，明代私自净身以求入宫的行为是被官方严令禁止的，官府一旦发现私自净身的人，会将其杖责一百赶出京城。这些去了势又没法进宫成为正式太监的倒霉蛋被人称为"无名白"，他们最后只有三条路可选，一是给权贵之家当仆人，二是到太监专用澡堂当搓澡工，三是沦为乞丐。

高淮仗着原来在税务司有些关系，所以能够顺利进宫。这小子确实有两下子，入宫后干得风生水起，把煮鲜肫肝、玉丝肚肺两道菜做得出神入化，深得万历皇帝欢心，很快就被提升为尚膳监监丞。

天长日久，万历皇帝发现高淮不仅菜做得好，遇事还颇有头脑见识，对他越来越赏识。等到皇帝向全国派税使的时候，原本就有收税工作经验的高淮也被委以重任，被派往九边重镇之一的辽东征税。

雄心勃勃的高公公终于熬到了梦想的这一天，正所谓大风天穿绸衫——抖起来了！

当时辽东还在征收人丁税，税负比其他地方重得多。除了来自朝廷的苛政盘剥，还有蒙古人与女真人经常劫掠侵扰，辽东百姓的生活可谓苦上加酸。然而没有比较就没有伤害，自从高淮来了，辽东百姓发现，以往以为苦不堪言的日子，竟然还算不错！

作为朝鲜之役的大后方，辽东刚刚遭受了一场旷日持久的浩劫。前文讲过，官军的重炮、粮草、辎重，都需要大量民夫运输，而从辽东当地征调人丁自然是最方便的。

当地的青年男子在官吏们的强行驱使下离家千里，奔赴前线。家中留守的老弱无力耕种，结果田园大片荒芜。去过辽东的大臣周孔教曾上书万历皇帝说："辽民死于运输者十家有九。"

辽东为援朝战争做出了巨大贡献，大量透支民力，已经到了山穷水尽的地步，迫切需要好好休养生息一番。结果高淮的到来使这片受尽苦难的土地落入了更加黑暗的深渊。

高淮于万历二十七年（1599年）五月出关到达辽东后，仗着自己有经验、懂专业，为辽东精心布下了一张滴水不漏的天罗税网。

他提拔姚安、李官两名内监为自己的左膀右臂，沿途还招募了百余名地痞无赖作为税官，一路经过前屯、宁远、广宁、海州、盖州、复州、金州、镇江、宽甸、清河、瑷阳、沈阳、辽阳等城堡，一路搜刮得纤毫不遗，但凡家产达到百两银子的民户，都在他的税册之中，家中钱财务求搜刮干净。

高淮不光要银子，也要实物。在辽东，貂皮是一种通用的硬通货，一貂可换两锅、十貂可换一马。百姓家中若有貂皮或者鞍辔、人参、马匹等，只要是高淮看中之物，也都强行掠来冲抵税款。辽东百姓苦无生路，编了一首民谣哭诉道："二相出巡，如虎捕人，上天无路，钻地无门。"

富户被榨取干净，穷乡僻壤的贫户也不能幸免。卖针线的小贩，一针一线皆有税，种地的农民，一蔬一菜也有税。高淮就连妓女也不放过，卖肉违法，纳税光荣。

在高淮残酷而高效的盘剥下，万历二十九年（1601年）伊始，当年就孝敬皇帝白银31000两，金60两，良马85匹；万历三十一年（1603年），又进奉矿税银 23000 两，金 60 两，马 50 匹，至于名贵的紫貂、银鼠皮草数不胜数。而高淮揣入自己腰包的钱财，又远远大过这个数字。

只要有银子，就是好奴才，万历皇帝对高淮的工作效率十分满意。经过高淮这一系列稳准狠的操作，本来已经半残的辽东已是"商贾断绝，城邑罢市，闾里萧条，人迹稀少"。

## 军方财产

高淮的胃口很大，除了压榨商贾和百姓之外，对辽东军嘴里的肉也很感兴趣。当年英武剽悍的一代名将李成梁已年近八十，老朽昏聩，根本无法与皇帝面前的大红人高淮对抗。辽东军有 25 卫，每卫军饷都被高淮扒掉一层皮，硬是截留了 15 万两银子的军费孝敬给皇上。

明中期以前，辽东一直是大明著名的粮仓。在永乐时期，辽东一共有驻军 19 万人，每人分有 50 亩土地。这 19 万卫所兵有八成是专业种地的，另外两成负责作战，那时候辽东军屯的粮食储量高达近 80 万石，此外士兵们自己也有小仓库，以存粮食备荒，日子过得相当不错。

可到嘉靖朝以后，肥沃的黑土地都被军官权贵所兼并。明军一个士兵的月薪只有一两二钱银子，这点银子在荒年也只能购买两到三石的粮食，而且辽东的斗小，每石只相当于山东的三四斗，糊口都非常困难，所以辽东的驻军士兵大量逃亡。缺粮问题一直困扰辽东驻军多年。

高淮的贪婪再加上辽东各级军官的层层盘剥，使得本来就伤了元气的辽东军战力更为衰退。留下的大批战士身披朽甲，手无利器，甚至要靠卖衣典裤来换点米吃，不少人已经混到要和牲口抢食的地步了。有的士兵衣服卖光了，就在军营外赤身乞食。就凭这些形同乞丐的军队，大明又何以与狼子野心的努尔哈赤相对抗？

不得不承认，高淮在敛财方面确实很有头脑，他一到辽东，便请求皇上批准重开已经关闭的马市。辽东马市原本一直是李成梁垄断，是李家的私人金库，如今在皇帝钦派的税使面前，土皇帝李成梁也不得不把嘴里这块大肥肉拱手相让。

每逢马市开市，高淮就派人先去挑拣最好的一批健马，要么只给一半马价，要么随便给马主塞点儿抄没的货物，便以进贡皇上为名，把这些马堂而皇之地牵走，运到关内贩卖牟利。对剩下的劣马高淮也不放过，以极低的价格包圆儿到手，彻底垄断。晚来一步的辽东军想要购买战马，在马市上马毛也见不到一根，只能去找高淮。高淮再将这些低价买来的劣马以数倍的价格卖给官军，如此便可以获利十倍。

辽东军原本也是欺行霸市惯了的主儿，受到这般欺凌，自然不甘心。一次他们趁着马市刚开，高淮疏忽之际，来了个先下手为强，抢购了一批好马。虽然交易时缴纳了高淮新制定的双倍交易税，但比从高淮手中购买已经是便宜太多了。

高淮哪里肯吃这样的亏，竟然带领手下直接冲入军营，抢走了辽东军所购的战马。当时辽东骑兵已经给这些战马配上了马鞍，高淮的手下干脆捎带脚儿连同马鞍一并顺走，转手再以高价全部卖入关内。对此，军方只能忍气吞声，无可奈何。

辽东军备状况关乎明帝国江山安危，高淮每年从辽东马市采用各种办法弄到的马超过万匹，所得马价达到三十万两白银以上。在高淮的垄断之下，辽东军只剩弩马防边。这些以虚弱边防为代价换来的银子，自然源源不断地流入皇帝的内帑。

湖广手无寸铁的百姓尚且敢于对陈奉之流予以反抗，向来以骄兵悍将著称的辽东军这回怎么这么尿，任凭一个太监在他们的地盘放肆？一个重要的原因在于，高淮自己手里也有兵，而且是一支精兵。

在这一点上，高淮要比陈增、陈奉、梁永强太多了，那三位无非雇用一批地痞流氓做打手，真遇到民乱，这些地痞比他们的主子跑得还快。相比之下，财大气粗的高淮则以重金豢养了一支专业的雇佣军。

高淮的私人部队有骑兵两千人，步兵六百人，成员不仅包括原来辽东军中的精兵，还有蒙古和女真武士加入。这支部队装备十分精良，人人披重甲，配双马，而且日夜操练，每次出行都旌旗招展，铙鼓喧天，看上去威风凛凛，辽东军民无不畏惧。

李成梁卸任后，总兵官马林继任，马林是名将马芳之子，素来爱兵，他对高淮实在忍无可忍，上书万历皇帝，弹劾高淮的种种劣行。

高淮被弹劾，万历皇帝很不满意，他数银子数得畅快，哪里肯委屈自己的奴才，于是反将马林罢官，对他处以革职闲住、永不叙用的处罚。给事中侯先春为马林仗义执言，结果也是落了个降职罚薪的下场。此后朝中凡是替马林说话的官员一律降职、免职、坐牢。

管税的这帮太监已经成了朝廷公敌，新任辽东巡按何尔健到辽东开展工作后，第一个想拔除的钉子就是高淮。他明察暗访，取得了高淮斑斑劣迹的证据，但给皇帝的奏折竟然发不出去。因为每次高家军会在半路把奏疏强行劫走。何尔健仰天长叹，徒呼无奈。其实就算奏疏送到了万历皇帝面前，结果也是一样的。

高淮有一次回京向万历皇帝汇报工作，从私军中精挑细选了三百壮士，带着他们一同入京。这一行人盔明甲亮，刀枪耀眼，金鼓震天，里面还有好多说胡语的蒙古人和女真人。太监领兵，向来为历代皇帝所忌讳，可高淮在天子脚下如此胆大妄为，万历皇帝却对此毫不介意。这队人马耀武扬威地来到广渠门外，不明就里的百姓还以为胡虏又来攻打北京了。

高淮在辽东对汉人百姓和边军肆无忌惮地任意欺凌，予取予求，也把这些招数用在女真人身上。他不仅对女真人各部落额外加征贡品、减价强买，就连欠努尔哈赤的人参、珍珠款也多年不给。努尔哈赤是何等样人，岂能受这太监的腌臜气，所以才提兵五千，上门讨债。许多性情剽悍的女真人也私下里把高淮手下绑了，扔进树林，不给饮食，让他们活活饿死。

努尔哈赤退兵后，高淮躲过一劫，却跋扈依然。黑土捏的泥人也有几分土性，何况都是手里有刀有枪的军人。辽东军忍无可忍，干脆抄起武器造反了。前屯卫军、锦州军、松山军在两个月内先后哗变，将士们憋了多年的怒火终于喷发出来，皆高呼"宰了高淮吃肉"，要与他拼个你死我活。

穿鞋的都怕光脚的，面对以命相搏的辽东边军，装备精良的高家军也打怵了。高淮这时才真知道害怕，赶紧发加急文书向皇帝求救，还不忘顺道诬告广宁前屯卫同知王邦才、参将李获阳等人杀税使、劫税银，求皇上给他做主。万历皇帝听说税银被抢，火冒三丈，不分青红皂白，立刻指派锦衣卫捉拿二人下狱。这一下更加引发众怒，就连戚继光的老上司，三朝老臣蓟辽总督蹇达也亲自向皇帝上疏弹劾高淮。

高淮在帝国最重要的边镇肆意妄为，既得罪了努尔哈赤，也惹恼了辽东军民，在汉人和满人心里都成了臭狗屎。眼看整个辽东对高淮的怒火、怨气即将演化成不可收拾的狂暴乱局，万历皇帝终于退却了。他悻悻下旨，召回了高淮，交付"司礼监"听候处理，后果不得而知。

在辽东肆虐十余年的高淮终于被赶走了，但辽东百姓依旧没有得到太平安宁。皇帝很快又派来通湾税监张晔兼领辽东之事，继续替皇帝敲骨吸髓。

万历三十七年（1609 年）以后，高淮在史籍中就不见了踪影，但他在辽东的罪行罄竹难书，祸国殃民的暴行影响深远。高淮的所作所为不仅大大削弱了辽东军力，而且涣散了民心，大批难求生计的汉人不甘引颈受戮，纷纷投向了努尔哈赤以求生路，建州女真的势力日益壮大。

对于高淮荼毒辽东十年的暴行，福建道监察御史杨州鹤一语道破真相："高淮二十年来剥蚀辽人不知几千百万，今皆填委大内！"

# 第三十二章　天朝弃儿

古语云："北人不信南中有万石舳舻，南人不信北地有万人穹庐，外国人不信中国有虫吐丝成茧，缫以作帛，此语固也。"此话用以形容一个人见识短浅，视野狭窄，没见过世面。

万历三十二年（1604年），"见多识广"的皇帝对遥远的吕宋国有神树能结金豆一事深信不疑。

自打矿税一开，皇帝的腰包确实鼓了不少，但与白银伴生而来的还有来自朝廷与地方的大量指责。那些弹劾矿税监祸国殃民的奏疏日夜来袭，令皇帝应接不暇。矿监税使的横行不法在各地引起了大量民变，导致不少税官被打死。其实皇帝心知肚明，在这些民变背后，都有地方官员的影子。

对于这些反对的声音，皇帝一开始还会有些反应，甚至会心虚、愤怒、焦虑，但时间久了，皇帝开始变得麻木起来，他既不批示也不反驳，只是让司礼监留中不发，权当没看见。

万历皇帝心里知道，满朝文官再无一人有张居正的才干，他们只会反对征税，却拿不出增加国库收入的办法。太仓早就空了，但他自己和宗室们的生活质量不能下降，数十万官员，上百万军队不能喝西北风，让矿税监们采用一些非常手段来敛财，几乎是他能想到增加收入的唯一手段。

难道就没有一个两全其美的办法吗？就在万历皇帝一筹莫展的时候，一封关于吕宋国机易山盛产金豆的奏章为皇帝吹起一个大大的美梦气球。

吕宋是明人对菲律宾的称呼。从宋朝开始，就有大量华人移居到这里打工，建立起人口兴旺的华人社区。然而遗憾的是，以中国国力之强，人口之多，华人之聪明、勤劳，却从来没有在海外成功建立起一块殖民地。

随着大航海时代的到来，西班牙人不远万里乘船来到吕宋，逐渐占领了整座岛屿，他们建立了马尼拉城，在此地进行殖民统治。

菲律宾的西班牙人人数太少，而当地土著乐天知命，不习耕作，所以西班牙殖民政府想要发展农垦、经贸，就需要大批招揽勤劳聪明的华人来此地工作。嘉靖后期，从中国前往菲律宾从事经商、垦殖、采矿等工作的人越来越多，不少人干脆落地生根，安家落户，久住不归。

来自福建的木匠张嶷也是"吕漂"之一。

张嶷不甘心一辈子做木匠活，一心幻想着一夜暴富。飘荡了几年后，他心生奇计，千里迢迢来到北京，找到他的朋友，羽林左卫百户阎应隆，请他将自己道听途说的一则新闻上奏皇帝——吕宋有一座机易山，山上神树可以长出金豆，若派人去采矿，一年可得黄金十万两，白银三十万两。阎应隆也是鬼迷心窍，轻信了这个损友的梦话，真的把这个惊天大情报上奏给了皇帝。

黄金的光芒，果然可以迷人双眼，惑人头脑，树上长金豆的童话比李林甫夫人墓中的万两黄金还荒唐，但万历皇帝在黄白之物面前智商骤减，立刻派人去一探究竟。

万历皇帝对世界地理和国际贸易并无概念，他认为，既然那些如同海水一样涌入中国的白银来自吕宋，那里必定有取之不尽的金坑银矿，树上结金豆也不稀奇。所以他看到阎应隆的奏疏，怎么看怎么像是真的。而且皇帝一厢情愿地以为，吕宋是中国的藩属，朕想要金豆，伸手去摘便是了。

心动不如行动，皇帝处理金钱方面的任何事情都是积极和高效的，他下令由时任福建税使的宦官高寀来负责此事。

# 食人魔

高寀是河北文安人，姿色不错，据说当年与皇帝同起同卧的十个清秀小太监中就有他一个。

既然跟皇上睡过，那更是知心知意的体己人了。高寀官运亨通，累迁至御马监丞。别小看这个养马头儿的职位，在内宫十监中，御马监是个相当重要的部门，这里的太监都是皇帝的财政管家，掌管着皇家牧场和皇庄，内宫的经济命脉尽在其手。

自万历皇帝开始征税天下后，高寀被派往福建做税监。在高寀手中第一个遭殃的，就是中国唯一的自贸港，隆庆开海所建立的经济特区——月港。

由于民间贸易的蓬勃发展，明朝政府在月港的税收也不断增加，月港的大量税收被直接用作福建的军饷，大大减轻了国家负担。

高寀一到福建，就把漳州、海澄的商船定为征税对象，大肆搜刮，海商稍有反抗，船货即被没收。月港这个著名的商港成为高寀眼中取之不尽的提款机。商船不交完税，一人也不许上岸回家。他甚至派人以进贡皇帝为名，强行登船取走商船中的奇珍异宝。

朝鲜战争开始之后，大明把日本视为敌国，长期实行禁运。但高寀可不管那一套，他专门打造了两只双桅海船，堂而皇之地进行对日贸易。他招募大量亡命之徒，打造兵器，训练战术，作为他走私船队的护卫。

高寀的船队满载着朝廷明令禁止的龙凤红袍、建铁刀胚、硝磺、铅、锡、湖丝等日本急需的紧俏货物，横行大洋，只要船上高挂"总督闽广"的黄旗，福建水师根本无人敢于过问。

高寀在福建权大财大，但毕竟身有残疾，人生不甚完美。这时一个游方妖道出现在高寀面前，自称能使阳具复生。他开出的药方极为恐怖：吃一千个小孩的脑髓，阳具自会复生。高寀很开心，不就是一千个孩子嘛，我有的是钱，好办！

一夜之间，漳州全城出现大量打着救济儿童的旗号购买小孩的商人。人们一开始听说是税监公公要帮助穷孩子，还很感动，纷纷夸奖他是个善人。可是真相很快大白，人们几乎难以相信，这个河北来的人形魔鬼竟然是要把小孩子买回去开颅食脑！史书中记载，高寀所住的税署的水塘中能看到白骨齿齿，令人不寒而栗。

高寀在福建一干就是十六年，业绩卓著，劣迹斑斑。后来广东的税监病死了，万历皇帝又命高寀兼任广东税监。广东商民得知消息后，纷纷相聚歃血为盟，约定只要一发现高寀到粤，就对他发起攻击，宁可跟他同归于尽，也不让高寀踏入广东一步！

## 自取其辱

高寀对敛财以外的事一无所知，又哪里懂得什么国际交往。他接到皇帝旨意，并没有亲自出马，只随意派了海澄县丞王时和和百户干一成两名芝麻小官作为使节出访菲律宾。

随行团队人数不多，除了张嶷和阎应隆这一对难兄难弟，还有一队卫兵。此时从皇帝到高寀似乎都忽略了一件事，菲律宾是西班牙人在亚洲最重要的海外殖民地，等于是西班牙在东方的领地。即便当地真有金银矿藏，又凭什么白白送给你大明呢？

王时和一行人于万历三十一年（1603 年）五月出海，懵懵懂懂地来到了马尼拉湾，把照会送给了菲律宾总督佩德罗·阿库尼亚。阿库尼亚虽然对这群不速之客充满了敌意，但还是出于礼节和摸清对方底细的考虑，对王时和等人设宴款待。

在前往总督府的路上，这群东方来客为了彰显大明帝国的威严，极尽排场之能事。王时和和干一成身着官衣，腰配兵刃，由卫兵鸣锣开道，挺胸叠肚走在队伍之前，好不威风。

然而在当天的欢迎晚宴上，气氛既不友好也不融洽。宾主落座后，还没动筷，阿库尼亚毫不客气地质问王时和说："你们明国说要派人来我这里开山，但山各有主，是你想开就开的吗？譬如你们中华的山，能不能让我西班牙去开？而且你们说我这里树生金豆，这传言哪来的？金豆到底是何树所生？"

王时和本来也是被赶鸭子上架，对于阿库尼亚的质问张口结舌，根本说不出话来，就连忙示意张嶷作答，张木匠硬着头皮强辩说："反正我听说此地到处都是金子，甭想糊弄我们外地人，何必问哪来的！"

这番答话引得众人哈哈大笑，西班牙人心里对这些无知愚昧的天朝使者充满了鄙夷，想把他们当场抓起来，幸亏宴会上作陪的当地华侨领袖极力劝解，才算罢了。

为了尽快打发掉这些中国人，阿库尼亚派遣了一队士兵护送他们登上机易山，让他们眼见为实。王时和一行满怀憧憬地到达山顶后，看到满目苍翠，风景秀丽，可就是不见金豆踪影。王时和再次皱着眉头质问张嶷金豆在哪里，作茧自缚的张嶷实在难以自圆其说，只好闭上眼睛乱指说："这地下每一样东西都藏有黄金。"

万般无奈之下，王时和只得装上一筐沙土作为证物，意兴阑珊地返回中国复命。万历皇帝知道此行又是空欢喜一场，也大失所望。

中国官员们悻悻离去了，机易山勘金事件却并未因此而结束，反而成了菲律宾华人噩梦的开始。此时万历皇帝还不知道，他派人勘金的轻率决定，给菲律宾当地华人带来多大的灾难。

随着中西贸易的大规模开展，马尼拉的华人已经攀升到了三万多人，反观这里的西班牙人尚不足千。西班牙人对华人用则用矣，但内心一直有深深的恐惧感。因为二十七年前，中国海盗来袭的教训殷鉴不远。

# 反客为主

中国广东有一个海盗头目叫林凤，他以澎湖为基地，四下劫掠，最盛时辖舰三百余艘，人员达到四万以上。如此强大的实力，自然被明政府视为心腹大患。当时的两广总督殷正茂集结了大量水陆部队，专意彻底剿灭林凤的海盗军团。

林凤面对官军水师的进攻屡战屡败，只好上书给殷正茂请求投效，但殷正茂不为所动，坚决要将林凤和他的船队彻底摧毁。在这种情况下，林凤只能选择避而远走。

万历二年（1574年），林凤舍弃了澎湖基地，带着残存的战船62艘，步卒、水兵各 2000 人，家眷 1500 人进攻马尼拉，开始了一次孤注一掷的武装移民。

林凤船队人数众多，但武器与战术却十分落后，虽在战争初期通过突然袭击迅速占领了马尼拉城南，甚至杀死了驻守当地的西班牙总督，但面对赶来增援的西班牙舰队时却毫无还手之力，在伤亡了数百人之后落败而走。

林凤攻打马尼拉后不久，明军水师也随之而来。明帝国和西班牙的第一次官方合作，就是进攻他们共同的敌人。这次联合作战由西班牙人出炮舰，明军出人，明军还在吕宋临时招募了 5000 名战士，共同剿杀林凤船队。林凤在菲律宾难以立足，只好带领部下先去了台湾，后又返潮州，最后结局不知所终。

以这次联合行动为契机，西班牙也想趁此机会了解一下这个庞大而陌生的东方巨人，于是正式派出使节出使中国。但西班牙使者在中国游历了几个月后，看到的却是军人堕落、官吏蛮横、百姓生活凄惨可悲的印象。尤其是明军水师，其战力之低下简直让西班牙人惊掉下巴。

近年来常常有人在网上发文，惋惜大明帝国为什么不出兵占据马六甲海峡，也给自己搞一个海外殖民地。事实上明朝水师的规模一直小得可怜，完全不具备争锋海外的能力。

就拿战备水平最高的广东水师来说，三个分舰队分别配属的正规军兵额为600 人、1200 人和 104 人，另外募集的海员数目分别为 500 人、1000 人和 500 人。他们日常的装备只有 30 艘体形很小的乌艚船，用于沿海地区的巡逻，而且这些船只装备的武器已经落后欧洲与西亚整整一个时代。想以这样一支近海巡逻队去与海上霸主西班牙争夺殖民地，无异于痴人说梦。

很快西班牙人就发现，他们最低级的战舰都比明军水师最雄伟的船大，难怪明朝官员初见洋船时都惊叹这些驰骋大洋的民族所造的战舰如此高大坚固。

即使当年郑和的"宝船"复生，同样的排水量也并不意味着有同样的战斗力。严格封海的大明王朝依旧在使用宋元时期留下的造船技术。所谓战船普遍装备的不过是小口径弗朗机炮，最多只能杀伤甲板上的步兵，对高大的西班牙战舰只能略伤皮毛，这还得是在射程够得着的前提下。

通过对明廷海陆军的全面观察，西班牙人得出结论，国王的战士登陆中国沿海并非难事。至于登陆之后的陆地决战，西班牙人也认为明朝在兵力分布、火器技术、盔甲质量、战士士气方面样样不行，对陆战取胜同样有极大的把握。

雄心勃勃的菲律宾总督桑迪在写给西班牙国王的信中说："与中国人打交道，每天都可以给他们提供一千种进行正义战争的理由，因为这将给贫弱者、无辜百姓、孩子们和所有被掠夺、被迫害的人民以自由；他们的法官、执政者和国王以闻所未闻的暴政对待他们。"桑迪总督甚至狂妄地表示为了把水深火热的中国人民解救出来，他愿意捐出自己所有的财产，只要招募 10000～12000 名欧洲本土士兵，再加上数千名菲律宾和日本的雇佣军，就完全可以征服明帝国！

好在国王菲利普二世是个理性的和平主义者，他在给桑迪的回信中恳切地说道："关于你认为应当征服中国的想法，我们觉得应予放弃，相反应当寻求与中国人的友谊。你一定不要采取行动或者跟中国海盗相合作，更不要给他们借口找到反对我们民族的怨言。"

林凤的进攻过去之后，另一起恶性案件再次增加了西班牙人对华人的敌意。

万历二十一年（1593 年）八月，菲律宾总督达斯麻雷戈麦斯带领一支远征军，准备出兵与荷兰人争夺位于今天印尼的摩鹿加群岛。

摩鹿加群岛以盛产香料闻名，故又称香料岛，最初是葡萄牙人的殖民地。随着荷兰的崛起和强大，其将葡人驱逐，把这里变成了荷兰人的地盘。当时葡萄牙和西班牙已经合并，所以葡人自然向兵强马壮的大哥西班牙乞援。达斯麻雷戈麦斯自然不能袖手旁观，他集结了战舰百余艘，满载西班牙军士 700 人，土著铳手 400 人、弓箭枪手 1000 人，组成远征军，意图一举夺回香料岛。

在这支远征军中，除了西班牙和菲律宾土著士兵外，还有 250 名华裔水手随行。其中的领头哨官叫潘和五，是个极有野心和胆量的人。他对每日辛劳操舟，又饱受鞭挞的日子早已心怀不满，加上知道旗船上载有大量金银，于是决心豪赌一把，策划了一次极为大胆的兵变。

舰队出发后不久，潘和五就在暗中鼓动水手们说："咱们与其为了西班牙人卖命战死，不如杀了敌酋，死地求生。如果我们能成功，就可以满载财富扬帆而归，大家不如干脆冒死拼一下。"众人都认为潘和五说得有理，就推其为首领，听他号令。

水手们在当晚半夜举事，顺利地刺杀了旗舰上毫无戒备的西班牙总督，船上的西班牙士兵也都稀里糊涂地被杀死于睡梦之中，尸体尽被扔进大海。经过一夜无声无息的血腥屠杀，潘和五赌胜了，他的大胆计划取得了完胜，他也成了这艘西班牙战船的首领。他下令尽收船上的财宝和武器，趁着其他船只还没有反应，带着水手们在夜色中扬帆而走，亡命越南。

后来半途中有郭惟太等 32 名水手不愿去越南，都分了金银溜回国内打算做个富家翁。

潘和五兵变夺船的惊人消息传到马尼拉，令西班牙人大为震惊。达斯麻雷戈麦斯的儿子路易斯愤然派出传教士到福建击鼓鸣冤，向福建巡抚许孚远痛陈自己父亲被暴动水手杀害、战船和大量财物被夺的事实，要求明朝官府为他主持公道。

巡抚许孚远哪里遇到过这种国际大案，不好把握尺度，只好向万历皇帝奏报了此事。皇帝的处置还算公道。潘和五是找不到了，安南与明朝也没有引渡条例，好在郭惟太等32人自投罗网，尽数被逮捕，被送到马尼拉交给西班牙人处置，这才算了事。

潘和五等人带着金银去越南逍遥自在了，却给留在马尼拉的同胞们带来了非常严重的后果。这一事件后，西班牙人开始对华人采取更加严格的管控政策，不仅驱逐了上万华人回国，还强制命令留下的所有非天主教徒华人一律到马尼拉城北与巴石河之间一片荒地上居住，并在周围设以栅栏、拱门和吊桥，将他们隔离起来。

华人的生存意志极为顽强，成千上万的华人在这个叫八连的不毛之地上生活劳作，繁衍生息，很快也把这里建设得繁荣热闹起来。

## 图穷匕见

这次中国官员招摇而来，理直气壮地去机易山勘探黄金，让西班牙人越想越觉得蹊跷可怕。菲律宾大主教米格尔·贝纳维德斯尤为忧心忡忡，他认为明朝官员不过是打着勘探黄金的旗号来刺探殖民地虚实的。不久之后，中国一定会派出强大的舰队，与这里的华人里应外合，占领菲律宾。

苍天在上，西班牙人真是想多了。明帝国三百年江山，十六位天子，除了郑和奉永乐帝之命出海寻找建文帝下落七下西洋之外，哪有一个皇帝有胆魄敢向海外派出一兵一船，攻取过一寸土地。

西班牙人不明真相，自己吓唬自己，已经到了风声鹤唳、草木皆兵的地步。随着反华排华的言论在马尼拉甚嚣尘上，西班牙人竟然开始认真准备他们臆想出来的这场战争。

西班牙人拆毁了八连靠近马尼拉王城的华人房屋，然后加高城墙，挖掘壕沟，加强防御工事。同时命令马尼拉邻近各省省长将菲律宾土著武装起来，并联合了日本人侨领，做好一起对付明廷进攻的准备。

为了防止当地华人与所谓的明廷官军里应外合，西班牙人还玩了一个阴招儿，他们以发兵征讨外国为名，高价收购华人手中的武器。很多贪图便宜的华人把自己家中的兵器卖给了西班牙人，以致后来灾难来临时，许多人手无寸铁，无力反抗。

猜疑是两方面的，西班牙人紧锣密鼓地行动，在八连的华人也闻到了空气中的紧张气息，所有人都清楚地感觉到一场针对华裔的暴风雨即将来临。胡安·翁塔（天主教名）在华人中很有号召力，他也开始针锋相对地策划武装暴动，意图给西班牙人来个先下手为强。

就在此时，面对重大危机的华人却分成了三派，使本来有优势的力量大为分散。

第一派是华人天主教徒，他们已经把西班牙视为自己的精神母国，坚决反对与西班牙为敌。

第二派是华人富商，他们大多抱着事不关己的态度，骑墙旁观，只图自保。

第三派是大批工匠、商贩等底层华人，这些人热心起事，想要给菲律宾来个"一唱雄鸡天下白，翻身农奴把歌唱"，从而成为了胡安·翁塔发动暴动的中坚力量。

就在华人们紧锣密鼓筹备起事之时，胡安·翁塔的养父胡安·包蒂斯塔·贝拉（天主教名）暗中向西班牙人揭发了华人的暴动意图。

因为机密泄露，胡安·翁塔于1603年10月3日夜匆匆举起了造反的大旗。武装平民们开始在巴石河北岸袭击西班牙社区。史籍中记载，他们焚烧了不少西班牙人的房屋，还杀死了西班牙军官马奎纳夫妇、四个小孩和四个仆人。

与华人有杀父之仇的前总督之子路易斯最先发现华人暴动，他立刻派人渡河到马尼拉向总督阿库尼亚请求支援，然后亲自带人前去向华人反击，结果不慎落入沼泽后被华人棍棒交加，最终与他的父亲在天国团聚了。

华人暴动的人数很多，达到一万两千多人，他们浩浩荡荡杀出八连后，先直奔大仑山扎营，占领了制高点。西班牙认为两军力量悬殊，试图做最后的挽回，派使者前来议和。华人们在纷乱之中难以分辨西班牙人的诚意，干脆杀了使者，彻底丧失了与西班牙人和解的可能。

两国交兵，不斩来使。西班牙人这回可真气坏了，彻底下决心与华人决战，他们猜到华人一定会来进攻王城，就在必经之路上设下埋伏。

占山为王的日子并不好过，在大仑山的华人们无衣无食，没待几天就又从山里出来了。10月6日，无路可去的华人肩抗云梯，带着棍棒、斧头和少量火绳枪，孤注一掷地向马尼拉王城发起了进攻。

华人人数虽众，但昨天还是卖菜的商人、剃头的师傅、馄饨铺的伙计，压根儿就是一群乌合之众，战斗力与西班牙正规军根本没法比。两军一交手，华人就显现出明显的劣势，伤亡大半后残部再次退回八连。

击退了华人的进攻，现在轮到西班牙人血腥报复了。总督阿库尼亚带着火绳枪手150人、日本侨民500人、土著邦邦牙人1000人，一举攻入八连，放火烧毁了这座繁华的中国城，并屠杀了他们遇到的每一个华人。最初拒绝参加暴动，留在八连观望的300名最富有的华商，也全都受到牵连，陪葬在战火之中。

历时41天的华人暴动最终以惨败告终，到11月12日，共有25000多名华人遇难，整个八连被烧成一片白地。

战后，阿库尼亚还算发了一点善心，让幸存的400多华人到马尼拉城内暂住。

虽然西班牙人一举荡平了华人社区，几乎杀光了全部华人。但他们最担心华人背后的明帝国会派兵为自己的百姓复仇。很多富人干脆变卖家产，乘船逃离了菲律宾，要么回到欧洲老家，要么前往墨西哥安家。

那个年代，消息传得很慢，时隔一年之后，万历皇帝才得知了这一骇人听闻的惨剧。他立即下令逮捕阎应隆和张嶷这对痴心妄想的家伙，以欺诳朝廷、生衅海外、损威辱国之罪，将他二人枭首，并传示海上。

菲律宾总督听到这个消息，大大松了一口气，对明帝国更生轻视之心。他冷笑着对手下说："看看明国，他们杀死自己的人，想来吓唬我们。"

客观地说，明帝国君臣也不是完全无所作为，一份由巡按福建监察御史汤兆京、福建巡抚徐学聚和福建税监高寀共同署名的交涉文件《谕吕宋檄》，送到了菲律宾总督、马尼拉大主教及马尼拉最高法院院长面前。

檄就是战书，表达声讨之意。《谕吕宋檄》的前半部分表达了皇帝的愤怒和对西班牙人的威胁，译文大致内容如下：

"我大明皇帝陛下管辖的地盘，北到沙漠，南到大海，凡是日照月临的地方，都要供奉明帝国正朔。日本敢进犯我的属国，被我打败了，杨应龙不畏王法，被我剪除了。这些赫赫武功你们难道都没听过吗？我中国的小百姓外通各洋，教你们耕种，帮你们盖房，哪里有对不起你们的地方，何至于杀我万人，你们这野蛮的行为，应该遭到天诛地灭！"

檄文写到这还算义正词严，然而后面话锋一转，内容就令人齿冷了："吕宋华人不是朕的百姓，所以朕并不忍心惩罚你们，而且中国士农工商四等人，商贾最贱，明帝国是不会为这些贱民发动战争的。就连这些华人家里的父兄亲戚也都对他们瞧不起，抛弃他们并没有什么可惜，人死了我明帝国可以不计较，你们劫去华人的货财，赶紧给我送回来！"

这份《谕吕宋檄》色厉内荏，是非不分，既没有提及要追究西班牙人的责任，也没有要求其向明政府和受害百姓道歉，却一心想着接收被屠杀华人的财货。这种视海外华人为弃民、贱民的官方态度无异于向西班牙人暗示：他们可以毫无顾忌地对华人大开杀戒。

尽管华人的数目是西班牙人的几十倍，不缺金钱，不缺决心，不缺勇猛的战士，然而华人的失败是必然的，无论他们看起来多么人多势众。西班牙人的背后站的是与民同心的政府，而没有靠山的华人永远是雨中浮萍，一盘散沙。

愁云惨雾笼罩下的机易山见证了华人殒命异乡的惨剧。昔时人没，今水犹寒，巴石河汩汩哀鸣，日夜泣诉着对天朝弃儿的无尽哀惋。

# 第三十三章　菩萨阎罗

在北京故宫博物院珍藏的中国历代文房四宝中，有一块明朝古墨格外引人注目。此墨大小不过盈盈一握，墨身作窈窕美人之形，衣裙飘逸，怀抱琵琶，背倚一块通灵剔透的太湖石，背面有阳文楷书"清谨堂"三字。此墨不仅造型古雅浑朴，制墨剂料也极为贵重精细，时隔七百年，仍依稀留有淡淡墨香。

如此精美绝伦的风雅之物曾被万历皇帝珍藏，而这块墨的作者，是万历朝一个著名的大太监，名孙隆，字东瀛。

明代文人雅士多爱制墨自娱，而清谨堂便是孙隆制墨的名号。孙隆不仅善于制墨，也鉴藏过不少名画。现藏于台北故宫博物院的宋代崔白画作《双喜图》，作者的落款尤其耐人寻味，"嘉祐辛丑年崔白笔"八个字隐藏于树干之中，要十分仔细才能看出，体现了宋人低调含蓄的审美。这幅画上便有"三河孙东瀛珍藏"的印鉴。

## 功德江南

孙隆是直隶三河人，早在嘉靖年间就入了宫，曾在裕王府侍奉过当时还是太子的朱翊钧。他儒雅干练，文理精通，所以极为受宠。朱翊钧登极之后，孙隆入司礼监担任秉笔太监，进入内廷权力的核心机构。万历皇帝刚登基的第一个新年，代表皇帝携酒宴去赏赐张居正的，就是孙隆。

万历四年（1576年），孙隆离开了北京，他被皇帝任命为苏杭织造，负责大内的丝绸制造和供应。苏杭是明帝国最繁华富庶之地，苏杭织造这个位置不仅位高权重，而且闲适安逸、尊贵富足，算得上是天下第一美差。

孙隆虽居高位却怀有一颗仁厚慈悲之心。他担任苏杭织造期间，在满足皇家对丝绸需求的基础上，经常尽力减低百姓的负担。万历七年（1579年），江南连绵大雨，大批新织出来的绸缎因为淋雨而变色。按常例，这种不合格的产品不能用于进贡，但孙隆为民请愿，恳请皇帝对这批变色的绸缎免予退换，以缓解民力，获得了皇帝的同意。

万历十四年（1586年）孙隆奏请将内帑袍服织造的工作归并官营的五府织染局，只要需求不超过四千匹，就不再摊派到民间作坊，为苏杭百姓大大减轻了负担。当年初夏淫雨连绵，又发生了箱贮丝绸变色的情况，孙隆再次恳请皇帝怜悯百姓生计艰难，不要退换。皇帝真是很给面子，再一次表达了体谅和宽容，接受了这批变色的次品。

孙隆能让皇帝对他言听计从，自有其侍君之道。他在江南期间，四处为万历皇帝搜罗奇珍异宝，曾以白银五百两的价格购入一只宋代的盘螭白玉碗，献给皇帝。万历皇帝一生都对这只玉碗爱不释手，每晚必以之饮茶。只可惜此碗在李自成攻入京师后流落民间，再无踪影。

孙隆在江南工作了二十多年，十分钟爱西湖的山光水色。他虽然就任肥缺，却也不积余财，花费了大量金钱为西湖兴建、修复景观。我们今天看到的西湖美景，很多都是出自孙隆之手。

西湖白堤经孙隆修整后，堤边白石砌如玉，布地皆软沙如茵，夹道种满了绯桃、垂柳、芙蓉、山茶，华美远胜当年，时人称之为"孙堤"，以表达对孙隆的敬意。

西湖中央的一个小岛之上原有一座湖心亭，孙隆将其大规模改建为清喜阁。著名文人张岱曾经夸奖清喜阁金碧辉煌，规模壮丽，烟云吞吐中望之如海市蜃楼，就连滕王阁、岳阳楼也难以相比。当时曾有监税宦官私下里向百姓征收水鸟的翠羽作为织造袍服的原料，孙隆知道后罚银三千，将这笔钱用到重建湖心亭的工程之中。还有很多西湖的著名景观如灵隐寺、静慈寺、烟霞洞、龙井、片云亭、三茅观、岳坟等，孙隆都出钱出力为之修缮。

尤其值得一提的是，万历十六年（1588年），杭州大荒，米价陡升，百姓连树皮都吃光了。孙隆带头号召数十户官绅捐款，在净慈寺内用烧香的大鼎连夜煮粥，以馈百姓。从六月到八月，每日清早，老百姓排着长队从左门入，吃完粥再从右门出。寺中每日耗米十石，一直坚持到秋粮收获。

孙隆此举救活了半个杭州的饥民，功莫大焉。杭州百姓皆称孙隆为西湖大功德主，当世的伽蓝菩萨，造福杭州的功绩不在苏东坡之下。当地士民在孤山上为孙隆建了一所生祠，孙隆的雕像就站在山顶，生前死后都可欣赏西湖风光，亦不失为一件快事。可惜到了"文革"时期，杭州六百多座寺庙尽遭灭顶之灾，连岳王庙也成了一片废墟，孙隆生祠的结局也就可想而知了。

# 晚节不保

万历二十七年（1599 年）三月，正是江南淡烟微雨、百花盛放的好时节。这一日，年逾七旬的孙隆在慧因寺游玩时忽然诗兴大发。他手握一杆湖州产的犀角紫毫，饱蘸自己亲手制作的清谨堂墨，在白如脂玉的高丽贡笺上写下一首恬淡闲适、意境悠远的《题慧因寺》："笙歌日日娱西子，为爱幽闲到玉岑。旧有高人井田宅，沿流且向寺门寻。"

孙隆写罢觉得十分满意，正在反复吟咏，门外有小太监急急来报，有圣旨到：孙隆再度升迁，头衔变成了"钦差苏杭等处提督织造兼理苏、松、常、镇税务司礼监太监"。

东南地区一直是中国最为丰腴之地。开国之初，朱元璋痛恨吴人忠诚于张士诚，将苏州的田赋定得非常高，所以有明一代，这里一直是朝廷赋税的主要来源地，而其中又以苏州尤为富足，一府之地就能够比得上中部地区一个省的税收。到了明朝后期，苏州的工商业蓬勃发展，为海内之冠，尤其是其纺织业。整个苏州有机户上千，机匠逾万，纺织业及上下游产业养活百姓不计其数。

孙隆刚刚上任时，仍然本着保护丝织业发展，培植稳定税源的思路，只征行商，不征坐贾。可过了不到两年的时间，孙隆发现全国各地矿税监上缴白银都如火如荼，一个赛一个地积极，自己再稳扎稳打，就要失去皇帝的宠信了。逼不得已之下，孙隆性情大变，一改原来爱民恤民的风格，活菩萨变为活阎王，开始向百姓征收重税。

孙隆规定，苏州各交通要道加设税卡，就算是一只鸡、一把菜也概不能免。当时有一个卖瓜小贩挑着 24 个西瓜入城贩卖，却要拿出五六个瓜来交营业税，出城时用仅剩下的西瓜换了大米 4 升，又要拿出 1 升米来交交易税。卖瓜小贩无奈只能蹲在城门口放声大哭，和陆二的悲惨遭遇如出一辙。

随着赋税日益严苛，苏州的商户们开始大量破产，无人经商，税源也就日渐减少。再加上连年水灾，很多地方颗粒无收，民生陷入极为艰难的境地。当地有一首悲伤的民谣被四处传唱："四月水杀麦，五月水杀禾，茫茫阡陌弹为河。杀麦杀禾犹自可，更有税官来杀我。"

银子收不上来无法向皇帝交差，孙隆只能把更重的税负转嫁到纺织业上。他强行要求织户每一张织机固定纳税银三钱，每产出一匹绸缎缴纳税银五分，每产出一匹纱缴税银三分。不管织户家里是否生产，只要有织布机就得交税，而生产出来的纱、绸，也不管你卖不卖得出去，也得先行交税才有资格出售。

苛重的捐税使机户苦不堪言，不开工没收入是死，开工交不起税也是死。由于大户无力开工生产，上万名织工、纱工、染工也都陷入失业状态，富庶江南元气大伤，原本勤劳致富的好日子跌入水火倒悬的惨境，甚至不少人因此饿死，与纺织业相关的商店铺行也纷纷倒闭。

万历二十九年（1601年）六月初六，忍无可忍的苏州百姓终于爆发了。他们身穿白衫，手执棍棒，分为六队，浩浩荡荡从葑门出发，到苏州城里去找孙隆讨要公道。每队百姓都有队长统领，手持芭蕉扇在前指挥，数万人的队伍纪律严明，毫无乱象。

这次声势浩大的游行的领导者名叫葛成，他出生于昆山一个穷苦人家，为人讲义气，重信誉，在纺织工人中威望很高。葛成很有组织才能，他担心参加抗税的人数太多，无法约束，若引起抢掠事端就会授朝廷以造反的口实，所以在游行之前做了周密部署。

大队人马出发前，所有人都到玄都观当着神像发誓："此次行动为公义，私人不取一钱。"葛成选出六个队长，与众人约定："所有举动，都需看我手中芭蕉扇的指挥。"大家齐声回答："诺！"有一个织工从税官家里抢了一口古鼎，葛成知道后将其处死。他把来自各行各业的数万百姓管理得井井有条，是一个天生的工人领袖。

游行队伍走到灭渡桥，正碰上税官黄建节带领税丁在征税。愤怒的百姓一顿乱石如雨，将黄建节活活打死，接着又杖毙了税官徐怡春。游行百姓沿途放火焚烧了很多税吏的房屋，但事先都会通知其邻居加以防范，以免祸及。

暴怒的群众抓住了孙隆手下害民最甚的两个税官汤莘、徐成，将其捆绑送到玄妙观前，一顿乱棍打死，场面极为激动人心。吴县人钦叔扬作《税官谣》十三首描写当时的盛况："千人奋挺起，万人夹道看，斩尔木，揭尔竿，随我来，杀税官。"

可怜孙隆老爷子已经72岁高龄，行了一辈子善事，却晚节不保，大难临头只能跳墙逃跑，最后狼狈逃往杭州避难。

苏州民变的消息传到北京，万历皇帝大为光火，责令杭州知府朱燮元严厉弹压，葛成等八位组织者被逮下狱。这时葛成又显现出非凡的气度与担当，他大义凛然地对朱燮元说："这次抗议活动和杀人之罪，我愿一身当之，不必责罪他人！"万历皇帝恼怒归恼怒，但也承认是税吏横征暴敛引起公愤，民众起事情有可原。就这样，闯下滔天大祸的葛成最后居然免于一死，被监禁了13年后获释出狱，可见当时的社会风气还是比较宽容的。

这次苏州民变，身为苏杭税监的孙隆有不可推卸的责任。孙隆本来是从容儒雅、官民悦服的好官，走到这一步几乎身败名裂。究其祸根罪魁，当然还是那位对敛财有强大执念的万历皇帝。孙隆毕竟只是皇帝的家奴，主子有旨意，要命也得给，更何况区区名誉了。

孙隆一生，毁誉兼有，功过参半，他在任职苏杭期间，对地方官员以礼相待，从不妄自尊大，最重要的是他爱惜百姓，善待地方士民，虽然在人生的最后两年有重税扰民的污点，也实在是出于无奈。善良的江南百姓一直念其善举，每每提及孙隆，总是怀念褒奖的居多。

# 第三十四章　空空如也

唐代宗时期，左仆射张延赏去调查一件民愤很大的冤案。

张延赏很想在此事上有一番作为，就召来狱吏，非常严厉地训诫说："这个案子已经拖很久了，限你们在十天之内将它审理完结。"

次日，张延赏再去上班，发现办公桌子上有一张小纸条，上面只写了四个字："钱三万贯。"意思是如果你不过问这个案子，就送你三万贯钱。

张延赏堂堂宰相哪会吃这一套，他毫不容情，更加急切地催促查案。

又过了一天，张延赏再去上班，第二张小纸条送到了，依旧是四个字："钱五万贯。"这下张大人更火了，光天化日之下贿赂朝廷宰相，明摆着是案情有问题，某人心里有鬼。张大人很生气，后果很严重。

第三天，张延赏到了办公室，习惯性地往桌上一看，果然看到第三张小纸条，上面写着四个字："钱十万贯。"

张延赏仿佛猛然惊醒，立刻下令停止调查，再不过问。

有好事的公差见张大人前后态度差别如此巨大，就悄悄探听这个案子的缘由。张延赏神秘兮兮地说："钱已经送到了十万，此人可以与神相通了，有这样身家的人，没有不可扭转的事情。我怕祸及自身，所以不得不接受了。"

从此世间留下一个成语：钱可通神。有钱就有神，而一生爱钱的万历皇帝驾崩后，庙号恰好就是"神宗"。

## 其言也善

万历三十年（1602年）二月十六日半夜时分，月寒星冷，朔风劲哀。首辅沈一贯刚刚睡下，府邸外传来一阵急促的敲门声。原来是司礼监的太监急匆匆赶来传旨，说皇上急召沈大人速入大内，有要事。这名太监愁眉苦脸地向沈一贯悄悄暗示了一个非常不好的消息，皇帝要不行了。

沈一贯是浙江宁波鄞县（今宁波市鄞州区）人，隆庆二年（1568年）进士，不过只考了三甲第一百三十六名。在学霸如云的明朝内阁中，考试排名在二甲以后的首辅很少见，但沈一贯做到了，可见他的才学虽然不是最佳，但在人情世故上确有自己的过人之处。

万历二十三年（1595年），沈一贯以东阁大学士的身份入阁参与机务。当时和他一起受到推荐的还有前任首辅王家屏，本来大家都以为以王家屏的人品和资历，入内阁是毫无争议的事儿，但我们前面讲过，万历皇帝最烦的就是王家屏，结果沈一贯顺利入选成为首辅。

明末党争激烈，不仅有阉党和东林党之战，还有一股强大的政治势力浙党也在战局之中。沈一贯作为浙党的领袖，与阉党结成同盟，一同排挤东林党人，并一度在这场旷世党争中占据上风。

当时与沈一贯一同入阁的还有大学士沈鲤。前任首辅申时行离任的时候，曾经给沈一贯留下一封书信，告诉他沈鲤不是善类，让他小心，所以沈一贯早早就留下先入为主的印象，对沈鲤敌意很深。

沈鲤为人光明磊落，正直无私。他入阁之前是礼部尚书，只要是他认为不对的事，即使有皇帝的旨意，也不会轻易顺从。万历皇帝素来喜爱珍宝，曾为买一件宝物花费千万两白银，朝中大臣纷纷慷慨捐俸，以表示自己的忠心。在众人争先恐后捐银子之时，唯有沈鲤格格不入，他非常不合时宜地说："我只知谦虚节俭就够了，绝不会奉迎皇帝。"闻者无不自惭形秽。

云南的军官杀了税使杨荣，万历皇帝大为恼怒，准备大开杀戒。沈鲤极力阻拦，详细陈述了杨荣的罪状，请求只是诛杀首犯而宽免其他人。在沈鲤的极力维护下，云南的官场躲过了一场牢狱。

沈鲤性格刚直，连皇帝的账也不买，更别说给当时的首辅申时行面子了。申时行一直怨恨沈鲤不肯依附自己，所以才会在离任的时候给沈一贯留信，让他小心沈鲤，暗地里给沈鲤下了个绊子，留下了二沈不和的伏笔。从入阁的第一天起，沈一贯和沈鲤就开始斗，足足斗了半辈子，留下不少精彩的故事。

## 说了不算

沈一贯半夜收到皇帝召唤，心知一定有大事发生。他匆匆穿上朝服，跟着太监抵达皇城，下轿后步入东华门来到大内，看到各部已经有不少大臣跪在仁德门外等候，个个一脸茫然，鸦雀无声。沈一贯进入启祥宫后殿，一见皇帝的模样吓了一跳。

万历皇帝在大半夜里竟然头戴朝冠，身穿朝服，一身上朝的正式打扮，只是面色惨白，呼吸微弱，斜卧在西暖阁中。刚刚结婚不久的皇太子及诸王都环跪阶下，就连皇太后也在一旁凄凄惨惨。这下坏了，明摆着这位刚刚四十岁的皇帝要交代后事了。

沈一贯已经好久未见天颜，都快不认识皇上了，他完全没料到正值壮年的皇帝竟然已经到了油尽灯枯的地步。

叩头请安之后，皇帝把他叫到近前，用虚弱的声音对沈一贯说了一番话，完全出乎沈一贯的意料："朕的病已经很重了，当了三十年皇帝，也没什么可遗憾的。我的这些孩子就托付给先生了。请您辅佐太子做个好皇帝，有事要多多劝谏、纠正他。收矿税事，是朕因三殿两宫没有修建好而采取的权宜之计，不可长久实行。今传谕各处，矿税连同织造、烧造一律停止，把因为反对矿税下狱的地方官员全部释放还职，还有朝廷里那些因言获罪的言官，也都将他们官复原职吧。"

皇帝连咳带喘说完这番话便直挺挺地躺下了。沈一贯心中一沉，众皇子瞬间齐声大哭起来，皇帝虽然并没有死，但整个内宫却已经沉浸在一片悲凉凄惨的气氛之中。

人之将死，其言也善，皇帝临终的嘱托终于泄露了他内心深处的秘密。这是万历皇帝第一次向大臣委婉地承认了自己派矿税太监、织造太监、烧造太监们扰动天下的错误。什么叫权宜之计，就是明知大谬也要为之。所谓征税的真相，无非是一场光天化日之下的公开抢劫。矿监税使不过是持有国家牌照的强盗。

万历皇帝心知肚明，通过这种弊政敛财不过是饮鸩止渴，已经让自己失去了天下人心，但为了增加内库收入，应付日趋庞大的宫廷开支，他仍然坚持将错就错。病危之时，他希望新皇帝不再重蹈自己的覆辙，但放在自己身上，则是过一天算一天，收一两是一两。

皇帝在病危时首先想到的竟然是停止这一弊政，沈一贯内心是感动和温暖的，皇帝临终前总算知道亡羊补牢，终不失为一位明君。

当夜，沈一贯带领群臣在宫中通宵达旦地加班，议拟了多道振奋人心的旨意，准备明日一早就向天下发布。

可惜沈一贯感动得太早了，昨晚的眼泪白流了，昨晚熬夜加班也白熬了。

万历皇帝病病歪歪地躺了一夜，第二天早上起来竟然发现自己依旧身体倍儿棒，吃嘛嘛香，又休养了半天，端的又是一条好汉，甚至比沈一贯精神头儿还足。

万历皇帝鬼门关上走了一遭，肉体上如释重负，重获新生，精神上却难过无比，他最后悔的就是昨晚发出了停止征税的谕旨。白花花的银子不能再收了，想想都感到心如刀割，还不如死了呢。皇帝急忙令太监到内阁追回谕旨，前后竟然派了二十多人，急传口谕："释放囚犯，听取直谏大臣的意见不改，但是矿税绝不能停！"

沈一贯美梦破碎，五内俱焚，打心眼儿里不想交回圣旨。但是前来追讨的太监唯恐回去没法儿对皇帝交差，一个个在他面前磕头，苦苦哀求沈一贯不要违抗旨意，就按照皇帝的意思办吧。沈一贯眼看实在拗不过，无奈之下只好依依不舍地把圣旨交还。

内廷太监里也有正直忠诚之士，就在沈一贯硬着头皮跟太监争夺圣旨的时候，司礼监太监田义也在跟皇帝据理力争，他阻拦皇帝说："圣旨已下，不可收回！"万历皇帝气得跳脚，完全不似昨天那个奄奄一息的将死之人，抽出宝剑要当场劈死田义。田义面对剑锋，毫无惧色，坚称皇帝不该出尔反尔。

主仆二人正在僵持，去沈一贯处讨回圣旨的太监乐颠颠地回来交差了。万历皇帝大喜过望，财路保住了，也就不再和田义计较了。

过了几天，田义遇到了沈一贯，既鄙夷又愤恨地对他说："相公你要是再稍稍坚持一会儿，矿税就能撤销，可你为何竟如此胆怯！"一番话说得沈一贯无地自容。

废除矿税这件事就算彻底作废了，好歹还留了一条释放囚犯的仁政，群臣心里多少还有些安慰。

矿税兴起近十年来，因为反对矿税被关进锦衣卫诏狱的各地大臣数不胜数，可以说矿监税使所到之处，不仅民不聊生，而且大批正直的官员也都跟着遭殃。

被以阻挠征税罪名参劾入狱的大臣名单包括：辽东参将梁心、山东福山知县韦国贤、山东益都知县吴宗尧、江西南康知府吴宝秀、星子知县吴一元、山东临清守备王炀、广东新会在籍通判吴应鸿、云南寻甸知府蔡如川、赵州知州甘学书、陕西富平知县王正志、湖广按察佥事冯应京、襄阳通判邸宅、推官何栋如、枣阳知县王之翰、武昌同知卞孔时、江西饶州通判陈奇可，等等。而矿税监一日不废黜，这份名单就会不断扩大。

锦衣卫镇抚司的诏狱可不比一般司法部门的监狱，其狱室深入地下，墙厚数仞，任你拼命哭号惨叫，外面也听不到半点声音。平日里想要送一件物品进诏狱，必经数处验查，即使家属想要送些食物给犯人，也是十不得一。诏狱之内不许生火，严冬之日，犯人仍要吃冷食，披草席。许多大臣虽无死罪，但在诏狱极端恶劣的条件下不少都病饿而亡。

吏部尚书李戴、左都御史温纯等人满怀希望地准备把这份圣旨颁示天下，刑部尚书萧大亨却多了个心眼，他跟大家说："刑狱的事情咱们还是等等吧，皇帝一天一个主意，搞不好还得变，还是等我再次请示一下比较稳妥。"

果然，真让萧大亨猜着了，没等几天，谕旨到，释放囚犯这一条也宣布作废。

# 一如既往

为了搞到银子，万历皇帝可谓费尽了心思。他将近300万两海税银和上千万两的工商、盐、茶税银纳入囊中仍嫌不足，还下令开放书局给内库挣银子，只要能卖出去的书一律刊印卖与民间，百姓只要交钱也可以自己出书。白莲教的分支闻香教教主徐鸿儒造反作乱，给教徒散发大量书籍传单，便是通过官方书局印出来的。

本来是普天之下莫非王土，但万历皇帝好像从没有觉得天下是自己的，总觉得把银子揣进自己私人腰包心里才踏实，花着才痛快。

开国之初，朱元璋在勤俭律己方面起的带头作用算是很不错的，他留下的《御制皇陵碑记》中有大量"忆苦思甜"的内容，说他祖父、父亲死了，连棺材都买不起，讲得分外悲惨。

正因为出身穷苦，所以朱元璋格外厌恶奢侈浪费的行为。天子车舆本该是镶金的，但朱元璋一律用铜代替，御床上装饰亦无雕龙镂凤，与中等人家的床榻无异。太子出门时，近者走路，路途稍远则十之七分路程骑马，另三分路程必须步行。凡宫中后妃，衣裳都是洗了又洗，穿了又穿，只要不破损便不丢弃。

勤俭是咱们的传家宝，但你朱元璋管理好朱家子弟即可，如果强加到百姓身上，以法律的形式限制和规定人民的生活方式，那就很过分了。我们前文中讲过，朱元璋在执政的三十一年中对国人住宅、车马、服饰等方面都作了细致的规定，极为严格苛刻。

勤俭的家风在正德年以后就被弃如敝屣了。奢靡享乐之风从江浙一带一直流传到北京，百姓们将往日的严苛规定通通抛在脑后，服装穿戴一天比一天新潮和大胆，甚至有人敢公开穿描龙绣凤的衣服招摇过市。

到了万历朝，有些保守的言官痛心疾首地声称：贱民服装比官员还漂亮，有违祖制，请皇帝整肃朝纲，严加管控，不许百姓僭越。

违背祖制不是小事，万历皇帝正在犹豫该不该管，负责收绢税和花布税的太监说话了，他们劝皇上说："如果不许小民穿绫罗绸缎，那万岁爷找谁收税去？"此言一出，皇帝的立场立刻坚定起来。看在银子的面子上，祖制可以扔掉了。

万历皇帝顶住了言官的痛骂，硬是废除了关于车马、衣服和轿子的限制，意外地推行了一项善政。经济发展可以推动政治改革，此言果然不虚。

我们上一章讲到，孙隆虽然在苏州激起民变，但他儒雅仁厚，行善半生，被召回后依旧身兼要职，最后以八十岁高龄善终。万历三十四年（1606年），也就是孙隆退休这一年，云南的矿税监杨荣同样遇到了民间反抗的怒火，最终惨死于烈焰之中，这也是他罪有应得。

在各地矿税监争相纳银的风潮下，报矿之风盛行，太监们疯狂地向皇帝表忠心，领业绩，尤其是云南矿监杨荣，在他眼里宝矿像蘑菇一样遍地都是。他急不可耐地向皇帝上奏说："云南阿瓦、孟密等地有能开采出翡翠的宝井，每年可获利数十万两白银。"皇帝就信了杨荣的大话，派他做云南的矿税监，让他去实现获利数十万两白银的承诺。

杨荣到了云南，却发现翡翠并不像蘑菇一样随处可见。他无法向皇上交代，只能用老方法派遣爪牙四处搜刮。可云南这地方又与内地不同，除了部分府县有些农户，大片密林里都是住竹楼的蛮人，家里只有一个瓦罐一条围裙，射一只竹鼠就能吃一天，哪里有什么家产供他抢掠。

杨荣无计可施，气急败坏，就迁怒于当地官员。他上奏皇帝诬陷云南巡抚熊铎侵蚀税银，结果熊铎被下狱问罪。他又逼迫丽江第十二土司木增献地供他采矿之用。当地明军指挥使樊高明不过应杨荣的召唤晚到了几日，竟然被杨荣手下打断了筋并戴枷示众。

云南边陲的官民大多野性未驯，比内地人更有血性，岂能甘心受这等阉竖的腌臜气。明军指挥贺世勋、韩光大等人，带领百姓万人，一举攻破杨荣税衙，将杨荣投入火中活活烧死，进而一口气杀死杨荣党羽200余人，消息传遍天下，大快人心。

这一消息传到京城，万历皇帝气得七窍生烟，感觉受到了奇耻大辱，竟然绝食数日，连慈圣皇太后都亲自出来劝解，生怕儿子把自己饿死。又过了数日，大学士沈鲤等阁臣也上疏安慰，皇帝这才消气进食，但对于云南民变仍耿耿于怀，他愤愤不平道："杨荣死不足惜，但为何朝廷纲纪败坏到如此地步！"

矿税太监已成人人喊打的过街老鼠，民间的反抗烈火也愈烧愈烈，万历皇帝也逐渐意识到问题的严重性，毕竟民心沦丧已经威胁到他江山的稳固。

为了让皇帝尽快取消矿税，朝臣们可谓绞尽脑汁，费尽心思，首辅沈一贯、大学士沈鲤、朱赓三位阁臣各写一份奏疏，准备等待时机一同上奏。

万历三十一年（1603年）五月的一天，黑云压城，风如拔山，雷鸣金鼓，大雨滂沱。大学士沈鲤欣喜地对内阁同僚们说："今日终于可以上奏了。"

沈一贯一头雾水，不明白大暴雨和上奏有什么关联。沈鲤解释道："皇帝向来不爱听我们说矿税的事，就算奏疏送入，也是白费工夫，他压根儿就不看。但今天我们可以冒着大雨素服前往，先把自己浇个透心凉，再湿淋淋地到文华殿奏报，皇帝必然惊讶我们这次到来不同寻常，一定能阅视我们的奏章，这也是一次难得的机会。"

沈一贯虽然和沈鲤有芥蒂，但在取消矿税监这件大事上与沈鲤的观点还是一致的，于是欣然同意了这个计划，立刻实施。

果然不出沈鲤所料，万历皇帝看到三位内阁大学士如落汤鸡一般冒着大雨送来奏疏，心想一定是有紧急的军国大事，立刻当面打开奏章阅读。虽然看到的还是奏请废黜矿税之事，但内心还是有所触动。从这一年开始，矿税之事开始渐渐有了转机。

万历三十三年（1605 年）夏至这一天，沈鲤跟太监陈矩闲聊，装作无意地说："太监们如此四处开矿，破坏了许多名山大川，这样可就坏了我大明的风水。"言者有心，听者有意。陈矩也是心有灵犀，找了个机会又将这番话添油加醋地传给了皇上。

龙脉受损可是关乎国祚的大事，万历皇帝不得不重视起来，他前思后想了好几天，终于忍痛下了决心，召回了所有矿监。

矿税停止后，税监依旧肆虐多年。

万历三十五年（1607 年）正月，泰兴县知县龙镗赴京参加"大计"，也就是进京接受皇帝考核，结果因考绩不佳，被贬了官，他心中郁闷不乐，带病离京。

谁知祸不单行，当他走到广宁门时，遇到税监赵禄、王泰、张宪、邢相等人正在卡门收税。这帮人见龙镗到来，误认为这个贬官身上大有油水可捞，于是上前横加勒索。谁知龙镗囊中羞涩，根本满足不了税监们的贪心，于是众人开始对他污辱谩骂，接着拳打脚踢，还动用凶器。龙镗被打得蓬头散发，昏死过去。

光天化日之下，在北京城竟然发生这样的丑闻，事后官民一致发难，联名写了奏文，由兵部委请皇帝，要求依法严办这伙横行不法的税监。万历皇帝拖了七八天，最后迫于公愤才把肇事者收监下狱。

直到万历皇帝驾崩，坎坷太子朱常洛继位后才以万历皇帝遗诏的名义彻底废除税监。

矿监税使如蝗虫般席卷全国，十年间造成天下萧然，地方残破。由于矿税太监都是皇帝直接委派，又直接向内库进奉，所以完全不受朝廷监督，形成了财政上的巨大漏洞——征多缴少，太监们疯狂中饱私囊，皇帝则所获有限，天下百姓徒然受了十年的痛苦煎熬。

自万历二十五年至三十四年间，矿税太监总计向内库进奉白银五百六十九万两。这笔钱和每年的夏税、秋粮以及盐税等收入相比，实在算不上是一笔多大的收入，于国家也解决不了什么问题。内帑虽然富了，但太仓依旧空空如也，军费官饷还是紧缺。正可谓：府库未充，膏脂已竭，明室之亡，于是决矣。

万历皇帝搜刮来的银子干吗用了呢？大部分送给了他的四皇子福王朱常洵，作为不能立他为太子的补偿。

凤阳巡抚李三才在《请停矿税疏》中以颇具文学性的笔法写道："皇上欲黄金高于北斗，而不使百姓有糠秕；皇上欲子孙千万年，而不使百姓有一朝夕。"

## 荒芜官场

作为上天在人间的代言人、四海之主、天朝上国的统治者，万历皇帝想要随心所欲地使用权力却无比艰难。青少年时期的高压管制使得万历皇帝的性格深沉内敛，甚至可以说他是明王朝最软弱的一个皇帝，他所宠爱的郑贵妃一语道破真相：他身为皇帝却越看越像老太太！

除了郑贵妃，孤独的皇帝似乎一个朋友也没有，他爷爷至少还有一些道士知己。万历皇帝身边却只有服从者，而没有支持者。他喜欢的儿子不能继承皇位，他心爱的女人永远没机会当皇后。从童年到暮年，内敛的皇帝从不知自由为何物。他一天比一天心灰意冷，这皇帝当的意趣何在？于是他开始选择沉默和逃避。

一天晚上，皇帝做了个噩梦，梦见一只斑斓猛虎咬掉了自己的脚丫子，他从梦中惊醒，恐惧万分，立刻下令将两只养在西苑的老虎活活饿死。

在长期抑郁的心情下，他的身体也越来越差了，不得不经常服药。大臣们无所畏惧地与他作对，不分青红皂白，把皇帝身上的一切病因都归罪于酒色过度。这一冤案直到他的棺木被打开的那一天，才得以平反昭雪。

一个君王的心境变化，对国家有着巨大的影响。就算皇帝有一百分的精明勤政，经过臃肿低效的官僚系统的层层传导，最后抵达民间的善意可能也只剩十分之一。但如果皇帝消极怠工，其对基层造成的恶果则会扩大百倍。

文官们年复一年的语言暴力也给万历皇帝带来了巨大的痛苦，他从满怀雄心，到失意逃避，上朝开始三天打鱼两天晒网，最后干脆变成一晒就是 10 年、20 年。虽然也决策了不少国家大事，但面对群臣这件事是绝对不想做了。唯有如此，他才能躲避朝臣们的唇枪舌剑。

皇帝不做事，大明帝国的官僚系统则是无人做事，朝廷缺官的情况日甚一日，人事任免达到了史无前例的瘫痪状态。

万历三十年（1602 年），北京、南京两都共缺尚书 3 人、侍郎 10 人、给事中和御史 94 人；全国缺巡抚 3 人，布政使、按察使、监察御史 64 人，知府 25 人。

到了万历三十七年（1609 年），官场的情况更加惨不忍睹，中央九部只有户部和通政司尚有掌印官在坚持工作，刑部和工部由其他部门代管，礼部、吏部、兵部只剩下公章而没有负责人，都察院和大理寺更是彻底歇业，不仅没人上班，连大印都不知道丢到哪里去了。

因为刑部没有官员管事，监狱中的囚徒积累多达千人，一直无人审问裁决，只能天天养着越来越多的罪犯。

天长日久，犯人们就算是顿顿吃糙米咸菜，也是一笔巨大的开销。朝廷负担不起了，就强迫北京的米商垫付，而且也不知道猴年马月才能给商贩们结账，你说这米店老板又何其倒霉。

国防方面的情况也不大妙，各个边镇都被欠饷。总兵们请求朝廷拨给军饷，兵部只能答复："对不起，不是没钱，而是无人负责军饷和供给的下拨。"

各省倒是按时纳税，可户部衙门里冷冷清清，解往户部的银两竟然无人接收。

因为礼部无官接待，外国来朝贡的使者只能住在光禄寺里，日复一日等着接见。光禄寺本来就缺钱，还要天天高标准地养着六七百国际友人，同样苦不堪言。

反正国家是皇帝的，皇帝自己不心疼，别人想操心也使不上劲儿。都说努尔哈赤和皇太极何等英武，几万八旗兵就能夺了明朝三百年天下，说到底这亡国祸患的根源还是出在明朝皇帝自己身上。

万历三十八年（1610年），礼部官员痛心疾首地向皇帝反映了国家的三大郁闷之处：

第一，皇太子是国家的根基，可陛下根本不让太子与大臣接触，太子应该看经典学治国，了解世务，可他长期宅在深宫之中，啥也不知道。您说，天下人郁闷不郁闷？

第二，高级官员是支撑国家的栋梁，如今却缺人一半以上。巡按御史是为国家考察地方官员，安抚百姓的，中央也好久不再派出；刑部的大印悬挂了半年，没有人裁决狱案，百姓投诉无门，囚犯怨气充斥。您说，天下人郁闷不郁闷？

第三，宫廷内库的财物堆积如山，而贫苦百姓却连半个豆粒也吃不上，父卖子，夫卖妻，惨不忍闻，而政府不发救济粮，坐视百姓死难逃散。您说，天下人郁闷不郁闷？

这份奏章递上去了，依旧落得个留中不发，石沉大海，你说在万历朝做个好官郁闷不郁闷！？

# 第三十五章　真假楚王

梁山好汉智劫生辰纲的故事，家喻户晓。他们所劫的生辰纲，乃是梁中书送给他岳父蔡京的寿礼。还有一种更高级的纲，叫作皇纲，是指地方上给皇帝送礼的货队，往往价值贵重，守卫森严。在《隋唐演义》里，程咬金和尤俊达曾经成功地劫过一回。

劫皇纲，那是九死一生的大买卖，非大盗不能为也。

## 飞来横财

万历三十二年（1604年）九月，万历皇帝心情大好。原来是楚王朱华奎主动报效，提出要敬献白银两万两，资助皇帝修建大殿。

明朝所有藩王中最为富有的，莫过于武昌楚王、西安秦王、开封周王和成都蜀王四家，他们哥儿四个并称"天下四大富藩"，个个都富可敌国。

楚王富则富矣，但极为吝啬，他的这份大礼送得一点都不甘心，但不送还不行。他为啥会咬紧牙关出这份血呢？其祸根还在于他们家一个姓王的倒霉亲戚。

万历皇帝对于一夜暴富这件事一直都怀着孩子般的憧憬。他抄了张居正、冯保的家，却没有得到传说中巨量的金银；挖开了所谓李林甫夫人的墓，也没有找到任何珍宝；至于采摘吕宋机易山的金豆，更是狗咬尿脬空欢喜，还给大明出国打工的百姓带来了一场无妄之灾。

按理说，上了这么多次当，万历皇帝应该领悟到天上不会掉馅饼。很可惜，并没有。

万历二十四年（1596年）八月，京师一个小军官，留守后卫百户王守仁上奏说："我们王家的祖上定远侯王弼曾把女儿嫁给了首任楚王，两家结为姻亲。王弼死后，儿子幼小，就由姐姐也就是楚王妃抚养。王弼生前曾积攒了大量财产，计有黄金68000两，白银250万两，还有86处庄田的田租800万两白银，共计白银

1300万两，这笔惊天财富后来都被楚王府私吞，都藏在保险柜里。如今紫禁城三大殿遭遇祝融之灾，我王守仁愿意以自己和王弼六世孙王锦袭的名义，把这份巨额财产全部捐献给皇上，以重建三大殿。"

且不说王守仁献上并不属于自己的所谓巨额财产的行径多么无耻可笑，单单看他说的这个故事，就漏洞百出，离谱之处毫不逊色于以往那些可笑的谣言，可万历皇帝闻听后再次激动万分，并且给予高度关注。

皇帝处理敛财之事向来雷厉风行，他立刻下旨令司礼监出面，带着王守仁前往湖广，会同湖广巡抚、巡按和楚王府长史一道查探接收王守仁进献的这份财产。

楚王朱华奎富家翁的日子本来过得好好的，可人在家中坐，祸从天上来，听说皇帝派人来跟他要一千三百万两银子，真是死的心都有了。楚王连夜上奏辩白说："王弼当年受到蓝玉案的牵连，是被赐死的，他连善终都没落着，哪里可能留下这么多财产？再说了不光你们皇宫里着大火，我们楚王府更是着火专业户。宣德六年、天顺四年、天顺六年、成化十八年，楚王府发了四次大火，每次都把王府烧为一片白地。王府里的存款都反反复复盖房子了，压根儿没留下多少。目前楚王府里只有存银18万两，多一个铜钱也拿不出来，皇上要是不信，我们可以全家搬走，空出王府来让朝廷挖地搜掘，看看到底有没有千万两白银。"

朱华奎的这份奏疏够真诚，而众多官员调查的结果也证明楚王之言不虚。满怀期待的万历帝又是一场空欢喜，自然十分扫兴。

虽然逃过一劫，但是朱华奎知道自己必须出点血才能让皇帝满意，这才主动敬献白银两万两，以抚慰龙心。

然而这笔巨款刚刚被押运到汉阳，竟然被劫了！

## 兄弟相杀

是谁如此胆大包天，敢劫皇纲？

答案揭晓：不是外人，就是皇族宗室，而且是楚王的近支兄弟。

领头的两个客串山大王，一个叫朱蕴钤，一个叫朱蕴訇，后面跟着舞刀弄枪的喽啰兵是宗室朱华堆、朱华焦、朱蕴钫等人，一共有五十多人，全都是正宗的天潢贵胄。我们在开篇曾写过宗室嚣张，肆意妄为，敢打知府，敢骂巡抚，可跟劫皇纲比起来，又算不得什么了。

难道万历朝宗室缺钱到这个份上，讨米不成，干脆直接做强盗？其实不然，朱蕴钤等人这一出人意料的举动，意图根本不在白银，而完全是一种宣泄，一种抗议，以此来表达对楚王案审理结果的不满！

所谓楚王案，是万历朝著名的大案之一。

现任的第九任楚王朱华奎是个遗腹子，他的身份一直受人质疑。整个楚藩流传着一个有鼻子有眼的传言，说朱华奎根本不是真正的楚王之后。因为上一任楚王朱英㷿不能生育，又不想死后让自己的兄弟袭爵，所以出了个狸猫换太子之策，让他大舅哥王如言之子冒名顶替，骗取王位，以保持富贵。这只狸猫就是朱华奎。

流言是一方面，另一方面这个朱华奎在藩国之中人缘儿也很差劲儿。自从他继位以来，对待国内宗亲残暴苛刻，更加引起楚国宗室的不满。

万历三十一年（1603年）新年，辅国中尉朱华越因为一件无伤大雅的违规小事又挨了楚王的重罚，不但被削薪减俸，还被当众责骂，十分丢脸，连年都没过好。

朱华越在家里日夜长吁短叹，越想越窝火，却只能和夫人抱怨，大骂楚王不过是个身份可疑的野种，却骑在他这个正宗皇族的头上拉屎，真是欺人太甚。

他的这位夫人也不是善茬，干脆鼓励丈夫跟楚王彻底撕破脸，干到底！夫妻二人合计了一夜，决定捅开这层窗户纸，直接上书京师，状告楚王是个冒牌货。

朱华越的夫人就是传说中楚王生父王如言的女儿，以她的身份可以说是最为了解内幕的人，所以对于此事很有发言权。

楚国是国内首屈一指的大藩，有人状告一藩之王居然是山寨版，这可不是闹着玩的。因为明朝法制对混乱宗室血统的处罚是非常严酷的。

成化年间，韩王府的汉阴王也是因为生不出孩子，拿外姓男孩冒充自己的儿子承袭郡王爵位。后来事情败露，死去的汉阴王被追削为庶人，汉阴王母妃平氏、王妃周氏以及那位冒封的郡王全部赐死，就连王妃之父周恂也被处以凌迟之刑，其妻、妾、子女皆斩首。

面临如此重大的家族危机，朱华奎岂敢大意。到底还是他技高一筹，朱华越的奏疏刚送到通政司，朱华奎的重贿已经抢先一步送到了内阁首辅、浙党领袖沈一贯的手中。

通政司使沈子木是沈一贯的心腹，在首辅的授意下，他把这份奏疏悄悄压了下来，并没有呈递给皇上。第一回合，楚王有惊无险。

朱华越自从递了奏疏，日等夜盼，望眼欲穿，可奏疏却如同石沉大海，不见回复。他心里估算着楚王一定是有所动作，拦截了他的上告。

一个小小的辅国中尉干掉一藩之王的胜率极低，要想取胜，就必须整合多方力量。

第二个回合，朱华越四方煽动，联合了同宗的二十九人，包括东安王朱英㷿、武冈王朱华增、江夏王朱华蠹等多位郡王，同奔北京，联名上告现任楚王是个冒牌货，以外姓乱宗，请皇上严查！

当时内阁大学士共有三位：首辅沈一贯、沈鲤和朱赓。朱赓对沈一贯一向是言听计从，但沈鲤与沈一贯则势同水火，二人除了在取消矿税这件事上观点一致外，其他朝廷诸事全部意见相左，凡是沈一贯赞同的，沈鲤必定坚决反对。

朱华越来京城告御状，闹得沸沸扬扬，通政使沈子木害怕了，只好慌慌张张地去找朱华越，乞求他把原奏的时间改为近时，自己再上呈万历皇帝。万历皇帝知道此事后，下旨交给礼部审理。

前文说了，朝廷官职大量空缺，当时礼部也没有掌印官，楚王案的主审是东林党人、以侍郎身份代理礼部掌印的郭正域。楚王朱华奎也想派人贿赂郭正域，但郭正域为人方正，不吃这一套，严词拒绝。

尽管沈一贯千方百计阻止楚国宗室告倒楚王，但郭正域则明显倾向于楚国宗室，要彻查此案。为了此案，郭正域和首辅沈一贯两人是针尖对麦芒，彻底杠上了。

沈一贯和楚王穿一条裤子，郭正域则是沈鲤的门生。这样一来，这起楚王案就不只是楚王与宗室的较量，也是内阁首辅与次辅的较量，浙党和东林党的较量。

沈一贯打击郭正域所用的招数十分下作，他让言官弹劾郭正域"陷害宗藩"，并说他的父亲曾挨过老楚王的鞭子，所以挟私报复。郭正域哪容如此诬陷，上书辩解。沈鲤在后面极力维护支持，双方你来我往，斗得十分热闹。

在郭正域的坚持下，万历皇帝下旨令三法司会同湖广巡抚赵可怀、巡按御史吴楷一起审理楚王案。锦衣卫也大张旗鼓地在楚王府抓了七十多人，挨个儿刑讯审问。但事关宫闱秘闻，又过去了那么多年，王府的仆从婢女们又哪里知道真相。结果这场审讯毫无结果，唯一的证据仍是朱华越夫妇的一面之词。

地方官员把审问的结果上报朝廷，万历皇帝又命各部院大臣会同有关官员三十七人进行复审，众官员立场对立，争吵不休，却依旧没有审出个所以然来。

看到朝廷的党争愈演愈烈，内阁与六部打作一团，躲在宫里的万历皇帝也烦了，于是他抱着息事宁人的心态下旨终审，免去郭正域侍郎之职，将朱华越夫妇降为庶人，关押在凤阳的宗室大狱。至于那些附和他上诉的宗亲朱英燧等人，也都被罚减俸禄。这一场真假楚王案以楚王和沈一贯取得完胜告终。

## 自绝后路

一场轰轰烈烈的真假楚王大案就这样虎头蛇尾地结束了，但事情并没有真正完结。楚国宗室们本来就头脑简单，胆大妄为，他们对案件的处理结果很不满意，脑子一热，终于演出一场劫皇纲的好戏来。

献给皇上的银子被劫，这还了得。湖广巡抚赵可怀放下一切公务，立刻派兵追查。本来劫银子的宗室们也不是什么专业大盗，官兵没费多大劲儿就将这群不知天高地厚的狂徒抓捕归案，此时这出大戏才刚到高潮。

在巡抚衙门的大堂上，赵可怀亲自审问主犯朱蕴钤。朱蕴钤破罐破摔，一直情绪激动地诉说自己的愤恨不平。说着说着，他由跪变站，不断前移，竟然凑到了赵可怀的近前。

赵可怀文人出身，眼看一张凶神恶煞的大脸越来越近，两只眼睛布满血丝，恶狠狠地盯着自己，很是瘆人。他刚要命差人将他押开，只见朱蕴钤不知怎么就挣脱了锁链，竟然扑上前去，挥动刑枷，狠狠打在赵可怀的头上。

一副枷锁有几十斤重，重击之下，赵可怀当场鲜血纷飞，脑浆四溢，倒地气绝。堂堂朝廷二品大员就这样在众目睽睽之下惨死在了审案的公堂之上，朱蕴钤还要继续行凶，把旁边几个陪审的官员吓得四散逃窜。最后总算冲过来一群差役才把这个狂徒按了下来。

这一意外事件使得沈一贯找到了借题发挥的理由。他将湖北的告急文书夸大其词，将抢劫案定性为宗室叛乱，呈报给了万历皇帝。皇帝不明真相，大为震惊，毕竟藩国叛乱是多少年没发生过的大事，朝廷立刻下令楚国周边各州府调兵平叛。

幸亏不久后湖广按察使李焘的奏疏送到，说闹事的宗室已经全部被捕，并无起兵造反之事，万历皇帝这才冷静下来，传旨罢兵。皇帝下旨将劫皇纲兼杀害大臣的两名首犯朱蕴钤、朱蕴訇押解到湖广承天府的显陵前处死。朱华堆等三人被勒令自杀，其他如朱华焦等人或革爵幽囚，或降爵革禄，各有处罚。

经过这场风波，朱华奎的王位才算真正巩固下来，此后太平无事，安享人生，积聚起数量惊人的财富。

三十多年后，太平岁月不再，天下大乱，巨寇张献忠率领数万大军猛扑武昌，将城池围得水泄不通。湖广巡抚见情势危急，带着一干军政要员来到王府，哀声连连，跪求朱华奎捐资助饷。

没想到朱华奎是个要钱不要命的主儿，他对皇上可以勉强捐款，但对下面绝对一毛不拔，一个铜钱也不肯拿出。最后被逼急了，他指着朝廷赏赐的裹金交椅说："本王家里人口众多，俸禄微薄，我们家连吃饭都成问题，哪里有钱犒军，如果巡抚大人非要逼我，瞧见没有，这把金椅子送你了，卖了换钱吧！"

守城将士看到楚王这一副嘴脸，都失望至极，哪还有人肯卖命守城。张献忠很快攻入城内，活捉了这位楚王。

朱华奎这时候才知道害怕了，拼命向张献忠叩头。张献忠是杀人魔头临世，哪里肯听你念经告饶。他下令将这位末代楚王装进大猪笼里，扔到长江中活活淹死了。

楚王府中积聚的数以百万计的金银都被大西军装入大车运走，成了张献忠招兵买马的本钱。

一场浩劫之后，楚国宗室被屠杀一空，中原再无楚藩。

# 第三十六章　妖书悬案

内阁大学士王锡爵和吏部文选司郎中顾宪成之间，曾发生过这样一段很无厘头的对话。

王锡爵说："近来朝中有一件怪事，内阁以为对的，外论必以为错；内阁以为错的，外论必以为对。"

顾宪成回答说："外间也有一件怪事，外论以为对的，内阁必以为错；外论以为错的，内阁必以为对。"

两个人言罢相对一笑，政治理念和政治利益上的对立却表露无遗。

顾宪成的官职不高，名气却很大。有这样一副脍炙人口的楹联：风声、雨声、读书声，声声入耳；家事、国事、天下事，事事关心。这副楹联的作者就是顾宪成。

万历二十二年（1594年）年老体衰的首辅王锡爵退休，万历皇帝便命吏部根据品望推选六七位能够胜任首辅之职的官员听候点用。顾宪成是专管官吏班秩迁升、改调的官员，他与吏部尚书陈有年合拟了七人名单上报。这份名单选得可真好，从大学士王家屏以下，各个都是万历皇帝讨厌的人，惹得皇帝大发雷霆。最后顾宪成因为此事被削去官籍，革职回家。

顾宪成回到家乡以后，修缮了东林书院，发起东林大会，集结了他弟弟顾允成及高攀龙、安希范、刘元珍、钱一本等社会名流，时称东林八君子，他们打着讲学的旗号来讽议朝政，规定每年举行大会一两次，每月小会一次。很多被贬斥的官员和失意政客纷至沓来，人数之多，竟使东林书院的学舍都容不下。这些人逐渐聚合成一个政治集团，被人称为"东林党"。

东林党人虽然聚集于书院讲学，但许多在野的士绅闻风相附，互相结交，一副在野党的模样。他们真正关心的并不是探讨经义，讲求学问，而是讽议时事，影响政治。当时朝廷中有很多小的集团，譬如浙江人大学士沈一贯、给事中姚宗文、御史刘廷元等人组成的浙党；山东人给事中亓诗教、周永春，御史韩浚等组成的齐党；湖广人给事中官应震、吴亮嗣等人组成的楚党等。

东林党人中当然不乏道德高尚者，甚至很多人被冠以君子之名，但更多人的心思还是在意气相争，抢权夺位上。只要是在观念与利益上同东林党相冲突的人，全被其斥为"奸佞""邪党"。

明朝中后期，党争对朝政的危害日益显著，各党派使用各种肮脏手段攻击政敌，对朝廷的政治生态造成巨大破坏。最终齐、楚、浙三党逐渐会集到九千岁魏忠贤身边，组织阉党来对抗东林党。大明政局在党争这条不归路上越走越远，此为后话。

在这样的背景下，从万历朝开始涌现出了大量疑案，除了之前我们讲的"伪楚王案"，更有后来震惊朝野的"梃击""红丸""移宫"三大案。一层层拨开这些案件的疑云，我们可以清楚地看到其中都有党争的痕迹。在下面这个篇章里，我们要详细讲讲其中最著名也最复杂的妖书案。

# 儿童不宜

既称妖书案，那么我们就先谈一本书，这本书的名字叫《闺范图说》。

明末的社会风气，总体来说对市民阶层是非常友好的，开放，包容，享乐之风举国盛行。不仅男人们日子过得逍遥，女性的社会地位也大有提高，虽然和隋唐时期女人的社会地位不能比，但和朱元璋时代相比已经好了很多。

在任何朝代，总有一群保守的老夫子，山西按察使吕坤就是其中之一。鉴于当时社会风气"腐化堕落"，吕老夫子在工作之余潜心修书，精挑细选了他眼中数十位"好女人"的光荣事迹，编辑为一本满满"正能量"的书籍——《闺范图说》，让广大妇女乃至女童重塑道德观念，重新接受一番女德教育。

那么这本《闺范图说》里都讲了些啥故事呢？我们挑选几则，与您奇文共赏，但后面的内容可能有些儿童不宜，小朋友们一定要把眼睛捂起来。

话说春秋时期，梁国有个高寡妇，容貌绝美，当地许多达官贵人都想打她的主意，连梁王都知道她的艳名，派来使者问聘。高寡妇觉得蒙受了莫大的侮辱，她愤愤地对来使说道："忘死而贪生，弃义而从利，那还是人吗？"

高寡妇越说越火大，手起刀落——当然不是宰了使者，而是割下了自己的鼻子。她血流满面，直视使者道："你回去告诉梁王我的模样，他无非想要个美女，现在可以死心了！"

使者吓得魂飞魄散，屁滚尿流，梁王听闻后也大为惊叹，从此死心。

故事的结局是圆满的，梁王免除了高寡妇全家的丁徭以示奖励。

再说第二个故事。

山东有个李寡妇，送丈夫的灵柩回河南老家，半路天色已晚，就找了个人家投宿。但这家主人并无助人为乐的习惯，大概还嫌弃李寡妇带着棺材不吉利，所以拒不接纳她。这李寡妇也是个执拗脾气，死活堵在人家门口不肯走。

这家主人被她磨叽得实在不耐烦，干脆抓起她的胳膊，硬生生将她推了出去。这下可惹祸了，李寡妇比死了男人还伤心，仰天大哭道："天呐，我这么纯洁的女人，手臂怎么能让人随便碰呢。"她不知道从哪儿寻来一把斧子，当场砍断了自己那条被玷污的纯洁手臂。

故事的结局是圆满的，当地的官长闻知此事后，重赏了这位爱惜名节的刚烈寡妇，又狠狠鞭打了那家主人一顿以示惩罚。

最后一个故事。

三国时，一个名叫夏侯令女的姑娘不幸成了寡妇，家人劝其改嫁。这个夏侯令女是个人狠话不多的主儿，她也不争辩，拿起刀来，咔嚓咔嚓两下把自己的两只耳朵给切下来了——你们还让我嫁吗？这下全家都吓傻眼了，很久没再提改嫁之事。

后来过了好一段时间，她的父亲又来试探女儿。夏侯令女毫不动摇，于是乎，又是一刀，把自己的鼻子也割了下来。你不是让我改嫁吗？没鼻子没耳朵，这回看谁敢娶！

故事的结局是圆满的，这事在魏国传得沸沸扬扬，连大名鼎鼎的司马懿都不得不有所表示，下令嘉奖她。

吕坤编的这部书，用今天的眼光看基本上是一本充满血腥味道和变态价值观的限制级读物，在当时却很有市场，销量一路攀升。就连皇上身边的太监也买了一本，献给了当时正得宠的郑贵妃。

这个郑贵妃是个聪明女人，她读罢此书，眼珠一转，想了个主意，决定借此书来抬高自己的地位，好好为自己贴一层金。

郑贵妃找来一群文人，精心挑选了十二个新故事增补进去。这十二个故事从东汉明德皇后的典故开始，以郑贵妃的事迹结束，意思很明显——鄙人不才，请大家多多向我学习。

郑贵妃为这本新版《闺范图说》写了一篇序文，并嘱咐她的伯父郑承恩重新刊印发行。

编印图书本来也算一桩雅事，郑贵妃的这一番操作，顶多也就算是自娱自乐，原本兴不起什么风雨。然而，这位皇贵妃还有另一个敏感的身份——福王朱常洵的母亲，因为这层特殊关系，这本新版的《闺范图说》便充满了浓烈的政治色彩。

# 无事生非

我们在前文中详细讲过，万历皇帝想立郑贵妃的儿子福王朱常洵为太子，却因为遭到整个文官集团的反对而未能实现。最后皇帝屈服了，极不情愿地把长子朱常洛立为皇太子，但对其依旧是一副爱搭不理的样子，所以太子的地位并不稳固。

《闺范图说》出版后很长一段时间一直平安无事，直到已经升任刑部侍郎的老夫子吕坤给皇上上了一份奏疏，这份奏疏叫作《忧危疏》，内容无非是劝谏皇帝要节省费用，停止横征暴敛之类的话，并无新意，皇上也没太当回事。但就因为这封奏疏，坏事来了。

说者无心，听者有意，吏科给事中戴士衡从这份奏疏中看到了千载难逢的机会，于是借此事上疏弹劾吕坤，旧事重提，指责吕坤当年写《闺范图说》纯粹是为了逢迎郑贵妃的政治投机，包藏祸心。

没过多久，又掀起了更大的波澜。有人以"燕山朱东吉"为笔名，专门为《闺范图说》写了一篇题为《忧危竑议》的跋文，在京师大肆散发，矛头直指郑贵妃，而吕坤作为该书的原始作者又一次跟着躺枪。

这篇《忧危竑议》字数不多，就说了三件事。

第一，郑贵妃版的《闺范图说》中，第一篇就是明德皇后的故事，而明德皇后就是由贵妃一跃成为皇后的。这说明郑贵妃觊觎皇后大位，因为皇后的儿子顺理成章就是嫡长子了，说来说去，还是关乎国本之争。

第二，吕坤上疏说天下忧危，关于国家方方面面的事情说得很全面，却单单不提最重要的立储之事，他作为当世大儒，教育这个，批评那个，为何在这样至关重要的问题上不为皇长子说半句好话，这是何居心？

第三，郑贵妃已经组织起了自己的帮派，包括外戚郑承恩、户部侍郎张养蒙、山西巡抚魏允贞等人，吕坤也在其中。这些人拉帮结党，就是妄想扶持福王为太子。

这篇文章，就是所谓的"妖书"第一版本，实则是一种匿名的政治传单。当时人们不明真相，纷纷指责吕坤的立场。吕坤百口莫辩，忧惧不堪，只好请病假回家去躲风头。

太子问题是个极为敏感的话题，而且事情牵涉到了郑贵妃，万历皇帝不愿意惹麻烦，于是干脆装聋作哑，把所有的责任一肩扛起，说《闺范图说》一书是他赐给郑贵妃的，然后把投机主义者戴士衡充军了事。

然而事情到此只是刚刚开始。

# 不可收拾

五年后，一个寒冷的清晨。

内阁大学士朱赓起了个大早，本来打算跑个步，然后吃早餐，上班，却发现自家门口贴着一张大字报，第一行赫然写着"续忧危竑议"五个大字。

"忧危竑议"，朱赓心里一激灵，这四个字好眼熟！既然自称"续忧危竑议"，那就说明这是当年妖书《忧危竑议》的续篇。再往下读，内容果然是继续指责郑贵妃意图废太子，立福王。此时皇长子朱常洛虽然名分已定，但坊间一直谣传万历久有易储之心，汹涌的物议随着一封新妖书的出现再次达到高潮。

妖书又来了！

这份《续忧危竑议》作者已经不是燕山朱东吉了，而是更加露骨地换成了郑福成和客人的问答，谁是郑福成？当然不是真人，取这个名字只是暗喻郑贵妃之子福王大事可成。

文中郑福成说："一般在皇家，如果母亲受宠爱，子女就会显贵。现在郑贵妃得到专宠，让皇上改立太子一点不难。"

客人问："你是怎么知道的？"

郑福成答："从皇上任命朱赓为内阁大学士，就可得知。朝野上下，人才济济，为什么非得用他呢？就因为他姓朱名赓。赓，更也，所以皇上必定更换太子。"

客人问："就算如此，靠朱公一个人岂能服众，就不怕激出变乱吗？"

郑福成答："这你就见识浅陋了！官场上现在都是如蝇逐臭，有朱相公在上头倡导，还怕众人不依附吗？"

客人问："依附者的姓名，可以说出来吗？"

郑福成点出了九位当朝大臣的名字，再加上郑贵妃，称他们为"十乱"。

客人又问："首辅沈一贯就没有什么表态吗？"

郑福成答："沈相公为人阴险，没有担当，有福自己享受，有祸则远远避开。"

这第二份兴风作浪的"妖书"只有三百来字，却如晴天打起了一个炸雷，在京城中掀起了轩然大波。

万历皇帝这回真的怒了，直斥此书作者大逆不道，下令东厂严加缉拿！

当时内阁一共就三名大学士，沈一贯和朱赓因为都被妖书点了名，脱不开干系，只好一起请假回家避嫌。结果内阁只剩一个沈鲤值班。

所谓妖书不就是一些狂言妄语吗？无非就是抹黑一下郑贵妃，又不是没经历过，万历皇帝至于动这么大肝火吗？

当然，仅凭这些牵强附会的诽谤之词似乎并不足以令万历帝如此暴怒，真正让万历帝大为光火的是，"十乱"的名单太刺激，而且文中竟然说朱赓联络了这些文武官员要入宫拥立福王继位，以博个姚广孝之名，如靖难故事。

姚广孝，靖难，这是多么深刻而恐怖的字眼儿！想当年姚广孝助燕王朱棣谋反，打着"靖难"的旗号从北京杀到南京，建文帝生死未卜，人间蒸发，此本朝之事，殷鉴不远！

在这份"靖难"高官名单里，除了郑贵妃与大学士朱赓外，在列的还有戎政尚书王世扬、三边总督李汶、保定巡抚孙玮、少卿张养志等，甚至还包括锦衣卫里的人——都督王之桢，千户王名世、王承恩等都在其中。妖书说他们共谋易储，而且还煞有其事地给这些人分好了工作，有人负责调动京营士兵，有人负责戒严禁城，有人负责在外围扼天下之咽喉，有人负责以军队控制三边关卡。

对于这些大逆不道之言，万历皇帝多半是不信的，但无风不起浪，这风是从哪儿吹来的，却不能不追查到底。

此时最紧张的莫过于被点名的锦衣卫一干官员了，他们本来是抓人的角色，如今却成了重点嫌疑人，刑狱之怖，这些人最清楚，而且谋反可是危及九族的大祸事，这些人焉能睡得着觉，纷纷上疏自辩清白。

被点了名的王之桢、王承恩、王名世，还有一个锦衣卫官员李桢国是三边总督李汶的儿子，他们一个个都大呼冤枉，表示幕后黑手很可能来自锦衣卫内部。

那么皇帝有话说了，你们都冤枉，那么谁是真凶？

四个人异口同声指认：北镇抚司掌刑的周嘉庆！——锦衣卫的二把手。

周嘉庆又招谁惹谁了，无事家中坐，祸从天上来。

可以肯定的是，周嘉庆是受了天大的冤枉，但王之桢等人不依不饶，继而控告周嘉庆的书办袁鲲与另一位嫌疑人皦生光来往密切。皇帝下令将他们全部抓捕，一番刑讯逼供后，遍体鳞伤的袁鲲只好供称周嘉庆曾与皦生光在家中密谋。

密谋什么呢？事态继续升级，既然锦衣卫一二把手都不清白，万历皇帝下令把相关人犯移往东厂继续审讯。这里您要记住皦生光这个名字，他在这个案件里是个关键人物，后面还将出现。

王之桢秘密遣人去造访提督东厂太监陈矩，请求他帮忙构陷周嘉庆，好在陈矩处事还算公道，一口回绝，因为他只是皇帝家奴，不想卷入党争之中。

结果东厂的审问结果和之前锦衣卫的结论截然相反。

周嘉庆赌咒发誓："别说是同谋，我和皦生光压根儿不认识，谁证明我俩见过一面，把我切碎了我都认！"然后袁鲲也当庭翻供，表示之前的供词是屈打成招。

这下，原本快要真相大白的案情一下子陷入了僵局，东厂、锦衣卫、法司三方各执一词，来回扯皮，始终查不出皇帝想要的真相。

# 矛盾升温

这王之桢与周嘉庆何怨何仇，为啥非要凭空栽赃陷害，甚至要将这位昔日同事置于死地呢？薄薄的一页妖书确实关系到一二把手之争，但暗中角力的已经不是锦衣卫的一二把手，而是内阁的一二把手了。

前文说了，此时内阁只有三位阁臣，首辅沈一贯，次辅沈鲤，阁臣朱赓，其中朱赓与沈一贯是老乡，同属浙党，而沈鲤与沈一贯关系向来不和。这一次妖书中浙党中人都被点了名，偏偏与东林党关系密切的沈鲤平安无事，这让沈一贯怎么能不多心。

老谋深算的沈一贯虽然为了避嫌人不在内阁，却一点也没闲着排兵布阵。他原本与王之桢交好，便指示他把妖书案的主谋攀附到周嘉庆身上。

沈一贯不是恨沈鲤吗，干吗要收拾周嘉庆呢？背后又有缘由。

原来妖书案初起时抓了很多人，除了被捕入狱的周嘉庆、曒生光等人，还抓了一个医生，叫沈令誉。这个沈令誉医术高明，曾经帮前礼部侍郎郭正域的小妾看过病，后来被郭正域收为门生。

郭正域是如假包换的东林党，而且在"伪楚王案"中他和沈一贯结下了仇。而向郭正域推荐沈大夫的人叫于玉立，也是东林党。于玉立带着银子来京师跑官，他的座师正好是次辅沈鲤。沈鲤有个与于玉立关系不错的门生，是时任吏部左侍郎的王士骐，而王士骐的上司是吏部尚书李戴，李戴有个外甥，名叫周嘉庆。

看明白了吗？

老谋深算的沈一贯，经过这一番穿针引线，营造出一种这些互有关联的人统统都是一党的假象，因为他知道，皇帝最恨的就是臣下结党。他的这一谋划空前成功。

震怒的万历皇帝下令让沈一贯回来上班，并授权他与东厂提督陈矩一同彻查此事。事已至此，沈一贯也不用再纠结周嘉庆这个小人物了，干脆直接指使给事中钱梦皋上疏，诬陷他的死对头沈鲤和礼部右侍郎郭正域是"妖书案"的后台。

沈一贯为什么找钱梦皋当枪使呢？这背后还有故事。

因为当时湖北荆门乡官胡化与州官阮明卿有隙，胡化诬告阮明卿是妖书的作者。而阮明卿就是钱梦皋的女婿，钱梦皋为了替女婿脱罪，自然愿意主动出面来找别人做替罪羊。

钱梦皋的理由很简单，却不容易反驳。内阁一共三个人，沈一贯和朱赓均被"妖书"点名，为什么唯独没有提及沈鲤？

沈鲤的处境变得艰难起来，他立了块牌子，写着"天启圣聪，拨乱反正"，表示心怀坦荡，工作之前都要对着牌子烧香，以明心志，但依然挡不住沈一贯放开手脚来构陷他和郭正域。

郭正域曾经当过太子朱常洛的讲官。寒冬时节，势利眼的太监们不给这位不受父亲待见的皇子生火取暖，朱常洛冻得浑身发抖。在郭正域的怒斥之下，太监们才肯拿来火炉。

妖书案发生后，朱常洛忧心忡忡地对近侍说："何为欲杀我好讲官？"为了营救老师，他还特意派人带话给东厂提督陈矩，请他对恩师手下留情。

陈矩貌不惊人，身材瘦弱，白耳黑齿，但权力非常大，和当年的冯保一样身兼司礼监掌印太监和东厂提督。陈矩虽然是个太监，但算得上人品方正，每逢维护忠良、劝谏皇帝的重大关头，都很有决断，敢于担当。陈矩掌管东厂这段时间，是东厂抓捕人最少、京师风气最清明的一个时期。

陈矩见有皇太子力保，加上确实无法证实郭正域与妖书案有关，便也有意为郭正域开脱。正是因为陈矩的鼎力维护，郭正域才能够平安渡过这一难关，留得一命。

郭正域有太子背书，性命无忧，但其他相关之人大量受到牵连，掌管京营巡捕的陈汝忠奉了沈一贯的命令，先后逮捕了与郭正域和沈令誉有过往来的达观和尚、仆人毛尚文等一大批人作为嫌疑人，甚至连沈令誉奶妈家里十岁女儿也被抓来，意图罗织他们的罪名。

达观和尚受到了严刑拷打，气愤之下端坐圆寂，沈令誉受刑后也奄奄一息，但他们在酷刑之下都没有诬陷郭正域。

仆人毛尚文虽然在酷刑之下同意指认郭正域，但由于他目不识丁，供词漏洞百出，根本没法儿用。

于是一场充满了黑色幽默的审问场景出现了，在东厂、锦衣卫和三法司会审时，堂下跪的确是一个天真烂漫的十岁女孩。

陈矩亲自审问这个奶妈家的小女孩道："你看到印刷妖书的印版一共有几块？"小女孩根本不懂厉害，满脸惶恐地胡乱回答："满满一屋子。"听闻此话，陈矩绷不住哈哈大笑起来："妖书只有两三张纸，印版怎么可能有一屋子呢？"

陈矩又审问另一个从印厂抓来的嫌犯说："沈令誉告诉你哪一天刊印妖书？"那人也信口开河道："十一月十六日。"一同参加会审的戎政尚书王世扬也听不下去了，站起来说道："妖书在十一月十日就已经出现了，怎么可能在十一月十六日才刊印呢？"

就这样，朝廷最高司法机关的会审变成了一场笑话百出的闹剧，既然沈令誉的冤屈显而易见，那么对郭正域和沈鲤的诬陷自然也不能成立。

五大部门的众官员日夜审讯，始终不能定案。皇帝那边已经等得不耐烦了，一天比一天火大，日日追问审问结果。众官惶惶不安，只求尽快找到一只替罪羊，以平息皇上的怒火。

既然郭正域是清白的，沈鲤也是无辜的，那么罪魁祸首到底是谁呢？卷进妖书案的人，个个都有来头，王之桢的祖父是山西、宣大总督王崇古，于玉立等人背靠次辅，王士骐的父亲是刑部尚书王世贞，就连貌似最倒霉无助的周嘉庆的父亲也曾官至蓟辽总督，这样一群官二代，除了皇上，谁能惹得起。而且东林党和浙党都有深厚的士林根基，并不愿意没完没了地互相斗下去。这样看来，唯一可以欺负一下的，就是那个皦生光了。

# 替罪羔羊

皦生光，本是顺天府一个平平常常的小生员。他是个胆大包天的奇人，曾经抱着富贵险中求的心态，借"国本之争"讹诈过郑贵妃的兄弟郑国泰。

当时有个叫包继志的富商为了附庸风雅，委托皦生光代他自费出一本诗集。皦生光故意在诗集中放了一首五律，其中有"郑主乘黄屋"一句，暗示郑贵妃为自己的儿子夺取皇位。土豪包继志哪里看得懂这些内涵，高高兴兴地付钱刊刻了诗集。

诗集一面市，皦生光立即找人去讹诈包继志，说他的诗集中有大逆不道之语。包继志这才知道上了当，但书已经发行，无法挽回，只好出钱了事。

皦生光刚接过土豪包继志的银子，接着又拿着诗集去讹诈郑国泰。郑国泰虽然是皇上的小舅子，但胆小怕事，加上朝野上下都是对郑贵妃不利的舆论，也只好出钱买个平安。

后来这起诈骗案终于败露，锦衣卫如获至宝，立即逮捕了皦生光。

皦生光做的事虽然不甚光彩，却是个硬骨头，入狱后虽然饱受酷刑，却只认敲诈罪，始终不肯承认自己和妖书有关。陈矩心急如焚，他心知皦生光不是妖书案的作者，但如果迟迟不能结案，必然牵连到更多大臣。

于是陈矩在深夜独入狱中，干脆挑明了把这层意思告诉了皦生光，请他担下这个滔天大罪。皦生光也是江湖得很，居然颇有"我不入地狱，谁入地狱"的担当，叹息道："就算是我做的吧，这样朝廷就可以结案了。否则诸大臣何处乞生？"

这时候沈一贯还不肯善罢甘休，又跳将出来，想让皦生光指证郭正域。皦生光为人极有原则，对着他们大骂道："我死就死了，怎么还敢教我迎合沈相公去诬陷郭侍郎！"锦衣卫把皦生光的妻妾和年仅十岁的儿子都抓了起来，全部进行拷打，皦生光拼着全家都死，也绝不干违心之事。怒声道："就是我一个人干的，哪有主使！"

从朝廷到民间，所有人都明白"妖书案"其实与皦生光无关，就连急于结案的沈一贯、朱赓都不相信，他们认为《续忧危竑议》一文论述深刻，非熟悉朝廷的大臣不能为。皦生光不过是个落魄秀才，就算他想写也没这个水平。参加审讯的御史余懋衡干脆向众官员宣布，定罪的依据是："梦见观音大士说了，妖书就是生光所造。"一时传为笑谈。

最后在主审官答应"议狱缓死"的条件下，皦生光正式认罪。但转头刑部官员上报给皇帝的意见却是建议处斩，这事本来已经办得很不讲究了，不料急于平息事端的万历皇帝反应更激烈，直接下旨将皦生光凌迟处死，枭首示众，家属发配边疆充军。

前后两份"妖书"的真正作者，直到今天也没有人知道是谁，真相扑朔迷离，疑云重重，成为千古之谜，为我们留下了无限遐想的空间。一般认为，嫌疑最大的就是中书舍人赵士桢。

赵士桢是个有名的武器大师，又以书法精湛著称。他的书法号称"骨腾肉飞，声施当世"，时人争相重金买他所题的诗扇。

一次偶然的机会，有个附庸风雅的太监带了一把赵士桢的书法诗扇入宫，结果被万历皇帝看见，同为书法爱好者的皇帝对其大为赏识，结果赵士桢借着一把扇子平步青云，以布衣身份被召入朝，成了鸿胪寺的主簿，相当于外事办国宾馆的负责人。而赵士桢的志向不在做官，一生只对研制火器极为痴迷，据说曾发明了迅雷铳、鲁密铳等多种阵前利器。

据说皦生光被杀后，赵士桢亦被各种传言搞得身心交瘁，夜夜梦见皦生光一身血迹前来索命，终于一病不起，抑郁而终。

两场举国震惊的妖书案就这样稀里糊涂地结束了，而案中主角们的结局又是怎样的呢？

"妖书案"结案后两年，沈一贯顶不住舆论的压力，致仕回乡。但他为人阴狠，临走前把沈鲤也拉下了马。然而人心自有公道，天下舆评都为沈一贯之去叫好，又为沈鲤之去而惋惜。

沈一贯回乡后，人们依旧没有停止对他的批评，甚至连他的浙党成员也跟着倒霉，饱受歧视和诋毁。沈一贯心中颇为苦闷，索性闭门不出，潜心研究老庄、佛教、《易经》，颇有心得，著有《易学》十二卷，后来被收录到《四库全书》之中。

沈鲤退休回家后，自费修筑了商丘的黄河大堤，数百年里造福一方。

郭正域回家十年后病死，死后得到了追赠的礼部尚书头衔，终于转正了。

吕坤因为早已经致仕，逃过一劫，他之后再也没有步入仕途，闭门著述讲学，写下了著名的箴言名著《呻吟语》，留下了"大其心，容天下之物，虚其心，受天下之善"这样的千古名句。为了缅怀这位贤德又迂腐的道学先生，我们最后再讲一个《闺范图说》里的故事来纪念他吧。

唐朝有个李寡妇，芳龄一十八岁。她在守寡之后常常跟别人说起自己会在夜晚梦见有男子追求她，而且连续梦了多次，说得有鼻子有眼。

李寡妇经过一番自我检讨，总结说自己做这种风流梦也是一种失节，原因就是自己太过漂亮。于是她剪掉头发，不洗脸、不洗澡，不换衣服，就这样脏了一辈子，守节终身。

当地刺史听闻有此奇人，十分敬重，郑重其事地给她封了个名号——坚正节妇，号召天下妇女向她学习。

在这样铺天盖地的宣传洗脑下，明朝的贞洁烈女人数格外多，被官方记录在册的烈女总人数是元朝的 40 多倍，宋朝的 130 倍。

# 第三十七章　活神仙

公元 1652 年，梵蒂冈教宗英诺森十世非常意外地收到了一封来自大明皇室的书信，寄信人的名字有三个，分别为皇太子康斯坦丁（Constantine）、皇太后玛利亚（Maria）、皇后海琳娜（Helena）。

这封信的内容以工整的楷书写在带有龙纹文饰的黄绢上，从日期上看这封信已经在路上盘桓了两年之久。

通过翻译，教宗知道了这封信的内容，大意如下：

"身为帝国的唯一继承人，上帝在东方的代言人，东方基督徒的保护者，中原大皇帝的太子，朝鲜、乌斯藏、撒里维吾儿的保护者，东亚诸王国的护卫者，察哈尔部林丹汗的朋友，蒙古草原的天可汗，欧洲诸国心中的东方王子，在此向教宗英诺森十世阁下致以问候。

"有一个不幸的消息要告诉您，我们尊崇天主教为国教的伟大明帝国，在鞑靼人南侵、农民暴动、军事贵族叛乱和荷兰人进攻的联合打击之下，已经四分五裂了。不信上帝的野蛮人正在帝国各地屠杀主的羔羊。这些异教徒还在不断地传播他们的异端信仰，试图让主的羊群进入魔鬼的怀抱，所以请求教宗英诺森十世阁下，组建十字军东征，发动一场圣战，让上帝的荣光重新照耀东方，愿天主保佑明帝国中兴太平。"

中华自汉代以来就以儒教立国，亦常有皇帝笃信佛教或者道教，何以到了明朝末年，中国的太后、皇后和太子会受洗成为天主教徒，并以拉丁教名向万里之外的梵蒂冈教宗乞求援兵呢？

小孩没娘，说来话长。

自从南明隆武政权覆亡之后，清军的下一个目标就是偏居西南一隅，据守桂林的永历政权。永历帝朱由榔相貌堂堂，据说长得最像他的祖父万历皇帝。

刚登基不久，永历帝就迎来了明、清桂林大战。就在这生死存亡的关键时刻，一支人数不多但装备精良的葡萄牙军队加入了战场，与明军一同对抗清军。

原来在隆武帝被杀前，曾派身边的司礼监太监郑天寿与传教士毕方济一同向澳门天主教福音会请求援兵。教会派出葡萄牙军官费雷拉率领 300 名战士，带着最先进的火枪和 10 门大炮，日夜兼程而来，但终究还是没来得及救出隆武帝。

葡萄牙人得知明朝的新皇帝永历帝已经奔赴桂林，便又火速赶往桂林增援。明军得到葡萄牙战士的帮助，士气大振，并趁势收复了不少失地。

为了答谢澳门援军，也为了和葡萄牙天主教会发展更好的关系，永历帝再次派郑天寿赴澳，给澳门圣保禄学院送去了大批珍贵礼物。澳门方面也回赠给郑天寿 100 支火枪，并派遣了一些中国籍教徒士兵前往广西助战。

郑天寿回来后，为永历帝带回来一个重要的消息：梵蒂冈是罗马教廷所在地，是天主教的总部，教宗权势极大，兵多将广，如他能施以援手，则明帝国复国可期。

永历帝也是有病乱投医，当场接纳了这一建议，并做了一个史无前例的决定，同意在宫廷中举行一场郑重其事的受洗仪式。永历帝的整个家族，包括太后、皇后、出生仅一个月的皇子以及五十名嫔妃全部入教，同时受洗的还有官员四十人，宫女太监不计其数，所有教徒都有了自己的拉丁文教名。

永历四年（1650 年）四月，皇帝派波兰人卜弥格（Michae Boym）带领一个信使小队远赴欧洲，分别送信给罗马教宗、欧洲耶稣总会会长、葡萄牙国王、威尼斯共和国诸贵族，请他们看在同为天主教徒的情分上，出兵援明抗清。

卜弥格一行三人从广西出发整整走了两年，风餐露宿、九死一生才见到教皇。

然而令卜弥格失望的是，教皇虽然接见了他们，但所谓发兵援明抗清一事对教皇来说不亚于天方夜谭。所以教皇也只是给了那位望眼欲穿的明朝末帝一个礼节性的答复。

有信有义的波兰汉子卜弥格虽然没有完成使命，但还是毅然决定东归复命，回到那个危机四伏、风雨飘摇的南明小朝廷。

漫长的归途更为艰辛，从澳门到内地之路已经走不通，卜弥格只能想办法从交趾（越南）归国。走完这段不寻常的使命之路，卜弥格用了整整六年。

就在他到达交趾，距离永历帝仅剩一步之遥的时候，健康状况急剧恶化，永远地倒在了广西与交趾的边界上。这段超越国籍的君臣之情终未再续，只能空留遗恨，而当时南明政权已经处于全面崩溃的边缘。

这场异想天开的东西方大联盟虽然没有成功，却展示出了天主教在中国的巨大影响力。自万历皇帝以降，明朝从官方到民间都对天主教持以非常友好的态度。包括南明的隆武帝，对待来华传教士格外亲善，曾在福州斥巨资修建教堂，而且亲笔题写了"敕建天主堂"五个鎏金大字，并且御赐了"上帝临汝"的匾额。

天主教在中国大盛，以及伴随宗教而来的先进武器对明朝后期的中国产生了巨大影响。这一切都要归功于一个人，一个在万历朝名垂青史的意大利传教士——利玛窦。

# 传道

自从大航海时代开启以来，探索远方的梦想似乎只属于满怀征服欲的战士和视黄金如生命的商人。但还有一种人，他们没有武装却充满勇气，不求占领土地但求征服心灵，他们怀着更加伟大崇高的目标，书写着别样的传奇诗篇。这些人除了身负宗教使命，还扮演着外交家、科学家，乃至国际文化传播者的多重角色，他们就是上帝的使者——传教士。

公元 1054 年，经历了著名的东西教会大分裂，东正教与天主教从此势不两立。东正教的拜占庭帝国用海军封锁了欧洲通向外部世界的海路，罗马教廷则被阻隔在了西地中海。

很多天主教传教士并没有被东方大帝国的军舰所吓住，而是通过迂回的路线，艰难而执着地实践着他们向东方传教的理想，其中的佼佼者就是利玛窦。

利玛窦出生于意大利马尔凯州的一个药商之家，他从小就展示出非凡的学霸特质，在神学院师从著名数学家克拉维斯（Christopher Clavius）学习哲学、数学、几何、物理、天体力学、地图学等多种学科，样样精通，并掌握了希腊语、葡萄牙语和西班牙语，最后以优异的成绩毕业成为神父。

耶稣会东方总巡察使范礼安神父听说了他的才干，便邀请利玛窦前往中国传教。因为明朝实行海禁政策，不允许传教士进入内地，所以来自欧洲的传教士们只能停留在澳门。利玛窦从踏上澳门土地的那一天起，就开始了他为之奋斗一生的东方传教事业。

早在一千多年前，基督教就曾来到过中国，当时被叫作景教。第一个传道士是叙利亚人阿罗本，他从波斯沿丝绸之路抵达大唐首都长安。

唐朝是个自信包容的时代，唐太宗李世民更是个极为开明的皇帝，他特意派人隆重地接见了阿罗本，并为其建立了景教寺。阿罗本及其门人翻译了景教的经典，并命名为《序听迷诗所经》。

这本《序听迷诗所经》第一次向中国人介绍了西方天主教的概况："阿罗本的门派叫景教（基督教）。景教是大秦国（东罗马帝国）的国教，他们信奉一个天尊（耶和华），这位大尊见众生苦难，便化为凉风吹向一个叫末艳（玛利亚）的童女。童女因感凉风受孕，生下一子名为移鼠（耶稣）。"

景教在唐朝兴旺了数十年，在佞佛人士武则天当政后便开始衰败，根据《景教碑》的记载，洛阳的和尚就曾多次对景教进行谩骂诋毁。

会昌五年（845年），唐武宗下令禁止佛教流行，毁寺灭佛，景教也遭到禁止。此后景教在中原大地湮灭许久，仅仅在北方草原和南方沿海尚有微弱的遗存。

宋太宗太平兴国五年（980年），曾有一位名叫那及兰的天主教传教士奉命来中国整顿教务，他巡视了中国一圈后，发现已经根本没什么需要整顿的了。他无比伤心地向教宗报告说："中国的天主教已经彻底覆亡。教徒皆遭横死，教堂尽被毁坏。放眼中国，除了我一个人外，再无第二个基督徒了。"

此后的天主教屡遭磨难，传教活动毫无作为，到了明朝又因为海禁被限制活动。彼时的中国，上帝实难落脚。

# 入乡随俗

聪明的利玛窦总结了以前教士们在中国失败的经验，让自己的打扮和行为尽量中国化，力图彻底融入中国，打消中国人的抵触和戒心。

万历十二年（1584年）八月，利玛窦剃去头发，穿上僧服，以和尚身份与助手罗明坚从澳门出发，来到了广东肇庆，扛起了这份先辈千年来未能完成的艰巨工作。

然而东西方文明有着巨大的差异，这让利玛窦的传教工作看起来是那么无奈和滑稽。

当地知府王泮对这位远道而来的洋和尚很是尊重，按照僧人的仪式来接待他，并在崇禧塔附近划拨一块地让他建造寺庙。可当他听说洋和尚并不崇拜佛像只信天主时，感到莫名其妙和难以理解。

尽管如此，当名为仙花寺的天主教堂建成后，王泮还是送了一块写着"西来净土"的匾额。利玛窦也只好将错就错，将佛教的净土说成是天主教的天堂，这才让王知府松了口气，大感欣慰。韶州知县与南雄县丞也特意来拜会利玛窦，还分别在耶稣画像前捐献了银子，烧了香。

在官员们的示范作用下，广东民众也将利玛窦神父当作道法高深的僧人，甚至还把抱着耶稣的圣母玛利亚当成送子观音来看待。利玛窦也被百姓们主动上香的虔诚感动，认为这是中国百姓对自己传教事业的支持。

数年之后，利玛窦已经不再满足这种低效率的传教，于是他脱去僧服，换上儒服，出门乘坐轿子，后面带着用人，扮成学识渊博的老夫子模样。随着传教事业的发展，利玛窦越来越入戏，甚至为自己不能改变眼睛的颜色和鼻子的高度而感到遗憾。

利玛窦是个学习方面的天才，他在澳门只学习了一年汉语就进入大陆并足以沟通无阻。超强的记忆力这回再次派上了用场，利玛窦只花了十年时间钻研儒家经典，便能用流利的官话引经据典与中国的知识分子侃侃而谈，坐而论道。

利玛窦的传教方式也很接地气，把四书五经融入天主教的教义之中。譬如"上帝"一词最早出现在《尚书》和《诗经》中，利玛窦为了便于传教，便将拉丁文"Deus"翻译成中文古已有之，民间普遍信仰的上帝。基督教意义上的"上帝"一词至此产生，流传至今。

利玛窦在肇庆、韶州传教十五年，除了被当地百姓所拥戴，也赢得了士大夫阶层的普遍好感与崇敬，都尊称他为"西儒利氏"。

西儒利玛窦通过自己兼通中西的广博学问，获得极高的声望，并结交了很多朋友。他将欧洲哲人的警句格言翻译成中文，编写了一本名为《交友论》的小册子。此书广为传播，使得利玛窦获得两位王爷和众多文人好感，就连享誉全国的白鹿书院也邀请利玛窦前去讲学。

万历二十年（1592年）初春，利玛窦结识了他人生中的第一位弟子瞿太素。瞿太素是一位如假包换的官二代，父亲是当朝堂堂二品礼部尚书。瞿大公子虽然出身名门，却不思进取，整日沉迷于炼金术，没几年就耗尽了家财。

瞿太素当初主动结交利玛窦，是因为听说利玛窦这位化学大师能将水银变成白银。后来虽然白银没有炼成，但瞿太素被利玛窦的人格魅力和才华所折服，成了他的好友和弟子。

瞿太素的人脉网络非同一般，借着他的关系，利玛窦得以结识不少高官。利玛窦很会走上层路线，给他们送出自己制作的天体仪、地球仪和日晷等西洋物品，很快便成了众人钦服的博士利玛窦，后又成了人人喜爱的科学家利玛窦。

利玛窦在达官显贵中间声名鹊起，成为大小官员和各类士子争相造访的异域奇人，这种上层路线也使得利玛窦在传教过程中少走了很多弯路。

利马窦另一个学生的履历更加耀眼，他叫徐光启，做过崇祯朝的文渊阁大学士。

最初引起徐光启好奇心的，是利玛窦带来的《山海舆地全图》。这张具有现代意义的地图为中国人展示了一个庞大的新世界，彻底颠覆了中国"天圆地方"的传统观念。当然这个地图的比例不太标准，为了照顾中国人的自尊心，利玛窦特意把中国置于地图中央。

《山海舆地全图》使明朝人大开眼界，当时就连眼高于顶的李贽都对利玛窦赞叹有加。今天有人曾做过一个颇为精妙的比喻：马可·波罗来中国是乡巴佬进城，而利玛窦来中国就是城里的知识青年下乡。

利玛窦终身未能回到意大利，但他对故土一直念念不忘。在绘制中文版世界地图时，亚得里亚海上唯一有标注的地方就是他的家乡马尔凯。

徐光启还在翰林院时便与自己的老师一同完成了对《几何原本》的翻译。我们今天课本上所用的点、线、面、平面、曲线、曲面、直角、钝角、锐角、垂线、平行线、对角线、三角形、四边形、多边形、圆、圆心、外切，连同"几何学"这一名词本身，都是由他们师徒二人确定并沿用至今。

随着徐光启的官职不断提升，他开始利用自己的身份经常向皇帝建议对传教士委以重任，让他们修年历、铸大炮，为利玛窦传教打开局面创造机会。利玛窦感激地说："很难说清徐光启这个人对基督教事业是多么巨大的一笔财富。"

# 进京

万历二十八年（1600年）五月十八日，利玛窦迎来了他在中国传教生涯的巅峰。他带着圣母玛利亚的油画和印刷品、《圣经》、珍珠镶嵌的十字架、报时自鸣钟、庆巴罗钢琴以及《万国图志》等三十多种礼物，准备赴北京觐见万历皇帝。这一史无前例的行程得到了内阁首辅叶向高以及阁臣沈一贯、吏部尚书冯琦、户部尚书李戴等大批高官的支持。

在进京路途中，利玛窦呈给皇帝的奏疏得到了漕运总督刘东星和大儒李贽的亲自修改，奏疏既文采通达，又合乎规矩，诚挚而又得体地表达了一个意大利人为天朝效忠的真挚之心。可以说，在见到皇帝之前，利玛窦已经得到了中国政界和文化界第一流人物的尊重和帮助。

万历二十九年（1601年）一月二十七日，万历皇帝终于看到了这位名声在外的意大利人的奏疏和礼物，并留下了饶有趣味的记录，譬如皇帝知道天主是创造天地万物之神，但看到画里的天主化身竟然是一小儿，被一妇人抱在怀中，大为惊奇。

欧洲的艺术家们精通透视法，油画强烈的立体感也让皇帝觉得十分新奇，称赞画中人物栩栩如生，面部有凹凸，身体有起伏，看起来就像活人一样。

万历皇帝对利玛窦送来的贡品兴趣盎然，对那些宗教圣物则感到既新奇又敬畏，当他看到耶稣受难十字架时，竟然惊声高喊起来："这才是活神仙！"

如果以金钱来衡量，利玛窦带来的这些礼物价值并不高，其中最为出众并引起皇帝注意的是两座精致的自鸣钟。

一生收藏珍玩无数的万历皇帝，以前从未见过这种上发条的时钟，他龙颜大悦，兴奋不已，对这座时钟的兴趣持续了很久。

第二天早晨，时钟突然停止了。整个皇宫里的工匠轮番来修，但是没有一个人能使钟摆动起来。皇帝于是派太监去找利玛窦，专门向他学习如何使用和保养自鸣钟的知识，直到自鸣钟重新发动起来。

自鸣钟有大小两座，大的那座被置于精美的阁楼之中，在宫内专司报时；小的那座皇帝最为喜爱，带在身边时常把玩，听它鸣时。据说太后获知此事后，也想见识一下西洋宝贝，皇帝还怕太后不还，命太监将发条先松掉。太后觉得这座不会走的钟表索然无味，只是大概看看就完璧归赵了。

万历皇帝对利玛窦进奉的钢琴也倍感好奇，利玛窦演奏一番之后，皇帝觉得十分悦耳，让他教几个懂得乐律的太监演奏。练好钢琴课非一朝一夕之功，也不知道这几个太监最后水平如何。才华横溢的利玛窦一口气为皇帝创作了八首乐曲，并配以中文歌词，起名《西琴八曲》，歌词典雅古朴，文采飞扬，相当有意境。

利玛窦不过是带来一些西方初级的工业制品就引起了万历皇帝对于西方文明的热心与好奇。相比之下，后来英国人给乾隆皇帝带来了压箱底的现代工业文明成果，甚至还打算邀请他乘坐热气球上天游览一圈，可乾隆皇帝对这些划时代的科技反应极为冷淡，草草看了一遍，丢下一句"这些东西只配给儿童玩"就扫兴地走了。

出于种种原因，万历皇帝最终没有亲自接见利玛窦，但已经对他产生了非常好的印象。为了能一见利玛窦的真容，皇帝指派宫内画师为利玛窦画像，二人近在咫尺，却要以图像看人，好不麻烦。画像呈进宫后，皇帝凝视着这位黄眼睛、大胡子神父的画像，自信地判断说："这分明是个回回！"

万历皇帝并非不见利玛窦，他谁都不见。

利玛窦请求皇帝在京城内拨给他们一个安居之处，其实是想在北京这个帝国的心脏建立一座教堂。对于这一在当时看来非同寻常的要求，万历皇帝依旧表示出了浓厚的善意，虽然没有书面批复，却让太监口头通知利玛窦，让他可以放心住在京城里，甚至可以每四个月领到一次津贴。皇帝对天主教宽容、友好的态度，为利玛窦居留北京、建立教堂提供了很大方便。

利玛窦在北京等候了数月之久，终于等到了一次令他激动万分的朝礼机会，亲眼看到了身着华丽官服的官员和穿戴礼服的外国使者，人们组成色彩斑斓的队伍，来到一座雄伟的大殿前进行跪拜。然而让利玛窦不能理解的是，皇帝其实并不在场，所有的大臣和外国使者在东方刚刚露出一线曙光的时候，对着空空的龙椅行三拜九叩之大礼，并进献礼物。

距离越近，看得越清。随着长居北京的利玛窦对明帝国越来越了解，他渐渐发现这个国家在瑰丽外表之下隐藏着许多积重难返的致命弊病。

在朝拜大典上，利玛窦亲眼看到一些外国使臣进献的礼物，大为震惊，他在日记中一针见血地记录道："所谓藩属向天朝的进贡完全是有名无实，所谓贡品只有一些破旧武器和盔甲，还有一些骨瘦如柴的马匹。这种浮华的仪式要耗费大量金钱，而外国贡使公然用这些破烂儿换走明帝国大量的赏赐。全中国人都明白，整个事情是一场骗局，但他们不在乎被欺骗。大臣恭维皇帝的办法就是让他相信全世界都在向中国朝贡，而事实则是中国在向其他国家进贡。"

利玛窦对明朝军队的描述也很冷峻刻骨："军人们过的是一种悲惨的生活，因为他们应召入伍既不是因为爱国，也不是出于对皇帝的忠诚，更不是想获得荣誉，仅仅是不想被雇主强迫劳作而已。士兵们很少接受军事训练，只是被派去干最低贱的苦役，无论是官是兵，都要像小学生一样受鞭打，这实在荒唐可笑。"

利玛窦来华的年代正是西方迅速崛起的时代，也是中华文明陷入停顿与倒退的时代。中国在世界上的地位日复一日地低落，利玛窦也成为金玉其外的大明帝国的目击者。

利玛窦通过用心观察，发现明朝人都有着盲目的优越感，却又对了解外部世界怀有极端的恐惧与反感。他毫不留情地指出："明人的骄傲是出于他们不知道世界上有更好的东西。"

万历三十八年（1610 年），上帝的孩子利玛窦终于感到累了。他在完成了最后一本著作之后，平静而安详地回到了天主的身边，终年五十九岁。按照明朝惯例，西方传教士死后都应该移葬澳门。但在京的西方传教士和中国教徒们都希望可以得到皇帝的恩准，让利玛窦安葬于北京，以此来证明天主教在中国的合法存在。

内阁首辅叶向高等人对此事积极斡旋，他动情地赞美说："自古外人来我中国者，其道德学问，哪有一个能比得上利玛窦的，别的不说，只看他译制的《几何原本》一书，就称得上前无古人，功在万世。"

对天主教和利玛窦都抱有好感的万历皇帝最终同意将滕公栅栏赐给利玛窦作为其安葬之地，并拨给官地 20 亩、房屋 38 间，让利玛窦的助手用于兴建教堂。

从此北京的滕公栅栏改名栅栏墓地，自利玛窦之后，包括汤若望、南怀仁、郎世宁等著名传教士安葬于此的多达数百人，这里也成为中国天主教的圣地。

后人盛誉利玛窦是一位勇敢、聪明、有无可动摇的信念和伟大博爱精神的人。但我们也不要忘了利玛窦的成就也要归功于明朝的皇帝们对西方宗教与文化的宽宏胸怀。

1900 年，义和团运动中大批拳民向一切与西方有关的事物发起了攻击，他们掘开传教士的墓穴，将墓碑尽数破坏。到了 20 世纪 60 年代，栅栏墓地内仅存的利玛窦、汤若望、南怀仁三座坟墓也遭到毁坏。

今天，利玛窦墓已经被恢复，就在中共北京市委党校宽大的绿色庭院中央，与南怀仁、汤若望两位神父为邻。

明人谭元春曾作有《过利西泰墓》一诗，写得非常动人："来从绝域老长安，分得城西土一棺。斫地呼天心自苦，挟山超海事非难。私将礼乐攻人短，别有聪明用物残。行尽松楸中国大，不教奇骨任荒寒。"

# 第三十八章　风雪辽东

将军百战身名裂，向河梁、回头万里，故人长绝。

朝鲜战场可谓李如松一生的噩梦，虽然取得了辉煌的战果，但亲信将领和精锐家丁死伤大半，辽东李家军元气大伤。

血肉之躯的伤痛可以痊愈，内心的创伤却久久不能愈合。朝中大臣无尽无休的参劾让李如松身心俱疲。在他看来，国内的政敌远比战场上的对手带给他的伤害更大。

万历二十五年（1597 年），李如松终于从朝鲜战场回到了故土辽东，接替了父亲的职位，以辽东总兵的身份继续镇守一方。尽管言官争相劝阻，但万历皇帝力排众议，坚持任用李如松。李如松闻讯，"感帝知，气益奋"。

刚上任的李如松原本可以一个战略家的姿态，在这个父亲镇守了几十年的大军区作为一番，可他自恃武艺高强，惯以大将之身轻兵涉险，把一次无关紧要的军事行动变成了一场通往地狱的不归之旅。

翌年四月初三，大明北边重镇抚顺关外，旌旗熠耀，尘烟蔽日，喊声震天，人马蹂踏。风涛乱滚的浑河岸畔，数万名成吉思汗的后裔高举狼头大旗，排列着看似凌乱实则暗含杀机的半月阵型，高喊着祖先的名字，正死死围住一支明军骑兵，发起了一轮又一轮的凶猛冲锋。

这些舍生忘死的骑兵是忽必烈一脉的传人，隶属于蒙古察哈尔部。作为黄金家族最直系的后裔，他们的战斗力一直令明人十分恐惧，疯狂的进攻如同暴风雨中席卷山崖的狂浪，一个浪头被坚石击碎之后，又有无数巨浪继续腾空而来，无尽无休。在蒙古人遮天蔽日的箭雨中，被困的明军不断地施放火铳，殊死抵抗，尽管他们的战斗意志非常顽强，但由于对阵双方的人数相差太过悬殊，死亡的气息已经沉重地笼罩在这些越战越少的明军头上。

事实上，这支装备精良的明军小队并没有做好进行一场正规野战的准备。明军中有一句流传甚久的口号：虏酋贪汉物，虏妇惧捣巢。他们原本的计划，仅仅是悄悄地出长城而入草原，长途奔袭到敌人后方，杀其妇孺，赶其牛马，烧其营帐，在敌人柔软的腹部扎上一刀后迅速撤退。

然而这一次行动，明军失算了，非但没有直捣敌人的巢穴，还意外地遭到了蒙古人数万主力的重重包围。更令人绝望的是，辽东边军的灵魂人物，军镇的最高统帅李如松也在困兵之中，而他本来可以不必如此亲身涉险。

尽管李如松有着卓越的指挥能力与过人的悍勇，他的部下也足够善战和忠诚，然而在敌人志在必得的持续围攻下，已经遥遥在望的抚顺关再也无法等到战士们凯旋的一刻。

战至深夜，硝烟散尽，渐渐安静下来的战场上伏尸遍地，惨淡的月光下，一个身穿精美铠甲的魁梧躯体格外引人瞩目。

1958 年，北京丰台出土了李如松的墓志铭，铭文由当时的内阁首辅赵志皋亲自撰写，详细记录了这员帝国名将殒命沙场的经过。

## 养虎遗患

李如松战死后，辽东依旧牢牢地掌控在李家人的手中。然而接替李如松的不是他的弟弟们，而是他的父亲。李成梁以七十五岁高龄再次出任辽东总兵，而且在辽东又镇守了整整八年。

李成梁被封为宁远伯，又加太子少保、太傅头衔，威望与官爵都已经达到巅峰。但二次镇辽的李成梁已经老朽昏聩，早已不复当年之威。他对外任凭努尔哈赤兼并扩张，对内纵容高淮盘剥无度，自己则亲自指挥李家军在辽东大捞特捞，什么军资、马价、盐课、市赏没有不进入李家腰包的。

辽东百姓卖儿卖女，在生死之间煎熬，走投无路之下只能投靠女真和蒙古人求活。辽东重镇，早已不是当年那个坚不可摧的北境长城。

李成梁的堕落为努尔哈赤的崛起提供了绝佳的良机。满汉两大枭雄的关系密不可分，李成梁独霸一方需要努尔哈赤的支持，努尔哈赤则依靠李成梁的纵容，马不停蹄地抓紧扩大自己的地盘。

东北女真部落主要分为建州、海西、野人三大部。万历十六年（1588 年），努尔哈赤已经统一建州，又开始逐步兼并了海西与野人诸部，控制了东临日本海、西界明辽东都司、南到鸭绿江、北至外兴安岭的广大地区，并首创八旗制度。

八旗每旗有兵七千五百人，出则为兵，入则为民。女真人口虽少，但全民皆兵，一次作战可以出动重甲战兵六万余人，战斗力蔚为可观。

努尔哈赤修筑起了赫图阿拉城（今辽宁新宾），作为最初的都城，积蓄马匹和装备，屯田积粮，积极备战，把明廷当成了早晚要翻脸的敌手。

努尔哈赤还是很给李成梁面子的，他一直等到万历四十三年（1615年）李成梁卒于北京后才开始动手。在得知了李成梁的死讯后，努尔哈赤再无顾忌，第二年就正式建立了后金政权，年号"天命"，自称金国汗。

努尔哈赤的建国意味着他不再受制于明朝的管辖，明、金双方心里都很清楚，两国早晚将有一战。

当时的辽东多方势力犬牙交错。关外女真各部落多数已被努尔哈赤征服，仅剩下苟延残喘的叶赫部。为了自保，叶赫部不得不依附同样跟自己有血海深仇的大明，企图借助"中央军"的力量消灭努尔哈赤。鸭绿江以东的朝鲜王朝一直是明帝国忠诚的藩属，常年被女真人侵扰，同样仇视努尔哈赤，也站在明帝国一边。

在后金一方的阵营中，住在大兴安岭南部的蒙古科尔沁部与住在大凌河以北的喀尔喀部向来与后金交好，常与后金联兵袭扰辽东。

中间派是蒙古察哈尔部，他们虽然与后金是对立的死敌，但与明廷的关系同样恶劣。

明帝国一贯善于使用"以夷制夷"的策略，但随着女真诸部的统一，这一策略再无用武之地。

努尔哈赤宣称独立后，大明没有立刻动武，而是首先采取了经济制裁的手段，断绝了与女真人的一切经济往来。和蒙古一样，满人的工业水平也极其落后，很多生活用品都靠抢靠夺，就连锅碗瓢盆这些吃饭的家伙都无法生产，因此明朝的经济制裁对努尔哈赤来讲是致命的。

既然已经扯起"金"字大旗，叛明自立的女真人就没有必要再扭扭捏捏，与其坐等大明拉紧制裁的绳套，不如自己先发制人。饱受饿困之苦的努尔哈赤决心挑起与大明帝国的战争，而他最初的动机就是打破经济制裁，逼迫明朝重新开放互市。

万历四十六年（1618年），努尔哈赤以"七大恨"为由誓师，发起对明帝国的第一战——抚清之战。

关于"七大恨"的内容，版本众多。根据《清太祖武皇帝实录》所记，其内容大致为：

一、明人杀我的祖父、父亲。

二、明人帮助叶赫部与我作对。

三、明人在清河以南、江岸以北打猎，侵扰我部落村庄，处死我部派到广宁的十个使者。

四、明人擅自越界，出兵援助叶赫部，将我早年聘娶的女人转嫁给蒙古王子。

五、柴河、三岔、抚安三地是我们祖辈传下来的地盘，明人却不许我们在此耕种。

六、叶赫部倒施逆行，弄得天怒人怨，明人却偏信他们，派使者来污辱我、数落我。

七、明帝国国君既为天下共主，不应该对我有偏见，更不应该违抗天意协助叶赫部与我对抗。

这所谓的"七大恨"啰里啰唆，翻来覆去，其实只有第一条杀祖杀父之事算得上是一恨。但这件事已经过去很多年了，朝廷也赔钱了，努尔哈赤也接受了，现在又拿来讲实在太过牵强。至于其他几条，只是反复指责明朝偏向叶赫部，如泼妇骂街一般。

手里有刀，肚里没粮，似乎抢劫是唯一出路。这一点女真人与蒙古人干的事没什么两样。不同的是蒙古人比较实在，抢劫就是抢劫，不用找什么漂亮的理由，而努尔哈赤却一口气给自己找了七个。

# 第一战

努尔哈赤在六十岁生日那天给自己送了一份大礼，就是第一次带着八旗兵踏上了推翻大明王朝的征程。他的第一个目标，就是抚顺关。

抚顺关这个地方，努尔哈赤这半辈子经常来，但以往来这里要么是进贡，要么是要债，如今它成了努尔哈赤进军关内的第一道障碍。

女真人的第一次进军并不顺利，半路突然天降大雨，道路泥泞难行。努尔哈赤觉得不是吉兆，心中犹豫，甚至有了打道回府的念头。

他的长子代善是一员智勇双全的将领，立刻意识到父汗这一决定极为不妥，就挺身而出劝谏说："我们既然已经出师，怎么能遇到点困难就撤退？而且我们和明廷已经翻脸，就算撤回去也无法挽回。明廷已经知道我们出兵的消息，如果半途而废，我军将士气大挫，假如明军反攻我们，后果不堪设想。"努尔哈赤仔细考虑了儿子的建议，觉得有理，于是下令军队继续前进。

老天爷真是很偏向后金，到了后半夜，大雨忽然停了。当女真军队顺利抵达抚顺关城下的时候，月色如洗，空气清凉，正好厮杀。

努尔哈赤送了一封劝降书给守将李永芳，信中写道："你一个小小游击，能够战胜我大金可汗吗？你有才智，又识时务，是我国正需的人才。你要是想作战找死，我军弓箭可不认识你。你若出降，我便保城中百姓安宁。不要以为我在吓唬你，若连你这区区一座小城都打不下，我还出什么兵？降不降，你好生考虑。"

李永芳看到八旗兵人强马壮，知道硬拼毫无胜算，便想使个诈降之计。他一边登上南门请降，一边下令士卒准备防御战具，不料后金军勇猛如神，明军着实不堪一击，后金兵一个冲锋就登上城池，斩杀了守备王命印。

到了这个份上，李永芳也只得假戏真做了，他卸甲出城，匍匐在地拜见努尔哈赤请降。李永芳从此青史留名，成为大明第一个投降后金的将领。

努尔哈赤没有食言，李永芳投降后备受重用，被任命为三等副将，还娶了努尔哈赤的孙女为妻。在此后后金侵明的战争中，李永芳几乎每战必随，参与了攻取清河、铁岭、辽阳、沈阳的多次大战，屠戮同胞，血债累累，据说其麾下指挥的汉人军队不下万人。

在最初的侵明战争中，后金兵堪称一群有国家背景的强盗，他们完全没有土地要求，但经济目的十分明确。八旗兵每攻克一城先抢劫人口和财物，然后拆掉城墙离去，从来不想占据。

女真人最高兴的事是出兵抢劫，每次进攻之前，男女老少脸上都洋溢着抑制不住的亢奋，欢天喜地地相互传告说："抢西边儿去！"

后金第一次向明帝国宣战取得了超乎想象的巨大战果，从抚顺关开始，一系列战役下来，每战必捷，总计杀死明军总兵、副将、参将、游击等军官 50 余员，缴获战马 9000 匹、盔甲 7000 副，还击败明辽东总兵官张承胤、副将颇廷相带来的一万援兵。

趁着大胜之势，八旗兵一口气洗劫了抚顺及附近 500 多座屯堡，抢去人畜三十余万，编入女真籍的降民达到一千户。

努尔哈赤的第一次出兵就获得了自己意料之外的大丰收，为后来更大规模的侵略积聚了不少本钱，同时也看透了明军的不堪一击。一时间，辽东风声鹤唳，烽火连传。明帝国苦心经营了上百年的辽东防线经此一战彻底暴露了疲敝软弱的真相。

## 败军之将

努尔哈赤的嚣张挑衅引发了整个朝廷的震动，百病缠身的万历皇帝再也坐不住了。他已经几十年未见大臣，但这一次还是破例上朝了，精神紧张地与群臣商议平定后金的策略。

为了凑齐军费，万历皇帝下旨：天下除贵州外，每亩土地加派税银三厘五毫，全国加增赋银二百多万两，作为平辽的专用军费，同时重新起用在援朝战争中表现欠佳的杨镐任兵部左侍郎兼右佥都御史，经略辽东。

杨镐一个败军之将何以再一次得到皇帝重用，让他来统御大军，负责帝国最重要的对外战争？最主要的原因就是杨镐的人缘儿实在是太好了。

我们在前文中讲过，在朝鲜围攻蔚山的战役中，杨镐身为统领数万大军的主帅，因为恐惧背后来援之敌，带着亲信先行逃跑，导致大军溃败，明军伤亡过万。事后，杨镐并没有将战况实情向朝廷汇报，反而说自己打了胜仗，战役只死了一百多人。

这一弥天大谎不但得到了兵部尚书兼备倭总经略邢玠的支持掩护，还得到了朝中内阁大臣张位和沈一贯的全面支持，二人竟然起草了一道圣旨，将黑染白，对杨镐的"军功"大加褒扬。

朝鲜战场这么大的溃败岂是能隐瞒得住的，援朝军中的赞画主事丁应泰去质问杨镐。杨镐毫无愧色，理直气壮地把张位、沈一贯那道未经公布的表扬圣旨给丁应泰看，噎得丁应泰哑口无言。

丁应泰气愤异常，直接上书万历皇帝汇报明军战败的情况，弹劾杨镐贪猾丧师、酿乱权奸，批判他犯罪有二十八条，可羞之处有十点。万历皇帝这才知道真相，但在首辅赵志皋的亲自干预和保护下，杨镐得到的惩罚仅仅是革去官职回原籍为民而已。

杨镐被撤职后，东征军的高层官员邢玠、监军陈效都上疏为杨镐辩护。明军将领吴惟忠、茅国器、许国威、李芳春等人也集体上疏请留杨镐。按理说杨镐一直是偏袒辽东军的，可这些南军将领也都一心一意地替他说话，亦可见杨镐在明军中深得人心。

杨镐的好人缘儿不仅体现在国内，而且好出了国际水平。听闻杨镐被罢职，朝鲜国王特意派出陈奏使崔天健专程去了一趟北京，替杨镐辩白，但由于万历皇帝不认可，这些努力终归落空。

杨镐丢官受责，布衣归国，朝鲜国王李昖鼻涕一把眼泪一把地亲自送行，朝鲜好些大臣也纷纷赠诗作别。最令人称奇的还有朝鲜的老百姓，很多人围在路旁号哭，死活不让杨镐离开，搞得杨镐不得不多次下轿，含着眼泪劝他们回去。

这还不算，朝鲜国王每次接见来自大明的使臣，都会关心询问杨镐的情况，他还命人在汉城南郊建了一座宣武祠，供奉杨镐画像，并亲笔题写"再造藩邦"四字匾额悬于祠内。这几乎是一个汉人能在朝鲜得到的最高荣耀了。

一个能留名青史的人物是复杂而多面的，确实不能简单定义。抛开杨镐的军事指挥能力不谈，他能够得到身边方方面面所有人的认可和帮助，确实有其过人的本事。

杨镐被罢官后并未被万历皇帝一棍子打死，甚至后来还担任了一段时间的辽东巡抚。努尔哈赤公开和明帝国翻脸，万历皇帝决心一举将其消灭。然而放眼朝廷上下，竟然无将可用，于是他再一次想到了对辽东情况最为熟悉的杨镐。

遥想张居正当朝时将星闪耀，李成梁、戚继光、谭纶、王崇古、俞大猷各个都可以独当一面，而现如今人才凋零，后继无人。蜀中无大将，只好廖化作先锋，朝廷上下讨论来讨论去，都认为只有杨镐最适合领兵征辽。而且因为杨镐在朝鲜深得人心，朝廷此番起用他出征，也是想借他的影响力得到朝鲜方面的策应。

杨镐在宦海沉浮三十年，一直忙于周旋上位，交朋友，拉关系，着实并无多少军事才能。以他的手腕情商，做个后勤部长倒是完全可以胜任，或者一直待在国防部副部长的岗位上，也不失为一代名臣。如今让他担任辽东经略，将关乎国家安危兴亡的指挥权交给他，这玩笑开得不仅有点大，更有点悬。事实证明，这是万历皇帝一生中最具灾难性的军事决策。

杨镐久在辽东，心中对辽东之战的凶险程度还是有数的。当时辽东全镇剩余的边兵不过六万，分布在各个城堡、卫所、驿站之中，而且在与后金军作战中屡战屡败，军心靡溃，几成惊弓之鸟。

鉴于这种情况，杨镐并未草率采取行动。他一方面聚积粮草，集结军队，另一方面派人到建州找努尔哈赤和谈，要求努尔哈赤交还掳走的辽东人口，声称只要他主动向朝廷认错，或许朝廷尚可既往不咎，意图借此迷惑对手。

话出如箭，岂可乱发？一入人耳，有力难拔。努尔哈赤既已气势汹汹地宣布了"七大恨"，就等于彻底撕破了脸皮和大明对着干，再想让他认错那是绝无可能了。但当时八旗兵力总共六七万人，所据不过一隅之地，若是说努尔哈赤那时就有灭了大明自己做皇帝的雄心，又未免太抬举他了。

万历四十六年（1618年）七月二十二日，努尔哈赤再次出兵，猛攻清河堡（今辽宁本溪清河）。守将邹储贤见守城无望，烧毁了衙署，杀死妻儿，亲入战阵而死。后金军破城后，努尔哈赤实施了残酷的"三光"政策，拆毁城堡，焚毁民房，屠戮百姓数万计，并纵马啮食庄稼，致使清河一带六十里内沦为焦土，人烟断绝。

类似惨剧在日后的女真侵明战争中不绝于史。且不说扬州十日、嘉定三屠，仅仅崇祯二年（1629年）至十六年（1643年）年间，皇太极就发动了五次声势浩大的袭击。八旗兵从北长城的缺口袭入汉地，横扫北京、河北、山东、山西数省，马蹄刀锋所过之处，横尸遍野，血流成河，仅一个济南城就有十三万百姓丧命于屠刀之下。

九月初四，努尔哈赤又一次出兵进攻抚顺东北的会安堡，将这里屠戮一空，鸡犬不留。

努尔哈赤将三百名会安堡的平民押到已经被拆毁的抚顺关外，当着明军的面尽数斩杀，只留下一个人，割了他的双耳，让他带给杨镐一封极其狂妄的战书。上面写道："挑起战争的责任全在大明，如果你们不服气，十天半月，咱们决战；如果你们想息事宁人，就纳来金帛，封我为王，我要抚顺敕书五百道，开原敕书一千道分给我的兵将。还要另外送我绸缎三千匹，白银三千两，黄金三百两！"

努尔哈赤的猖狂深深激怒了大明帝国，和谈再无可能，战争一触即发。

杨镐知道辽东边兵已不可再用，想要有所作为，必须从全国各个防区抽调军队，组成一支在数量、装备上压倒后金军的大军。他用了半年时间征调了宣府、大同、山西三镇兵30000人，延绥、宁夏、甘肃、固原四镇兵25000人，从四川、广东、山东、陕西、北直隶、南直隶调兵20000人，从浙江调动南军4000人，又征发了永顺、保靖、石州的土司兵7000人，海西女真叶赫部10000人，朝鲜军13000人，拼凑了一支十一万人之众的东征大军。

明军这次集结，在数量上达到了前所未有的高度，可其战力和战备情况如何呢？

三大征打完后，国内一度安定无事，明军的训练再度废弛，连边镇演习也很少进行。就拿天子眼皮底下的京营来说，先进的火器装备年复一年锁在府库里，轻易不拿出来用。号称在野战中专克骑兵的大兵车与轻兵车，因为长期闲置、保养不当，连上面的木板都腐朽了，一碰就碎，遇到检查时只是涂一层漆遮掩。

至于兵源的素质更是堪忧。史籍记载，一群京营的官军到盔甲厂领取的火药居然还是朱元璋时代的库存。由于火药存放时间过长，受潮凝结，坚硬得像石头一样。无知者无畏的士兵们竟然在火药库里用斧子去劈砸火药块。没砸几下，火药库突然爆炸，声如震雷，当场炸死军官9名、士兵63名，重伤者21名，毁坏大量房屋。

武器不行，明军的盔甲也好不到哪儿去。明朝的工匠都有专门的户籍，世代不许改行，而且匠户的地位低下，生活困苦，十分可悲，很多人在浑浑噩噩中早没了工匠精神。他们被束缚在朝廷控制的官营机构中，生产出的盔甲武器虽然数量庞大，但质量十分低劣。戚继光早就在《练兵实纪》中表达了他对国家所发盔甲的不满，在他看来，明军的盔甲也就看外表还凑合，内里铁叶都糟了，一片上竟然有数个眼，好点的还能看出来是铁形，差的简直就是个铁筛子，一射必透，刀砍可破。也难怪明军的装备被西班牙人轻视，这样的盔甲和欧洲流行的板甲相比，防御力简直和破布差不多。

眼下大战在即，即便是即将奔赴辽东的所谓精锐部队，领到的火器多数也都是库存十几年的老货，不少火炮一试就炸膛，更别说还有临时招来凑数的五千多新兵，这些人操练火器时竟然连作战口令都听不明白。

这支看起来声势雄壮的军队，兵源遍及全国二十多处地方，外加叶赫女真和朝鲜国的外援，可谓民族团结，百花齐放。这些人的作战方式、交流语言各不相同，互相之间连沟通都得靠翻译，更别说在一起默契地配合作战了。

反观后金八旗兵，虽然人数只有六万，但主帅努尔哈赤本身就是东亚首屈一指的军事天才。领军将领是他的四个儿子、一个侄子、一个孙子，这些人互相熟悉了解，各个剽悍善战，弓马娴熟，真正称得上打虎亲兄弟，上阵父子兵，作战时可以如臂使指，配合无间。

八旗兵在作战时往往步骑混编，每个作战单位分长甲（骑兵）、短甲（弓箭手）和两重甲（重装步兵）三个兵种。重装部队都配备全套的头盔、面具、护肩、护臂、护心镜，还专门制造了保护胁部的"护腋"，防护非常严密，堪称东北亚最强大的重步兵。

每一次战斗时，穿戴重甲的步骑兵冲锋在前；穿短甲的弓箭手在后掩护；最精锐的禁卫骑兵"巴牙喇"作为总预备队，随时准备在战况胶着时发动致命一击。

八旗兵弓箭手使用的复合弓无论在射速还是穿透力方面都远胜于明军，普通战士作战时可以拉开130磅的硬弓，他们不求射程，只求杀伤力，明军常被后金弓箭手于五步之内射透面胁，每发必毙。

打造一支重甲步兵代价是很昂贵的，制作一副三十斤以上的全身铁甲，要消耗优质的福建铁一百斤，煤炭十几担。优质的重甲不但能防箭，对三眼铳这类射程不远的火器也有较佳的防护作用，甚至连一些大口径鸟铳也不能将其击穿。

反观明军，大部分士兵穿着一种以红色为主，紫、青、黄为辅的四色棉花战衣，谓之"鸳鸯战袄"。这种军装御寒尚可，防御效果却极弱。即使是着甲的士兵也仅是胸背披甲，此外再无防护，后金曾在松锦大战后清点过明军尸体，发现战死者的披甲率不足三分之一。能被拉到辽东去与八旗兵作战的，都是从全国各地抽调的精锐野战部队。一线精兵的装备尚且如此低劣，就更别说留在地方的卫所兵了。

# 分兵

尽管双方军队的素质和装备相差悬殊，但杨镐还是寄希望于以明军的压倒性数量弥补其战斗力的不足。他制定的作战方针是：十一万大军分进合击，以后金都城赫图阿拉——一座"以木石杂筑，高可数丈，阔可容数三万众"半城半寨的超级大杂院——为目标，兵分四路会攻，一举围歼后金军。当年他在朝鲜也曾经制定过四路出击的军事部署，事实已经证明这种传统的正面分路强攻战术对于人少兵精的强大的敌手毫无效果。

第一路兵马由山海关总兵杜松率领，三万士兵多来自宣府、大同等边镇。这一支部队不仅人数最多，而且装备精良，配备有全军最好的火器，有相当数量一手持刀矛、一手持三眼火铳的"跳荡铁骑"，是这次四路围攻的头号主力部队。

杜松是陕西榆林人，年轻时在西北参加边军，凭战功从一个普通小兵一路升迁至宁夏守备，与蒙古人交战大小百余回，无一败绩。蒙古人倒是很尊敬这个强大的对手，尊他为杜太师，而满洲人则对他十分畏惧，骂他是杜疯子。杜松不但作战勇猛，而且为官清廉，身先士卒，颇有古典名将之风。其下属将领赵梦麟、刘遇节、王宣、汪海龙、王浩等人不仅善战，而且对杜松这个老大忠心耿耿。

作为一名能征惯战的沙场老将，杜松并不赞成杨镐仓促出兵。他认为"兵饷未充，士卒不习，将领未协，不便大举"。可是意见归意见，杜松一旦领受了军令，也绝不含糊，行动最快。

三军誓师之时，李如柏曾与杜松洒酒拜别，半真半假地送他一顶高帽说："我把头功让给你了！"心高气傲的杜松并不觉得这是恭维，认为李如柏不过是说出了实话，竟然毫不推辞，仰天大笑，将杯中酒一饮而尽。

为了显示必胜的决心，杜松事先制作了多副刑具枷锁，上面写上努尔哈赤等人的名字，带在军中，对将士们豪言道："我必定生擒这些敌酋，绝对不会让别的将领抢走我的功劳！"主帅有这种灭此朝食的必胜气概，杜松军的士气倒也十分旺盛，都愿意跟随大帅早日建立平灭后金的不世之功。

第二路人马由开原总兵马林率领，有兵15000人，出开原从北面进攻。我们在前文提到过，马林曾因为弹劾高淮被罢官，如今又被重新起用。

马林的父亲马芳是嘉靖、隆庆、万历三朝数得着的名将，他自己虽然战绩平平，但雅好诗文，交游名士，自许甚高，曾写过《边务十策》这样战略性的论文呈给皇帝，算是辽东军中的一员儒将。

第三路领军的是李成梁的二公子李如柏。他率兵25000人，从清河城出鸦鹘关，从南面进攻。李家军只有李成梁、李如松算得上是名将，其他儿子像李如梅等人都只有匹夫之勇，不堪大用。当时李如柏已经在北京赋闲了二十多年，一直纵情酒色，早已无复少年英锐。如今他已经是六十九岁的年纪，父兄留下的那些精锐家丁早已不在，李家军的威名也如昨夜星辰，远去无踪，如今却被老朋友杨镐拉出来率军出征，十分无奈。

李如柏指挥的南路军与赫图阿拉距离最近，却并不负担主攻任务，也算是杨镐对他的额外照顾。

享受到杨镐"特殊照顾"的还有一个人，也是我们老熟人，他就是第四路主将——辽阳总兵刘綎。这次刘綎军的任务是出宽甸北上，由西南方向赫图阿拉进攻。

刘綎和杨镐在朝鲜时就不和，这一回出征，就属他兵少器劣，道路险远，处境最为尴尬。

刘綎和朝鲜颇有缘分，这次指挥的依旧是一支明、朝联军，包括他自己手下的 12000 人和朝鲜都元帅姜弘立统率的 13000 名朝鲜军。出征前，朝鲜军元帅姜弘立曾问刘綎说："咱们这路兵这么少，老爷何不请兵？"刘綎无奈地回答："杨爷与俺自不相好，必要置我于死地。俺受国厚恩，也只能以死报国了！"

杨镐并没有为四路大军指定明确的作战目标，也没有分派各将配合策应的作战任务，只是含糊地要求各路人马一同进攻赫图阿拉。四路明军互不统属，在三百公里长的战线上分头推进，毫无配合，完全是各自为战。主将排兵布阵如此草率粗疏，大军焉有胜算？

四路分兵布置完成后，杨镐坐镇沈阳，遥控指挥。他派人给努尔哈赤下了战书，宣称自己已经集结了四十七万大军，将在三月十五日月圆之夜一举荡平贼巢。

为了表示一战克敌的信心，杨镐特意奏上"擒奴赏格"，经兵部尚书黄嘉善复奏，得到了万历皇帝批准。赏格规定：擒斩努尔哈赤者赏银一万两，升都指挥使；擒斩其八大贝勒者赏银两千两，升指挥使；李永芳、佟养性等叛将，若能俘献努尔哈赤，可以免死。临战之前，杨镐还在做这样自欺欺人的表面文章，纯属是痴心妄想，自取其辱。

由于这次在全国范围内密集调兵，辽东军饷骤然增加了三百万两，这对于财政状况糟糕的大明而言，无疑是一个很沉重的负担。从全国调来辽东作战的客军平均月薪达到三两六钱银子，出兵时还有五两银子的开拔费。因此，大学士方从哲、兵部尚书黄嘉善、兵科给事中赵兴邦等朝臣唯恐师老饷匮，不断发出兵部红色令旗，催促杨镐于万历四十七年（1619 年）二月二十一日出兵。

当时正值隆冬，东北严酷的气候状况并不适合行军作战。二月二十一日，正赶上天降大雪，出兵更不可行，杨镐不得不将出发日期改为二十五日。

到了二十五日，雪不但没有停，反而越下越大。这时候山海关总兵杜松提出，现在大雪漫天容易迷路，应该延期发兵。辽阳总兵刘綎也表示明军对地形还不熟悉，应该缓一缓再发兵为好。

诸将无心出战，杨镐也知道现在出兵时机不对，但在内阁和兵部的严厉催促下，他也只能不顾将领们的反对，坚持要求各将出师。杨镐严令四路明军分头并进，于三月初二在赫图阿拉城外会合，一同发动总攻。

是日愁云惨淡，马尾霜凝，八万多名帝国官兵忐忑地向着即将吞噬他们的林海雪原蹒跚而去。正所谓"困兽当猛虎，穷鱼饵奔鲸；千去不一回，投躯岂全生"。

# 第三十九章　最冷之冬

辽东之冬，最难打熬，每年有近一半的时间都是黄云千里、碎玉千重的苦寒。在短暂的春暖花开季节之后，八月中即下大雪，九月中河流尽冻，刚到十月就已是地裂盈尺，雪才到地，即成坚冰，虽白日照灼而不消融。

万历四十七年（1619 年）三月初一，一场旷日持久的大雪总算是停了，山野间枯草伏平，北风劲哀，砭人肌骨。杜松率大军日驰百余里，直抵浑河岸边，进至萨尔浒（今辽宁抚顺东大伙房水库周边）地区。

由于受到天气和地理条件的限制，出征的明军只能跋涉于辽西走廊这一段固定道路。经营辽东多年的后金在沿途遍布间谍细作，每片树林，每个村镇后面都有无数狡黠的眼睛对明军进行监视，连明军早餐吃的什么食物都一清二楚。

凭借绝对的情报优势，努尔哈赤面对远道而来的敌手毫无惧怕。他周密地计算了时间，胸有成竹地判定明军南北二路道路险阻不能即至，自己完全有充足的时间先击败明军的西路大军。于是他提出了著名的"凭你几路来，我只一路去"的战术思想，决心集中兵力，逐路击破明军。

努尔哈赤在赫图阿拉城南仅仅留下五百兵马驻防用以迟滞刘綎，然后集中八旗主力，准备先行迎击杜松军。

以区区 500 人防守明军骁将刘大刀，在一般人看来努尔哈赤未免也太狂妄轻敌了。然而事实证明，他完全有资格如此嚣张，明军无论在战术上还是战力上，都和八旗军差了几个量级。

以往努尔哈赤每次向抚顺、清河方向用兵时，由于战线过长，往往需要设立一个前进基地，他就在一个叫界凡的地方筑了一座小城，以供牧马歇兵、补充粮草之用。而这个界凡小城，成为死死卡住明军喉咙的一根钉子。

# 西路喋血

明军主帅杜松急于建功，轻衣快马，奋蹄在前，身上连一点防护也没有，部下都很替他担心，如果哪一棵松树后面埋伏着一个弓手，十步之内一箭穿心，这仗可就没法儿打了。

部将们请求杜松穿上盔甲加以防范，杜松却豪迈地摆手笑骂道："打仗的时候穿盔甲，那岂是大丈夫所为！老夫自从军以来，压根儿就不知道盔甲多重，你们这帮后生小子，何苦让我受这份罪！"

队伍到了浑河岸边，杜松先派人试探了一下浑河水的深浅，探子回报说："水深仅及马腹。"杜松大喜，吩咐大家就地饱餐战饭补充体能，然后全军渡河。杜松的野心很大，计划自己一军当先，以迅雷不及掩耳之势独自攻到赫图阿拉，可定大功。

部将们对主帅的盲目乐观都心怀忐忑，现在已是日暮时分，路都快看不清了，而且兵众连日行军都十分疲惫，如果一直孤军冒进，误入敌军伏击圈，后果不堪设想。副使张铨、都司刘遇节等人都坚决反对，力劝杜松慎重，等等友军再前进。

然而杜疯子之名可不是白叫的。当时河水刚刚化冻，冰凉刺骨，杜松竟然脱了战袍，敞胸露怀，裸骑径渡。

从古至今，将领身先士卒是鼓舞士气最有效的办法。杜松意气豪迈，一马当先，真有名将风采，疲惫的将士们见主帅不惧寒冷，也都纷纷跃流而渡，诸军竞进。

如此浑河天险，努尔哈赤怎么会没有防备。八旗军在上游早有准备，他们等到明军半渡之后便开始毁坝放水，滚滚浊流咆哮而来，瞬间淹死不少明军。

此时杜松带着骑兵已经先过了河，但随着水流越来越湍急，后队的步兵和辎重营特别是重炮营被隔在了对岸，无论如何也过不去了。

杜松虽是一员虎将，但好勇少谋，他经过短暂的思考把本来不占优势的部队再次分为两部，让两万步兵与辎重营留在河对面的萨尔浒山结阵以守，自己仅带领先期过河的一万骑兵继续执行孤军冒险的计划——攻取界凡城。

紧挨着吉林崖的界凡城作为扼守后金都城的咽喉要塞，战略位置十分重要，因为过了界凡就是一马平川，无险可守。

明军渡河后，先攻取了两个小堡寨，还抓了十四个俘虏，小胜一阵。之后大军来到吉林崖下，开始发起猛攻。

吉林崖地势极险，临上俯视，绝壑万仞。轻装渡河的明军都是骑兵，没有携带大炮，因而更适合野战，攻坚能力并不强。吉林崖易守难攻，明军骑兵下马登山，进攻一开始就很不顺利，死伤累累，战场陷入胶着状态。

杜松的部下也是从边军中选出来的百战精锐，士气很高，明军不顾伤亡，越战越勇，不断向前推进。然而每当有后金士兵被杀死时，周围就会聚集起十几个明军争相割其首级，这一惯例举动严重拖慢了明军进攻的速度。

吉林崖虽险，但毕竟只有几百名士兵驻守，在杜松一万大军的轮番猛攻之下，眼看就要抵挡不住。就在明军即将取胜的关键时刻，大贝勒代善、四贝勒皇太极率一千援军忽然到达，从背后猛攻明军。

八旗兵人数虽少，但各个悍勇善战，以一当十，尤其是在一代名将代善指挥下，更是爆发出可怕的战斗力。明军不得不掉头迎战新来的敌军，吉林崖守军的压力大大减轻。

代善原本打算兵分两路，以右翼四旗的兵力进攻杜松，以左翼四旗对峙萨尔浒山上的两万明军，但这个计划很快被努尔哈赤推翻。老谋深算的努尔哈赤经过一番深思熟虑，决定先以主力剪灭萨尔浒山所驻明军。他算计到如果明军后方被袭，必定会军心大乱，正好可以趁机对其进行前后夹击。

时至下午，暮日西垂，天气骤然降温，一望无际的林海中寒风呼啸，呵气成冰。努尔哈赤派五旗主力三万七千人对萨尔浒山的两万明军发起猛攻。主帅不在，萨尔浒大营的军务由总兵王宣、赵梦麟指挥。他们用战车围住军营，作为防御工事，并在营外挖壕立栅，布列各类铳炮，与八旗兵展开一场激烈的攻防战。

明军营阵中枪炮层层排列，后金骑兵刚冲到近前，明军就立即施放火铳、燃放大炮，硝烟与火光之下，突前的后金兵顿时被打倒一大片，受到惊吓的战马也四处乱奔。面对明军的严密防守，急于歼敌的努尔哈赤把自己轻易舍不得动用的精锐巴牙喇投入了战场。

按照女真八旗的建制，每旗下辖五个甲喇，每个甲喇下辖五个牛录，每个牛录有三百人。经过层层选拔，每一个牛录会选出弓马、武功最好的十个人加入努尔哈赤的近卫军，这支优中选优的部队就被称为巴牙喇。

巴牙喇虽然人数不多，但都是百里挑一的勇士，配备有最好的装备，极为善战。他们多穿三层重甲，内着锁子甲，中间是绵甲，外罩铁甲，防御力惊人。

后金军虽然小有伤亡，但士气旺盛，阵容齐整，后续部队如排山倒海一般向明军压上来。明军来不及第二次装弹，阵营即被突破。近身肉搏战明军万万不是剽悍的八旗兵的对手，王宣、赵梦麟等将官皆战死沙场，萨尔浒山上的明军全军覆没，山石皆成赤色。

此时还在吉林崖苦战的杜松闻报萨尔浒大营被攻破心急如焚，明军军心果然如努尔哈赤预料的一样动摇起来。后金主力携新胜之威，立刻掉过头来进攻进退两难的杜松。

杜松军前有悬崖挡路，后有浑河阻隔，四周是敌军围困，已是无路可退，只能继续与后金军展开无望的血战。此时后金军已经尽占优势，以数倍于杜松的兵力将明军团团包围。

战至天晚，四下如泼墨一般，明军只能点燃火炬照明，以便施放火铳。八旗兵占据高地，对着火炬的光亮用强弓攒射，由暗击明，如同夜间打围猎一般，密集的箭雨一轮一轮地泼洒过去。

按理说，火器与弓箭对射，明军在射程和杀伤力上应该占有绝对优势。可惜的是，明军装备的火器数量很多，但质量好的很少。当时的兵工厂制造一根轻火铳的成本至少四两白银，但朝廷完全不顾物价实际情况，包括工匠的工钱在内也只有一两银子拨款。工匠和当官的没法理论，只能在产品质量上一再缩水。这样的兵器到战场上能不能打响都得看运气了。即使打得响，由于铳管的气密性极差，加上火药含硫量又严重超标，所以非常容易炸膛。铳手甚至不敢按标准用量填充火药，瞄准的时候也是心惊胆战，更别提发射的稳定性和准确性了。

混战之中，杜松身中十几箭，双目带血，犹自挥动兵器奋战不退，最后被贝勒赖幕布一箭射杀。

随着主帅的阵亡，剩余明军的命运已经是无可挽回。参将柴国栋，游击王浩、张大纪、杨钦、汪海龙等将官全部战死。监军张铨被俘，誓死不降，被努尔哈赤处死。

至此，首先到达战场的西路军全军覆没。浑河两岸尸横遍野，到处散落着被丢弃的武器、旗帜，连个报信的人也没能跑出来。

西路军是四路明军中的绝对主力，人数最多，士气最高，还配备有全军最好的火器，却在努尔哈赤高超的指挥艺术面前不堪一击。西路明军的失败也成为影响整个战局的关键。

萨尔浒的第一场恶战，努尔哈赤投入的部队有三万多人，与明军人数算是旗鼓相当，势均力敌。然而后金军全歼杜松这支明军精锐仅仅付出了很小的代价。这意味着明军无论是战略战术还是野战能力都与八旗兵相差甚远，再次重演了北宋年间那句老话："女真不满万，满万不可敌！"

## 北路倾覆

就在后金军取得首战大胜的当夜，北路军在马林的率领下也进至萨尔浒东北的尚间崖。马林的情报还算快，这时他已经知道了杜军全军覆灭的消息。

马林素来性格谨慎，闻报大惊，不肯再前进一步，但他认为自己虽然无力进攻取胜，至少防守自保是没有问题的。马林命潘宗颜的车营驻守斐芬山，龚念遂的炮营驻守斡浑鄂谟，与自己率领的主力形成三角之势防御，并环列战车以阻挡后金骑兵的突袭，一心等待女真叶赫部的万余人马来会师后再做打算。

可惜努尔哈赤并没有给马林留多少等待和备战的时间。在歼灭杜松军后，后金军人不解甲，马不卸鞍，立刻挥师北上，向尚间崖方向的马林军主动发起攻击。

马林军的大营内由下马骑兵守卫，大营四面是连夜挖出来的三道壕沟。壕沟以外排列大炮，炮兵皆站立炮后，严阵以待。炮阵外围则由"跳荡铁骑"护卫，骑兵的前面是火铳手，看起来防御十分严密。但明军缺乏阻拦敌骑的拒马以及战车，保护大炮的只有部分骑兵和铳手，很容易被快速突击的后金骑兵突破。

后金军到达战场后，努尔哈赤又派皇太极带一旗人马去进攻龚念遂的炮营。

炮营原本应该随杜松的西路军行动，相当于负责火力支援的独立炮兵团，但由于携带了大批笨重的红夷炮和大将军炮，行进速度太慢，被落在了后方，暂时逃过一劫。

自龚念遂以下的炮手连同伙夫、马夫全加在一起不过三千人，战斗力很弱，一旦遇到近战更是任人宰割。为了加强炮营的防御，马林又派李希泌带领两千步兵进行支援。

后金兵经过抚顺、清河等战役，已经很熟悉明军的火器战法。龚念遂部所用的火炮，无论红夷炮或是大将军炮都是厚炮管，重弹丸，装弹速度极慢，炮弹打出去准头很差。这类重武器据城防守非常厉害，但完全不适用于野战。

皇太极对于歼灭这支炮营极有信心，他披挂重甲，身先士卒，等明军的大炮发射完一轮重新装填之时带领三千铁骑迅速发起冲锋，以极快的速度冲到炮营的阵地前。由于缺少步兵的掩护，明军大炮只放了一轮就无法再发挥作用，炮兵们只能依仗着少量火铳和箭弩拼死抵抗。

马林在尚间崖大营闻报后金兵在围攻龚念遂和李希泌的炮营，心急如焚，意欲出兵救援，可自己的大营被代善所率领的两旗兵三面围困，已经是自身难保，只能眼睁睁看着炮营被歼灭。

龚念遂也是个血性男儿，他见敌军已突破到近前，明知毫无胜算，依旧亲自率领三百名火铳手冲到敌军近前，分批施放火铳。

努尔哈赤的长孙杜度十分勇猛，他一身白盔白甲，手持长刀，冲杀在明军营中所向披靡，砍死了不少尚未填完弹药的火铳手。明军把总雷应龙怀抱一杆三眼火铳冲到近前，本想一铳打死这个张狂少年，可情急之下三眼铳装药过多发生炸膛，倒把自己炸了个满脸花。杜度近身一刀将雷应龙劈为两半。后金军越战越勇，不多时便把龚念遂、李希泌及全营明军尽数杀死。

收拾了炮营，努尔哈赤立刻挥军转头，攻打尚间崖的马林大营。马林营地的东边有一座小山，努尔哈赤准备先率部登山，再从山上居高临下向马林军营冲击。

这时马林已经与代善的部队对峙了一上午，他见后金帅旗下聚集起来的兵力似乎并不多，加上后金兵离营移军准备登山，军列看起来乱七八糟，似乎有可乘之机，于是决定孤注一掷，主动出击。

马林命令士兵全部出营，与营外列阵的骑兵和火铳兵会合，向大营东边的后金军队发起攻击。

努尔哈赤在山上对马林军队的调动看得一清二楚，大笑道："看来明军要来主动攻击我们了，那么就不必登山，可以下马跟他们决战。"

代善见弟弟皇太极已经立了一功，主动请战，率领一万后金军冒着明军密集发射的火铳如潮水般冲向马林大营。战场上，黄烟翻滚，弹雨纷飞，但后金军往来奔袭，舍生忘死，对明军的枪林弹雨视而不见。

火铳的理论射程有200多米，但在实际战争中，超过60米就很难再有杀伤力。当年戚继光练兵，曾经三令五申禁止"虚铳"，严格规定部队的射击距离为60米，否则前排鸟铳开火，后排枪手也会因为紧张跟着提前开火，既浪费弹药，又造成火力不可持续。可又有多少明军能得到戚家军那样严格的训练呢？60米的火力射程，战马疾驰几步就到眼前，也难怪后金重甲骑兵敢于顶住明军火力，正面冲锋。

当年在朝鲜战场上，面对冲锋极快的明朝骑兵，日本铁炮手"不及掩耳，铳筒亦不暇放"，根本没时间装弹发枪，屡次被明军中的蒙古骑兵暴打。现如今明军的辉煌不再，训练有素的后金骑兵凭出色的骑射技术先击溃了明军骑兵，继而很快突破明军前阵，另一支部队又从背后突破明军大营主阵地，扫荡明军步兵，明军阵列全面崩溃。

马林没想到后金军战力竟有如此之强，自己的部下根本不是对手。他带着部分士兵试图向外突围，结果匆忙中又误入沼泽地，成了后金军射手的活靶子，众人几乎全部被射死。

马林的两个儿子马燃、马熠都死于乱箭之下，副将麻岩，千总杜福、王国印、李日篁、张桂等将领尽数牺牲。马林比杜松还幸运一点，侥幸逃出战场，身边仅剩下寥寥数人。明军的尸体遍布山谷，鲜血从尚间崖汩汩流下，再一次染红了山下的小河。

马林大营被攻破后，潘宗颜驻扎在斐芬山的车营成了后金军最后一个打击目标。

所谓车营，指的是装备战车的部队。每当战斗开始时，车营列车为阵，将人力、畜力牵引的独轮或双轮木板车围成临时防御阵地，在车上搭起厚木板作为胸墙，明军就在这些可移动的简易掩体后面施放火器。

谁也不曾想到，潘宗颜这支孤军奋战的偏师竟然成了这次萨尔浒大战的唯一亮点。车营虽然只有数千人，但占据地形优势。后金军骑兵在山地无法快速突袭，只得以重甲步兵开路，行进缓慢，这下正好掉进袁崇焕总结的"凭坚城，用大炮"的套路。潘宗颜阵中来回呼喊，鼓舞士气，明军火器优势得到了最大限度的发挥，狠狠地杀伤了后金军上千兵力，总算为明军赢得几分尊严，两军几乎形成拉锯战。

随着战事越拖越久，后继无援的车营弹药消耗殆尽，火力越来越弱，而后金军却源源不断，前仆后继地发起进攻。

战至半酣，后金军采取了一项新战术，即使用敢死队驱赶大量马匹做肉盾，让它们一拥而上，先是抵挡枪炮，继而冲散明军的战车。八旗兵则紧随其后，等进入弓箭的射程，弓手们开始射箭杀伤阵内明军，重甲步兵再冒着弹雨乘机推翻战车和拒马，与明军进行他们擅长的白刃战。

后金的战术起作用了，潘宗颜被无数乱箭射得"骨糜肢烂"，最终英勇战死。其部下守备江万春、黄瑷及千总陈玉、王学雄等皆死于乱刀之下。

此时姗姗来迟的女真叶赫部刚抵达战场附近，惊闻明军两路战败，吓得魂飞魄散，也只好仓皇撤退。萨尔浒第二战结束，明军北路大军也彻底覆灭了。

在这场大战中，后金军不惧枪弹，依靠训练程度和组织程度极高的骑兵冲击明军火器阵营，利用火器射击间歇长的特点，获得了对明军的绝对压制。此后女真人更加推崇骑射，同时也越来越重视对火器的使用。

## 东路哀歌

努尔哈赤连破两路明军依旧不敢松懈，他立即移兵，马不停蹄地准备迎击刘綎的东路军。此时刘綎率领的12000名南军会同朝鲜都元帅姜弘立统率的13000名朝鲜军，正按照最初的计划，从东面的宽甸堡冒着寒风向目的地日夜赶路。

东路军在四路大军中算是后娘养的，孤悬偏远，路途险阻，而且没有等到刘綎最善用的川军到达就匆匆出兵，虽然有朝鲜军相助，依旧显得兵微将寡，装备窳劣，实为四路军中最弱的一路。

半途之上，朝鲜都元帅姜弘立忧心忡忡地问刘綎："咱们进兵速度这么慢，误了军期能行吗？"刘綎无奈地回答道："兵家运筹帷幄，决胜千里，靠的是天时、地利、人心三点。现在天气寒冷，咱们不占天时，道路泥泞，咱们没有地利，我现在被杨镐操纵控制，身不由己，我又能怎么办呢？"

刘綎部在刚出宽甸时也取得了几场小胜，连克后金牛毛、马家两座敌营。刚取得一点胜利，明军的老毛病就又犯了，秉承着一贯的"优良传统"，开始四处劫掠，将附近山寨中没有逃走的瘸子、瞎子全部杀死，割下他们的脑袋报功。军队再往前行，又遇到了女真牛录额真托保、额尔、纳尔赫三人所统领的500名后金兵，打了一场遭遇战，再次获胜。

三月初三，刘綎军进抵距赫图阿拉约70里的阿布达里冈。这一带重峦叠嶂、千峰嵯峨，以逸待劳的努尔哈赤除了留下四千兵力防守都城，将八旗主力尽数调于此处。代善、莽古尔泰、皇太极、阿敏四大贝勒全部出战，早布下天罗地网，就等着刘綎往里钻。

努尔哈赤早闻刘大刀的威名，知道他善战，唯恐他不入圈套。他在投降的杜松军残军中挑选了一个聪明狡猾的士卒，派他冒充信使拿着杜松的令箭前往刘綎军营，说西路大军已经逼近敌人都城，催促他尽快前进。

刘綎哪里想得到，杜松在到达萨尔浒的第一天就战死了，对这个信使的话信了八成，但也提出了杜松军为何没有发射信炮的疑问。这个时候，如果这名信使能够反正，告诉刘綎实情，将挽救数万袍泽的生命，必将流芳千古。可恨的是他不仅没有对刘綎说实话，反而巧辞掩饰后返回后金军大营，又发射联系信炮以麻痹刘綎。

炮声一响，刘綎彻底相信了这名信使的鬼话。这也不怪刘綎上当，因为当时人都知道，后金军压根儿就没有大炮，所以前方必是杜松的部队无疑了。

刘綎唯恐杜松独得头功，将部下分为四队，留下后两队老弱与朝鲜兵押后，自己带着前两队精锐轻军前进。明军在急行军中丢弃了大部分辎重，特别是丢掉了大量用于扎营防御的鹿角，这一做法，给后来的战斗带来了难以补救的损失。

当时皇太极已经占据了阿布达里冈山顶，取得居高临下之地势，代善在北隘口前迎击明军，其余后金众将人等也都分别埋伏在各个险要的谷地和侧翼。刘綎军一头扎入险地，立刻被后金兵团团包围，受到了四面八方的攻击。

刘綎久经战阵，陷入埋伏倒也毫不畏惧，立刻整军迎战。他惯用的战法是在野战中命老弱步兵各持鹿角，见哪一面有敌军进攻就立刻置鹿角于地，迅速搭起一排移动的障碍，形成防守严密的阵地，然后以火器攻击，使得敌军骑兵不能冲入。

此时刘綎依然采取这一战术，在鹿角后面布置火器，一阵枪击炮轰之后，再派骑兵攻击。但是由于大部分鹿角都在半路被丢弃了，所以他的鹿角阵漏洞百出，形不成严密的防御阵型。皇太极部居高临下，落箭如雨。明军四面迎战，腹背受敌，几个回合下来就支持不住了，一开始尚且有序的防御开始崩溃，继而兵马大乱。

明军武将多是世袭，很多将军都是父子兵一同上阵参战。刘綎左突右杀，无法突围，乱军之中眼睁睁看着自己的两个儿子刘佐、刘结相继战死。

刘綎身先士卒，左臂被飞箭射中依然血战不止，大刀所过之处，后金兵无不人仰马翻。刘綎手刃数十人后，又被射中右臂，大刀也抢不动了。一名后金武士猛然抢上前来，一刀劈下刘綎半边脸，刘綎如同血人，终于倒地而亡。

刘綎的义子刘招孙是军中第一猛将，想拼死抢回义父的尸体。他肩扛刘綎的遗体，单手持刀与后金军厮杀，无奈最后也死在乱箭之下。

杀死刘綎之后，努尔哈赤紧接着乘胜攻击刘綎军余部。

此时东路明军仅剩兵备副使康应乾率领的南军数千人。这支戚家军的最后血脉，身披木甲，手执狼筅，纪律严明，作战勇猛，面对后金兵的猛攻寸步不退。

战事正激烈时，忽然刮起大风，明军正处于下风口，施放枪炮的硝烟都被吹了回来，弥漫在明军阵营，黑雾滚滚，雷烟俱下，几步之外都看不清人影。而后金军骑射手冲突在前，箭随大风而发，越射越劲，最终将这数千南军全部歼灭。

在明军血洒疆场的同时，朝鲜盟军在监军乔一琦的督战下，战斗表现也可圈可点。朝鲜兵大多穿着纸质短甲，头戴柳条盔，采用和明军一样的战术，在拒马后面排列层层枪炮，向着后金军射击。朝鲜军中还有300名当年在朝鲜战场归附的日本武士，战力不俗，给八旗兵造成了很大伤害。

朝鲜兵穿纸甲是取其轻便，但防御力没有想象中那么差。制作纸甲的材料用的是极柔之纸，经过加工捶软，叠厚三寸，再于每方寸打上四钉，防御力虽然比不了铁甲重铠，但如遇水雨浸湿，也是铳箭难透，而且在寒冷地带穿着要比金属盔甲舒适得多。

面对防御严密的朝鲜军阵，后金军又使出攻击潘宗颜炮营的老办法，先出动马群在前冲击障碍物，再派出用厚重木板和铁板复合而成的楯车阻挡枪弹，骑兵射手紧随其后，等马群撞开朝鲜军的拒马，后金军蜂拥而入进行近战，最终击败了朝鲜军。

朝鲜军主将五道都元帅姜弘立和副元帅平安道节度使金景瑞见大势已去，只好率领残存的五千败兵下山投降。监军乔一琦眼看无法突围，宁死不屈，投崖自尽。

姜弘立投降后因为会说满语竟然被留在后金为官，和大贝勒代善结为亲家，并让自己的二儿子娶了代善的养女。姜弘立从此死心塌地跟随后金，还曾写信给朝鲜国王光海君，告诉他不要依附明朝与后金为敌。

与朝鲜人相比，倒是那300名日本武士颇有血性，不愿沦为满人的俘虏，竟然打算去刺杀努尔哈赤，结果事情败露，被八旗军团团包围。据记载，八旗军对付日本武士刀的办法是使用大铁棍，因为八旗军大部分都是猎手出身，拥有足够的力量和灵活性。武士刀拼不过势大力沉的铁棍，结果300名日本武士全部战死。

大明与后金刚开战时，虽然败多胜少，但大批将领的气节尚在，对皇帝忠心耿耿，对国家尽责尽忠，大部分都做到了捐躯沙场，在民族大义面前慷慨赴死，尽到了一名爱国军人的本分。只可惜到了战争中后期，明王朝大势已去，降兵降将开始多如牛毛，而且品级越来越高，杀起同胞来也是争先恐后，毫不手软。

女真人非常敬佩刘綎这位勇猛的对手，在大清建国之后追封他为"黑虎将军"，并赐给刘氏家族龙头杖、将军印。刘綎的旧宅被称为"黑虎将军府"，祠堂里供奉着刘将军生前所用大刀。只可惜后来将军府、刘家祠堂和墓地都被拆毁得干干净净，大刀、匾额、将军印都已无处可寻。

## 南路崩塌

直到刘綎全军覆没后，坐镇沈阳的杨镐才刚刚得到杜松、马林两军战败的消息。他吓得魂飞魄散，毫无主张，对战争结果彻底丧失了信心，急令刘綎和李如柏两路撤军，可惜已经晚了。

勇敢并不意味着胜利，怯懦却往往可以偷生。自古庸人好活，行军缓慢的李如柏运气最好，竟然一直没遇到后金军主力。

自从杨镐下令进兵开始，各路大军都是争先恐后地进兵，唯有在东北长大的李如柏深知努尔哈赤的狡黠善战，对杨镐的分进合击之策完全没有信心。虽然他距离赫图阿拉最近，却走得最慢，以散步的姿态缓缓行进在各路军的后面。

果然不出李如柏所料，他刚行至半路就接到了撤退的命令。李如柏这回执行得倒是雷厉风行，立刻掉头退兵，不用人催行军速度一下就上来了。后撤的明军在半路经过虎拦岗（在清河堡东）时遇到后金哨探在山上吹起鸣螺，大声呼噪。已经风声鹤唳的明军以为后金军主力到了，竟然吓得惊恐溃逃，自相践踏，死伤千余人，然而这已经算是四路明军出兵以来损失最小的一次了。

明金之间第一场史诗级的大战至此结束了，明军方面幸存将领们的结局又是如何呢？

明军主帅杨镐兵败回京之后立即引咎辞职，很快被拘押下狱，于崇祯二年（1629年）被斩首。

李如柏虽然未死于敌手，但在战后一直被言官们反复弹劾，李如柏不堪侮辱，愤然自杀。

马林兵败后带领残部继续驻守开原。三个月后，开原城被后金军攻破，马林战死城头。

马林一共有五个儿子，除了萨尔浒大战中战死在尚间崖的马燃、马熠之外，三子马炯后来就任湖广总兵官，协助讨伐贵州叛乱，最终兵败病亡；四子马犷亦官至总兵，在甘州与农民军作战时阵亡；五子马飚为沔阳州同知，亦在战乱时与城池共亡。马林和他的儿子们一同成就了一段满门忠烈的佳话。《明史》中赞道："马芳三代为将，父子兄弟先后殉国，伟矣哉！"

千军易得，一将难求。萨尔浒惨败，明军丧失了八万精锐。更为可惜的是，明军还损失了当时最出色的几位总兵以及大量军队骨干。清代著名学者赵翼在《廿二史札记》中曾对关外明军与后金作战时死亡的总兵人数做了一个粗略的统计：明军死于辽事的总兵接近30人，仅在萨尔浒殒命沙场的副总兵、参将、游击、都司、通判、守备、千总、把总就多达310人。这些中高级军官大部分都参加过万历三大征，具有相当的军事经验和军事才能，称得上是明朝军队的中流砥柱，而这些军中精华却在辽东一战中丧失殆尽，明军元气大伤。

取得了萨尔浒大战的胜利后，努尔哈赤没有继续对明廷进行攻击，而是乘势彻底平定了叶赫部，将其酋长金台吉、布扬古杀死，东北女真终归一统，努尔哈赤的实力进一步壮大，后金崛起之势再也无人能够阻挡。

# 第四十章　无力回天

　　一个国家的城市配套往往和当地经济发展的程度成正比。在明帝国包括两京在内的一线城市当中，以南京的街道最为宽敞整洁，而最肮脏的当数早已没落的开封。北京的城市面貌介乎二者之间，却也好不到哪儿去。

　　北京城的住宅密度很大，城市公共卫生系统却极为匮乏。老百姓一大早起了床，开了门头一件事就是把昨夜的屎尿泼于当街。我们可以说，偌大的一座京城几乎没有公共厕所，或者说整个京城就是一个大公厕，行人当街便溺司空见惯，想方便时倒是十分方便。

　　明朝北京的大部分街道平日都是屎尿横流，垃圾遍地，蚊蝇乱飞，老百姓每日出门时，穿街过巷躲不开满街粪泥，衣服下摆常被溅上豹斑一样的大小污渍，回到家衣服一脱，"异香"扑鼻。

　　北京地处华北平原，西南、西北为太行山脉和燕山山脉，东南、东北方向为渤海，每逢春秋两季，内陆和海洋空气对流频繁，来自蒙古大漠的大风一路狂飙而来对北京城形成暴击。原本南口、八达岭一带的大片原始森林还可以阻挡一下风沙，但由于金、元两朝建都于此，北京周边的森林得到了历代君王的格外"照顾"。

　　从海陵王完颜亮在北京建都开始，金人就从西山砍伐了大量木材以营建宫殿，后来为发动对南宋战争，又从怀柔、密云境内砍树造船。元世祖忽必烈为建造大都城，更是竭泽而渔，把北京城周围郁郁葱葱的森林伐成了不毛之地。等到明成祖朱棣迁都北京时，已经无佳木可砍，只好从川、云、贵等地远道运输木材使用。

　　失去了森林屏护的北京，在肆虐的风沙面前狼狈程度就可想而知了。一直到了民国时期，住在北平的林语堂还有这样的回忆："它不在五月便会在十月到来。届时天空阴暗，太阳看起来泛着黄色。尘土很像一层厚厚的云。它钻进人们的耳朵和鼻孔里，弄得满嘴沙砾。"

　　晴天时狂风飞沙、漫天尘土还算是好日子，如果赶上连日暴雨，老百姓就更惨了。整个北京道路无踪，街市内涝，宛如汪洋大海，一不留神，大马路上能淹死人。而多如牛毛的小胡同里垃圾漂浮，污水倒灌，又是另一番奇幻景象。

如果你住的是低洼处的居所，开门的时候一定要小心，污水会如小瀑布一般直接流入室内，让您的锅碗瓢盆与污垢垃圾一同漂浮。这时候你唯一能做的，就是早早把抗疟痢防瘟疫的药品吃上，因为不久之后，这些要命的传染病一定会如期而至。

当然紫禁城内是有排水系统的，每到雨天，千龙吐水，蔚为壮观，但皇家的气派和老百姓的日常生活又有多大关系呢？

我们之前描写过万历盛世的繁华，但也不需避讳那时北京的真相。北京城建配套系统的面貌正是万历末期大明王朝的真实写照。从表面上看无比庄严和体面，实际则百弊丛生，稍有风雨就露出疲态衰相。从东北的长白山到蒙古的鄂尔浑河，从西北的茫茫戈壁到东南的峡湾大海，大明江山到处暗流涌动，危机四伏。

万历三大征的辉煌战果仿佛南柯一梦，再不复还。明帝国在一个曾经并不起眼的敌人——女真人面前一次又一次遭遇了史无前例的惨败。

萨尔浒只是个开始，后面还有松锦大败、广宁大败、沈阳大败、松山大败，一步步蚀光了明帝国的老本。后人常把土木堡之败作为明朝由盛转庸的转折点，又以萨尔浒之败作为明朝由庸转衰的转折点。处于国运衰落期的大明王朝，就算能够侥幸打赢一两次战役，也终将在生机勃勃的对手面前输掉整个国家。

萨尔浒惨败的消息传至北京后，京城米价陡然飞涨，人心惶惶，流言四起。已经身染重病的万历皇帝闻报如同五雷轰顶，他衰弱的躯体已经无法承受这样致命的重击。

## 功到雄奇

辽东糜烂，痛至心腹。万历皇帝强撑起精神，迅速做出了人生最后一个亡羊补牢的决定——火线提拔熊廷弼为兵部右侍郎兼右佥都御史，接替杨镐经略辽东。

熊廷弼是明朝后期军政人才中的佼佼者，更是罕见的文武双学霸。他容貌魁峨，胸襟旷达，早年考武举曾是湖广第一名，能骑劣马，双手开弓，29岁时又中了进士，可谓有胆有识，晓畅军事，比其他文官出身的经略督师更为知兵，是个堪当重任的难得将才。其实在萨尔浒大战前，朝廷讨论谁适合做统帅时有两个人选，一个是杨镐，另一个就是熊廷弼，但由于杨镐人缘儿太好，所以熊廷弼落榜了。

熊廷弼临危受命，二话不说，抱着御赐的尚方宝剑奔赴辽东去处理杨镐留下的烂摊子。还没等他离开京城，前方就传来开原失守的消息，熊廷弼刚刚走出山海关，铁岭也丢了。沈阳军民四散奔逃，仅剩空城，辽阳一带人心惶惶，军无斗志。

如果换另一个人，在这个节骨眼儿去东北就是送死，不死于女真人的刀下，也得死于锦衣卫的诏狱。然而熊廷弼是个极有办法的人，他思路清晰，命令坚决，军法严明，面对后金军巨大的军事压力毫不畏惧，自有一套扭转乾坤的韬略。

熊廷弼刚到辽东后，第一时间就亲自下校场检阅部队。辽东军官为了赢得这位新官的欢心，精心安排了 30 名火铳手进行射靶表演，可一片噼里啪啦轰鸣之后，硝烟散去，竟然只有一人中靶。号称精锐的辽东军如此战力，让这位雄心勃勃的蓟辽督师的心当场凉了半截。

为了重振军心，熊廷弼先杀了一批败将、逃将祭刀，接着又罢免了李如桢总兵官的职位。铁岭是李家的祖坟所在，一门十将的李氏军团今天落魄到连祖坟都丢了，李如桢这个总兵官确实愧对父兄，也没什么脸再干下去了。

熊廷弼雷厉风行的做派让他在辽东彻底得罪了李成梁系、祖大寿系、辽阳韩氏等本地豪族、世袭将门，为后来的危机埋下了隐患。熊廷弼还未与后金交战，就先要拿出大半精力与地头蛇们斗智斗勇，内心焦躁痛苦，甚至怒骂道："辽人都是贼！"

骂归骂，事还得做。辽东地区作为明帝国昔日最坚固的边防城堡，经过高淮的祸害与李成梁的放任，早就没了当年的精气神。将士们装备窳劣，半死不活，士气低到极点。熊廷弼在巡视了军营和仓库后吃惊地发现，士兵们在严冬中只能穿破败的棉衣，更别说能有多少像样的盔甲。仓库里的粮食不知道放了多久，早已发霉变质。士兵像乞丐远远多过像军人，这样的军队连肚子都填不饱，又何谈严格操练，更别说效力疆场了。熊廷弼只好给皇帝连上奏折，声称辽东部队只有3000 人可以战斗，要求朝廷大力支持。

要支持，说白了就是要银子。这一时期万历皇帝难得头脑清楚，给予熊廷弼完全的信任和支持，即使病重爬不起床，每天也要挣扎着先看熊廷弼的奏章，对朝中所有弹劾熊廷弼的奏折全部留中不发。

打仗很大程度上就是打钱，眼下熊廷弼不断提出军需要求，万历皇帝为了避免冗长的拨款流程，干脆大大方方地直接划拨内帑银子予以满足。

万历四十六年（1618 年）四月，皇帝发了 50 万两内库银开支辽饷。万历四十七年（1619 年）三月，又发辽饷 36 万两。就在去世前夕，他还下遗诏发内库银 100 万两充作北边军饷。矿监税使多年的搜刮，这时候才算是派上了正经用场。

有粮饷支持，事情就好做多了。熊廷弼在瑷阳、清河、抚顺、柴河、三岔河一线建立起了首尾相应的防御体系，重修了六百八十五里边墙，亲自领着辽东军打造战车、布置火器、修筑城墙、招集流民、囤积粮食，重新在各个要塞分派兵马驻扎，做足了御敌守城的各项准备。经过一年多的苦心经营，辽东的守备大为牢固，边军也慢慢恢复了信心，人心逐渐安定下来。定辽右卫守将毛文龙在这一时期崛起，以战功树立了很高的声望，后来得以组建自己声名赫赫的东江军。

熊廷弼按辽期间，共计造盔1460顶、甲1460副，大三眼枪600杆，小三眼枪2210杆，百子铳460位，棍枪290杆，腰刀1000把，弓980张，箭16600支，垂头炮40杆，这些武器不是一般作坊出的那种残次品，而是熊廷弼亲自检验的精良装备。

另外熊廷弼还领取了太仆寺马3000匹，从宣大买马800匹，给辽阳军队补充战马2300匹，通过清查马政得到军马1632匹，大大补充了辽东军的骑兵实力。后金发现辽东明军如脱胎换骨般恢复了战力，再不敢像以前一样深入明境如入无人之地。努尔哈赤甚至史无前例地低下头来，给熊廷弼送来一封求和信，请求以辽河为界，明金两国和平共处，自由互市。当然对于这样平起平坐的要求，明廷肯定不会应允。

令人惋惜的是，辽东的好形势只持续了一年。对熊廷弼下手的不是努尔哈赤，而是东林党。

早年间，熊廷弼曾在南直隶任学台主持科举考试，淘汰了一批不学无术却企图走关系的官绅子弟，而这些人大多和东林党有密切关系，因此大大得罪了东林党。东林党人为了夺取中枢权力，拼命攻击"楚党"，而楚党的军方代表熊廷弼自然成了他们的眼中钉。凡是熊廷弼赞同的，东林党必然拼命反对。

东林党在辽东也有自己的军方代理人，一个是辽东巡抚王化贞，一个就是毛文龙，在这两人的合伙挤对之下，熊廷弼空有一身本领，有心杀贼，无力回天。

朝廷在任命熊廷弼为驻山海关的兵部尚书、辽东经略的同时，还派出了驻广宁的辽东巡抚王化贞。虽然看起来经略熊廷弼官衔大，但是王化贞却掌握着对军队的实际控制权。熊廷弼本来脾气就大，干脆想撂挑子，说我这个经略也没啥实际作用，要不把我撤了吧，朝廷又说不行，督抚不许不和，二人功罪一体。事到如此，熊经略已经成为给王巡抚打工的下属了。

万历皇帝死后第二年，努尔哈赤率诸位贝勒发动了广宁战役，结果王化贞狼狈逃出广宁，熊廷弼在得知"西平堡已失，援兵尽殆"之后，也只好弃城遁入山海关，

广宁兵败，京师大震。熊廷弼、王化贞自然要对广宁之战负主要责任。随后，大批控告熊廷弼"无谋"和"欺君"的奏疏蜂拥而至。曾经被认为可堪大用的救世英雄，如今被说得一无是处。迫害熊廷弼的真凶，正是以忠君为国著称的东林党，杨链、左光斗等所谓东林君子皆在其中。一心报国的熊廷弼终于被送上了断头台，而熊廷弼所在的楚党也被东林党欺负得如同丧家之犬，最后只得被迫投奔

阉党。

天启五年（1625年）秋日，野云暗淡，孤雁哀鸣，一颗怒目圆睁的忠臣头颅被九大边镇轮流传视。东林党人弹冠相庆，朝廷中的有识之士都深感不平，扼腕叹息，边军将士更是无不心寒气苦，士气大衰。一位曾向熊廷弼请教过守辽方略的大臣，看到熊廷弼血肉模糊的首级时一时悲愤难已，写诗追念："记得相逢一笑迎，亲承指教夜谈兵。才兼文武无余子，功到雄奇即罪名。慷慨裂眦须欲动，模糊热血面如生。背人痛极为私祭，洒泪深宵哭失声。"这首诗的作者，便是熊廷弼的继承人，后任辽东督师袁崇焕。

# 不名一善

一百多年后，早已坐稳了帝国江山的乾隆在读到熊廷弼的事迹后十分感慨，一针见血地说了句公道话："论明之晓军事者，当以熊廷弼为巨擘。读其《陛辞》一疏，几欲落泪！而以此尽忠为国之人，首被刑典，彼其自坏长城，弃祖宗基业而不顾者，尚得谓之有人心，具天良者乎？"

说起来万历和乾隆在两个方面有着颇为相同的命运。第一，他们同样见证了一个王朝最后的中兴强盛，又亲手将它推入了万劫不复的深渊；第二，他们死后都没能在自己耗资巨大的豪华陵寝中得到长眠，都未能躲过坟墓被毁、尸骨无存的惨剧。

生涯实有始，天道终虚橐。明廷政局黑暗若此，亡了也是活该。努尔哈赤和他的儿子们的判断力是精确而可怕的，他们发现自己面对的大明帝国虽然表面上看起来是一个庞然大物，实际上却是由一堆四分五裂、钩心斗角的碎片拼凑而成。满人虽然在整体上处于绝对劣势，却在每个局部都处于绝对优势，一如在萨尔浒战场。他们只需要在每一步集中优势力量，就完全可以把这些碎块一口一口吞下去，无论是明朝的军队，还是明朝的江山。

熊廷弼坐镇辽东这一年也是万历皇帝人生的最后一年。尽管边疆局势看上去逐渐稳定下来，或者说至少没有再恶化，可万历皇帝依旧没能睡个安稳觉。几十年累积的病痛，日削月割地蚕食着他的身体，越来越严重的骨骼变形让他痛不欲生，直到吞噬他的最后一丝健康。

自从进入中年以后，万历皇帝在才能和智力上仿佛都在急剧退化。如果他脱去龙袍，走下皇位，我们看到的不过是一个佝偻身躯、步履蹒跚的普通中年人而已。他这辈子开心的时候少，压抑的时候多，虽然反抗了大半生，却发现自己永远也斗不过群臣和他们所代表的礼教、道德、传统。

风雨晦明之间，俯仰百变，万历四十八年（1620 年）七月初，皇帝病危的消息再次传出。

这时候的内阁首辅已经变成了方从哲，然而万历皇帝一如既往不见首辅不见大臣，就连那位不受待见的皇太子也只能在宫外满怀忐忑地徒劳徘徊。病体沉重的万历皇帝在痛楚中还抱有一线期待，希望老天也好，上帝也罢，能够突降神迹，让自己像上次一样，只要坚持到下一个黎明就能重新恢复健康。然而这一年的夏天一直是凄风苦雨，夜深雾浓，常常天光到了卯时依旧看不到一丝光明。

万历四十八年七月十七日，皇帝已经奄奄一息气若游丝了，他终于放弃了对命运的抵抗，不甘心地于弘德殿召见了太子和英国公张惟贤、首辅方从哲等人。皇帝以虚弱的声音勉励群臣勤于职守，辅佐太子，差强人意地对自己身为皇帝与父亲的职责做了最后的交代。

又熬了四天，万历皇帝终于驾崩，结束了他纠结、任性而又无奈的一生，享年58 岁。而他的皇后，那位端庄慈孝的王喜姐已经于三个月前先他一步离开尘世了。

万历皇帝驾崩后，庙号"神宗"。

按照《谥法》上的解释，"神"字的释义为"民无能名"和"不名一善"，就是说这个皇帝的一生功绩之辉煌伟大，已经没有任何汉字配得上他了。

事实上，从他的皇位继承人到满朝大臣都心知肚明，万历皇帝配不上这样的褒奖。这个看似无与伦比的庙号实际上明褒暗贬——我们真心不知道说你什么好，所以干脆就什么也不说了。

一生毁多于誉的万历皇帝憋屈了一辈子，到最后连庙号都是那么窝心。

八月初一，朱常洛继位，年号"泰昌"。然而这位新皇帝在继位刚刚 30 天后便离奇驾崩，大明王朝遭遇了史无前例的一月两国丧。

万历皇帝死了，大明帝国进入最后二十四年的倒计时。


# 无字碑


一个皇帝的风评往往与那个时代言论自由的程度成反比。皇帝被黑得越厉害，反而恰恰说明当时是一个言论相对自由，政治空气开明的时代。

万历皇帝性格中最大的闪光点就是对待大臣比较宽容。尽管他一生中一直在面对如潮的抨击和反对，却没有判处过任何人死罪。无数大臣以近乎人身攻击的激烈言辞对皇帝的私人生活横加指责，也不过被革职为民而已，尽管也有不少官员死于廷杖的拷打和诏狱的恶劣环境，但并非出自皇帝的本意。

顾炎武说得好："昔在神宗之世，一人无为，四海少事。"

平心而论，万历皇帝虽然几百年来一直背负着昏君之名，但绝非一无是处。作为一个中人之君，他被人诟病最多的无非是懒惰、平庸和贪婪，而在破坏力更大的荒淫、暴虐和残忍方面，实际上并无大过。

一般来说，一个王朝的末期往往经济凋敝，百姓苦难，唯独明朝与众不同，晚明时百姓的生活幸福指数并不低。与清朝那些桎梏人性、毁灭文化的"圣君"相比，只是敛敛财、喝喝酒、偷偷懒的万历皇帝，完全可以称得上是一位仁君了。

1955 年，郭沫若不顾考古界巨大的反对声音，在不具备发掘条件的情况下执意打开了定陵，长眠于巨大金丝楠木红漆棺椁中的万历皇帝和他的两位皇后无可奈何地重见天日。

沉睡了 335 年的万历皇帝早已成为枯骨，他头戴乌纱翼善冠，身穿刺绣衮服，手持念珠，腰系玉带，以扭曲的姿态毫无尊严地出现在当代人的面前。

从他的骨骼状况可以看出，这位皇帝不仅脊柱弯曲，而且右腿骨骼严重变形，足以证明他一直声称的足心作痛、步履甚艰以至于无法上朝并非虚言。当时定陵出土了大批珍贵文物，但除了金器数百件被保存下来之外，大量精美的袍料、匹料和服饰用品全部风化，造成无法挽回的遗憾。

尤为讽刺的是，被迫出土的万历皇帝并没有因为献上了大批珍贵的陪葬品而得以保全残躯，还被戴上了一顶莫名其妙的帽子——地主阶级的总头子。红卫兵小将们在定陵门前广场对他的尸骨进行了声势浩大的示众和批判，然后将他连同两位皇后一同肢解，烧毁。大明一皇两后，就这样悲惨地又死了一次，从此彻底烟灭灰飞。

可叹万历皇帝当国四十八年，见证了大明帝国最重要的转折时期，既曾鲜花着锦、蒸蒸日上，也曾山海蹉跎、风雨飘摇。他一生通过种种手段积聚了千万财富，甚至建立过功留青史的显赫武功，却无力保护自己作为一代天子的最后尊严。

今天的定陵陵园门口处，耸立着一座体积巨大的无字墓碑，安放在一只巨大赑屃的背上，无言地记录着墓主人功过参半的矛盾一生，无论后世对他如何毁誉，他都不会再予以反驳。

尸身被毁，陵寝成空，万历皇帝魂无所依，只是永久地在尘世间随风飘荡。背负着无字碑的赑屃，螭首龟跌，威武雄壮，力大无穷，作为龙王的长子，它能驮得动三山五岳，可它能托起这荒唐沉重的历史记忆吗？

人生不过是一场筵席，饮酒多少不同，同时而散；欲事多少不同，同时而死。无论帝王还是乞丐，无论生前拥有多少，都不过是尘世中的匆匆过客，人间权势与财富的临时保管员。

百年浮世，风雨帝国，一梦华胥，到头来，黄粱散尽，终归是两手空空。